KB002752

파견과 도급에 관한 비교법적 연구

– 한 · 일 서비스업을 중심으로 –

이 정

法 文 社

머 리 말

기업을 둘러싼 환경은 시시각각으로 변화하고 있다. 특히 21세기에 접어들어 글로벌화가 급속히 진행되면서, 지리적 의미인 국경이라는 요소는 거의 무의미해지고 있다. 우리나라 기업은 이제 국내뿐만 아니라 세계적인 기업들과 경쟁을 해야 하는 무한경쟁시대로 접어들었다. 기업으로서는 활동무대가 넓어진 만큼 비즈니스의 기회가 증가했다고도 볼 수 있지만, 한편으로는 '승자독식'이라는 정글의 법칙에 철저하게 대응하지 않으면, 내일을 기약할 수 없는 현실에 직면하게 되었다.

이러한 환경 속에서 기업들은 살아남기 위하여 다양한 생존전략을 꾀하고 있다. 그 대표적인 것 중의 하나가 회사조직의 아웃소싱과 고용의 포트폴리오이다. 우선 회사조직의 경우, 과거에는 기업이 조직의 거대화를 통한 '중앙통제형 경영방식'을 선호하였지만, 요즈음은 필요에 따라 사내조직이 기능별로 분사화되는 경향을 보이고 있다. 예를 들어 일본의 경우, 과거에는 기업의 핵심조직이라 할 수 있는 인사노무부문마저 외부기업에 아웃소싱으로 전환하는 사례가 늘어나고 있으며, 이러한 경향은 전 분야에 걸쳐 더욱 활발해지고 있다.

이러한 기업조직의 외주화는 당연한 결과이지만 고용의 포토폴리오를 더욱 가속화하고 있다. 예를 들어 기업의 채용방식을 보면, 과거의 정사원 중심의 채용보다는 비용절감 및 경기변동에 대응하기 쉽도록 기간제근로자나 파견근로자와 같은 비정규직의 고용을 선호하는 기업이 늘어나고 있다. 뿐만 아니라, 종전에는 물건의 제작이나 일의 완성에만 활용되던 도급방식이 공정도급이나 노무도급에 이르기까지 매우 다양화되고 있다.

이와 같이 기업을 둘러싼 고용환경이 급속하게 변화되고 있음에도 불구하고 우리나라의 노동법제는 아직도 전근대적인 수준에 머물고 있는 것이 현실이다. 그 대표적인 것이 도급과 파견에 대한 규제방식이다. 다시 말해서 우리나라의 경우, 일본이나 독일과 같은 선진국에 비해 아직도 파견의 대상범위가 지나치게 제한적이며, 도급의 경우에도 공정도급이나 노무도급에 대해서는 매우 제한적으로 해석하고 있는 게 현실이다. 일본이 고용환경의 변화를 반영하여 파견과 도급에 관한 판단기준을 현실적으로 규정한 다음, 이를 유연하게 적용하고 있는 것과는 너무나 대조적이다.

이 책에서는 이러한 문제의식을 바탕으로 파견과 도급을 둘러싼 종전의 해석과 논의를 종합적으로 검토해 보고자 한다. 특히, 물량도급을 전제로 형성된 종전의 파견과 도급의 판단기준이 최근 서비스산업과 같은 노무도급에도 그대로 적용시키는 것이 과연 합리적이고 정당한지에 대해 비교법적인 시점에서 검토하고자 한다. 특히 일본은 우리나라의 파견법제에 많은 영향을 끼친 만큼, 이 책에서는 일본의 파견법제와 도급과의 판단기준에 대해 많은 지면을 할애하여 소개 · 분석하였다.

파견과 도급을 둘러싼 문제는 파견법의 제정 당시부터 문제가 되어 아직도 진행형인 과제이다. 특히 위장도급과 불법파견을 둘러싼 분쟁은 제조업을 넘어 서비스산업에 이르기까지 전방위로 확산되고 있는 추세라 심히 우려스럽다. 아무쪼록 이 책이 이러한 분쟁해결에 일조할 수 있다면 더없는 영광으로 생각한다. 마지막으로 변변치 못한 원고임에도 선뜻 출판을 허락해 주신 법문사 관계자분들께 고마움을 전한다.

2014년 7월

신록의 천장산 기슭에서 저자

차 례

제1장 문제제기

제2장 도급과 파견의 구별

제3장 일본과의 비교법적 검토

제4장 비교법제로부터 시사

제1장

문제제기

최근 고용형태가 다양화되면서 파업과 노사분쟁 또한 매우 다양한 형태로 나타나고 있다. 얼마 전 엄청난 경제적 손실과 더불어 노사 간에 상흔만 남긴 채 끝나버린 현대자동차 사내하청 노조의 파업은 직접적인 근로관계가 없는 원청회사를 상대로 한 파업이었다는 점에서 종전의 파업과는 그 성격이 매우 다르다. 법리적으로만 따진다면 원청회사는 사내하청 노조와는 직접적인 근로관계에 있지 않으므로 단체교섭을 거부하더라도 극히 예외적인 경우를 제외하고는 부당노동행위 등의 문제가 발생할 소지가 없다. 그럼에도 불구하고 사내하청 노조가 원청회사를 상대로 정규직화를 요구하며 파업을 감행한 배경에는 2010년 여름에 대법원이 사내하청근로자의 근로관계가 사실상 파견에 해당한다는 결정을 내린 것이 도화선이 되었다. 이를 계기로 파견 및 도급을 둘러싼 분쟁은 서비스업을 포함하여 산업 전반으로 확대되는 양상을 보이고 있다.

파견과 도급(아웃소싱)은 그 태생이 다를 뿐만 아니라, 법적 규제를 달리 한다는 점에서 엄밀히 구분되어야 함에도 불구하고, 그 해석을 둘러싸고 의견이 분분한 이유는 무엇일까? 그 배경에는 소위 고용의 포트폴리오가 심화되면서 파견과 도급의 경계선이 모호해졌을 뿐만 아니라, 파견의 경우에는 대상 업무가 매우 제한적이며 규제 또한 엄격하기 때문에 제조업을 포함한 많은 기업에서 파견보다는 도급을 이용하고 있기 때문이다. 특히 우리나라의 경우에는 정규직에 대한 해고를 엄격히 규제하고 있어 기업의 입장에서는 경기변동에 따른 인력수급 조절이 어렵기 때문에, 구조조정 및 사회보험 등에서 상대적으로 부담이 적은 도급을 선호하는 것은 무한경쟁에서 살아남기 위한 기업의 본능적인 선택인지도 모른다.

문제는 기업이 생존을 위한 고육지책으로 도급을 선택하는 것은 이해가 되지만, 한편으로는 그 부작용도 만만치 않다는 데 있다. 예를 들어 사내하청의 경우, 원청회사와는 전속적인 관계를 전제로 하는 경우가 일반적이므로 언제든지 도급계약이 해지될 수 있다는 고용불안이 잠재하고 있으며, 하청업체 근로자는 원청회사의 근로자와 동종의 업무에 종사하고 있음에도 임금이나 기업복지 등에서 차별을 받고 있다는 점이다. 더욱이 기업 중에는 노동법상의 각종 규제를 피하기 위하여 도급을 위장하는 경우도 현실적으로 존재하기 때문에, 이들로부터 근로자들을 보호하기 위해서는 엄격한 단속이 절실히 요청된다. 대법원이 위의 현대자동차 사건에서 원청회사가 사실상 하청업체 근로자에 대해 직접 노무지휘를 하였기 때문에 파견에 해당된다고 한 것은 이러한 고민에서 도출된 법리라 판단된다. 하지만 대법원이 제시한 기준이 상당부분 합리적인 부분도 있지만, 이를 모든 산업에 적용하기에는 다음과 같은 점에서 의문이 든다.

우선, 대법원이 현대자동차 사건에서 제시한 파견과 도급의 판단기준을 제조업이 아닌 다른 분야의 업종에 그대로 적용하기에는 상당한 무리가 있다. 예를 들어 최근에 위장도급 · 불법파견 문제로 사회적 이슈가 되고 있는 가전수리서비스의 경우를 보면, 상기 현대자동차 사건에서 대법원이 판단기준으로 제시한 고용환경과는 매우 상이하다. 다시 말해서 대법원은 현대자동차 사건에서 '컨베이어벨트 시스템'이라는 특수한 공정에서 원 · 하청근로자가 동일한 장소에 서로 혼재되어 유사한 작업에 종사하고, 심지어는 휴일 · 휴게시간과 출 · 퇴근시간이 같고 사내 여러 가지 시설을 공유하고 있다는 점 등을 종합적으로 고려하여, 원청회사가 하청근로자에 대해 지휘 · 감독을 했다는 판단법리를 유추한 바 있다. 하지만 가전수리서비스의 경우에는 자동차제조와는 근무환경이 많이 상이하여, 위에서 대법원이 제시한 요건을 거의 충족하고 있지 못하다. 그럼에도 불구하고 일부 제조업에 대한 판단법리를 서비스업에 그대로 원용하는 데는 법리적으로 많은 문제점을 내포하고 있다. 이처럼 근무형태가 상이함에도 불구하고 이러한 법리를 안일하게 적용하게 되면, 해당 근로자와 직접적인 고용관계가 없는 회사에 대해서까지 사용자 책임을 인정하게 되어 진정한 도급조차 위축될 가능성이 있으며, 기업이 외부노동력의 이용에 소극적으로 되어 노동시장이 경직화되고 고용창출 및 경쟁력 제고에 부정적인 영향을 미치게 될 것이다.

이에 본 연구에서는 최근 산업구조의 변화 및 노동환경의 변화 등을 감안할 때, 종전 대법원 및 행정기관이 자동차제조업을 대상으로 제시한 도급과 파견의 판단기준이 서비스산업(특히, 전자수리서비스)에 그대로 적용시키는 것이 과연 합리적이고 정당한지에 대해 비교법적인 시점에서 법리적 검토를 시도하고자 한다.

제2장

도급과 파견의 구별

Ⅰ. 도급과 파견의 개념

파견법상 "근로자파견"은 '파견사업주가 근로자를 고용한 후 그 고용관계를 유지하면서 근로자파견계약의 내용에 따라 사용사업주의 지휘 · 명령을 받아 사용사업주를 위한 근로에 종사하게 하는 것'으로 정의하고 있다(파견법 제2조 제1호).

근로자파견과 관련하여 파견법상 자주 문제가 되는 것으로 "도급"(특히 사내하도급)이 있는데, "도급"은 '당사자 일방(수급사업자)이 어느 일을 완성할 것을 약정하고 상대방(원사업자)은 그 일의 결과에 대하여 보수를 지급할 것을 약정함으로써 그 효력이 발생'하는 『민법』상의 계약(민법 제664조)이다.

민법은 도급을 할 수 있는 업무나 도급기간을 제한하고 있지 않으며 또한 도급을 "업"으로 하기 위해 별도로 행정관청의 허가 등을 받도록 하고 있지 않다.[1)]

이런 점 때문에 사업주로서는 인건비의 절감과 노동력의 탄력적 활용이라는 목적하에 형식적으로는 도급계약(또는 용역계약 등 명칭 불문)을 체결하고, 실제로는 근로자파견처럼 운영하여 파견법상의 규제를 회피하려는 시도를 하게 된다.

위와 같이 사실상의 양태가 근로자파견 또는 직접고용관계처럼 운영되면서 형식적으로는 도급계약을 체결하고 있는 경우는 도급 중에서도 특히 "사내하도급"에서 많이 발생하는 바, 도급, 특히 사내하도급에 있어서는 실제로 운영되는 모습이 근로자파견인지, 진정한 도급인지의 구별이 노동법적으로 중요한 과제가 된다.

Ⅱ. 구별개념

1. 근로자공급

근로자공급이란, 공급계약에 의하여 근로자를 타인으로 하여금 사용하게 하는 것

1) 개별법에서 별도로 규정하고 있는 사례도 있는데, 「경비업법」은 "경비업"을 '경비업무를 도급받아 행하는 영업'으로 정의하면서 경비업을 하고자 하는 자는 지방경찰청장의 허가를 받도록 규정하고 있다.

을 말한다.[2)] 근로자공급은 사실상 자기의 지배하에 있는 근로자를 타인에게 공급하여 사용하게 하는 것에 한정되며 고용계약 관계에 있는 근로자를 타인이 사용하게 하는 근로자파견과는 구별된다.

2. 도급 · 하도급

도급은 당사자 일방이 어떤 일을 완성할 것을 약정하고, 상대방은 그 일의 결과에 대하여 보수를 지급할 것을 약정함으로써 성립하는 계약(민법 제664조)을 말한다. 원사업자와 수급사업자의 근로자 간에 지휘 · 명령 관계를 상정할 수 없다는 점에서 사용사업주와 파견근로자 간에 지휘 · 명령 관계가 있는 근로자파견과 구별된다.

하도급 중, 특히 사내하도급(사내하청)은 하청업체의 주된 작업이 원청업체 사업장에서 이루어지고, 원청업체의 생산시설을 이용하여 수행하는 도급의 유형으로 하청업체가 자체 생산한 물품을 원청업체에 납품하는 사외하청과 구분된다.

사내하청은 원청회사와 하청회사가 도급계약을 맺고, 원청회사의 사업장에서 원청회사 소속 근로자들과 함께 원청회사의 생산시설을 이용하여 생산 등의 업무를 수행한다는 점에서 하청업체가 자체 생산한 물품을 원청업체에 납품하는 일반적인 하청과는 구분된다.

사내하청은 1) 원청회사와 하청회사가 사용과 고용의 주체로 분리된다는 점에서 '간접고용'에 해당되고, 2) 실제 업무의 위탁은 도급계약 등의 형식에 의하므로 '용역' 또는 '도급'의 한 유형으로도 볼 수 있으며, 3) 파견법이 금하고 있는 제조업 등 직접생산공정업무에 투입되는 경우가 많다. 따라서 위장도급 또는 불법파견에 해당될 소지가 있다.

3. 용 역

거래의 대상이 상품이 아닌 서비스(용역)인 계약으로서 용역업체에 일정한 업무를 맡겨 수행하도록 하는 형태이며 계약내용에 따라 도급, 위탁 등에 해당될 수 있다. 이

2) 다만, 파견법에 의한 근로자파견은 제외(직업안정법 제4조 제7호)하고 있다.

러한 예로는 경비용역사업(경비업법), 청소용역사업(공중위생관리법), 기술용역사업(엔지니어링기술진흥법) 등이 있다.

4. 소사장제

사내 분사 경영의 한 유형으로, 주로 동일사업장에서 근무하던 근로자(반장, 중간관리자 등)에게 일부 생산라인이나 제조공정을 도급을 주는 경우가 대부분이고, 사내하청의 초보적인 단계라 할 수 있다.

소사장제는 기업에서 장기간 근무한 특정 간부사원에게 독립된 사업체를 설립, 운영하게 하고 당해 기업에서 분리(outsourcing)된 특정 업무영역을 그 사업체가 전담하도록 하는 외부화 방식이다. 또한 소사장제는 사내외 분사경영의 한 유형으로서 사내하청의 초보적인 단계라 할 수 있다.

그런데 일반적인 소사장은 형식만 독립사업자로 해놓았을 뿐, 실제로는 회사의 지휘 · 감독 하에 근무하는 업무담당자의 지위에 불과한 경우가 많아, 위장도급이나 불법파견의 문제가 발생할 소지가 있다.

5. 위 임[3)]

위임은 당사자 일방이 상대방에 대해 사무처리를 위탁하고 상대방이 이를 승낙함으로써 성립하는 계약(민법 제680조)을 말한다. 위임계약에서는 수임인이 위임사무를 처리하는 활동 그 자체를 목적으로 하며, 수급인과 달리 일의 완성을 목적으로 하지 않는다. 따라서 수임인은 선량한 관리자의 주의를 다하여 사무를 처리해야 하지만(민법 제681조), 약정된 사무를 처리한 이상 그 사무처리가 일정한 결과를 수반하지 않더라도 수임인은 그가 부담한 채무를 이행한 것이 된다. 그런데 구체적으로 계약의 목적이 일정한 결과발생을 급부목적으로 하는가(도급), 아니면 단순히 일정한 결과를 위한 노력, 즉 수임한 사무를 처리하는 것으로 충분한가(위임)는 결국 계약의 해석에 의하여 판단된다. 진정한 위임계약관계에서는 수임인이 자신의 책임으로 위탁받은 업무를 처리하

3) 고용노동부, 『불법파견 형태의 사내하도급 문제 해결을 위한 참여정부의 노력과 과제』, 2007, 53면.

게 되므로 진정한 도급의 경우와 유사한 법률관계가 성립된다. 그러나 도급계약에 적용되는 특별법의 규정은 위임에는 적용되지 않는다.

Ⅲ. 파견법의 연혁

1. 제정 파견법(1998년)

종래 직업안정법에서 금지되던 근로자파견을 1998년 7월『파견근로자보호 등에 관한 법률』(이하 '파견법')을 제정 · 시행함으로써 법적 규율의 영역으로 흡수하였다.

2007. 7. 1 이전에 파견기간이 2년이 경과한 경우에는 해당 근로자는 2년의 기간이 만료된 다음 날 부터 특별한 사정이 없는 한 사용사업체의 기간의 정함이 없는 근로자로 간주된다. 사용사업주가 고용관계를 거부할 경우에는 법원에 근로자 지위확인 소송 제기를 통해 권리를 구제받을 수 있다고 규정하였다.

2. 개정 파견법

2007년에 시행된 개정 파견법은 파견기간 초과 이외에 파견대상 업무 위반, 무허가 파견 등 모든 불법파견에 대해서도 직접고용의무 규정이 적용됨을 명문화함과 동시에, 고용의무 미이행시 과태료(3천만원 이하)를 부과토록 하여 행정기관의 적극적 개입에 의한 실효성을 확보하였다. 무허가 파견의 역무를 사용한 사용사업주에게 벌칙을 신설하였고, 불법파견시 사용사업주에 대한 벌칙을 파견사업주 수준으로 강화하였다.

3. 재개정 파견법(2012년 8월 시행)

2012년에 시행된 개정 파견법은 사업주가 파견대상, 기간위반 및 무허가 파견 등 불법파견을 한 경우, 사용사업주가 해당 파견근로자를 파견기간에 관계없이 즉시 직접

고용토록 의무를 부과하였다.

Ⅳ. 사내하도급에서의 도급과 파견

1. 구별실익

원청과 하청업체 사이의 계약관계가 도급관계로 파악될 경우에는 파견법이 아닌 민법의 적용을 받게 되어, 파견대상업무 제한, 파견기간 제한, 파견근로자 직접고용 간주 또는 직접고용의무, 파견사업 허가 등의 엄격한 제한을 받지 않고 사업을 운영할 수 있다.

그러나 실질적으로 파견관계로 파악될 경우에는 위에서 언급한 엄격한 제한규정을 그대로 적용받게 되고, 이를 어긴 경우에는 행정벌이나 파견법위반 형벌의 제재가 가해지며, 고용간주 근로자로 인정되는 경우에는 원청은 근로자들의 사용자로 의제되고 사용자로서 의무를 이행할 법적의무를 지게 되는 것이다.

따라서 사업주 및 근로자들로서는 원청과 하청의 계약관계가 도급관계인지 파견관계인지 여부가 사업운영과 근로자로서의 지위보호 범위에 있어서 큰 영향을 미치는 사안이라고 할 것이다.

2. 구별기준

(1) 판단 순서

'근로자파견'에 해당하는지의 여부는 근로자와 고용계약을 체결한 파견사업주, 수급인, 수임인 등(이하 '파견사업주 등'이라 한다)에 대하여 사업주로서의 실체를 인정할 수 있는지를 먼저 판단한다. 파견사업주 등이 사업주로서의 실체가 인정되지 않는 경우에는 당해 근로자를 고용하지 않고 사용하는 사용사업주, 도급인, 위임인 등(이하 '사용사업주 등'이라 한다)이 당해 근로자를 직접 고용한 것으로 추정하여 노동관계법 위반

여부를 판단한다. 파견사업주 등이 사업주로서의 실체가 인정되는 경우에는 당해 근로자가 사용사업주 등의 지휘 · 명령을 받는지 여부를 조사하여 당해 고용관계가 '근로자파견'에 해당하는지를 판단한다.

(2) 판단 기준

(가) 파견사업주 등에 대한 사업주로서의 실체 판단

사용사업주 등과 파견사업주 등 사이에 체결된 계약의 명칭 · 형식 등에도 불구하고, 파견사업주 등에게 ㉠채용 · 해고 등의 결정권, ㉡소요자금 조달 및 지급에 대한 책임, ㉢법령상 사업주로서의 책임(4대 보험 가입증명서, 주민세 및 사업소득세 등 각종 세금 관련 자료, 근로소득 원천징수 관련 자료, 사용사업주 등과 파견사업주 등 사이에 체결된 계약서 · 임원 간 순환근무 여부, 기타 단체교섭 관련 서류 등을 확인) ㉣기계, 설비, 기자재의 자기 책임과 부담, ㉤전문적 기술 · 경험과 관련된 기획 책임과 권한이 존재하지 않는 경우에는 파견사업주 등의 실체가 인정되기 어려우므로 법 제2조 제1호의 근로자파견의 정의 중에서 "파견사업주가 근로자를 고용한 후 그 고용관계를 유지"하는 것으로 보지 아니 한다.[4)]

만일 파견사업주 등의 사업주로서의 실체가 인정되지 않는다면, 사용사업주 등과 근로자들 사이에 직접적 · 묵시적 근로관계가 성립되는 것으로 판단된다. 이에 대해 법원은 "원고용주에게 고용되어 제3자의 사업장에서 제3자의 업무에 종사하는 자를 제3자의 근로자라고 할 수 있으려면, 원고용주는 사업주로서 독자성이 없거나 독립성을 결하여 제3자의 노무대행기관과 동일시할 수 있는 등 그 존재가 형식적, 명목적인 것에 지나지 않고, 사실상 당해 피고용인이 제3자와 종속적인 관계에 있으며, 실질적으로 임금을 지급하는 자도 제3자이며 근로제공의 상대방도 제3자이어서 당해 피고용인과 제3자간에 묵시적 근로계약관계가 성립되어 있다고 평가될 수 있어야 할 것이다."[5)] 고 판단하고 있다.

즉, 협력업체가 사업주로서의 실체가 인정되지 않거나, 사업주로서의 실체는 인정

---

4) 다만, ㉣, ㉤은 단순히 육체적인 노동력을 제공하는 경우에는 적용되지 아니한다.('근로자파견'의 판단기준에 관한 지침, 고용부, 법무부, 2007. 4. 20.)
5) 대법원 1999.11.12.선고 97누19946 판결 등.

되나 협력업체 소속 근로자에 대해 원청회사가 근로관계에 직접 개입하고 지시 · 감독하여 원청업체의 노무대행 또는 소개기관에 불과한 경우에는 협력업체 소속 근로자와 원청회사 간에 직접적 · 묵시적 근로관계의 성립이 인정될 수 있다.[6)]

그러나 대법원은 최근 현대자동차와 관련한 판결에서 "㉠별도로 취업규칙 등을 제정하여 근로자들을 채용하고 근태를 관리하며 징계를 하는 등 인사권과 징계권을 행사하였고, ㉡독자적인 사업 주체로서 법인세 등 제반 세금을 납부하고 국민건강보험 등 4대 보험에 가입하고 회계와 결산 등을 별도로 하였으며, ㉢소속 근로자들에게 임금, 상여금 등을 직접 지급하고 그에 따른 근로소득세 원천징수, 연말정산 등 업무를 독자적으로 수행하였고, ㉣일정 부분 기성금에서 자신의 이익을 확보하였을 뿐만 아니라 클레임에 관한 규정을 두고 실제로 이에 대한 집행이 이루어짐으로써 일정 부분 사업 경영상 위험을 부담하였다."는 이유로 사내협력업체의 사용자로서의 독자성을 인정하여 협력업체 소속 근로자와 원청회사 간의 직접적 · 묵시적 근로관계의 성립은 부정하였다.

(나) 사용사업주 등의 지휘 · 명령에 대한 판단

사용사업주 등과 파견사업주 등 사이에 체결된 계약의 명칭 · 형식 등에도 불구하고, 사용사업주 등이 당해 근로자에 대하여 ㉠작업배치 · 변경 결정권, ㉡업무 지시 · 감독권, ㉢휴가, 병가 등의 근태 관리권 및 징계권, ㉣업무수행에 대한 평가권, ㉤연장 · 휴일 · 야간근로 등의 근로시간 결정권(다만, 작업의 특성상 일치시켜야 하는 경우에는 제외)을 행사하는 경우에는 법 제2조 제1호의 근로자파견의 정의 중에서 "파견사업주가 … 사용사업주의 지휘 · 명령을 받아 사용사업주를 위한 근로에 종사하게 하는 것"으로 판단한다.[7)]

6) 직접고용관계를 인정한 예로는 현대미포조선 사건(대법원 2008. 7. 10. 선고 2005다75088 판결), 에스케이 주식회사 사건(대법원 2003. 9. 23. 선고 2003두3420 판결)이 대표적이다.
7) 「'근로자파견'의 판단기준에 관한 지침」(고용부, 법무부, 2007. 4. 20.)

Ⅴ. 서비스업을 중심으로 본 사내하도급 실태[8)]

1. 사내하도급의 추이 및 특징

(1) 사내하도급 활용실태

사내하도급 활용실태에 대한 정확한 추정은 어려운 현실이다. 이에 대한 정확한 실태조사가 이루어지고 있지 못한 실정이다. 그러나 사내하도급 문제가 널리 확산되고 노사분규 등과 관련해서도 심각성이 더해지자, 노동부는 우선 사내하도급의 활용실태를 정확히 파악해야 올바른 대책 수립이 가능하다고 판단하고 지방노동관서를 통하여 2004년, 2008년, 2010년에 조사를 실시한 바 있다. 이 조사결과는 현재 통계청 등 어디에도 사내하도급과 관련한 정부 공식통계가 부재하다는 점에서 매우 유의미한 자료라 할 수 있으나, 2004년에는 500인 이상 기업을 대상으로 조사를 실시하고, 2008년과 2010년에는 300인 이상 사업장을 대상으로 제한적으로 실시됨에 따라 사내하도급 실태를 정확히 파악하기는 곤란한 한계를 지니고 있다.

먼저 2004년 3월 노동부는 건설업을 제외하고 전기 · 전자, 조선, 기계 · 금속 업종을 중심으로 500인 이상 653개 사업장을 조사한 결과 238개 사업장에서 사내하도급을 활용하고 있는 것으로 나타났다. 이는 조사대상 사업체의 36.4%를 차지하는 것으로서, 주로 제조업을 중심으로 대규모 사업장에서 사내하도급이 널리 활용되고 있음을 잘 보여준 결과였다.

〈표 1〉에서 확인할 수 있듯이, 사내하도급을 활용하고 있는 원사업체당 평균 사내하도급업체 수는 12개였으며, 평균 사내하도급 근로자수는 628명이었다. 아울러 조사대상으로 선정된 238개 원사업자의 평균 종업원 수 규모는 2,090명이었다. 결국 사내하도급 활용 사업장의 전체 근로자(원 · 하청 합계) 중 사내하도급 근로자가 차지하는 비율은 23.1%로서 네 명 중 한 명꼴로 사내하도급 근로자가 일하고 있는 것으로 나타났다. 업종별로는 조선, 철강, 화학 산업의 활용비율이 높은 것으로 드러났다. 또한 원사업체당 하도급업체수와 하도급근로자 수는 〈표 1〉에서 볼 수 있듯이 조선>자

---

8) 경제사회발전노사정위원회, 『사내하청 제도 및 정책적 개선방안 연구』, 2010, 6-23면.

〈표 1〉 사내하도급 활용 실태(2004. 3)

(단위: 개소, 명, %)

	사업체		근로자		사업체 규모		원청업체 1개소 당		
	원청	하청	원청	하청	원청	하청	하청 업체	하청 근로자	하청 근로자 비중
	(C)	(D)	(F)	(G)	(F/C)	(G/D)	(D/C)	(G/C)	(G/F)
계	238	2,969	497,337	149,520	2,090	50	12	628	30.1
조선	9	503	38,863	29,963	4,318	60	56	3,329	77.1
전기 · 전자	42	644	142,680	38,977	3,397	61	15	928	27.3
자동차	7	265	68,961	16,463	9,852	62	38	2,352	23.9
사무 · 판매 서비스	50	266	62,496	16,195	1,250	61	5	324	25.9
철강	10	201	38,653	16,977	3,865	84	20	1,698	43.9
기계 · 금속	39	487	59,419	10,087	1,524	21	12	259	17.0
화학	23	274	34,610	12,420	1,505	45	12	540	35.9
기타	58	329	51,655	8,438	891	26	6	145	16.3

자료: 고용노동부.

동차>철강의 순으로 많았다. 하도급업체당 근로자수는 평균 50명이었는데, 철강이 가장 많고(84명) 기계금속이 적은 것으로(20명) 나타났다. 이는 우리나라 사내하도급업체들의 영세성을 보여주는 결과라 할 수 있다.

이러한 조사 결과로부터 우리나라 경제의 주력 부문인 중화학공업 대기업 사업장을 중심으로 사내하도급 활용이 널리 확산되어 있는 것과 이들이 주로 영세업체지만 원사업자가 다수의 하도급업체에 업무를 배분하여 전체적으로는 1/4 가량의 인원을 이 형태로 활용하고 있는 것으로 확인되었다. 아울러 사무판매서비스 산업 등에서도 적지 않은 수의 사내하도급 근로자가 활용되고 있는 것으로 나타나, 산업 현장 전반에 걸친 사내하도급 규율과 건전한 질서가 필요한 것으로 판단되었다.

이후 고용노동부는 2008년 5월에 조사대상 사업장을 확대하여 300인 이상 대기업 사업장 1,764개를 대상으로 사내하도급 활용실태를 조사하였다. 2008년 조사에 따르면 조사대상 사업장 1,774개 가운데 962개 사업장으로 전체의 54.6%에서 사내하도급을 활용하고 있으며, 활용 사업장의 하청근로자는 368,590명으로 원청근로자 대비

28.0%인 것으로 나타났다. 이는 조사대상 사업장이 2004년과 비교하여 300인 이상 사업장 1,764개로 확대됨에 따라 정확한 비교를 할 수는 없지만, 2008년의 조사 결과는 사내하도급 활용 사업장과 하청근로자 규모는 상당한 폭으로 증가된 것으로 나타났다.

〈표 2〉에서와 같이 사내하도급을 활용하고 있는 원사업체당 평균 사내하도급업체수는 9개였으며, 평균 사내하도급 근로자수는 383명이었다. 또한 조사대상으로 선정된 1,764개 사업장 중 사내하도급을 활용하는 963개 사업장의 평균 종업원수 규모는 1,368명이었다. 따라서 사내하도급 활용 사업장의 전체 근로자(원하청 합계) 중 사내하도급 근로자가 차지하는 비율은 21.8%로서 2004년의 조사결과인 23.1%에 비하면 다소 감소한 것으로 나타났다. 업종별로는 2004년과 동일하게 조선, 철강, 화학 산업의 활용비율이 높은 것으로 드러났다. 하도급업체당 근로자수는 평균 34명이었는데, 조선이 가장 많고(93명) 기계금속이 적은 것으로(20명) 나타났다. 이는 우리나라 사내하도급업체들의 영세성이 여전하고, 조사대상 사업장이 확대될수록 그 정도가 심화되는 결과를 보여주고 있다.

〈표 2〉 사내하도급 활용실태(2008. 5)

(단위: 개소, 명, %)

	사업체				근로자			
	대기업			하청	대기업			하청
		미활용	활용			미활용	활용	
	A	B	C	D		E	F	G
계	1,764	801	963	10,717	1,958,556	641,151	1,317,405	368,590
기계	109	30	79	621	80,378	12,937	67,441	12,128
자동차	22	3	19	330	114,255	1,750	112,505	19,541
전기 · 전자	169	63	106	1,075	226,835	39,558	187,277	26,116
철강	27	2	25	475	41,529	720	40,809	28,912
조선	16		16	847	64,847		64,847	79,160
화학	111	31	80	565	89,176	23,104	66,072	16,401
사무 · 판매서비스	868	488	380	3,652	970,993	435,834	535,159	122,456
기타	442	184	258	3,152	370,543	127,248	243,295	63,876

	사내 하도급 활용비중	사업체규모			원청업체 1개소 당		
		미활용 대기업	활용 대기업	하청	하청 업체	하청 근로자	하청근로자 비중
	B/A	E/B	F/C	G/D	D/C	G/C	G/F*100
계	54.6	800	1,368	34	9.0	383	28.0
기계	72.5	431	854	20	12.7	154	18.0
자동차	86.4	583	5,921	59	5.8	1,028	17.4
전기 · 전자	62.7	628	1,767	24	9.9	246	13.9
철강	92.6	360	1,632	61	5.3	1,156	70.8
조선	100.0		4,053	93	1.9	4,948	122.1
화학	72.1	745	826	29	14.2	205	24.8
사무 · 판매서비스	43.8	893	1,408	34	10.4	322	22.9
기타	58.4	692	943	20	8.2	248	26.3

자료: 고용노동부, 『2008년 사내하도급 현황 조사』.

고용노동부는 2010년 8월에 300인 이상 사업장을 대상으로 사내하도급 활용실태를 조사하였다. 조사대상 사업장은 2008년과 동일하게 300인 이상 대기업 사업장 1,939개를 대상으로 하였다. 2010년 조사에 따르면 조사대상 사업장 1,939개 가운데 799개 사업장으로 전체의 41.2%에서 사내하도급을 활용하고 있으며, 활용 사업장의 하청근로자는 325,932명으로 원청근로자 대비 32.6%인 것으로 나타났다. 이는 2008년의 조사 결과와 비교해보면 조사대상 사업장 가운데 사내하도급을 활용하는 사업장의 비율은 감소하였으나, 사내하도급을 활용하는 사업장의 하청근로자 비율은 상당한 폭으로 증가된 것으로 나타났다.

〈표 3〉에서와 같이 사내하도급을 활용하고 있는 원사업체당 평균 사내하도급업체 수는 10개였으며, 평균 사내하도급 근로자수는 408명이었다. 또한 조사대상으로 선정된 1,939개 사업장 중 사내하도급을 활용하는 799개 사업장의 평균 종업원수 규모는 1,252명이었다. 따라서 사내하도급 활용 사업장의 전체 근로자(원 · 하청 합계) 중 사내하도급 근로자가 차지하는 비율은 24.6%로서 2008년의 조사결과인 21.8%에 비하면 상당히 증가한 것으로 나타났다. 업종별로는 조선, 철강, 기계금속 산업의 순으로 그 활용비율이 높은 것으로 드러났다. 2008년의 조사결과와 비교해보면 조선, 기계금속,

전기전자 산업에서 하청근로자 수가 증가한 것으로 나타났다. 하도급업체당 근로자수는 평균 38명으로 2008년의 조사결과와 유사한 수준으로서 우리나라 사내하도급업체들의 영세성은 지속적으로 나타났다.

〈표 3〉 사내하도급 활용실태(2010. 8)

(단위: 개소, 명, %)

	사업체				근로자			
	대기업			하청	대기업			하청
		미활용	활용			미활용	활용	
	A	B	C	D		E	F	G
계	1,939	1,140	799	8,529	1,823,232	823,124	1,000,108	325,932
기계	116	32	84	734	78,403	10,662	67,741	16,634
자동차	14		14	217	77,311		77,311	15,075
전기 · 전자	177	71	106	705	248,124	59,141	188,983	30,927
철강	31	4	27	501	38,317	1,596	36,721	28,512
조선	14		14	1,058	53,629		53,629	85,119
화학	127	40	87	523	96,201	23,563	72,638	16,786
사무 · 판매서비스	830	552	278	3,410	786,048	430,471	355,577	95,336
기타	630	184	189	1,381	445,199	297,691	297,691	37,543

	사내 하도급 활용비중	사업체규모			원청업체 1개소 당		
		미활용 대기업	활용 대기업	하청	하청 업체	하청 근로자	하청근로자 비중
	B/A	E/B	F/C	G/D	D/C	G/C	G/F*100
계	41.2	722	1,252	38	10.7	408	32.6
기계	72.4	333	806	23	8.7	198	24.6
자동차	100		5,522	69	15.5	1,077	19.5
전기 · 전자	59.9	833	1,783	44	6.7	292	16.4
철강	87.1	399	1,360	57	18.6	1056	77.6
조선	100		3,831	80	75.6	6,080	158.7
화학	68.5	580	835	32	6.0	193	23.1
사무 · 판매서비스	33.5	780	1,279	28	12.3	343	26.8
기타	30.0	675	780	27	7.3	199	25.5

자료: 고용노동부, 『2010년 사내하도급 현황 조사』.

(2) 사내하도급 활용실태의 특징

사내하도급 활용실태에 대한 정확한 공식통계가 부재한 상황에서 노동부에서 실시한 실태조사의 결과는 우리나라 사내하도급의 현황을 상당부분 가늠할 수 있게 한다. 먼저 2008년과 2010년에 실시된 노동부의 실태조사는 300인 이상 대기업을 조사 대상으로 삼고 있어 보다 정확한 실태를 파악하기 어렵다는 점이다. 사내하도급 실태조사의 대상을 300인 미만으로 확대하여 할 경우 사내하도급업체와 하청근로자 수가 상당히 커질 것으로 보인다. 또한 원청의 규모별로 활용방식이나 고용관행 등에서의 차이가 있을 수 있다. 왜냐하면 300인 이상 기업은 사내하도급 활용에 있어 일정한 합법적 관리체계를 유지하고 있을 가능성이 클 것이다. 그러나 300인 미만의 중소규모 사업장의 경우 소위 소사장제 형태와 같은 방식이나 제조공정에서 용역방식의 사내하도급을 활용하는 경우도 쉽게 찾아볼 수 있다. 따라서 사내하도급의 현황과 활용방식 등에 대한 보다 정확한 실태조사가 선행되지 않으면 사내하도급에 대한 정의와 그 범주를 올바르게 획정하는데 있어 일정한 한계가 따를 수밖에 없다.

다음으로 고용노동부가 300인 이상 사업장을 동일하게 대상으로 삼아 실시했던 2008년과 2010년의 조사결과를 비교해보면 사내하도급의 활용강도가 높아지고 있다는 특징을 발견할 수 있다. 하청근로자 수를 보면 2008년도 368,590명에서 2010년에는 325,590명으로 감소하지만, 하청근로자의 비중은 원청근로자 수 대비 2008년도 28.0%에서 2010년에는 32.6%로 증가한다. 사내하도급을 활용하는 원청근로자 수가 2008년도 1,317,405명에서 2010년에는 1,000,108명으로 감소되어 23.9%의 감소를 보이지만, 하청근로자 수는 2008년도 대비 11.3% 감소에 불과하다. 이는 전체적인 취업률이 감소됨에 따라 원 · 하청근로자의 규모는 전체적으로 축소되었지만, 원청근로자들의 일자리를 하청근로자들이 일정 부분 대체해 왔다고 볼 수 있는 점이다. 즉 300인 이상 대기업 수준에 있어서 사내하도급의 활용강도가 이전 보다 강화되어 가고 있다고 볼 수 있다.

또한 고용노동부의 조사결과에 기초하여 살펴보면 원청업체의 근로자 수가 많을수록 사내하도급의 활용강도가 높다는 사실을 발견할 수 있다. 2008년도 조사결과에 따르면 사내하도급 활용사업체의 평균 근로자 수는 1,433명인 반면 미활용업체는 775명이었으며, 2010년 조사결과를 보더라도 활용 업체 평균 근로자 수는 1,252명인 반면 미활용업체는 722명이다. 규모가 큰 사업장일수록 사내하도급을 더 많이 이용한다고 할 수 있다. 한편, 업종별 특징을 살펴보면 조선과 철강 산업에 있어서 사내하도급 활용강도가 평균 수준에 비하여 2배 내지 5배 까지 높은 실정이다. 조선업의 경우에는 2010년에 원청근로자 수 대비 하청근로자 수가 158.7%(2008년에는 122.1%)에 이르고, 철강업의 경우에도 원청 대비 하청근로자 수가 77.6%(2008년에는 70.8%)에 이르고 있다. 2008년과 비교하여 전체적인 하청근로자 수는 감소하였지만 조선, 전기전자, 기계금속 산업에 있어서는 증가세를 보이는 특징이 있었다. 우리나라 공기업은 75.8%가 사내하도급을 활용하고 있다는 점에서 민간기업보다 25% 이상이 높고, 사내하도급 근로자 비중도 공기업은 27.9%인 반면 민간기업은 16.9%이다. 공기업의 경우 정부의 정원통제의 강화로 직접고용이 제약을 받으면서 사내하도급의 활용도가 높아진 것으로 보인다.

2. 사내하도급의 활용 목적

우리나라뿐만 아니라, 외국에서도 사내하도급이 존재한다. 사내하도급을 활용하는 목적이 나라별로 다소 상이할 수도 있으나, 우리나라에서 기업들의 경우, 정규직의 높은 임금과 고용경직성 때문에 사내하도급을 활용하는 것으로 알려지고 있다.

사내하도급 실태와 관련하여 입체적인 분석을 수행할 수 있는 자료로는 한국노동연구원의 사업체패널(WPS) 조사가 있다. 2008년에 년 말 기준으로 응답하도록 조사된 자료를 검토해 보면, 30인 이상 40,399개 사업체(실제조사 대상 1,745개 사업체에 가중치를 적용하여 현실에 근사할 경우) 중 사내하도급 근로자를 활용하고 있는 사업체수는 5,573개로 약 13.8%로 나타났으며, 근로자수로는 31만 2천명에 불과하였다. 이는 300인 이상을 조사대상으로 한 고용노동부 조사에 비해 지나치게 적은 수치이다. 따라서 사내하도급 활용실태를 정확하게 파악하는데 있어서는 한계가 있으나, 사내하도급을 활용하고 있는 사업장에서의 활용이유에 대해서는 참고할 가치가 있다.

고용노동부의 자료에 의하면 〈표 4〉에 나타난 바와 같이, 업무성격 때문에 사내하도급을 활용한다는 응답이 가장 높은 것으로 나타났다. 그리고 인건비 절감과 고용유연성 때문이라는 응답은 비슷한 분포를 보였다. 정원동결 때문이라는 응답은 공공부문에서 상대적으로 높은 비중을 나타냈으나, 공공부문에서 사내하도급을 활용하는 가장 큰 이유는 인건비 절감인 것으로 나타났다.

한편 규모별로 사내하도급을 활용하는 이유를 살펴보면, 1,000인 이상 초대형기업의 경우 고용유연성 필요를 가장 크게 고려하고 있는 것으로 나타났으나, 300~1,000인의 대기업에서는 인건비 절감을 꼽는 비율이 46.3%에 달하였다. 300인 이하 중소기업에서는 업무성격 때문에 사내하도급을 활용한다는 비중이 높게 나타났다. 이로써 대체로 업무성격상 사내하도급을 활용하는 비중이 전반적으로 높기는 하지만, 대기업일수록 고용유연성과 인건비 절감 목적이 부각되는 것으로 보인다.

여기에서 표에서는 나타나 있지 않지만 노조 유무별로 사내하도급 활용 이유를 분석해본 결과 유노조 기업에서 인건비 절감 이유를 지적한 비율이 31.3%로 무노조 기업보다 5%포인트 높은 것을 제외하면 두 집단간에 거의 차이를 나타내지 않았다. 한편 〈표 4〉의 아래 부분에서 볼 수 있듯이 제조업의 경우 상대적으로 고용유연성의 필요를 꼽은

〈표 4〉 규모별 · 산업별 사내하도급 활용 이유

	인건비 절감	고용유연성	업무성격	정원동결	기타	전체
50인 이하	250	307	443	76	0	1,077
	23.3	28.5	41.2	7.0	0.0	(19.3)
50~99	614	817	952	51	0	2,434
	25.2	33.6	39.1	2.1	0.0	(43.7)
100~299	437	342	644	62	9	1,494
	29.3	22.9	43.1	4.1	0.6	(26.8)
300~999	191	55	155	7	4	412
	46.3	13.4	37.6	1.8	1.0	(7.4)
1,000 이상	46	58	45	4	3	157
	29.4	37.0	29.0	2.6	2.1	(2.8)
전체	1,538	1,580	2,239	200	16	5,573
	27.6	28.3	40.2	3.6	0.3	(100.0)
제조업	672	826	852	64	12	2,426
	27.7	34.0	35.1	2.7	0.5	(43.5)
비제조업	866	754	1,387	135	4	3,147
	27.5	24.0	44.1	4.3	0.1	(56.5)

주: 1) 업무성격은 충원 어려움, 숙련필요, 기피업무 수행 등을 의미함.
2) 제일 마지막 열 빈도수 아래 괄호 안 숫자는 종 백분율, 나머지는 모두 횡 백분율임.
자료: 사업체패널조사(WPS), 한국노동연구원.

〈표 5〉 사업체 규모별 노동조합 조직율(2009)

(단위: 명, %)

	30인 미만	30-99인	100-299인	300인 +
임금노동자	9,602,000	3,361,000	1,646,000	1,946,000
조합원	22,548	98,080	210,046	825,659
조직률	0.2	2.9	12.8	42.4

자료: 고용노동부.

비율이 높게 나타났으며, 비제조업은 업무성격이라고 응답한 비율이 높게 나타났다.

Ⅵ. 도급 및 파견에 대한 행정해석 및 판례

1. 고용노동부의 기준 및 판단기준 (행정해석)

파견과 도급의 구별과 관련하여 노동부는 지금까지 고시(1998년 7월) 및 지침(2004년 7월) 등을 통하여 규율하여 왔다. 동 고시 및 지침은 당사자 간의 형식적인 계약관계보다는 실체적인 사실관계의 내용을 객관적으로 분석하여 사업경영의 독립성과 노무관리의 독립성을 검토하고, 이들 중에서 어느 하나라도 충족되지 못하면 근로자파견에 해당하는 것으로 보고 있다. 진정한 도급관계가 성립하기 위해서는 수급인이 독립된 사업의 주체로서 실체성을 확보하여야 할 뿐만 아니라, 사용자로서 자신의 근로자를 직접 지휘 · 감독하여야 한다는 점이 그 논거였다. 따라서 이들 요건 중에서 어느 하나라도 충족되지 못하면 수급인은 독자적인 사업수행능력을 갖춘 거래 주체로 인정될 수 없다는 것이다. 또한 계약당사자는 계약자유의 원칙에 따라 자유롭게 계약의 목적과 내용 및 이행방법을 약정할 수 있지만 파견근로자 보호를 목적으로 제정된 파견법의 적용을 회피하기 위하여 도급으로 위장된 것이라면 그 형식적 의사는 거래관계의 객관적 실태와 부합하지 아니한 것이므로 이때에는 객관적 실태를 중심으로 계약관계의 실체를 판단해야 한다는 것이 노동부의 입장이었다.

그러나 도급계약관계의 내용에 대해서는 법률이 어느 특정한 형태를 강제하지 않으므로 당사자가 얼마든지 자유롭게 그 내용과 형식을 결정할 수 있는 것이다. 즉 도급계약의 실질에 반하지 않는 한 도급인과 수급인 또는 도급인과 수급인 근로자의 지시관계는 어느 정도 용인될 수 있다. 문제는 해당 도급관계를 근로자파견으로 볼 수밖에 없을 정도로 본질적인 지시 내지 조직적 종속성을 지니고 있는가 하는 점이다. 이 점은 결국 계약관계의 전체적인 전개모습과 업무의 특성을 고려하여 종합적으로 판단되어야 하는 것이다.

그럼에도 불구하고 노동부의 고시 및 지침은 특정 징표를 중심으로 어느 하나라도 위반하면 근로자파견으로 보는 입장을 취함으로써 경직적인 판단방법을 취하고 있다는 비판을 받아 온 것이 사실이다. 다만 최근 KTX 사례에서는 종래의 경직된 판단방법을 벗어나 사업경영상의 독립성과 노무관리상의 독립성의 각 징표들에 대해서 종합적인 판단을 한 바 있다.[9]

〈표 6〉 산업별 파견법 위반 사례[10]

업 종	대 상	점검기간	결과 (파견법 위반)	위반유형
조선업종	124개사 (원청9, 하청115)	2004.3.8 ~ 2004.4.28	파견법 1개사 위반	제조업 직접 생산 공정 사용
철강 · 화학 업종	150개사 (원청28, 하청122)	2004.7.5~ 2004.9.25	파견법 15개사 위반	사업경영상 독립성과 노무관리상 독립성 결여
전기 · 전자 업종	228개사 (원청52, 하청176)	2004.12.1 ~ 2005.3.31	파견법 12개사 위반	업무지시 · 감독권행사, 연차수당 · 퇴직금의 원청지급 등 노무관리 사업경영의 독립성 결여
자동차 · 기계 · 금속업종	259개사 (원청41, 하청218)	2005.7.11 ~ 2005.10.27	파견법 35개사 위반	원 · 하청 혼재근무, 업무보조 등 주변업무에서 원청의 지배 등 사업의 노무관리 사업경영상의 독립성 결여
IT 업종	140개사 (원청60, 하청80)	2005.8.16 ~ 2005.12.19	파견법 36개사 위반	노무관리상의 독립성 결여 및 파견법규정 미준수
사무 · 판매 · 서비스 업종	1,029개사 (원청261, 하청768)	2006.2.17 ~ 2006.5.4	파견법 14개사 위반	노무관리 사업경영의 독립성 결여

9) 고용노동부, 『불법파견 형태의 사내하도급 문제 해결을 위한 참여정부의 노력과 과제』, 2007, 55면.
10) 고용노동부, 『불법파견 형태의 사내하도급 문제 해결을 위한 참여정부의 노력과 과제』, 2007, 56면.

(1) 근로자파견과 도급의 구별[11)]

근로자파견은 파견법 제2조 제1호에 의해, 도급은 민법 제664조에 의해 정의되고 있으며, 양자간의 가장 중요한 차이는 지휘 · 명령을 누가 하는가에 달려 있다. 근로자파견은 사용사업주가 지휘 · 명령을 하나, 도급의 경우에는 수급인이 근로자에 대한 지휘 · 명령의 주체가 된다. 따라서 지휘 · 명령을 원청이 하는 경우에는 도급계약의 형식을 취하고 있다 하더라도 근로자파견으로 보아 파견법을 적용하게 되며, 법무부-검찰-고용노동부는 합동으로 지침을 마련하여 도급이 근로자파견에 해당하는지 여부를 판단하고 있다.

(2) '근로자파견'의 판단기준에 관한 지침[12)]

(가) 목 적

이 지침은 『파견근로자 보호 등에 관한 법률』(이하 '법'이라 한다)에 위반한 고용형태를 효과적으로 단속함으로써 근로자파견제도의 적정한 운영을 기하기 위하여 법 제2조 제1호의 규정에 의한 '근로자파견'과 근로자파견이 아닌 것을 구분함에 있어 그 판단의 기준을 정하는 것을 목적으로 한다.

(나) 구성 주체

법 제2조 제1호에 의한 '근로자파견'은 근로자파견사업을 행하는 자인 '파견사업주'와 근로자파견계약에 의하여 파견근로자를 사용하는 '사용사업주' 및 파견사업주가 고용한 근로자로서 근로자파견의 대상이 되는 '파견근로자'라는 삼자관계로 구성이 된다.

---

11) 고용노동부, 『근로자파견 제도를 알려드립니다』, 2012, 13면.
12) 고용노동부, 『근로자파견 제도를 알려드립니다』, 2012, 14-18면.

〈그림 1〉 근로자파견의 구조

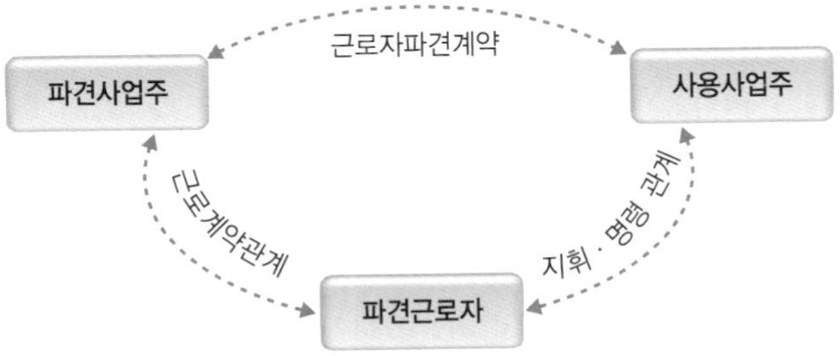

(다) 판단 체계

① 판단 순서

법 제2조 제1호의 '근로자파견'에 해당하는지의 여부는 근로자와 고용계약을 체결한 파견사업주, 수급인, 수임인 등(이하 '파견사업주 등'이라 한다)에 대하여 사업주로서의 실체를 인정할 수 있는지를 먼저 판단한다. 파견사업주 등이 사업주로서의 실체가 인정되지 않는 경우에는 당해 근로자를 고용하지 않고 사용하는 사용사업주, 도급인, 위임인 등(이하 '사용사업주 등'이라 한다)이 당해 근로자를 직접 고용한 것으로 추정하여 노동관계법 위반 여부를 판단한다. 파견사업주 등이 사업주로서의 실체가 인정되는 경우에는 당해 근로자가 사용사업주 등의 지휘 · 명령을 받는지 여부를 조사하여 당해 고용관계가 '근로자파견'에 해당하는지를 판단한다.

② 판단방법 (종합적 판단)

법 제2조 제1호의 '근로자파견'에 해당하는지의 여부는 각 호를 종합적으로 고려하여 판단한다.

(라) 판단 기준

① 파견사업주 등에 대한 사업주로서의 실체 판단

사용사업주 등과 파견사업주 등 사이에 체결된 계약의 명칭 · 형식 등에도 불구하고, 파견사업주 등에게 다음 각 호의 권한이나 책임이 존재하지 않는 경우에는 파견사업주 등의 실체가 인정되기 어려우므로, 법 제2조 제1호의 근로자파견의 정의 중에서 "파견사업주가 근로자를 고용한 후 그 고용관계를 유지"하는 것으로 보지 아니한다.

다만, 아래 d, e는 단순히 육체적인 노동력을 제공하는 경우에는 적용되지 아니한다.

a. 채용 · 해고 등의 결정권

채용면접표, 취업규칙, 근로계약서, 신규채용자 안전교육, 기타 해고 관련 서류 등을 확인

b. 소요자금 조달 및 지급에 대한 책임

사무실 임대차 계약서, 사업체 설립비용 부담여부, 주식회사의 경우 주금 납입 경위 및 주식 소유비율, 기성금 및 수당 지급방법 등을 확인

c. 법령상 사업주로서의 책임

4대 보험 가입증명서, 주민세 및 사업소세 등 각종 세금관련 자료, 근로소득 원천징수 관련 자료, 사용사업주 등과 파견사업주 등 사이에 체결된 계약서 · 임원간 순환근무 여부, 기타 단체교섭 관련 서류 등을 확인

d. 기계, 설비, 기자재의 자기 책임과 부담

사용사업주 등이 지급하는 기계나 설비, 기자재의 내역과 유무상 여부를 확인하고, 무상으로 제공할 경우 그 필요성 및 정당성을 확인

e. 전문적 기술 · 경험과 관련된 기획 책임과 권한

기획 관련 작성서류, 사용사업주 등과 파견사업주 등 사이에 체결된 계약서 및 동 계약이 단순 노무제공인지 여부, 사업계획서, 파견사업주 등의 업무수행능력 및 소속 근로자 자격증 유무 등을 확인

② 사용사업주 등의 지휘 · 명령에 대한 판단

사용사업주 등과 파견사업주 등 사이에 체결된 계약의 명칭 · 형식 등에도 불구하고, 사용사업주 등이 당해 근로자에 대하여 다음 각 호의 권한을 행사하는 경우에는 법 제2조 제1호의 근로자파견의 정의 중에서 "파견사업주가 … 사용사업주의 지휘 · 명령을 받아 사용사업주를 위한 근로에 종사하게 하는 것"으로 판단한다.

a. 작업배치 · 변경 결정권

작업계획서, 인력배치 계획서, 관련 회의자료, 기타 작업배치 관련 서류 및 관행 등을 확인

b. 업무 지시 · 감독권

일일 작업지시서, 안전교육 일지, 조회 개최 여부, 업무관련 지시 전달 방법 등을 확인 특히 직접 고용한 근로자와 혼재하여 같거나 유사한 업무에 종사토록 하는 경우에는 업무 지시 · 감독권 행사 여부를 보다 신중히 검토. 계약서상 업무의 목적이나 내용이 지나치게 추상적이어서 사용사업주 등의 지시를 통해 비로소 구체화되는 불확정한 상태에 놓여 있거나 또는 업무 전반을 망라하는 것으로 되어 있어 특정 업무에 한정되지 않는 경우에는 업무 지시 · 감독권이 인정될 수 있음에 유의

c. 휴가, 병가 등의 근태 관리권 및 징계권

휴가, 결근, 조퇴, 외출, 지각원, 출근부, 기타 징계관련 서류 등의 확인

d. 업무수행에 대한 평가권

업무수행 및 실적에 대한 평가서, 파견사업주 등의 직원이 현장에서 감독 · 평가하는지 여부, 잘못된 업무수행이 발견된 경우에 있어서의 조치 관행 등을 확인

e. 연장 · 휴일 · 야간근로 등의 근로시간 결정권

(다만, 작업의 특성상 일치시켜야 하는 경우에는 제외한다) 연 · 월차 유급휴가 사용내역, 일일 근무현황, 기타 근로시간 관련 서류 등을 확인

(마) '근로자파견'의 판단을 위한 자율점검표

이 점검표는 고용노동부의 『근로자파견의 판단기준에 관한 지침』을 근거로 도급(또는 위임 · 위탁) 업무가 적법하게 이루어지고 있는지에 대한 체크 포인트를 표시한 것이다. 우선 『근로자파견의 판단기준에 관한 지침』을 숙지한 후 현장의 실태에 비추어 사실대로 점검하도록 하고 있다. 근로자파견에 해당되는지 여부는 체크리스트에 대한 응답결과를 종합적으로 고려하여 판단하게 된다. 이 때 음영처리 된 부분에 대한 응답빈도가 많을수록 근로자파견에 해당될 가능성이 높기 때문에 개선 · 보완 조치가 필요하다.

※ 동 점검표상의 용어

- 점검표에서 사용하는 용어는 법률상의 용어보다는 통상적으로 산업현장에서 사용하고 있는 용어를 중심으로 사용

- 도급관계에서 “도급인 및 수급인”을 “원청 및 하청”의 용어로 사용하며, 도급관계가 파견이 확인될 경우 원청은 “사용사업체”, 하청은 “파견사업체”가 될 것임. 도급은 원청(원사업주) 및 하청(수급사업주), 파견은 사용사업체(사용사업주) 및 파견사업체(파견사업주).

〈표 7〉 파견사업주 등의 실체 판단 기준

점검항목			점검결과			
			매우 그렇다	그렇다에 가깝다	그렇지않다에 가깝다	전혀 그렇지않다
파견사업주 등의 실체 판단을 위한 고려요소	채용해고 등의 결정	1. 원청이 하청업체 근로자 채용, 해고 등의 인사권에 개입한다.(예: 면접관으로 참석, 채용계획 결정 등).	①	②	③	④
		2. 원청이 하청의 취업규칙 작성 · 신고 또는 변경에 관여한다.	①	②	③	④
		3. 원청이 하청근로자에 대한 직무상의 교육을 직접 실시한다.	①	②	③	④
	소요자금 조달 지급 책임	4. 하청이 도급사업 수행을 위한 소요자금 조달과 지급의 책임을 전적으로 부담하지 않고 원청에서 분담한다.	①	②	③	④
		5. 원청이 도급계약 조건과 무관한 일체의 금품을 하청근로자에게 직접 지급한다.	①	②	③	④
	법령상 사업주 책임	6. 원청이 4대 보험료 부담분 전부 또는 일부를 부담한다.	①	②	③	④
		7. 원청이 하청근로자의 근로소득세를 원천징수하여 납부한다.	①	②	③	④
		8. 원 · 하청이 도급계약 이행을 담보하기 위하여, 이행보증 · 위약금 · 공사지연에 대한 자체상금 등을 계약서에 규정하지 않고, 실제로 적용하지도 않는다.	①	②	③	④
	기계, 설비, 기자재의 책임과 부담	9. 하청이 기계 · 설비 · 기자재를 자체 조달하지 않고, 원청에서 제공한다.	①	②	③	④
		10. 하청이 원청으로부터 제공받은 설비 · 기자재 등의 명세 · 분실 및 손망실 시 변상 · 반납 등의 절차에 관하여 별도 규정을 두지 않고 관리하지도 않는다.	①	②	③	④
		11. 원청이 제공한 설비, 기자재 등의 보수 및 수리 등을 하청이 담당하지 않으며, 원청이 직접 보수나 수리를 하면서 필요한 비용 전부를 부담한다.	①	②	③	④
		12. 하청은 전문적 기술 · 경험을 보유하지도 않고 자기 책임과 권한 하에 사용하지도 않는다.	①	②	③	④

점검항목		점검결과			
		매우 그렇다	그렇다에 가깝다	그렇지않다에 가깝다	전혀 그렇지않다
전문 기술 경험 관련 기획 책임 권한	13. 하청이 독자적인 사업계획을 수립하여 업무를 수행하지 않는다.	①	②	③	④
	14. 하청이 사업개시 또는 신규공정 도입시 작업에 관한 기획을 하는데 관여하지 않고, 원청에서 전적으로 담당한다.	①	②	③	④

출처 : 고용노동부, 『근로자파견제도를 알려 드립니다』, 2012.

2. 검찰의 판단기준과 공동지침 마련

(1) 검찰의 판단기준[13)]

검찰은 그동안 공식화된 파견과 도급의 구별기준이 없는 가운데 주로 서울중앙지검에서 발행한 「파견법상의 주요 쟁점 해설(2006)」을 참고하여 사건을 처리해 온 것으로 보인다. 동 해설서의 내용을 보면, 파견과 非파견을 판단함에 있어 파견사업주(또는 하청)가 사업주로서의 실체를 갖추고 있는 지를 먼저 검토한다. 이 경우 파견사업주(또는 하청)의 실체가 부인되고 사용사업주(원청)와 파견근로자(하청근로자) 간의 노무관리상의 종속성이 인정되면 직접 고용관계를 인정하게 된다.

그러나 파견사업주(또는 하청)의 실체가 인정되면, 사용사업주(원청)와 파견사업주(하청) 간에 체결한 계약의 본질적인 내용과 사용사업주(원청)와 파견근로자(하청근로자) 간의 노무관리상의 종속성을 종합적으로 검토하게 된다.

좀 더 세부적으로 보면, 사업주로서의 실체 판단에 있어 임률도급은 독립성과 무관하나 도급비가 원청근로자의 임금인상에 연동되어 하청근로자의 임금결정에 영향을 미치면 독립성을 저해하는 것으로 보며, 기계 · 설비 및 기자재의 책임과 부담, 기획 또는 전문적 기술 · 경험 등은 독립성 판단에 있어 간접적인 요소로 본다.

노무관리상의 독립성 판단은 작업배치 · 변경 결정이 원 · 하청 간에 사전협의가 있고, 하청이 주체적으로 판단하였다면 독립성을 저해하지 않는 것으로 보며, 상세한 작

13) 고용노동부, 『불법파견 형태의 사내하도급 문제 해결을 위한 참여정부의 노력과 과제』, 2007, 56-57면.

업지침서도 독립성을 저해하지 않는 것으로 본다. 원청이 하청근로자에 대하여 상시적 · 포괄적 교육을 하면 독립성이 저해될 수 있으나, 일시적 · 한정적 교육을 하면 독립성이 인정되며, 혼재근무의 경우에는 그 자체가 독립성을 저해하는 요인은 아닌 것으로 본다. 휴가 · 병가 등의 근태관리, 연장 · 야간 · 휴일근로도 원 · 하청 간에 사전협의가 있으면 독립성을 저해하지 않는 것으로 본다. 구체적인 처분사례는 표와 같다.

〈표 8〉 노무관리상 독립성 판단 사례

사업장명	처분일자	판단내용
기륭전자	2006.10.27	제조업의 직접생산 공정업무인 조립업무를 대상으로 한 위법한 근로자파견
르네상스호텔	2006.11.29	원청과 하청근로자 사이에는 노무관리상의 종속성이 인정되지 아니함
KM&I 군산공장	2006.12.11	원청과 하청회사 사이에 '일의 완성'을 목적으로 도급계약이 체결되었고 원청의 전면적인 업무지휘명령을 인정할 수 있을 정도의 명백한 증거가 없음
GM대우 창원공장	2006.12.21	GM대우관리자가 그 소속근로자와 함께 파견업체 소속근로자의 공정별 투입인원수 및 작업배치변경에 대한 결정권을 행사하고 위 근로자에 대하여 구체적인 업무지시 및 감독을 하였으며 근로시간 및 근태관리를 행하였음
현대자동차	2006.12.28	원청과 사내협력업체의 계약내용이 도급계약으로 되어 있고 그 범위 내에서의 노무관리상의 독립성도 인정할 수 있음. 작업표준서에 의한 지시도 노무관리독립성을 부인할 정도는 아님
현대하이스코	2006.12.28	당사자의 계약이 도급계약의 본질에 부합하고 원청의 작업지시나 작업표준서는 일반적 가이드라인에 지나지 않음
하이닉스-매그나칩	2006.12.29	계약목적과 대상이 도급계약에 부합하는 내용으로 되어 있으며 작업절차서 등의 세부적인 업무수행방법도 지휘명령관계를 인정할 정도는 아님

(2) 공동지침마련[14)]

(가) 추진경과

앞서 살펴 본 고용노동부와 검찰의 판단에서 보듯이, 두 기관은 파견과 도급의 구

14) 고용노동부, 『불법파견 형태의 사내하도급 문제 해결을 위한 참여정부의 노력과 과제』, 2007, 60-72면.

별기준과 그 적용에 있어서 상당한 차이가 있었다고 본다. 무엇보다 고용노동부는 근로관계의 실질에 비추어 판단한다는 장점에도 불구하고 사업경영상의 독립성과 노무관리상의 독립성 중에서 어느 하나라도 결여되면 근로자파견으로 보아 엄격하고 경직적인 판단을 한 반면, 검찰은 도급인의 지시권의 범위를 넓게 인정하고 있었던 것으로 보인다. 그리고 이와 같은 차이는 동일한 사건임에도 불구하고 서로 다른 판단을 내리게 되는 원인이 됨으로써 궁극적으로는 기업과 해당 근로자들에게 법적 불안정성을 야기하고, 위장도급-불법파견을 엄정하게 단속함으로써 파견근로자를 보호하고 산업의 건전한 발전을 도모한다는 법제도의 취지를 약화시킬 우려가 있었다.

참여정부는 이러한 문제점을 인식하고 우선 고용노동부-검찰이 동일한 기준을 적용하여 파견과 도급을 구별함으로써 판단의 편차를 최소화 할 수 있도록 노력하였다. 고용노동부는 먼저 학자, 검찰, 변호사, 노무사 등 관계 전문가로 하여금 「파견 · 도급 구별을 위한 T/F」를 마련하여 운영(2006년 11월 30일, 12월 20일)하였고, 지방노동관서의 파견담당자 27명으로 「파견전문팀」을 구성하여 파견과 도급의 구별기준을 재정립하기 위한 다양한 논의를 진행(2006년 7월 20일, 11월 23일, 12월 27일)하였다.

아울러 검찰과는 별도 실무협의를 지속하기도 하였다(2007년 1월 26일, 2월 15일). 한편 2007년 2월 비정규직보호법의 하위규정으로서 파견법 시행령 개정 작업이 본격화되면서 파견 · 도급의 구별기준을 시행령에 명시함으로써 규범력을 높이고 고용노동부 · 검찰 뿐만 아니라 법원도 같은 기준에 의하여 판단을 하도록 제도화하여 법률적용의 예측가능성과 투명성을 높이고자 하였다.

이러한 문제의식 하에 고용노동부는 그 동안의 논의결과를 종합적으로 정리하고 이를 기반으로 시행령 안을 마련하여 노 · 사, 관계전문가, 관계부처 등의 의견을 수렴하였다. 이 시행령 안에 대하여 노동계는 상당히 긍정적인 입장이었으나, 경영계는 강력하게 반대하였으며, 관계전문가는 필요성에 공감하는 입장이 대체적이었다.

그러나 정부부처 내에서 모법의 위임이 없는 시행령 규정은 위임입법의 한계를 일탈하는 문제가 있다는 지적이 제기되었다(법무부, 재경부, 산자부). 고용노동부는 그동안의 의견수렴 및 법률검토 결과 등을 토대로 모법의 명시적인 위임 없이 처벌규정과 연결되는 내용을 시행령에 규정하는 것은 이후 논란이 될 수 있다는 지적을 수용하여 일단 시행령에 규정하는 것은 철회를 하였다.

그러나 고용노동부-검찰 간에 구별기준을 통일하는 문제는 여전히 필요하였으므로 법무부 및 대검찰청에 파견과 도급의 구별을 위한 공동기준 마련을 제안하였고, 실무 T/F를 구성하여 집중 논의(2007년 4월 13일, 4월 16일, 4월 17일)한 결과 2007년 4월 19일 세부적인 내용까지 전격 합의를 도출하여「근로자파견의 판단 기준에 관한 지침」을 마련하였으며, 노동부는 지방노동관서에, 대검찰청은 각급 검찰청에 동 지침을 동시 시달하였다.

(나) 사전 검토사항

① 노동부고시('98.7) 및 사내하도급 점검지침('04.7)

1998년 7월부터 파견근로자 보호를 위하여 파견사업 허가제와 사용사업주의 노동법상 책임을 정한 파견법이 시행되었다. 그 결과 파견근로자의 사용이 금지된 업종과 파견근로자에 대한 보호에 부담을 느낀 사업주들이 파견법의 적용을 회피하기 위하여 도급 등을 가장하여 사실상 불법파견을 활용하는 경우가 확산되었다.

고용노동부는 이와 같은 불법파견의 확산을 막기 위하여 1998년 7월 파견법 시행과 동시에 "근로자파견사업과 도급 등에 의한 사업의 구별기준에 관한 고시" 고용노동부고시 제98-32호를 마련하여 시행하였으며, 이후 2004년 7월에는 원 · 하청 간의 도급이 위장도급으로서 불법파견에 해당하는지 여부를 점검함에 있어서 효율성을 높이고 지방관서 간 업무처리의 일관성을 유지하도록 "사내하도급 점검지침"을 마련하여 지방노동관서에 시달하였다.

동 고시와 지침은 근로자파견과 구별되는 '도급 등'을 '민법상 도급, 위임 기타 이와 유사한 무명계약으로 수급인 또는 수임인이 사업주로서의 독립성을 가지고 사업을 행하는 것'이라고 정의하였다. 근로자파견은 '파견사업주가 근로자를 고용한 후 그 고용관계를 유지하면서 파견사업주와 사용사업주 사이에 체결된 근로자파견계약의 내용에 따라 해당 근로자가 사용사업주의 지휘 · 명령을 받아 사용사업주를 위한 근로에 종사하게 하는 것'인데 반하여(파견법 제2조 제1호), 도급이나 위임은 수급인 또는 수임인이 스스로의 책임으로 도급인 또는 위임인과 체결한 계약상의 업무를 수행하기 위하여 자신이 직접 고용한 근로자를 투입한다는 점에 본질적인 차이가 있다. 이와 같은 차이에 주목하여 고용노동부고시는 수급인 등과 파견사업주의 핵심적인 차이점을 사업수행의 독립성과 근로자에 대한 채용 · 작업지시 · 근로조건 결정 등 노무관리의 독립성에 있다고 보았다.

그 결과 파견과 도급 등의 구별징표를 ㉠인사노무관리상의 독립성과 ㉡사업경영상의 독립성으로 범주화하면서 수급인이 이 중에서 어느 하나라도 결여하면 근로자파견으로 인정하였다. 인사노무관리상의 독립성을 판단하는 징표로는 수급인이 다음 사항에 대하여 근로자를 직접 지시하고 관리하는 등 노동력을 직접 이용하는 경우를 들고 있다. 즉 채용이나 해고, 징계 등 인사결정권과 휴가 · 병가 등의 근태관리가 실질적으로 누구에게 귀속하는가, 작업배치와 변경에 대한 결정권 및 업무지시와 감독권, 구체적으로는 연장근로 등 근로시간의 결정권이 누구에게 있는가? 그리고 업무수행방법 및 결과평가에 관한 사항을 누가 실질적으로 관장하는가, 하도급근로자가 원사업자의 근로자와 혼재작업을 수행하는가? 그리고 원사업자의 근로자와 업무내용에 차이가 있는가? 등이 그것이다. 사업경영상의 독립성을 판단하는 징표로는 사업의 소요자금 조달 및 지급에 관하여 실질적으로 누가 책임을 부담하는가, 법률상 사업주로서의 책임 및 의무사항을 이행하는가, 기계, 설비 및 기자재의 부담을 누가 하는가, 수급인이 기획능력이나 전문적 기술과 경험을 보유하고 있는가? 등을 규정하였다.

고용노동부 점검지침은 이와 같은 판단 징표를 파악할 때, 계약당사자의 서면에만 의존할 것이 아니라 실제 사례와 관련 민원, 근로자에 대한 설문조사 및 현장점검을 통해서 객관적이고, 실증적으로 파악하도록 하고 있다. 아울러 점검지침에 따른 점검결과 인사노무관리상의 독립성이나 사업경영상의 독립성 중에서 어느 하나라도 결여되는 경우에는 이를 근로자파견으로 보고 파견법을 적용하도록 하였다. 또한 설령 수급인의 인사노무관리 및 사업경영상의 독립성이 인정되더라도 법위반을 면하기 위하여 고의로 도급으로 위장한 경우에도 근로자파견으로 인정하였다. 고용노동부의 이러한 고시와 지침은 2007년 4월 19일 노동부 · 법무부 · 검찰이 공동으로 마련한 「근로자파견의 판단기준에 관한 지침」으로 대체되었다.

② 검찰의 "파견법상의 주요쟁점 해설"

검찰은 공식적으로 파견과 도급 등의 구별기준을 제시한 바 없으나, 2006년 9월 서울중앙지검이 발행한 「파견법상의 주요쟁점해설」을 참고하여 사건을 처리하였다. 동 해설은 파견과 도급 등을 판단함에 있어서 먼저 파견사업주 또는 하도급회사의 실체를 검토하되, 그 실체가 부인되고 사용사업주(원청회사)와 파견근로자의 노무관리상의 종속성이 인정되면 직접고용관계를 인정하고, 그 실체가 인정되면 사용사업주(원청)와 파견사업주(하청) 간에 체결된 계약내용과 사용사업주(원청)와 파견근로자(하청근로자) 간의 노무관리상의 종속성을 종합적으로 검토하도록 서술하고 있다. 사업주의 실체를 판단하는 징표는 다음과 같다.

채용 · 해고 · 징계 등의 인사결정권을 수급인이 가지고 있는가, 소요자금의 조달과 지급책임을 부담하는가, 사업주로서 법률상의 책임(사회보험법령 및 노동관계법령상의 사업주로서의 의무이행)을 부담하는가, 기계 · 설비 · 기자재 등의 조달과 사용에 대하여 부담과 책임을 갖는가, 기획이나 전문적 기술 · 경험을 보유하고 있는가, 그 밖에 원 · 하청업체간 인적 관련성(친 · 인척, 원청의 임직원 경력 등), 입찰 등 계약체결 및 갱신 추이 등을 파악할 때 독립성을 인정할 수 있는가 등이다. 다만, 이 중에서 일부 징표(기계 · 설비 · 기자재 부담 및 책임, 기획 · 전문적 기술과 경험 등)는 간접적 요소에 지나지 않아 이를 갖추지 않더라도 곧바로 사업주의 실체성을 부인하게 되는 것은 아니라고 설명하고 있다.

이와 같은 판단을 거쳐 사업주로서의 실체성이 인정되면, 다음 단계로 넘어가 노무관리상의 독립성을 기준으로 파견과 도급의 구별을 다룬다. 이 때 원청회사(사용사업주)와 하청회사(파견사업주)가 체결한 계약의 내용과 원청회사(사용사업주)와 하청근로자(파견근로자)의 노무관리상의 관계를 중심으로 종합적으로 노무관리상의 독립성 여부를 검토하되, 계약당사자의 의사를 확인하기 위하여 계약체결시 약정한 내용과 표현도 함께 고려하도록 함으로써 당사자의 의사를 확인하는 것을 중요하게 다루고 있다.

③ 고용노동부와 검찰의 판단기준 비교

a. 구별징표 및 적용상의 차이

고용노동부와 검찰이 각각 적용해 온 파견 · 도급의 구별기준은 다음과 같은 점에서 차이가 있었다. 먼저 고용노동부는 노무관리상의 독립성과 사업경영상의 독립성을 중심으로 각 징표들을 범주화하고, 그 중에서 어느 하나라도 충족하지 아니하면 파견으로 인정하고 파견법의 요건을 충족하지 아니하면 불법파견으로 판정하였다.

그에 반하여 검찰은 원청회사(사용사업주)의 지휘 · 명령권의 존부와 하청회사(파견사업주)의 실체의 존부 그리고 당사자가 체결한 계약관계의 본질과 당사자의 의사 등

범주를 3분화하였다. 그 중에서 계약당사자인 하청회사가 실체를 갖추지 않는다면 이는 이른바 '유령회사'이므로 원청회사와 하청근로자의 직접 고용을 인정할 수밖에 없다는 점, 계약관계의 본질과 당사자의 의사라는 범주는 사업주의 실체성과 노무관리상의 독립성 판단의 징표에 포함하기 어려운 징표들, 예컨대 "담보책임의 존부" 내지 "포괄적 업무수행계약" 등을 범주화하기 위한 기준으로 사용하고 있다는 점에 그 특징이 있었다. 따라서 원청의 지휘명령권 요소와 계약관계의 본질에 관한 요소를 종합하여 최종적으로 파견인지 또는 도급인지 구별하자는 것이 검찰의 입장이었다.

세부적인 징표에 있어서도 고용노동부와 검찰은 견해를 달리하였다. 우선 고용노동부는 근로자의 채용 · 해고 · 징계 등의 사항을 노무관리의 독립성 판단징표로 이해하는데 반하여, 검찰은 이를 사업주 실체성 판단요소로 보았다. 또한 고용노동부는 원청회사의 ㉠인사결정권 ㉡업무 지시 · 감독 ㉢작업배치 · 근태관리 · 연장근로의 결정 등을 하청회사의 노무독립성 저해요소로 보는데 반하여 검찰은 우선 ㉠에 대해서는 노무관리상의 독립성판단 기준이 아니라 사업주 실체성 판단 기준으로 이해한다는 점을 이미 지적한 바 있으며 ㉡업무지시권 중에서 간접적이고 일반적인 업무지시는 노무독립성 판단과 무관하고(상세한 작업지침서도 무관) ㉢의 요소도 원청회사와 하청회사 사이에 사전협의가 있다면 노무관리상의 독립성 판단의 기준으로 삼을 수 없다는 견해를 취하고 있었다.

그리고 원청근로자와 하청근로자가 같은 장소에서 같거나 유사한 업무를 수행하는 이른바 혼재근무에 대해서도 노동부는 사실상 원청회사에 의한 업무지휘 · 감독이 불가피하므로 파견가능성이 큰 만큼 중요한 판단요소로 보고 있었으나, 검찰은 혼재근무만으로는 노무관리상의 독립성을 부인할 수 없다는 입장을 취하고 있었다.

그 밖에 검찰은 사업경영상의 독립성 판단을 위한 요소 중에서 소요자금의 조달 및 지급책임과 관련하여 임률도급 여부는 그 자체가 독립성과 무관하나 도급비가 원청근로자의 임금결정과 연동되어 하청근로자의 임금 결정에 영향을 미치는 경우에 독립성 저해요소로 보고, 기계 · 설비 · 기자재의 부담 및 책임 그리고 기획 또는 전문적 기술이나 경험 등은 간접적 요소에 불과할 뿐 독립성을 부인할만한 요소로 볼 수 없다는 입장을 취하고 있었다.

b. 적용결과 및 문제점

판단기준의 차이는 결국 동일한 사건에 있어서 전혀 다른 판단결과를 가져올 수 있다. 실제로 고용노동부가 고시 및 지침을 근거로 불법파견으로 판단하였으나 검찰에서는 적법한 도급으로 인정된 경우가 적지 않았다.

이미 앞에서 본 바와 같이 검찰은 2006년 10월 이후 기륭전자와 GM대우 창원공장의 사례를 제외하고 현대하이스코, 라마다호텔, 하이닉스, 현대자동차 등의 사례에 대하여 모두 적법도급을 인정하고 있다. 이러한 차이는 고용노동부가 노동정책적 측면에서 판단을 하고 있다면, 검찰은 형사정책적 측면에서 판단을 함에 기인하는 면도 없지 않을 것이다.

이러한 판단에 대하여 고용노동부의 판단은 지나치게 엄격하고 경직적이며, 검찰의 판단은 계약관계의 본질을 중요시하여 계약서의 내용에 큰 비중을 둔다는 비판이 제기되기도 하였다. 판례가 당사자의 형식적 의사보다는 구체적 실태를 중심으로 판단하되, 모든 징표를 종합적으로 고려하고 있다는 점을 감안하면 노동부와 검찰이 적절한 선에서 공동의 기준을 마련할 필요가 있게 되는 것이다.

④ 판단기준 재정립의 기본 방향

고용노동부와 검찰은 각기 추구하는 목표가 상이하므로 동일한 사안에 대해서도 기관의 특성을 고려하여 상이한 판단결과가 나올 수 있다. 그러나 근로감독관은 사법경찰관으로서 검찰의 지휘를 받아 수사를 하게 되므로 고용노동부와 검찰이 서로 다른 기준을 적용하여 사건을 처리하게 되면 노동행정의 신뢰성이 저하된다는 점도 간과할 수 없다.

이와 같은 이유에서 노동부와 검찰은 파견 · 도급 구별기준을 통일할 필요가 있는 것이다. 노동부와 검찰의 파견 · 도급 구별기준의 통일은 우선 다음과 같은 점에 기본적인 방향이 맞춰졌다. 먼저 노동법의 적용을 회피할 목적으로 행하는 악의적인 위장도급은 철저히 근절하되, 상생 차원의 생산적 협업관계 형성은 저해되지 않도록 해야 한다. 예컨대 혼재근무 등 노무관리상의 독립성을 인정하기 어려운 요소가 있는 경우에는 보다 신중히 업무상의 지시 · 감독이 있었는지를 판단할 필요가 있지만, 원사업자가 하도급업체에 대하여 행하는 기술지도나 교육훈련 등 상생 차원의 조치는 큰 비중을 두지 않는 것이 바람직하다.

아울러 파견과 도급을 구별하는 핵심적인 징표는 더 큰 비중을 두어 판단하는 것이 타당하며, 여러 가지 징표를 종합적으로 고려하기 위해 다각적인 측면에서 제시된 여타 징표들에 대해서는 적은 비중을 두는 것이 타당할 것이다. 물론 여러 징표들은 종합적으로 고려하여 합리적인 판단결과를 도출해야 한다. 한편 근로자파견이나 도급은 모두 간접고용의 일종으로서 3자 관계를 그 특징으로 한다.

따라서 이러한 3자 관계 자체가 형성되지 않는 경우에는 파견인지 도급인지를 구별할 필요도 없게 된다. 즉 파견사업주 혹은 하청이 원사업자의 노무대행기관에 불과하여 독립적인 사업주로서의 실체를 인정할 수 없는 경우에는 3자 관계를 인정할 수 없으므로 원사업자와 당해 근로자 간에 직접 고용관계를 추정하는 것이 타당할 것이다.

고용노동부 · 법무부 · 검찰이 함께 마련한 파견 · 도급의 구별기준으로서 「근로자파견의 판단기준에 관한 지침」은 이러한 기본 방향을 반영하여 마련된 것이다.

(다) 고용노동부-검찰간 공동 판단기준

파견과 도급의 구별에 관한 판례와 학설의 견해 및 외국에서의 해석론 등을 참고하고 관련 부처 간의 실무적인 적용상의 차이를 검토하여 노동부 · 법무부 · 검찰은 파견 · 도급의 구별기준으로서 「근로자파견의 판단 기준에 관한 지침」을 마련하였다. 그리고 2007년 4월 19일 고용노동부는 지방노동관서에 대검찰청은 각급 검찰청에 동시에 시달함으로써 현재는 동일한 기준이 적용되고 있다.

동 기준에 따르면, 파견법 제2조 제1호에서 정의하고 있는 '근로자파견'에 해당하는 지의 여부는 근로자와 고용계약을 체결한 파견사업주, 수급인, 수임인 등(파견사업주 등)에 대하여 사업주로서의 실체를 인정할 수 있는지의 여부를 먼저 판단한다. 이때 파견사업주 등이 사업주로서의 실체가 인정되지 않는 경우에는 당해 근로자를 고용하지 않고 사용하는 사용사업주, 도급인, 위임인 등(사용사업주 등)이 당해 근로자를 직접 고용한 것으로 추정하여 노동관계법 위반 여부를 판단한다.

그러나 파견사업주 등이 사업주로서의 실체가 인정되는 경우에는 당해 근로자가 사용사업주 등의 지휘 · 명령을 받는지 여부를 조사하여 당해 고용관계가 '근로자파견'에 해당하는지를 판단한다. 파견사업주 등이 사업주로서의 실체를 갖추고 있는 지를 판단하는 징표들은 ㉠채용 · 해고 등의 결정권 ㉡소요자금 조달 및 지급에 대한 책임

㉢법령상 사업주로서의 책임 ㉣기계, 설비, 기자재의 자기 책임과 부담 ㉤전문적 기술 · 경험과 관련된 기획책임과 권한 등이다.

한편, 사용사업주등의 지휘 · 명령에 대한 판단의 징표들은 ㉠작업배치 · 변경 결정권 ㉡업무 지시 · 감독권 ㉢휴가, 병가 등의 근태관리권 및 징계권 ㉣업무 수행에 대한 평가권 ㉤연장 · 휴일 · 야간근로 등의 근로시간 결정권 등이다.

파견사업주 등의 실체가 인정되어 파견인지 도급인지를 판단해야 하는 경우에는 앞의 사업주로서의 실체 판단의 각 징표들과 지휘 · 명령에 대한 판단의 각 징표들을 종합적으로 고려하여 판단하되 지휘 · 명령에 대한 판단 요소 중에서 ㉠㉡㉢은 주요기준으로 본다. 여기에서 주요 기준으로 본다는 의미는 이들 징표를 위반한 경우에는 '근로자파견'에 해당할 가능성이 크므로 다른 징표들보다 더 큰 비중을 두어 판단해야 한다는 의미이다.

한편, 그동안 논란이 되어왔던 혼재근무에 대해서는 별도의 징표로는 명시하지 않았다. 혼재근무는 원 · 하청근로자가 같은 장소에서 같거나 유사한 업무를 수행하는 경우를 말하므로, 이는 도급이든 파견이든 모두 가능한 상황이기 때문이다. 다만, 혼재근무가 있는 경우에는 원 · 하청근로자 모두 원사업자로부터 업무상의 지시 · 감독을 받을 가능성이 매우 크므로, 이러한 혼재근무가 있는 경우에는 업무상의 지시 · 감독이 있었는지를 보다 신중히 검토하도록 명시하였다.

○ 「근로자파견의 판단 기준에 관한 지침('07.4.19)」 요약

'근로자파견'인지 '도급'인지를 판단함에 있어서

- **1단계**: 파견사업주, 수급인, 수임인 등이 사업주로서의 실체를 갖추고 있는지를 먼저 판단
  - 실체가 없는 경우, 근로자를 사용한 사업주, 사용사업주, 도급인, 위임인 등이 당해 근로자를 직접 고용한 것으로 추정, 노동관계법 적용
    - * **사업주로서의 실체 판단 기준**: ㉠채용 · 해고 등의 결정권, ㉡소요자금 조달 및 지급에 대한책임, ㉢법령상 사업주로서의 책임, ㉣기계 · 설비 · 기자재의 자기책임과 부담, ㉤전문적인 기술 · 경험과 관련된 기획책임과 권한
- **2단계**: 실체가 있는 경우, 근로자파견인지 도급인지를 판단
  - 사용사업주 등의 지휘 · 명령에 대한 판단기준은 물론 사업주로서의 실체 판단요소까지 종합적으로 고려하되

- ㉠작업배치 · 변경결정권 ㉡업무지시 · 감독권 ㉢휴가 · 병가 등의 근태관리권 및 징계권은 주요한 판단기준으로 함.
  * **사용사업주의 지휘 · 명령권 판단기준**: 위 ㉠㉡㉢ 외에, ㉣업무수행에 대한 평가권, ㉤연장 · 야간 · 휴일 근로 등의 근로시간 결정권이 있음.

(라) 사업장 점검요령 마련

고용노동부와 검찰이 파견 · 도급 구별에 관한 공동지침을 마련한 것은 매우 중요한 의미를 갖는다. 그러나 동 지침은 파견과 도급을 구별하기 위한 기본적인 골격만을 정한 것으로서, 구별징표들을 나열하고, 이들 징표들을 검토하기 위해 확인해야 할 서류 등을 명시한 후 이들을 종합적으로 고려하여 판단해야 한다는 정도의 내용만을 담고 있는 한계가 있다.

이에 따라 고용노동부는 일선의 근로감독관들이 실제 사건을 접하였을 때, 구체적으로 어떻게 해야 하는지를 상세하게 설명하는 「사업장 점검요령」을 별도로 마련하여 2007년 6월 21일 각 지방노동관서에 시달하였다. 동 점검요령은 「근로자파견의 판단기준에 관한 지침」을 구체화한 것으로, 동 지침에서 정하고 있는 각 구별 징표들의 내용과 의미를 상세하게 설명하면서 구체적인 사례를 예시하고 있다. 또한 근로감독관이 사업장에 나가서 점검을 하는 경우에 필요한 점검의 순서와 요령, 설문, 점검결과 조치방법 등도 함께 담고 있다.

(마) '공동지침'에 대한 평가 및 한계

고용노동부 · 법무부 · 검찰이 그동안의 입장차를 조정하여 파견 · 도급 구별을 위한 공동의 지침을 마련한 것은 법 집행의 혼선을 줄이고, 법률 적용의 예측가능성과 투명성을 높일 수 있는 토대를 구축한 것으로 매우 의미 있는 일이다. 물론 고용노동부와 검찰은 각 기관의 목적이 다르고, 사건을 바라보는 시각도 다를 것이므로 구별기준을 통일했다고 하여 항상 같은 사안에 대해 같은 결과를 보장하는 것은 아닐 것이다. 그러나 적어도 동일한 기준을 적용함으로써 양 기관 간 판단에 편차가 줄어들 것으로 보며, 구체적인 사안에서 서로 다른 판단을 하는 경우에는 공동기준을 놓고, 왜 그런 결과를 도출하였는지 상호 협의할 수도 있을 것이다.

다만 이러한 긍정적인 평가에도 불구하고 공동지침이 갖는 한계는 여전히 남아 있다. 공동지침만으로 위장도급과 불법파견의 남용을 막고 파견근로자를 보호하며 나아가 우리 경제의 건전한 발전을 보장하는 것은 아니기 때문이다.

첫째, 앞서 본 바와 같이 판단기준이 통일되더라도 고용노동부는 건전한 노동시장 질서의 형성을 목적으로 하는 반면, 형사소추권을 행사하는 검찰은 형사처벌 여부를 판단하기 위해 기준을 적용할 것이기 때문에 구체적인 적용과정에서까지 통일성과 일관성을 유지하기는 어려울 수 있다. 이 점에 대해서는 두 기관의 업무 특성이 다르더라도 작금의 시점이 불법적인 사내하도급의 남용이라는 거래 관행에 제동을 걸어야 할 시점이라는 점에서 양 기관은 판정기준의 적용에 일관성을 확보하기 위한 노력을 계속해야 한다고 본다.

둘째, 고용노동부 · 검찰의 공동지침이 법규명령으로서의 효력을 가지고 있지 않기 때문에 법원의 판결을 구속하지 못한다는 점도 한계로 지적할 수 있다. 이 점에 대해서는 파견법 시행령의 개정 논의과정에서 파견과 도급의 구별기준을 시행령에 규정하여 법규명령으로서 효력을 부여하는 방안이 검토된 바 있다. 그러나 모법인 파견법상의 위임이 필요함에도 그 근거가 없어 지침 형태로 선회한 것이다. 다만, 공동지침 마련시 그동안 법원의 판례를 통하여 제시된 판단요소와 판단방법을 상당부분 수용하였기 때문에 공동지침은 법원의 견해와 동떨어진 것이 아니며 법원의 판결에서도 사실상 중요한 판단근거로 활용될 수 있을 것으로 본다.

3. 판 례

(1) 법원의 판단기준[15)]

법원의 판단은 세 단계의 판단과정으로 구성된다. 먼저 하도급자가 임원의 선임과 주식보유, 경영 · 인사상의 결정권 등의 관점에서 사업주로서의 독자성이 없거나 독립성을 결하여 제3자의 노무대행기관과 동일시 할 수 있는 등 그 존재가 형식적 · 명목적인 것에 지나지 아니하고, 단지 근로자를 사용하기 위하여 '위장도급'의 형식으로 사업

15) 고용노동부, 『불법파견 형태의 사내하도급 문제 해결을 위한 참여정부의 노력과 과제』, 2007, 58-59면.

체의 형식을 갖춘 것에 불과하다면, 그 소속 근로자는 원청회사와 사용종속관계에 있는 것이라고 하여 원청회사와 하청근로자의 직접고용관계를 인정한다(SK인사이트코리아 사건, 경기화학 소사장 사건).

반면에 하도급자가 사업적인 실체성을 갖추고 있다고 인정되면 다음 단계로서 그 사내하도급이 진정도급관계인지 아니면 파견관계인지를 판단한다. 그 구별은 당사자의 의사와 함께 도급인의 사업영역, 수급인의 전문성과 기술성, 완성할 일의 특정가능성, 보수지급의 기준, 작업현장에서의 지휘 · 감독, 노무관리와 업무수행의 독립성, 사업경영의 독립성 등 전체적인 근로제공관계를 종합적으로 고려하게 된다. 이 경우 단순히 계약서의 문구에 의하여 형식적으로 당사자의 의사가 판단되어서는 아니되며, 파견근로자가 사용사업주의 노동조직 속에 완전히 융합되어 근로를 제공하는지 여부, 사용사업주가 파견근로자에 대하여 일의 완성, 즉 노무제공 자체를 요구하는 것을 넘어서 근로자에 대한 구체적인 지휘 · 명령과 이에 수반하는 노무관리를 직접 행하는지 여부 등을 고려하여 실질적으로 판단한다.[16]

특히 2007년 6월 1일 서울중앙지방법원은 현대자동차 아산공장 사건에서 도급계약의 대상이 되는 업무내용, 범위, 특성 및 도급금액의 지급기준, 수급인이 독자적인 사업능력을 가지고 근로자에 대하여 구체적인 지휘 · 명령과 노무관리를 직접 행하는지 여부, 수급인이 도급인에 대하여 노동의 결과에 대한 책임을 실제로 부담해 왔는지 여부, 수급인의 업무수행 과정이 도급인의 업무수행 과정에 연동되고 종속되는지 여부 등을 판단기준으로 삼았다. 다시 말해서, 도급계약의 내용에 의존하지 않고 구체적이고 객관적인 실태를 중심으로 도급계약의 대상업무 여부와 원청과 하청근로자의 지휘 · 명령관계를 판단하였다.

그리고 위장도급으로 인정되었으나, 파견사업주의 사업 실체성이 인정되어 불법파견으로 판단된 경우에 사용사업주와 파견근로자 사이에 파견법상 고용의제가 적용되는지 여부에 대하여 법원은 대체로 부정적인 입장이었다. 반면에 파견대상업무 해당여부가 고용의제규정의 적용요건으로 볼 수 없다고 판시한 경우도 일부 있다. 다만, 이 문제에 대해서는 앞서 설명한 바와 같이 2006년 12월 공포된 개정 파견법에서 불법파

---

16) 근로자파견 인정: 대한송유관공사 사건, SK와이번스 사건, 경마진흥 사건, 현대자동차 아산공장 사건
도급 인정: 현대미포조선 사건, 현대중공업 사건을 참고

〈표 9〉 파견 및 도급의 판단 사례[17)]

사건명	판결일자 및 판결번호	판결내용	주요이유
SK-인사이트 코리아 사건	대법 2003.9.23, 2003두3420	위장도급-직접고용인정	업무도급계약의 당사자인 원청과 하청회사 사이에는 실질적으로는 모자회사의 관계에 있으며, 원청회사의 한 부서와 같이 사실상 경영상 결정권을 원청이 행사하여 하청의 사업 실체성을 인정할 수 없음
경기화학 소사장 사건	대법 2002.11.26, 2002도649	위장도급-직접고용인정	소사장 기업이 인사노무관리의 독립성이 없으며, 사업주로서 독자성과 독립성이 결여되어 경기화학의 한 부서와 다를 바 없음
대한송유관공사 사건	서울행법 2002.10.22, 2002구합20381	위장도급-불법파견 (고용의제부인)	원 · 하청 회사의 실질적인 계약관계가 계약 내용과 달리 용역이 아닌 파견법을 위반한 위법 파견근로관계이나, 불법파견의 경우 고용의제는 적용되지 않으며, 파견기간 자체도 2년을 도과하지 않았음
현대미포조선 사건	부산고법 2005.11.9, 2004나9787	적법도급	하청회사와 근로자가 스스로 근로관계의 존재를 인정하고, 하청회사의 전문성과 기술성 등에서 사업의 독립성이 인정되며 원청회사가 부분적으로 근태관리를 하고 있으나, 전면적인 통제로서의 지휘 · 명령으로 볼 수 없음
SK와이번스 사건	서울고법 2004누14399	위장도급-불법파견 (고용의제부인)	업무 지휘 · 명령 권한이 원청회사에 있음
경마진흥 사건	수원지법 2005.5.26, 2005가합4409	위장도급-불법파견 (고용의제부인)	원청이 용역근로자에 대한 근태관리 및 업무 수행상 지휘 · 감독권 행사
현대중공업 사건	서울행법 2006.5.16 2005구합11968	적법도급	협력업체가 원청회사로부터 독립성을 가진 사용자로 인정되고, 소속근로자에 대한 인사 및 노무관리를 독자적으로 수행함
현대자동차 사건	서울중앙지법 2007.6.1 2005가합114124	불법파견-고용의제 적용	자동차부품조립공정은 도급계약의 대상업무로 적합하지 않고, 대금지급방식이 통상의 도급과 다르며, 하청근로자들은 원청의 지휘 · 명령 및 그에 수반하는 노무관리의 대상임

견이든 적법파견이든 사용사업주가 파견기간 2년을 초과하여 파견근로자를 계속 사용하는 경우에는 모두 직접 고용하도록 규정함으로써 입법적으로 해결하였다.

17) 고용노동부, 『불법파견 형태의 사내하도급 문제 해결을 위한 참여정부의 노력과 과제』, 2007, 59면.

(2) 사내하도급 관련 법원의 판례[18)]

(가) 직접고용관계를 인정한 사례

① 대법원 2008. 7. 10. 선고 2005다75088 판결(현대미포조선소 사건)

○ 사실관계

피고회사(현대미포조선)는 국내 · 외 각종 선박의 수리 및 개조, 선박건조 등을 목적으로 설립된 회사로서, 그 사내하도급업체인 용인기업에 선박수리 업무를 도급하였으며, 원고들은 용인기업 소속 근로자로서 용인기업은 약 25년간 피고회사로부터 선박의 수리 등의 업무를 도급받아 운영하다 2003. 1. 31.경 수익성 악화 등의 이유로 폐업하였다.

이에 원고들은 용인기업 소속 근로자로 있으면서 도급업무를 수행하였지만, 자신들은 실질적으로 피고회사에 직접 고용된 근로자이며, 만일 직접고용관계가 없을지라도 본 도급계약은 실질적으로 파견계약으로서 파견근로자보호법에 따라 고용의제가 된다고 주장하며, 종업원지위확인 소송을 제기하였으나, 울산지방법원 및 부산고등법원은 원고들이 피고회사의 종업원지위에 있음을 부정하고, 아울러 당해 근로제공관계도 근로자파견이 아닌 도급계약관계에 있으며, 비록 당해 근로제공관계가 근로자파견관계라 하더라도 구 파견법의 고용의제 규정(제6조 제3항)은 적법파견에만 적용되므로 불법파견인 이 사건에서 고용의제 규정을 전제로 하는 주장은 이유 없다고 기각하였다.

○ 판결요지

대법원은 피고회사가 용인기업 소속의 근로자들에 대하여 ㉠채용기능시험 실시, 징계요구 및 승진대상자 통보 등, 채용, 승진, 징계에 관하여 실질적인 권한을 행사하였고, ㉡원고들의 출근, 조퇴, 휴가, 연장근무, 근로시간, 근무태도 등을 점검하고, 원고들이 수행할 작업량과 작업 방법, 작업 순서, 업무 협력 방안을 결정하여 원고들을 직접 지휘하거나 또는 용인기업 소속 책임자를 통하여 원고들에게 구체적인 작업 지시를 하는 등 직접적으로 원고들에 대한 지휘감독권을 행사하였으며, ㉢선박 수리와 직접적인 관련이 없는 피고 회사의 다른 부서 업무지원, 안전교육 및 직무교육 등에 종사하는 경우 이에 대한 보수도 산정하여 그 지급액을 결정하였으며, 원고들에게 상여금,

---

18) 경제사회발전노사정위원회, 『사내하청 제도 및 정책적 개선방안 연구』, 2010, 30-42면.

퇴직금 등의 수당을 직접 지급하는 등 임금 등 제반 근로조건에 대하여 실질적인 영향력을 행사하였을 뿐만 아니라, ㉣용인기업은 독자적인 장비를 보유하지 않았으며, 소속 근로자의 교육 및 훈련 등에 필요한 사업경영상 독립적인 물적 시설을 갖추지 못하였으므로, 비록 용인기업이 형식적으로는 피고 회사와 도급계약을 체결하고 소속 근로자들인 원고들로부터 노무를 제공받아 자신의 사업을 수행한 것과 같은 외관을 갖추었다고 하더라도, 실질적으로는 업무수행의 독자성이나, 사업경영의 독립성을 갖추지 못한 채, 피고 회사의 일개 사업부서로서 기능하거나, 노무대행기관의 역할을 수행하였을 뿐이고, 오히려 피고회사가 원고들로부터 종속적인 관계에서 근로를 제공받고, 임금을 포함한 제반 근로조건을 정하였다고 봄이 상당하므로, 원고들과 피고 회사 사이에는 직접 피고회사가 원고들을 채용한 것과 같은 묵시적인 근로계약관계가 성립되어 있었다고 판시하여 원심판결을 파기하고 사건을 원심법원으로 환송하였다.

(나) 근로자파견관계로 인정한 사례

① 대법원 2004. 4. 16. 선고 2004두1728 판결(대한송유관공사 사건)

○ 사실관계

참가인 회사(대한송유관공사)는 남북송유관(SNP)과 한국종단송유관(TKP)을 운영하여 송유업을 하는 회사로서, 그 사내하도급업체인 대송텍과 한국종단송유관(TKP) 운영용역계약 체결하였으며, 원고들은 대송텍 소속 근로자로서 대한송유관공사의 TKP 강남가압장, TKP 평택저장소 등에서 근무하였다.

이후 원고들은 노동조합을 설립하고, 성남지방노동관서에 불법파견 진정을 제기하였으며, 성남지방노동관서는 당해 용역관계의 실질이 불법파견관계임을 인정하고 시정지시를 하였으나, 이를 불이행하자 사내하도급업체에 대해 사업폐쇄 조치하였고, 이에 따라 사내하도급업체는 그 근로자들에게 계약해지를 통보하였고, 대한송유관공사는 동 근로자들을 근무에서 배제시켰다.

이에 원고들은 형식적으로는 대송텍과 사이에 근로계약을 체결하였지만, 대송텍은 독립된 사업적 실체 없이 소외 회사의 노무관리자의 역할만을 수행하여 왔고, 참가인 회사가 원고들의 채용, 감원 등 인사관리, 근무지, 업무지휘감독, 휴가 승인, 근태관리, 급여결정 등의 제반 근로관계 사항들을 직접 담당하여 왔으므로, 참가인 회사가 원고들에 대하여 근로계약상의 사용자로서의 지위에 있다고 주장하며 부당해고 및 부당노동행위 구제신청을 제기하였으나, 경기지방노동위원회 및 중앙노동위원회는 대한송유관공사가 사용자 지위에 있지 않다며 각하(중노위는 재심 기각)결정을 하였고, 서울행정법원 및 서울고등법원도 당해 관계가 파견법상 근로자파견관계라고 인정하면서도, 구 파견법 제6조제3항은 불법파견의 경우 적용되지 않고 또한 당해 근로자들은 2년을 넘게 근무한 것도 아니므로 대한송유관공사가 사용자의 지위에 있지 않다고 판결하였다.

○ 판결요지

대법원은[19], ㉠참가인 회사와 원고들에 대한 관계에 대하여 원고들은 대송텍과 사이에 근로계약을 체결하였을 뿐 참가인 회사와 직접 근로계약을 체결한 사실이 없으며, 위 인정사실과 같은 대송텍의 설립경위와 목적, 참가인과 사이에 체결한 경영협약 및 TKP 운영 용역도급계약의 내용, 원고들과 체결한 고용계약의 내용 등에 비추어 보면, 대송텍이 독립된 사업적 실체 없이 소외 회사의 노무관리자의 역할만을 수행하는 등 그 존재가 형식적, 명목적인 것에 지나지 않는다고 할 수도 없으므로 참가인은 원고들의 사용자로서의 지위에 있다고 할 수 없다고 판결하였으며, ㉡다만, 대송텍과 참가인 회사 사이의 TKP 용역도급계약은 그 문구에도 불구하고 파견법 소정의 근로자파견사업으로서, 대송텍은 근로자파견사업의 허가를 얻은 바가 없고, 원고들이 종사한 업무가 예외적으로 근로자파견이 허용되는 업무에 해당한다고 할 수도 없으므로 '위법한 근로자파견'에 해당되나, 파견법의 제 규정들(구 파견법 제6조, 제34조, 제35조 등)은 '적법한 근로자파견'의 경우에만 적용되는 것이지, '위법한 근로자파견'의 경우에는 적용되지 않으므로 원고들(파견근로자)과 참가인 회사(사용사업주)간 직접고용관계는 성립되지 않을 것이다고 판시하여 초심판결을 그대로 인정하였다.

② 대법원 2008. 9. 18. 선고 2007두22320 판결(예스코 사건)

○ 사실관계

참가인 회사(예스코: 전 극동도시가스)는 서울중심 및 동북부, 경기 동부 지역을 기반으로 도시가스 소매업을 영위하는 회사이며, 원고들은 ㉠2000. 4. 3.부터 2002. 4. 2.

19) 고등법원 판결에 대한 근로자들의 상고에 대하여 심리불속행 기각을 하여 사실관계의 확인은 고등법원의 판결을 참고하여야 하나, 고등법원은 행정법원의 판결을 간략하게 인용하면서 항소를 기각하여 행정법원의 판결을 검토한다.

까지(2년간)는 파견회사인 (주)진방템프그룹 소속으로, ㉡2002. 4. 3.부터 2003. 11. 30.까지(약 1년 8개월간)는 (유)두레비에피스 소속으로 있으면서 예스코에 각각 파견계약 또는 도급계약에 의한 근로를 제공하다가 ㉢2003. 12. 1. 예스코와 계약기간을 1년으로 하는 근로계약을 직접 체결한 후 그 기간이 만료될 무렵인 2004. 11. 29. 다시 근로계약 기간을 1년 연장하는 계약을 체결하였으며, 2005. 11. 30. 예스코는 근로계약이 만료되자 원고들에 대하여 의원면직 발령을 하였다.

이에 원고들은 참가인 회사와 묵시적 근로계약관계가 성립되었거나 또는 파견근로자로서 2년 이상 근무하여 왔으므로 고용이 의제되어 직접근로관계가 성립되었고, 만일 위 계약이 모두 유효하다 할지라도 2000. 4. 3.부터 참가인회사에 5년 7개월 동안 동일한 업무를 한 점에 비추어 볼 때, 2004. 11. 29.자 계약은 기간의 정함이 없는 근로계약임을 주장하며, 서울지방노동위원회 및 중앙노동위원회에 부당해고 구제신청 및 부당노동행위 구제신청을 하였으나, 모두 기각되었으며, 서울행정법원과 서울고등법원도 구 파견법 제6조 제3항의 고용의제 규정은 불법파견에 적용되지 않으며, 또한 계약직 채용 후 한 번 계약을 갱신하였을 뿐이므로 기간의 정함이 없는 근로자로 보기 어렵다고 판결하였다.

○ 판결요지

대법원은, 파견근로자보호법 제6조 제3항은 "사용사업주가 2년을 초과하여 계속적으로 파견근로자를 사용하는 경우에는 파견근로자를 고용한 것으로 본다"고 규정하고 있을 뿐 "파견의 사유, 근로자파견사업의 허가여부" 등을 고용간주의 요건으로 들고 있지 않으며, 파견근로자보호법은 위에서 살펴본 바와 같이 제6조 제1항, 제2항에 파견업무에 따라 그 기간을 달리 정하여 근로자파견기간의 제한에 관한 규정을 두고, 제3항에 직접고용간주 규정을 둠으로써 위 직접고용간주규정에 의한 사용사업주와 파견근로자 간의 고용성립의제는 사용사업주가 파견기간의 제한을 위반한 데 따른 것임을 분명히 하고 있는 바, 이러한 직접고용간주 규정의 문언과 체계 및 그 입법취지 등을 종합하여 보면 위 규정은 파견근로자보호법 제2조 제1호에서 정의하고 있는 "근로자파견"이 있고 그 근로자파견이 2년을 초과하여 계속되는 사실로부터 곧바로 사용사업주와 파견근로자 사이에 직접근로관계가 성립한다는 의미이고, 이 경우 그 근로관계의 기간은 기한의 정함이 있는 것으로 볼 만한 다른 특별한 사정이 없는 한 원칙적으로 기한의 정함이 없다고 보아야 할 것이다. 따라서 이와 달리 직접고용간주 규정이 파견근로자보호법 제5조에 정한 파견의 사유가 있고 파견근로자보호법 제7조의 허가를 받은 파견사업주가 행하는 이른바 '적법한 근로자파견'의 경우에만 적용된다고 축소하여 해석하는 것은 위와 같이 위 규정의 문언이나 입법취지 등에 비추어 아무런 근거가 없을 뿐만 아니라, 나아가 다음과 같은 점에서도 합리적이라거나 타당하다고 볼 수 없다.

그럼에도 불구하고 원심은 위의 법리와는 달리 제1심 판결을 인용하여 사용사업주인 피고보조참가인 회사가 파견근로자인 원고들을 파견근로자보호법 제5조 제1항에서 허용된 업무와는 다른 업무에 종사하게 하였으므로 이 사건 근로자파견이 위법하다는 이유로 직접고용간주 규정이 적용되지 않는다고 판단하였는 바, 이러한 원심판결에는 파견근로자보호법 제6조 제3항에 정한 직접고용간주 규정의 적용범위의 해석에 관한 법리를 오해하여 판결에 영향을 미친 위법이 있다고 판시하였다.

③ 대법원 2008. 10. 23. 선고 2006두5700 판결(에스케이와이번스 사건)

○ 사실관계

참가인 회사(에스케이와이번스)는 프로야구단 흥행사업 등을 영위하는 회사이며, 원고는 2000. 3. 23. 봉산실업(주)에 입사한 후 2000. 3. 27.부터 에스케이와이번스에서 야구단 버스 운행업무를 수행하였고, 2001. 5. 1. 흥산실업(주)이 봉산실업의 영업을 양수한 후에는 흥산실업 소속 근로자로서 계속 같은 업무를 수행하였으나, 2002. 12. 10. 에스케이와이번스로부터 원고가 운행하던 버스의 열쇠를 교체당하여 버스 운행업무를 계속할 수 없게 되었다.

이에 원고는 참가인 회사에 파견되어 참가인 회사의 지휘 · 명령 하에 2년 이상 근무하였으므로, 파견근로자보호법에 따라 2002. 3. 27. 부터 참가인회사와 고용관계가 의제된다고 주장하며 부당해고 구제신청을 제기하였으나, 서울행정법원과 서울고등법원은 그 실질이 근로자파견관계이나, 구 파견법('07. 7. 1. 시행된 개정법 전의 파견법) 제6조 제3항은 불법파견에 적용되지 않는다고 판결하였다.

○ 판결요지

대법원은, 서울고등법원 판결 이후 제시된 전원합의체 판결(대법원 2008. 9. 18. 선고 2007두22320 판결)에 따라 구 파견법 제6조 제3항이 '불법파견에도 적용'되므로, 파견근로자보호법에 따라 원고와 참가인 회사 간 직접근로관계가 성립된다고 판시하였다.

④ 대법원 2009. 2. 26. 선고 2007다728238 판결(한국마사회 사건)

○ 사실관계

피고회사(한국마사회)는 경마의 공정한 시행과 원활한 보급을 목적으로 설립된 특수 법인이며, 경마진흥은 1998년경부터 한국마사회와 계약기간을 1년 또는 2년으로 하는 용역계약을 체결하고, 그 소속 근로자들을 한국마사회에 보내어 수도권 장외발매소에서 경비, 청소 및 시설물 유지보수 등의 업무를 수행하도록 하였다.

이후, 한국마사회가 경마진흥에 대하여 근로자 규모를 31명에서 15명으로 대폭 축소하고 각종 자격기준을 강화하는 등의 용역계약을 다시 체결할 것을 제안하였으나, 경마진흥은 이를 무리한 요구로 판단하여 거부하였고, 용역계약이 종료되면서 수입이 줄게 되자 경마진흥은 2004.12월경 해고예고를 거쳐 원고들을 해고하였다.

이에 원고들은 경마진흥 소속 근로자로 있으면서 도급업무를 수행하였지만, 자신들은 실질적으로 피고회사에 직접 고용된 근로자이며, 만일 직접고용관계가 없을지라도 본 도급계약은 실질적으로 파견계약으로서 파견근로자보호법에 따라 고용의제가 된다고 주장하며 부당해고 구제신청을 제기하였으나, 수원지방법원과 서울고등법원은 사내하도급업체의 사업주 실체를 인정하면서 한국마사회와 동 근로자들 간의 직접고용관계를 부정하였고, 그 실질이 근로자파견관계이나, 다만 무허가, 파견대상업무 위반 등의 불법파견이므로 구 파견법('07.7.1 시행된 개정법 전의 파견법) 제6조 제3항의 고용의제 규정은 적용되지 않는다고 판결하였다.

○ 판결요지

대법원은, 직접고용관계에 대해서는 원심과 마찬가지로 원고들이 속한 경마진흥이 사업주로서의 독자성이 없거나 독립성을 결한 피고의 노무대행기관과 동일시 할 수 있는 정도로 그 존재가 형식적 · 명목적인 것은 아니라고 보아, 원고들과 피고 사이에 묵시적인 근로계약관계가 존재하지 않는다고 판결하였으나, 불법파견 시 구 파견법 제6조 제3항의 고용의제 규정의 적용여부에 대해서는 서울고등법원 판결 이후 제시된 전원합의체 판결(대법원 2008. 9. 18. 선고 2007두22320 판결)에 따라 구 파견법 제6조 제3항이 "불법파견에도 적용"되므로, 파견근로자보호법에 따라 원고와 피고회사간 직접

근로관계가 성립된다고 판시하였다.

⑤ 대법원 2010. 7. 22. 선고 2008두4367 판결(현대자동차 사건: 울산공장)

○ 사실관계

피고회사(현대자동차)는 아산, 울산, 전주에 공장을 두고 자동차 및 그 부품의 제조·판매를 주된 목적으로 하는 회사이고, 원고들은 피고회사의 울산공장 사내하도급업체에 입사하여 근무하다가 장기간 무단결근, 작업장소 무단이탈 등의 사유로 해고되었다.

이에 원고들은 ㉠협력업체들은 형식상으로 참가인과 별도의 회사인 것처럼 운영되었지만 사실상 참가인에게 종속되어 경영상 독립성이 없는 회사였으므로 비록 원고들이 이 사건 협력업체들과 개별적으로 근로계약을 체결하였다 하더라도 이는 형식적, 명목적인 것에 지나지 않을 뿐더러 원고들은 참가인 회사에게 지배·종속된 관계 아래에서 참가인 회사에게 직접 근로를 제공해 온 것이므로 원고들과 참가인 회사 사이에는 묵시적인 근로계약관계가 성립된 것이며, ㉡또한 참가인과 사내협력업체들 사이에 체결된 업무도급계약은 위장도급으로서 그 실질에 있어서는 근로자파견계약에 해당되므로, 파견근로자보호 등에 관한 법률 제6조 제3항에 의하여 사용사업주인 참가인 회사에 2년을 초과하여 근무한 원고들은 참가인 회사의 근로자가 되었다고 주장하며, 부당해고 및 부당노동행위 구제신청을 제기하였으나, 부산지방노동위원회는 참가인 회사에 대한 청구는 각하하고, 사내하도급업체에 대한 청구는 기각(폐업한 회사에 대한 청구는 각하)하였으며, 중앙노동위원회도 같은 판정을 내렸으며, 서울행정법원 및 서울고등법원도 사내하도급업체들의 실체를 인정하여 현대자동차와 원고들이 직접고용관계에 있음을 부정하면서, 아울러 당해 관계가 근로자파견관계에 해당하는 것도 아니라고 판단하고, 또한 근로자파견관계라 하더라도 구 파견법 제6조 제3항은 적법한 파견에만 적용된다고 하면서 근로자들의 청구를 기각하였다.

○ 판결요지

대법원은, ㉠원고들과 고용계약을 체결한 참가인 회사의 울산공장 내 사내협력업체들이 사업주로서의 독자성이 없거나 독립성을 상실하였다고 볼 수 있을 정도로 그 존재가 형식적·명목적인 것으로 볼 수 없으므로, 원고들과 참가인 회사 사이에 묵시적 근로계약 관계가 성립되지 않았으며, ㉡구 파견법 제6조 제3항에서 규정하고 있는 직접고용간주 규정은 근로자파견이 2년을 초과하여 계속되는 경우 사용사업주와 파견근로자 사이에 직접근로관계가 성립하다는 의미를 가지며, "적법한 근로자파견"의 경우에만 적용된다고 축소 해석할 근거가 없는 바, "위법한 근로자파견"을 이유로 직접고용간주 규정이 적용되지 않는다고 판단한 원심판결은 파기하고, 입사일로부터 2년이 경과한 원고들은 직접고용간주 규정에 의하여 참가인 회사에 직접 고용된 것으로 간주된다고 판시하였다.

⑥ 서울고등법원 2010. 11. 12. 선고 2007나56977 판결(현대자동차 사건: 아산공장)

○ 사실관계

피고회사(현대자동차)는 아산, 울산, 전주에 공장을 두고 자동차 및 그 부품의 제조 · 판매를 주된 목적으로 하는 회사이고, 원고들은 피고회사의 아산공장 사내하도급업체에서 근무하다가 해고되었다.

이에 원고들은 피고회사는 사내협력업체와 근로계약을 체결하였지만, 사내협력업체는 사업주로서의 독립성을 결한 피고의 노무대행기관에 불과하고, 실제로는 피고회사가 원고들을 직접 사용 · 지휘하여 근로를 제공받았으므로 원고들과 피고 사이에 묵시적인 직접근로계약관계가 성립되며, 만일 직접고용관계가 없을지라도 본 도급계약은 실질적으로 파견계약으로서 파견근로자보호법에 따라 고용의제가 된다고 주장하며 종업원지위가처분 신청을 내었으나, 서울중앙지방법원은 피고회사와 사내하도급업체의 관계를 근로자파견관계로만 인정하여, 구 파견법 제6조 제3항에 따라 원고들이 피고회사에 근로자로 의제되었다고 판결하였다.

○ 판결요지

서울고등법원은, 묵시적인 직접근로계약관계의 성립에 대해서는 피고회사가 사내협력업체에 대하여 전반적인 관리를 함으로써 원고들을 포함한 사내협력업체 소속 근로자들의 근로조건 등에 영향을 미치고, 사내협력업체 소속 근로자들의 업무에 대하여 지휘 · 명령을 하였다고 판단되나, 사내협력업체가 사업주로서 독자성이 없거나 독립성을 상실하였다고 볼 수 있을 정도로 그 존재가 형식적 · 명목적인 것으로 볼 수 없으므로 피고회사와 원고들간에 묵시적인 직접근로계약관계가 성립되었다고 볼 수 없다고 판결하였으며, 근로자파견관계 인정여부에 대해서는 ㉠사내협력업체에는 고유하고 특유한 도급업무가 별도로 있는 것이 아니라 피고의 필요에 따라 도급업무가 구체적으로 결정되었고, 특히 피고회사의 '사내협력업체 관리'라는 표준에 따라 구조조정이 이루어졌으며, ㉡원고들이 수행하는 업무의 특성 등을 고려하면, 사내협력업체의 현장관리인 등이 원고들에게 구체적인 지휘명령권을 행사하였다 하더라도, 이는 도급인이 결정한 사항을 전달한 것에 불과하거나 그러한 지휘명령이 도급인 등에 의해 통제되어 있는 것에 불과하였고, ㉢피고회사가 요구하는 업무를 수행함에 있어 사내협력업체의 고유기술이나 자본 등이 업무에 투입되지 않고, 원고들은 피고회사 소유의 생산 관련 시설 및 부품, 소모품 등을 사용하여 피고회사가 미리 작성하여 교부한 것으로 근로자들에게 부품의 식별방법과 작업 방식 등을 지시하는 각종 조립작업지시표 등에 의하여 단순, 반복적인 업무를 수행한 사정을 종합하면, 원고들은 사내협력업체에 고용된 후 피고의 작업현장에 파견되어 피고로부터 직접 지휘 · 감독을 받는 근로자파견 관계에 있었다고 봄이 상당하다고 판시하여 초심판결을 그대로 인정하였다.

(다) 도급관계로 판단한 사례

① 대법원 2006. 11. 24. 선고 2006다49246 판결(부산교통공단 사건)

○ 사실관계

피고회사(부산교통공단)는 부산시내의 지하철을 관리 · 운영하는 공단으로, 공항시설관리(주) 및 (주)부일정보링크와 "역사매표업무 위탁용역계약"을 체결하고 지하철매표소의 승차권 판매, 교통카드보충, 교통카드판매, 무인권 발급 등의 업무를 위탁하고 있으며, 원고들은 위 공항시설관리 또는 부일정보링크에 입사하여 지하철 매표소에서 위와 같이 위탁받은 업무를 수행하고 있다.

원고들은 피고회사를 상대로 근로자파견법 제6조 제3항에 따라 2년의 기간이 만료된 날의 다음 날부터 피고회사가 원고들을 고용한 것으로 보아야 한다고 주장하며, 근로자지위확인소송을 제기하였으나, 부산지방법원 및 부산고등법원은 당해 관계가 근로자파견관계가 아닌 도급관계라고 하면서 원고들의 청구를 기각하였다.

○ 판결요지

대법원은[20], ㉠수탁회사가 원고들에 대한 채용이나 징계 및 인사노무관리에 관하여 독립적이고 최종적인 권한을 가지고 있고, 원고들에게 직접 임금을 지급하였다는 점, ㉡매표소 업무의 개시와 종료시각이 지하철 운영시간에 따라 결정되기는 하지만, 근무시간, 휴게시간, 휴일, 시간외 근로, 임금 등에 관한 각종 근로조건은 원고들과 수탁회사 사이에 체결된 고용계약이나 단체협약, 취업규칙 등에 따라 정해진다는 점, ㉢매표소 업무는 피고의 전반적인 업무 중에서 특정 · 구분이 가능하다는 점, ㉣용역대금은 수탁회사가 작성한 매표업무 용역검사조서에 따라 매표업무를 수행하지 못한 시간에 해당하는 금액을 차감하고 실제 제공(또는 완성)된 업무에 대하여 지급한 점, ㉤수탁회사들은 피고회사와 독립하여 그 소속 직원들에 대한 교육, 교대근무, 근무지 배치, 결근시의 대체인력 투입, 현장소장과 운영팀장을 통한 현장에서의 지시 · 감독 등을 직접 시행함으로써 그 소속직원들에 대한 구체적인 업무상 지휘 · 명령을 시행한 점, ㉥원고들이 무상으로 사용한 각종 설비 등은 지하철의 필수시설로서 비용이나 시간적 측면에서 기존의 설비를 철거하고 소외회사들로 하여금 새로이 시설하도록 하거나 제작, 사용하도록 하는 것이 바람직하지 아니할 뿐더러, 특히 승차권의 경우 승객들의 편의와 용역업체들 간의 업무의 통일성을 기하기 위해서도 무상제공의 필요성이 있는 점 등을 근거로 원고들이 파견근로자 지위에 있지 않다고 판결하였다.

② 대법원 1997. 11. 13. 선고 96구42750 판결(경기화학공업 사건)

○ 사실관계

참가인 회사(경기화학공업)는 비료를 생산하는 회사로서, 1988. 10. 24. 흥일개발과의 사이에 경기화학공업에서 생산하는 비료의 원재료 및 제품의 상 · 하차 작업에 대한 노무공급계약을 체결하고 매년 계약단가를 갱신하고 있으며, 원고들은 흥일개발 소속 근로자들로서 위 노무공급계약에 따른 업무를 수행하고 있다.

1996년 초에 위 계약단가에 따른 쌍방간의 의견조정이 되지 않아 계약이 해지될 형편이 되었고, 1996. 3. 18. 흥일개발은 일방적으로 참가인 회사에 대하여 노무공급계약 해지를 통보하였으며, 1996. 4. 2. 참가인 회사도 흥일개발에 대하여 근로자들을 모

---

20) 상고심절차에 관한 특례법 제4조(심리불속행)에 해당한다며, 원고들의 상고를 기각, 사실관계의 확인은 고등법원의 판결을 참고한다.

두 철수시킬 것을 요청하자, 원고들은 참가인 회사와의 사이에 고용승계 문제에 관하여 합의점을 찾지 못하자 불안감을 느꼈고, 참가인 회사 노동조합에 조합원으로 가입하였으며, 참가인 회사는 1996. 6. 17.자로 원고들의 작업을 중단시켰고, 이에 대하여 참가인 회사 노동조합은 부당노동행위 구제신청을 제기하였다.

이에 대하여 경기지방노동위원회는 부당노동행위를 인정하였으나, 중앙노동위원회는 원고들과 참가인 회사 사이에 근로계약관계가 존재한다고 볼 수 없다며 초심결정을 취소하였고, 서울행정법원 및 서울고등법원도 위 근로제공 관계를 근로자공급이 아닌 도급관계로 보면서 원고들은 참가인 회사의 근로자가 아니라며 부당노동행위를 부정하면서 원고들의 청구를 기각하였다.

○ 판결요지

대법원은, ㉠원고들은 홍일개발 소속 근로자들로서 참가인 회사의 상 · 하차 작업물량에 대하여 독점적으로 작업을 하여 왔을 뿐 임금을 목적으로 참가인 회사에 대하여 종속적인 관계에서 근로를 제공한 것이라고 할 수 없으며, ㉡또한, 참가인 회사에서 1996. 4. 4. 원고들의 작업을 중단시키려 하였으나 위 원고들과 원고 노동조합 간부 등의 격렬한 저항으로 작업을 중단시키지 못하였던 것이며, 이와 같은 사정이 참가인 회사에서 홍익개발로부터 원고의 고용관계를 승계하였다거나 참가인 회사와 원고들 사이에 묵시적인 고용계약관계가 성립하였다고 할 수 없으므로, 원고들은 참가인 회사의 근로자가 아니며, 참가인 회사가 홍익개발의 근로자들의 고용관계를 승계한 것도 아니고, 이들에 대한 부당노동행위는 성립할 여지가 없다고 판결하였다.

(3) 판례의 쟁점 검토[21]

(가) 판례의 유형과 쟁점의 소재

① 판례의 유형

자신의 사업에 타인이 고용한 근로자를 직접 편입시켜 사용하는 형태를 간접고용이라고 할 때,[22] 사내하도급은 현재 우리나라에서 간접고용 현상을 주도하고 있고, 그래서 간접고용 관련 분쟁의 중심이기도 하다. 현행법상 사업 방식으로 그리고 합법적

21) 경제사회발전노사정위원회, 『사내하청 제도 및 정책적 개선방안 연구』, 2010, 42-48면.
22) 강성태, "사내하도급 삼부작 판결의 의의", 『노동법학』 제35호, 2010. 9, 2면.

으로 간접고용을 발생시킬 수 있는 법률관계로는 근로자공급계약과 근로자파견계약 및 사내하도급계약 등이 있다.

그런데 근로자공급계약은 합법적 요건이 매우 엄격하여 현재 항만하역 분야 등 극히 일부에서만 발견되고 있고, 근로자파견계약은 파견허용업무의 제약 때문에 파견법 제정 당시의 기대와는 달리 그리 활성화되어 있지 못하여, 결국 실제의 사용이나 분쟁 발생은 사내하도급관계에 의한 간접고용에 거의 집중되어 있는 실정이다. 사내하도급 관계에서 발생되어 주목을 받았던 노동분쟁에 대한 대법원 판결은 크게 네 가지 유형으로 구분해 볼 수 있다.

첫째, 제1유형으로 수급인이 사업적 실체가 없거나 사용자로서의 기본적 권한을 행사하지 않음으로서 사용자로서의 실체를 갖추지 못하여 도급인이 실질적인 사용자로서 행위하는 경우가 있다.

둘째, 제2유형으로 수급인이 사용자로서의 실체를 갖추고는 있지만, 수급인 근로자의 근로제공에 대해 도급인이 주로 지휘명령을 하는 경우를 들 수 있다.

셋째, 제3유형으로 수급인이 사용자로서의 실체를 갖추고 있지만, 수급인 근로자의 근로제공에 대하여 일부는 도급인이 일부는 수급인이 지휘명령을 하는 경우가 있다.

넷째, 제4유형으로 수급인이 사용자로서의 실체를 가지고 있을 뿐 아니라 수급인 근로자의 근로제공에 대하여 직접적으로 지휘명령을 하는 경우가 있다.

이러한 네 가지 유형에 따른 대법원 판결 가운데 대표적인 사례는 첫 번째 유형으로서 대법원 2008. 7. 10. 선고 2005다75088 판결(이하 '현대미포조선 판결'이라 한다)을 들 수 있고, 두 번째 유형으로는 대법원 2008. 9. 18. 선고 2007두22320 판결(이하 '예스코 판결'이라 한다)과 대법원 2010. 7. 22. 선고 2008두4367 판결(이하 '현대자동차 판결'이라 한다)이 있고, 세 번째 유형으로는 대법원 2010. 3. 25. 선고 2007두8881 판결(이하 '현대중공업 판결'이라 한다)이 있고, 네 번째 유형으로는 대법원 2006. 11. 24. 선고 2006다49246 판결(이하 '부산교통공단 판결'이라 한다)을 들 수 있다.

② 쟁점의 소재

사내하도급관계에 있어서 핵심적 법적 쟁점은 도급과 파견의 구별에 대한 문제라 할 수 있다. 사내하도급계약이 민법상 도급계약의 형식을 갖추고 있으나 실질에 있어서 수급인 근로자에 대한 노무지휘권 행사가 어떻게 이루어지느냐에 따라 도급관계가 인정되거나 아니면 파견계약관계로 판단될 수 있다. 후자로 판단되는 경우 소위 '위장도급' 또는 '불법파견'으로 평가되어 수급인 근로자가 도급인과의 직접적 근로관계가 인정되거나 파견관계가 인정되기도 한다. 따라서 사내하도급이 진정한 도급계약관계가 형성되어 있다면 네 번째 유형과 같이 도급계약으로 평가되고, 진정한 도급관계가 형성되어 있지 않다면 소위 '위장도급'으로 평가된다. 위장도급은 형식상 도급계약만 존재할 뿐 실질에 있어서 수급인의 사업이 독자성과 독립성를 갖추고 있지 못하면 도급인과 수급인 근로자 간에 묵시적 근로관계가 인정되어 첫 번째 유형에 해당되는 것이다.

또한 수급인의 사업이 독자성과 독립성을 갖추고 있지만 도급인이 수급인 근로자에 대한 노무지휘권을 사실상 행사하고 있는 경우에는 소위 '불법파견'으로 평가되어 두 번째 유형에 해당된다. 그러나 '불법파견'으로 평가되는 경우 구 파견법 상의 고용의제를 적용할 수 있는지와 고용의제가 적용된다면 어느 시점에서 적용되는지가 제기된다. 이는 불법파견의 법률효과라는 측면에서 또 다른 쟁점이 제기된다. 대법원은 예스코사건에 대한 전원합의체 판결을 통해 불법파견에 대해서도 고용의제가 적용된다고 판단하였고, 그 시점은 구 파견법 상 합법파견의 고용의제와 동일하게 2년 경과 시점이라고 판시하였다.

더 나아가 수급인의 사업이 독자성과 독립성을 갖추고 있지만 수급인 근로자의 근로제공과 관련하여 노무지휘권의 행사를 전적으로 도급인이 행사하는 것은 아니지만 상당부분 관여하고 있는 경우 도급인에게 집단법상의 사용자성을 인정할 수 있느냐의 쟁점이 제기되었다. 이 경우 집단법상의 사용자성을 인정할 수 있는 기준은 무엇이고, 집단법상의 사용자성이 어떠한 범위 내에서 인정될 수 있는지에 대한 쟁점도 제기된다. 이는 세 번째 유형에 해당되어 현대중공업 판결에서는 집단법상의 사용자성이 개별법상의 사용자 개념과 달리 인정될 수 있고, 부당노동행위 가운데 지배 · 개입의 주체로서 사용자성을 인정하였다.

(나) 유형별 쟁점 검토

① 제1유형(현대미포조선 판결)의 쟁점 검토

현대미포조선 판결은 파견법 제정 이전부터 유지되어 온 판례 법리인 이른바 '묵시적 근로계약관계론'을 재확인한 판결이었다. 이 판결에서는 '원고용주에게 고용되어 제3자의 사업장에서 제3자의 업무에 종사하는 자를 제3자의 근로자라고 할 수 있으려면, 원고용주는 사업주로서의 독자성이 없거나 독립성을 결하여 제3자의 노무대행기관과 동일시할 수 있는 등 그 존재가 형식적, 명목적인 것에 지나지 아니하고, 사실상 당해 피고용인은 제3자와 종속적인 관계에 있으며, 실질적으로 임금을 지급하는 자도 제3자이고, 또 근로제공의 상대방도 제3자이어서 당해 파고용인과 제3자간에 묵시적 근로계약관계가 성립되어 있다고 평가될 수 있어야 한다'라는 묵시적 근로계약관계의 기본 법리를 확인한 것이다.

대법원은 사내하도급관계에 묵시적 근로계약 법리를 적용하여 직접 근로관계를 인정한 것은 2002년 경기화학 판결[23]과 2003년의 SK 판결[24]에서도 같은 법리를 적용하여 소사장 기업의 근로자와 도급회사 사이 및 자회사의 근로자와 모회사 사이에서 근로관계의 성립을 인정하였다.

그런데 현대미포조선 판결은 앞의 두 판결과는 달리 '사업주로서의 실체성' 보다는 '근로관계(지휘명령관계와 기본적 관계)의 존재'에 중점을 두고 묵시적 근로관계의 성립을 판단하였다.[25] 대법원은 판결 요지에서와 같이 현대미포조선이 수급인 근로자들의 채용, 승진, 징계에 관하여 실질적 권한을 행사한 사실, 직접적으로 원고들에 대한 지휘감독권을 행사한 사실, 원고들의 임금 등 제반 근로조건에 대하여 실질적인 영향력을 행사한 사실 등 근로관계의 존재를 보여주는 사실들에 집중하였고, 이른바 사업주로서의 실체와 관련해서는 수급인이 독자적인 장비를 보유하고 않았고, 소속 근로자의 교육 및 훈련 등에 필요한 사업경영상 독립적인 물적 시설을 갖추지 못하였다는 사실만을 적시하였다.

한편 수급인의 사업이 독자성과 독립성을 갖추고 있지 못하다면 근로관계의 존부를 따질 필요 없이 수급인의 지위는 단순한 노무관리대행기관에 불과하게 되어 묵시적 근로관계가 성립될 수 있을 것이다. 그러나 사업의 실체성을 판단함에 있어서 근로자에 대한 인사 · 노무관리의 권한 존부는 사업 · 경영의 중요한 요소를 이루고 있기 때문에 이를 완전히 분절시켜 판단하는 것은 어려울 것으로 보인다.

23) 대법원 2002. 11. 26. 선고 2002도649 판결.
24) 대법원 2003. 9. 23. 선고 2003두3420 판결.
25) 강성태, "사내하도급 삼부작 판결의 의의", 『노동법학』 제35호, 2010. 9, 10면.

② 제2유형(예스코 판결)의 쟁점 검토

예스코 판결은 사내하도급관계에 있어 수급인이 사업의 실체성을 지니고는 있지만 수급인 근로자에 대한 노무지휘권을 주로 도급인이 행사하는 경우에 대하여 실질적으로 파견관계가 성립된다고 판시하였다. 이 판결은 소위 '불법파견'에 해당되는 경우의 사법적 효과에 대한 최초의 대법원 판결이라는 점에 의의가 크다. 예스코 판결이 다룬 구 파견법 제6조 제3항(직접고용간주조항)의 적용범위는 파견법 논쟁의 핵심 쟁점으로서 적용긍정설, 직접고용법리 적용설, 적용부정설 등으로 의견이 격렬하게 갈렸던 부분이었다.

예스코 판결은 소위 '불법파견'에 대해서도 직접고용간주조항의 적용긍정설을 취함으로써 종래 일부 하급심이 적용부정설을 취함으로써 초래되었던 불법파견의 방치라는 현실적 부정의를 해결할 수 있게 되었다. 즉 직접고용간주규정을 불법파견에도 적용함으로써 합법적 파견을 이용한 사용사업주에 비해 위법한 파견을 이용한 사용사업주가 결과적으로 더 많은 법적 혜택을 받는 것을 방지한 것이다. 이로서 수급인 근로자는 입사일로부터 2년을 초과한 시점부터는 도급인의 근로자 특히 '기간의 정함이 없는 근로계약'을 체결한 근로자로서 간주될 수 있게 된 것이다.

이러한 불법파견의 법률효과에 대한 대법원 판결에 대하여 파견법 위반인 불법파견은 소위 '파견'이 아니라 '불법근로자공급사업'으로 보는 것이 타당하고, 따라서 원칙적으로 구 파견법 제6조 제3항의 규정을 적용할 수 없으나 불법근로자공급사업에 대한 직업안정법상의 입법흠결에 따라 구 파견법 제6조 제3항을 유추적용하는 것이 타당하다는 비판적 평가[26]가 있다. 이러한 해석론에 따르면 직접고용간주효과의 발생요건은 합법적 파견을 전제한 것이기 때문에 불법파견의 경우는 파견의 불법성이 인정되는 시점부터 사용사업주가 직접고용한 것으로 간주하는 것이 타당하다는 것이다.

③ 제3유형(현대중공업 판결)의 쟁점 검토

현대중공업 판결은 '근로자의 기본적인 노동조건 등에 관하여 그 근로자를 고용한 사업주로서의 권한과 책임을 일정 부분 담당하고 있다고 볼 정도로 실질적이고 구체적으로 지배, 결정할 수 있는 지위에 있는 자가 노동조합을 조직 또는 운영하는 것을 지

26) 박종희, "사내하도급과 파견의 구별기준 및 불법파견의 법률효과", 『조정과 심판』 2010 가을, 중앙노동위원회, 41면.

배하거나 이에 개입하는 등으로 법 제81조 제4호 소정의 행위를 하였다면 그 시정을 명하는 구제명령을 이행하여야 할 사용자에 해당한다'고 판시하였다.

이 판결은 첫째, 근기법상 사용자와 노조법상 사용자는 서로 다를 수 있다는 사실, 둘째, 노조법상(본 판결에서는 지배개입 영역에서) 사용자성의 여부는 기본적인 노동조건에 대한 실질적인 영향력의 존재에 따라 판단되어야 한다는 사실(실질적 영향력설), 셋째, 근로계약의 당사자가 아닌 자도 부분적으로 사용자가 될 수 있다는 사실 달리 말하면 한 근로자에 대해 둘 이상의 사용자가 존재할 수 있다는 사실(부분적 사용자성 또는 중첩적 사용자성) 등을 밝히고 있다.

기존의 판례는 근기법상 사용자와 노조법상 사용자를 판단하는 방식이 원칙적으로 동일하다고 보았다(근로계약설 또는 사용종속관계설). 예를 들어 대법원 1995. 12. 22. 선고 95누3565 판결은 "노조법상 사용자라 함은 근로자와의 사이에 사용종속관계가 있는 자, 즉 근로자와의 사이에 그를 지휘·감독하면서 그로부터 근로를 제공받고 그 대가로서 임금을 지급하는 것을 목적으로 하는 명시적이거나 묵시적인 근로계약관계를 맺고 있는 자를 말한다"고 하였다. 그러나 대다수 학설은 근기법상 사용자와 노조법상 사용자가 다를 수 있다고 보았는 바, 현대중공업 판결은 기존 판례와 달리 근기법상 사용자와 노조법상 사용자가 다를 수 있다는 점을 인정하였다.

또한 이 판결은 노조법상 사용자성 판단과 관련된 여러 학설 가운데 실질적 영향력설[27]을 취한 것으로 보이며, 이른바 부분적 사용자성(또는 중첩적 사용자성)을 인정한 의의가 있다. 실질적 영향력설은 사용자 개념의 외부적 획정에 관한 일반적 기준으로서 근로관계상의 제 이익에 대해 실질적 영향력 내지 지배력을 가질 수 있는 지위에 있는 자를 기준으로 하는 견해가 부당노동행위제도의 목적에 비추어 타당하다는 입장이다.

특히 이 판결은 부당노동행위 구제명령과 관련하여 '현실적으로 발생하는 부당노동행위의 유형은 다양하고, 노사관계의 변화에 따라 그 영향도 다각적이어서 그에 대응하는 부당노동행위 구제의 방법과 내용도 유연하고 탄력적일 필요가 있는 바, 사용자의 지배·개입 행위가 사실행위로 이루어진 경우 그 행위 자체를 제거 내지 취소하여 원상회복하는 것이 곤란하며, 또한 사용자의 행위가 장래에 걸쳐 계속 반복하여 행하여질 가능성이 많기 때문에 사용자의 지배·개입에 해당하는 행위를 금지하는 부작위명령은

27) 김유성, 『노동법Ⅱ』, 법문사, 1996, 312면; 김형배, 『노동법』(제18판), 박영사, 2009, 920면 참조.

적절한 구제방법이 될 수 있다'고 하여 구제명령의 수단을 폭넓게 인정하였다.

④ 제4유형(부산교통공단 판결)의 쟁점 검토

부산교통공단 판결은 사내하도급관계가 적법한 도급계약으로 판시함으로써 파견관계를 부인하였다. 이 판결에서는 사내하도급이 위장도급 또는 불법파견에 해당되지 않고 적법한 도급계약으로 성립하기 위한 제반 요건들을 명확히 하였다. 이 판결은 ㉠채용 · 징계 등 인사노무관리 권한의 독립적 · 최종적 보유, ㉡근로시간, 휴게시간, 휴일 등 기타 근로조건에 대한 결정권, ㉢계약업무의 특정, 구분, ㉣실제 제공된 업무에 대한 대금 지급, ㉤교육, 교대근무, 근무지 배치, 대체인력 투입, 현장 지시 · 감독의 독립적 직접 지시, ㉥고객의 편의와 업무의 통일성을 위한 설비의 무상제공 필요성 인정 등을 적시하였다.

(다) 소 결

사내하도급의 법적 쟁점은 우선 위장도급 여부에 대한 판단이다. 민법상 도급계약이라는 형식만 빌릴 뿐 실질에 있어서 수급인이 사업의 독자성 · 독립성을 갖추지 못한다면 수급인 근로자와 도급인 사이에 묵시적 근로관계가 인정될 것이고, 수급인의 사업이 독자성과 독립성을 갖추고 있다면 당해 사내하도급이 파견인지 도급인지를 구별하여야 할 것이다. 그러나 사내하도급에 있어 대부분 노무도급의 형태를 띠고 있어 파견과의 구별이 곤란하다. 이 구별의 핵심적 기준은 수급인 근로자의 근로제공에 대한 실질적 지시권을 누가 행사하느냐가 관건이 될 것이다.

그러나 이러한 사내하도급에 관련한 법적 쟁점은 현실적으로 많은 문제를 야기하고 있다. 모든 사내하도급이 도급계약의 형식으로 이루어지고 있기 때문에 장기간에 걸친 법적 분쟁을 통하지 않고서는 노동법적 보호영역에서 배제되어 있다는 점이다. 또한 사내하도급에 있어 원청회사와 하청업체의 밀착성과 원청회사의 소위 '학습효과'로 인하여 도급과 파견의 구별은 더욱 곤란해져가고 있다. 이러한 현실적 곤란성을 감안하여 파견업종의 확대(네거티브 방식으로 전환 등)를 통해 파견법의 보호영역으로 포섭해가야 한다는 주장도 일응 타당성이 있을 수 있다. 다른 한편으로 직업안정법상 빈껍질만 남아 있는 근로자공급사업의 내용으로 사내하도급 형식의 노무도급을 규율하여 파견에 준하여 노무도급 근로자를 보호하는 입법론[28]도 시사점이 크다고 하겠다.

Ⅶ. 사용자 개념 확장이론에 대한 검토[29)]

직접적인 근로관계를 맺고 있지 않는 사내하도급('사내하청'과 같음)과 같은 간접고용의 원청기업과 근로자 사이에서는 근로조건 또는 노동조합 가입 및 결성의 자격여부에 대한 분쟁이 자주 발생한다. 이때 하도급근로자는 근로계약을 맺고 있지 않는 원청기업에게 사용자책임을 요구할 수 있는지가 가장 큰 쟁점이 되고 있다. 그러나 이러한 원청기업의 사용자책임에 대한 명문의 규정이 없어 사용자책임의 범위는 원청기업 사용자성 인정여부에 따라 달라지므로 이를 명확하게 규제할 수 있는 질서가 필요하다고 판단된다.

사내하도급에서 원청기업의 사용자성이란 형식상 근로계약관계의 직접당사자인 사용자(근로계약에서 명시된 사용자 즉, 수급인)가 아닌 원사업자(도급인)가 근로관계상의 사용자로서의 책임을 부담하는가의 문제로서 그 대상에 따라 개별적 근로관계에서의 사용자성과 집단적 노사관계에서의 사용자성으로 나눌 수 있다. 전자는 주로 원사업주가 임금 · 퇴직금 등의 지급책임이나 근로관계의 승계책임, 또는 사회보험법상의 가입의무를 지는가의 문제이고, 후자는 원사업자가 하도급근로자의 근로3권을 보장할 의무, 즉 단체교섭의무와 노조 운영에 개입하지 않을 의무 등이 있는가의 문제로서 이는 주로 노조법상 부당노동행위 주체로서 논의된다.[30)]

또한 사내하도급관계에서 원청기업이 하도급근로자의 사용자로서 책임을 부담하는 경우도 개별적 · 집단적 노동관계에 따라 각각 상이할 수 있다. 이에 원청기업의 사용자성이 인정될 수 있는지와 인정될 경우 사용자성 책임의 범위에 대한 문제를 제기해 보며 이를 개별적 · 집단적 노동관계법상 두 가지 측면으로 나뉘어 살펴본다.

사용자의 개념에 관하여 노동관계법령은 '사업주, 사업의 경영 담당자 또는 그 사업의 근로자에 관한 사항에 대하여 사업주를 위하여 행동하는 자'라고 통일적으로 정의하고 있다.[31)] 이것은 사용자를 광의로 정의한 것으로, 사업주는 '협의의 사용자'라고

28) 박종희, "사내하도급과 파견의 구별기준 및 불법파견의 법률효과", 『조정과 심판』 2010 가을, 중앙노동위원회, 41면.
29) 박재명, 『사내하도급의 사용자지위 및 쟁점 연구』, 한국외대 석사학위논문, 2011, 19-62면.
30) 성기정, 『사내하도급 근로관계의 문제점과 개선방안』, 충북대 박사학위논문, 2009, 91면.

부를 수 있다.

'협의의 사용자' 즉, '사업주'는 근로자를 사용하여 사업을 하는 자를 말한다.[32] 자기 이름으로 사업을 하는 자를 말하고, 투자자 · 주주 · 소유자와는 구별된다. 회사 등 법인사업의 경우에는 법인 그 자체가 사업주이다. 근로계약의 당사자 또는 단체교섭의 당사자로서의 사용자는 사업주만을 의미한다. '광의의 사용자'는 사업주 이외에 '경영담당자'와 '근로자에 관한 사항에 대하여 사업주를 위하여 행동하는 자'를 포함한다. 본래의 사용자는 사업주이지만 노동관계업무의 실질적 권한을 가진 이들을 사용자로 보아 노조법 · 근로기준법 등을 준수할 책임을 부여하기 위한 것이다.

'경영담당자'란 사업경영 일반에 관하여 책임을 지는 자로서 사업주로부터 사업 경영의 전부 또는 일부에 대하여 포괄적 위임을 받고 대외적으로 사업을 대표하거나 대리하는 자를 말한다.[33] 예컨대 민법상 법인의 이사, 주식회사의 대표이사, 합명회사 및 합자회사의 업무집행사원, 유한회사의 이사, 지배인, 회사정리 절차 시작 이후의 관리인[34]이 이에 해당하고, 미성년자 또는 금치산자를 사업주로 하는 경우에는 그 법정대리인이 이에 속한다. '근로자에 관한 사항에 대하여 사업주를 위하여 행동하는 자'란 인사 · 임금 등 근로조건의 기획 · 결정에 대한 실질적인 권한 또는 근로제공에 대한 실질적인 지휘감독 권한을 가진 자를 말한다.[35] 예컨대 주식회사의 인사 · 노무부서의 부장 · 과장, 임금 등 인건비 예산을 기획하는 부서의 부장 · 과장 등이 관리자에 속한다. 그러나 관리자인지의 여부는 부장 · 과장 등의 형식적 직명에 따를 것이 아니라 구체적인 직무의 실태에 따라 결정되어야 하며, 더구나 일정 직급 이상은 일률적으로 관리자가 되는 것도 아니다. 관리자는 이와 같이 광의의 사용자에 속하지만, 여전히 근로자로서 노동법의 보호를 받는다.[36]

특히, 사내하도급에 있어 사용자의 개념은 그 해석여부에 따라 사용사업주의 책임여부가 달라질 수 있으므로 원청기업과 하청기업간의 사용자책임과 관련하여 선행적으로 짚고 넘어가야 할 중요한 문제이다. 누구를 사용자로 볼 것이며, 누가 사용자의

31) 노조법 제2조 제2호, 근기법 제2조 제1항 제2호.
32) 임금채권보장법 제2조, 고령자고용법 제2조, 산업안전보건법 제2조, 장애인 고용촉진 및 직업재활법 제2조.
33) 대판 1997. 11. 11, 97도813.
34) 대판 1989. 8. 8, 89도426.
35) 대판 1978. 2. 14, 77다3673.
36) 임종률, 『노동법』, 박영사, 2009, 34~36면.

지위를 가지고 있는가에 대해 형식적 외관보다는 '사용종속관계'에 있어 실질적 사용자성과 종속성을 살펴보아야 한다고 판단된다.

1. 개별적 근로관계법상 사용자

(1) 의 의

근로계약의 당사자인 사용자의 정의에 대해서는 근로기준법에 직접 규정하고 있지는 않다(근기법 제2조 제1항 제2호 '사용자'는 근기법상의 준수의무를 부담하는 사용자를 말한다). 그러나 동법 제2조 제1항 제4호의 '근로계약'에 관한 정의규정을 기초로 근로계약 당사자인 사용자의 개념을 다음과 같이 이해할 수 있다. 즉, 사용자는 자기의 지시 · 감독 하에 노무를 제공하는 근로자에 대하여 임금지급의무를 부담할 것을 약정한 계약 당사자이다.

그러나 사용자로서의 지위를 인정하는 데 있어서는 반드시 당사자 사이의 명시적 의사의 합치가 필요한 것은 아니다. 근로계약상의 당사자관계의 존부에 관해서는 당해 노무공급형태의 구체적 실태를 토대로 양자 사이에 사실상의 사용종속관계가 있는지 그리고 이러한 사용종속관계로부터 양 당사자 사이에 객관적으로 추인될 수 있는 묵시적 의사의 합치가 있는지를 가려 판단해야 할 경우가 있다. 그리고 명목상으로 타인이 임금을 지급하더라도 실질적으로는 근로자에 대한 노무지휘권을 가지며 실질적인 임금 결정을 하면서 그의 계산 하에 임금에 대한 지출을 하고 있다면 사용자 지위가 인정되어야 한다.

어떤 기업이 하도급을 준 경우에 하도급기업주에 의하여 채용된 근로자가 하도급기업주와의 계약에 의하여 그의 지시 하에 있게 되면 하도급기업주가 사용자이다. 그러나 하도급기업이 전체로서 원기업으로부터 실질적으로 노무지휘를 직접 받을 때에는 그 원기업의 기업주가 사용자가 될 수도 있다. 이와 같은 하도급관계는 외형적으로 사내하도급의 형태를 취하고 있는 경우가 보통이며 기업의 임대차 · 경영위임과 같은 경우에도 역시 실질적인 노무지휘권이 누구에게 있느냐에 따라 사용자를 결정하여야 한다.[37]

37) 김형배, 『노동법 제19판』, 박영사, 2010, 258면.

근로기준법에서도 근로계약의 유 · 무가 사용자를 결정하는 판단기준일 것이지만 실질적으로 '사용종속성'관계가 성립한다면 사내하도급 원청기업에게도 사용자책임을 지울 수 있다는 가능성이 있다. 이를 사용자개념의 확대라고 규정하고 검토해 나아간다.

(2) 사용자 개념의 확대

'사외 근로자'[38]의 사례는 어느 기업이 업무도급계약이나 근로자파견계약에 근거하여 자기가 고용하고 있는 근로자를 다른 기업의 사업장에 보내 그 업무에 종사하게 하는 경우를 말한다. 이 경우에 사용기업을 사외 근로자에 대한 근로계약상의 사용자로 인정할 수 있는지 여부, 즉 사용기업과 사외 근로자 사이에 묵시적 노동관계가 성립되는지 여부가 문제된다. 제공기업이 기업으로서의 인적 · 물적 실체를 가지지 않고 사용기업의 조직에 편입되어 그 일부에 불과한 경우에는 사용기업과 사외 근로자 사이에 묵시적 노동관계의 성립을 인정할 수 있을 것이다.[39]

그러나 제공기업이 인적 · 물적 실체를 가지는 경우에는 사외 근로자가 사용기업의 지시에 따라 근로를 제공한다 하더라도 이것만으로는 묵시적 노동관계가 성립되지 않는다. 근로계약은 임금지급과 근로제공을 기본적인 요소로 하기 때문에, 묵시적 노동관계의 성립을 인정할 수 있으려면 제공기업의 근로자와 사용기업 사이에 근로제공을 청구하고 임금을 지급하는 관계가 성립된다고 볼 만한 특별한 사정이 있어야 한다. 이대로 말하자면, 사외 근로자의 임금을 실질적으로 사용기업이 결정하고 사외 근로자의 작업지시나 출퇴근 관리뿐만 아니라 그 배치 · 징계 · 해고도 사용기업이 결정하며, 제공기업은 업무도급계약이나 근로자파견계약의 형식과 달리 단순히 근로자의 소개 · 모집이나 임금지급을 대행하는데 불과하다고 볼 수 있는 특별한 사정 아래서는 사용기업을 근로계약상의 사용자로 인정할 수 있는 것이다.[40]

문제는 어떤 기준으로 어느 범위까지 사용자개념을 확대할 수 있는가에 달려있다. 사내하도급과 관련하여 사용자개념의 확대문제를 검토하기 위해서는 먼저 복잡한 사

38) 임종률 교수는 하청 또는 하도급 근로자를 '사외 근로자'로 칭한다. (임종률, 『노동법』, 박영사, 2009, 325면.)
39) 대판 2008. 7. 10, 2005다75088.
40) 임종률, 『노동법』, 박영사, 2009, 325~326면.

내하도급관계의 분석이 필요하다. 그 실질에 따라 진정도급관계, 근로자파견관계, 원청기업(도급인 또는 원청회사)과의 직접근로관계 등으로 구분할 수 있으며, 여기서 직접고용관계가 성립될 수 있는 위장도급의 경우가 주로 사용자개념의 확대 문제와 관련되지만, 근로자파견관계의 경우에도 원청기업에게 직접고용관계를 인정할 수 있는 여지가 있으므로 이를 구분하여 살펴볼 필요가 있다.

(가) 학설의 검토

사용자개념과 관련된 일본의 학설은 주로 실질적 근로관계와 노동법상의 근로계약관계를 중시하는 관점에 따라 묵시적 근로계약설, 사실적 근로계약관계설, 객관적 근로계약설, 편면적근로계약설, 직접고용의 법리로 등으로 구분되며,[41] 지휘명령권과 그 관점에서 본 지휘명령대위행사설[42]등이 있다.

첫째, '묵시적 근로계약설'은 당사자 간에 묵시적인 합의의 존재를 근로계약의 성립 요건으로 본다. 여기서 묵시적인 합의가 있다고 인정되기 위해서는 당사자 쌍방에 근로계약을 체결하려는 의사가 있고 또한 그것이 어떠한 형태로라도 외부로 표시되고 있어야 한다는 것이다.[43] '법인격으로서 독립적인 실체', '채용의 결정', '보수의 지급' 등이 묵시의 합의를 추정할 수 있는 객관적 사실이 된다는 묵시적 근로계약설에 따르면 적어도 독립한 기업으로서의 실체를 갖춘 사내하도급인 경우에 원사업주와 하도급 근로자간의 근로관계 성립은 매우 제한된 범위에서만 인정될 수 있을 것이다.

둘째, '사실적 근로계약관계설'은 자본주의의 독과점화과정과 더불어 초래된 개인의 자유의사의 형해화와 계약의 물화현상에 주목하여 계약을 체결하고자 하는 양당사자의 의사의 합치가 없어도 계약이 유효하게 존재하고 있는 경우, 동일한 사회 유형적 관계 또는 용태가 객관적 사실로서 존재한다면 동일한 법적 효과를 부여해야 한다는 견해이다.

41) 조경배, "직접고용 원칙과 파견근로", 『민주법학 제19호』, 민주주의법학연구회, 2001, 47~50면.

42) 岸井貞男『不当労働行爲の法理論』, 242면. (김영문, 제3자관련 근로관계의 노동법적 문제와 해결방안, 『기업법연구』 제21권 제1호 〈통권 제28호〉, 21면, 재인용.)

43) 일본 최고재판소는 '사실상의 지배종속관계'라는 개념을 사용 근로계약의 본질은 '사용자가 근로자를 지휘명령하고 감독하는 것'에 있다고 보고 명시된 계약의 형식에만 따라 판단할 것이 아니라 당해 노무공급의 실태에 따라 '사실상의 사용종속관계가 있고 여기에서 당사자간에 객관적으로 추인할 수 있는 묵시의 의사의 합치가 있는 경우'에는 근로계약의 존재가 인정된다고 판시하였다. 〈安田病院事件, 최고재판소, 1998. 9. 8 판결〉 (조경배, "직접고용 원칙과 파견근로", 「민주법학 제19호」, 민주주의법학연구회, 2001, 47면 재인용.)

셋째, '객관적(묵시의) 근로계약성립설'은 사용종속관계의 존재라는 사실 그 자체가 계약당사자의 묵시의 의사표시에 해당한다는 입장으로서 사실적 근로관계설을 보다 계약론적으로 재구성한 이론이라고 볼 수 있다.[44] 전통적인 묵시적 근로계약설이 당사자의 주관을 중시하는 것임에 비하여 객관적인 사실관계의 존재만을 의사추정의 기초로 삼고 있다는 점에서 '객관적' 묵시의 근로계약설이라고 부르는 것이다.

넷째, '편면적 · 사실적 근로계약관계설'은 기본적으로 사실적 근로계약관계설 내지 객관적 근로계약설을 바탕으로 하고 있다. 당사자의 계약체결에 대한 의사와 무관하게 근로계약은 사용종속관계라는 사실관계에 의하여 성립될 수 있다는 입장을 취하면서도 이를 근거로 근로관계의 존재를 주장할 수 있는 것은 근로자에 한정되고 사용자는 이를 주장할 수 없다는 견해이다. 또한 사업주는 객관적인 사실적 근로관계의 존재로부터, 공급사업주는 스스로 계약 당사자로서 외형을 표시한데 대하여 각각 사용자로서 책임을 져야 한다는 것이다. 결국 근로자는 원청기업이든 하청기업이든 선택적으로 근로계약관계에 대한 존재의 확인과 이에 기초한 의무의 이행을 청구할 수 있고 누구를 상대로 청구할 것인가는 근로자의 선택에 맡겨져 있다는 주장이다.

다섯째, '직접고용의 법리'는 만약 원청기업이 파견근로자와 근로계약의 체결을 명시적으로 거부하고 있는 경우에는 양당사자간의 합의의 존재를 추론하는 것은 이론적으로 거의 불가능하다고 본다. 따라서 근로권에 기초한 직접고용의무에 의하여 원청기업에게는 근로계약체결의 승낙의 자유가 제약되고 사용종속관계가 존속하면 자동적으로 법적승낙의무가 생기는 것으로 이론 구성할 수밖에 없다는 것이다. 즉, 객관적인 사용종속관계의 존속은 단순한 사실상의 문제에 그치는 것이 아니라 원청기업에게 의무를 발생시키는 법적사실이고 이로써 원청기업은 승낙의무를 부담하며 그 승낙의 자유의 제약을 통하여 양 당사자 간에 합의가 형성된 근로계약이 성립된다는 것이다[45]

여섯째, '준근로계약설' 또는 '지휘명령대위행사설'은 사용기업이 하도급근로자에 대하여 통상의 근로계약에서 발생하는 지휘명령권을 행사하는 경우, 수급사업주에게 있는 사용자로서의 지휘명령권을 사용기업이 도급계약을 통하여 대위행사하는 것이라고 보는 견해이다.[46]

---

44) 本多淳亮, "雇用調整と人事問題", 1978, 204면. (조경배, "직접고용 원칙과 파견근로", 『민주법학 제19호』, 민주주의법학연구회, 2001, 48면 재인용.)

45) 清正寛, 『雇用保障法の研究』, 法律文化社, 1987, 171면. (조경배, 앞의 논문, 50면, 재인용.)

(나) 판례의 입장

기존 판례는 직접적 고용관계의 인정 여부에 따라 사용자성 범위를 다르게 판단한다. 직접적 고용관계를 인정한 대표적 판례로는 SK주식회사 판결,[47] 현대미포조선 판결[48] 등이 있고 직접적 고용관계를 부정한 판례로는 은마아파트 판결,[49] 대한항공 판결[50] 등이 있다. 여기서 판례검토의 핵심은 직접적 고용관계를 인정하는 판단기준이라 할 것이다.

위의 판례에서 언급한 대법원 판결들은 근로자와 형식상 고용관계가 없는 제3자와의 직접적 고용관계의 성립여부와 관련하여 ㉠형식상 수급인이 사업주로서의 독자성이 없거나 독립성을 결하여 제3자의 노무대행기관과 동일시 할 수 있는 등 그 존재가 형식적 · 명목적인 것에 지나지 아니하고, ㉡사실상 당해 근로자가 제3자와 종속적인 관계에 있으며, 실질적으로 임금을 지급하는 자도 제3자이고, 또 근로제공의 상대방도 제3자이어서 당해 피고용인과 제3자간에 묵시적 근로관계가 성립되어 있다고 평가될 수 있어야 한다는 것을 일관된 기준으로 삼고 있는 것으로 보인다.[51]

다만, 어떠한 경우가 위 ㉠, ㉡조건을 충족하는지 여부에 대해서는 각 사안별로 조금씩 다른 판단기준을 적용하고 있다. 2007년 4월 19일 법무부와 노동부는 불법파견에 관한 규제를 위한 공동지침을 제정하여 동년 7월 1일부터 시행함으로써 불법파견 판단의 기준으로 삼고 있다.

이 공동지침은 도급이나 위임형태의 거래관계가 근로자파견에 해당하는지에 대한 판단을 하기에 앞서 수급인, 수임인 등이 사업주로서의 실체를 갖추고 있는지를 먼저 판단하고, 만일 사업주로서의 실체가 없는 경우에 도급인이나 위임인과 해당 근로자간에 직접적인 고용관계가 있는 것으로 추정하여 노동관계법을 직접 적용하도록 하고 있다.[52]

위 법원의 견해를 정리하여 보면 사용사업주와 사내하도급 근로자 사이에 일정 부

---

46) 岸井貞男『不当勞働行爲の法理論』, 242면. (김영문, 제3자관련 근로관계의 노동법적 문제와 해결방안, 『기업법연구』 제21권 제1호 〈통권 제28호〉, 21면, 재인용.)
47) 대판 2003. 9. 23, 2003두3420.
48) 대판 2008. 7. 10, 2005다 75088.
49) 대판 1999. 7. 12, 99마628.
50) 대판 2004. 6. 25, 2000다56130, 56147.
51) 장경수, "위장도급과 직접적 고용관계 인정기준", 『월간 노동법률 제195호』, 2007, 98면.
52) 고용노동부, 『불법파견 형태의 사내하도급 문제 해결을 위한 참여정부의 노력과 과제』, 2007, 68면.

분 사용종속관계가 존재한다 할지라도 고용사업주가 제한적으로 지휘 · 명령을 행사한다면 사용사업주의 사용자성은 인정되지 않을 가능성이 크다. 근로자파견법이 시행된 이후 고용사업주는 실체가 있는 경우가 대부분이기 때문에 이와 같은 법원의 해석은 직접고용관계를 인정하기 어렵게 만들 가능성이 있다.

그러나 공동지침의 판단기준은 파견사업주의 사업주로서의 실체 유무에 관한 판단을 위한 고려 요소가 될 수는 있으나, 위 공동지침의 기준만으로 판례가 제시하고 있는 직접적 고용관계의 인정 기준인 '사업주로서의 독자성이 없거나 독립성을 결하여 제3자의 노무대행기관과 동일시 할 수 있는 등 그 존재가 형식적, 명목적인 것에 지나지 아니한지 여부'를 판단하기에는 부족할 것으로 보인다. 오히려 위와 같은 공동지침의 판단기준에 따라 파견사업주의 사업주로서의 실체가 인정되지 않는다고 하여 곧바로 형식적인 고용관계가 없는 사용사업주와의 직접적인 고용관계를 추정하는 것은 위에서 언급한 대법원 판례들이 제시하고 있는 위장도급과 관련한 직접적 고용관계 성립의 요건에 대한 고려 없이 성급하게 직접적 고용관계를 인정할 수 있는 위험이 있으므로 타당하지 않다[53]라는 견해 등이 있다. 이러한 부분을 고려하여 하청기업의 실체여부와 지휘 · 감독 등의 여부 등을 살피며 개별적 근로관계의 사용자성 확장에 대해 검토한다.

(3) 하청기업

(가) 하청기업의 실체 판단

하청기업이 독립성을 가지면 원청기업의 사용 형태가 도급 또는 파견인지의 여부가 문제된다. 왜냐하면 도급(진정도급)의 경우 원청기업과 사내하도급 근로자간에 근로관계 문제가 발생하지 않지만, 파견일 경우 파견법상 불법파견으로 인정되면 원청기업의 사용자책임, 고용의무 등과 같은 법률효과가 발생하기 때문이다.

(나) 실체성 있는 하청기업

2007년 법무부와 노동부가 함께 마련한 기준에 따르면 파견사업주 등이 사업주로서의 실체를 갖추고 있는 지를 판단하는 징표들은 ㉠채용 · 해고 등의 결정권 ㉡소요자금 조달 및 지급에 대한 책임 ㉢법령상 사업주로서의 책임 ㉣기계, 설비, 기자재의 자

53) 장경수, "위장도급과 직접적 고용관계 인정기준", 『월간 노동법률 제195호』, 2007, 99면.

기 책임과 부담 ⓜ전문적 기술 · 경험과 관련된 기획 책임과 권한 등이다.

한편 원청기업 등의 지휘 · 명령에 대한 판단의 징표들은 ㉠작업배치 · 변경 결정권 ㉡업무 지시 · 감독권 ㉢휴가, 병가 등의 근태관리권 및 징계권 ㉣업무 수행에 대한 평가권 ㉤연장 · 휴일 · 야간근로 등의 근로시간 결정권 등이다. 파견사업주 등의 실체가 인정되어 파견인지 도급인지를 판단해야 하는 경우에는 앞의 사업주로서의 실체 판단의 각 징표들과 지휘 · 명령에 대한 판단의 각 징표들을 종합적으로 고려하여 판단하되 지휘 · 명령에 대한 판단 요소 중에서 ㉠, ㉡, ㉢을 주요 기준으로 본다.

여기에서 주요 기준으로 본다는 의미는 이들 징표를 위반한 경우에는 '근로자파견'에 해당할 가능성이 크므로 다른 징표들보다 더 큰 비중을 두어 판단해야 한다는 의미로[54] 보고 있으나, 종합적인 판단을 위해서는 ㉣, ㉤ 등도 주요하게 검토되어야 함은 물론이다. 각각의 요소들의 영역의 경계선이 불분명한 경우도 있기 때문이다.

① 판례의 입장

a. SK-인사이트 판결[55]

○ 사실관계

SK주식회사(이하 SK)는 1992년부터 현대석유 주식회사와 업무도급계약을 체결하고 현대석유로 하여금 참가인 물류센터의 수 · 출하 업무 등 사무지원업무를 수행하도록 하였으며, 1997년 8월 주식회사 인사이트코리아가(이하 인사이트) 현대석유의 영업을 양수한 이후 SK주식회사와 도급계약을 갱신체결하며 같은 업무를 수행하도록 하였다. 파견법이 시행되기 전부터 1998. 7. 1 업무도급계약을 체결했고, 140여명의 인사이트 소속 근로자들은 전국에 소재한 SK의 11개 물류센터에서 출하서기, 영선원, 저유원 등으로 각각 근무하였다. 참가인은 2000. 10. 31일경 인사이트와의 업무도급계약을 중도해지하면서 인사이트 소속 근로자 140여명 전원에게 3개월 내지 1년간의 계약직 신규채용을 제안, 이에 동의한 134명은 2001년 11월 1일 신규채용 형식으로 직접고용 하였으나 나머지 4명은 이미 자신들이 『구 파견법 제6조 제3항』에 의거 직접고용이 의제된 정규직 근로자의 신분임을 주장하며 계약직 신규채용의 제안을 거부, SK는 이들 근로자를 채용하지 않았으며 근로제공의 수령도 거부하였다.

---

54) 노동부, 『불법파견 형태의 사내하도급 문제 해결을 위한 참여정부의 노력과 과제』, 2007, 69면.
55) 대판 2003. 9. 23, 2003두3420.

○ 대법원 판결요지

SK와 인사이트는 업무도급계약을 체결한 이래 그 도급계약을 갱신체결하면서 인사이트 소속의 근로자 140여명을 11개 SK의 물류센터에서 근무하게 하였다. SK는 소속 근로자에 대하여 현장대리인을 경유하지 아니하고 업무지시, 직무교육실시, 표창, 휴가사용승인 등 제반 인사관리를 직접 행하여 온 사실, 인사이트는 SK의 자회사인 주식회사 인플러스가 그 주식의 100%를 소유하고 있는 회사로서, 역대 대표이사는 SK의 전임임원이 선임되었고 거의 전적으로 SK의 업무만을 도급받아 오는 등 형식상으로는 독립법인으로 운영되었지만, 실질적으로 모자회사의 관계로서 사실상의 결정권을 SK가 행사하였다고 판시하고 있다.

○ 검 토

위 판결은 회사법인격 부인론을 적용하여 사내하도급에서 하청기업 근로자들에게 원청기업과의 직접 근로관계가 존재한다고 판단하였다. 즉, 하청기업과 원청기업이 일치한다고 보아 하청기업근로자들에게 원청기업과 직접적인 근로관계와 같은 법률효과가 있다고 판단한 것이다. 이와 같이 회사법인격 부인론을 적용하여 '사용종속성'을 판단하는 경우 '자본적 종속성'이 주요 판단 기준으로, '지휘명령적 종속성'은 부수적 판단기준으로 작용한다고 볼 수 있다. 또한 이 법리에 의해 원청기업의 사용자지위가 인정되면 당사자사이에 직접적인 근로계약관계가 성립되므로 원청기업은 하청기업의 근로자에 대한 사용자책임을 모두 부담하게 된다.[56]

② 노무도급과 파견

노동력을 매개로 한 도급과 파견에 있어 분류의 시각은 보통 첫째, 진정도급과 위장도급, 전자는 노동법상 원청기업이 책임 부담이 없고 후자는 묵시적 근로관계와 직업안정법을 위반한 근로자 공급 또는 불법파견으로 보는 견해와 둘째, 노무도급과 근로자파견에서 전자 역시 노동법상 책임 부담이 없으며 후자는 불법파견인 경우 법적 책임이 문제된다. 하지만 어떻게 전개해 나아가든 논리전개의 과정이 다를 뿐 노동법상 책임의 존부는 큰 차이가 없는 것[57]으로 해석되는 것이 일반적으로 보인다.

---

56) 류문호, "사내하도급에서 제3자의 사용자지위 확정법리에 관한 소고", 한국외국어대학교 2011-1학기 노동법 세미나 자료집, 8면.

57) 박수근, "최근 노동법 분야별 주요 판례연구", 노동법이론실무학회 제13회 정기학술대회자료집, 2010, 6면.

a. 구별기준의 논의[58)]

노무도급과 불법파견의 구별기준의 논의는 현행법상 명확한 법리가 없기 때문에 다양한 근거에 비추어 견해들이 존재하며 이를 종합해보고자 한다.

a) 위법한 근로자공급의 법적효과와 도급계약이 가능한 업무의 성격을 강조하는 입장[59)]

이는 불법파견 또는 근로자파견이라는 단어는 불법공급 또는 근로자공급으로 대체되어야 하며, 기존 논의가 불완전한 인식으로 귀결하고 만 이유는 근로자파견과 근로자공급에 대한 이해가 부정확하였기 때문이라고 한다. 근로자파견을 요식행위, 근로자공급을 불요식행위로 구분하며 무엇이 위법한 근로자파견(불법파견)이 아니라 위법한 공급자위반이며 사법적 효과는 원칙에 따른다고 보고 수급인에게 사업실체성이 있다고 해서 곧바로 사내하도급이 적법하게 된다고는 할 수 없다는 견해이다.

세부적인 기준으로는 i) 업무의 전문성 · 일반성, ii) 업무의 일시성 · 상시성, iii) 다른 사업의 병행 여부 등을 들고 있다. 수급인의 실체성 판단의 함정에 대한 비판으로 묵시적 근로계약 관계가 성립하기 위해서는 수급인이 "업무수행의 독자성"이나 "사업경영상의 독립성"을 갖추지 못하여 도급인의 노무대행 기관과 동일시 할 수 있는 등 그 존재가 형식적, 명목적인 것에 지나지 않아야 하며 약간의 독립성만 있으면 비록 수급인의 근로자와 도급인 사이에 종속관계가 인정된다 하더라도 근로계약 관계는 부정될 수 있다는 점에서 묵시적 근로계약 법리는 결정적 한계를 안고 있다고 지적한다.

b) 사용자개념의 확대를 통한 원청회사의 책임을 강조하는 입장[60)]

이는 사업경영상 필요한 물적 설비를 스스로 갖추지 못하고 오로지 하나의 원청회사만을 위하여 그 사업장내에서 사업하는 사내하도급의 경우 하청회사의 지위는 일반적으로 도급관계에서 도급인이 수급인에 대하여 갖는 통상적인 『경제적 우월성』과는 성격이 질적으로 다르다고 본다. 하청회사의 경영의 존립과 근로조건의 유지 · 개선에 있어서 원청회사는 거의 절대적인 권한을 행사하고, 노동법보호법규들은 회피되고 근로권이 박탈되는 결과가 발생하며 배후에서 모든 노동법상의 지위에 실질적인 결정권 또는 영향력을 가진 원청회사에게 단체교섭 기타 노동법상의 책임을 부담시키는 것이 필요하다는 견해이다.

---

58) 논의의 분류기준과 내용은 다음 논문을 참고 요약하였다. (박수근, 위의 논문, 6~10면.)

59) 박제성 외, 『사내하도급과 노동법』, 한국노동연구원, 13~24면.

60) 조경배, "사내하도급에 있어서 원청의 사용자성", 『노동법연구 제25호』, 서울대노동법연구회, 2008, 227면.

c) 법리와 실제적 측면을 강조하는 입장[61)]

법리적 측면을 강조하는 입장은 도급과 파견의 대비에서의 도급은 민법상의 도급계약의 법적 성격과 일치하지 않으며, 근로자파견관계의 존재여부에 대한 판단은 계약의 목적, 법률행위의 내용이 무엇인가를 중심으로 파악해야 한다고 한다. 근로자파견에서 계약의 목적과 대상은 단지 노동력의 제공이며, 지휘명령의 요소는 계약대상이나 사업경영상의 독립성에 대한 판단기준과의 관계에서 상대적으로 비중을 적게 두어야 한다는 견해를 나타내고 있다.

d) 법의 적용과 해석에서 노무지시권을 강조하는 입장[62)]

이는 노동현장에서 발생하는 사내하도급의 문제를 적정하게 해결하기 위해서는 우선 그것의 본질이 진정도급 또는 위장도급으로서의 파견의 실질을 갖는지를 구별하는 것에서 출발해야 된다고 보는 견해이다. 도급과 파견은 유사한 외형을 갖춘 한계상황에 있어 특히 그 구별이 쉽지 않으며 따라서 도급과 파견의 구별은 전체적인 관점에서 유형론적으로 평가할 수밖에 없다고 본다. 즉, 불법파견인 사내하도급에서 파견근로자는 불법파견 기간의 장단과 관계없이 불법파견인 순간부터 바로 고용의제의 법률효과가 부여되는 것으로 해석되어야 한다는 견해이다.

e) 파견과 도급의 합리적 구별기준의 재정립을 강조하는 입장[63)]

이는 파견과 도급의 계약유형적 특성을 기준으로 사내하도급에서는 본질적으로 사용자와 근로자 두 당사자의 직접적인 근로관계만이 존재하고 제3자인 도급사업자는 법률관계에 개입할 여지가 없으며 반면에 근로자파견에서는 제3자인 원청기업은 근로자파견계약에 의하여 노무의 지휘 및 감독권자로서 파견근로자를 계약관계 없이도 사용할 수 있는 권한을 위임받는다는 점에서 '사실상' 지위를 갖게 된다고 평가한다. 즉, 노무도급의 장소 등이 중요한 것이 아니라 근로자의 노무제공과 관련된 지휘명령권이 누구에게 귀속되는가 하는 점이 파견과 도급의 핵심적 판단기준이 되어야 한다고 한다.

f) 사내하도급 규제는 기업가의 기본권 침해를 가져올 수 있다는 점을 우려하는 입장[64)]

사내하도급의 법적 규제에서는 근로자를 위한 사회적 보호필요성과 기업의 유연한

---

61) 조임영, "근로자파견관계의 판단방식과 기준", 『노동법연구 제22호』, 서울대노동법연구회, 2007, 158면.
62) 박종희, "사내하도급의 불법파견에 관한 법적 문제", 『고려법학 제47호』, 2006, 146면.
63) 박지순 외, 『합리적인 외주화〈사내하청, 용역〉제도 정립 방안에 관한 연구』, 노동부 보고서, 2008. (박수근, "최근 노동법 분야별 주요 판례연구", 노동법이론실무학회 제13회 정기 학술대회, 2010, 9면.)

인력활용의 요청 사이에서 비교형량을 해야 하지만 지나치게 규제하는 것은 기업가의 기본권 침해를 가져올 수 있다는 점을 우려하는 입장으로 이는 사내하도급의 형식을 취하면서 원청기업이 실질적으로 지휘명령권을 행사하는 상당수의 대기업 특히, 자동차, 건설, 조선 산업에서 직영 근로자 이외에 사내하도급 근로자를 활용하는 사업장에서는 지휘명령권의 부존재가 명료하게 드러나지 않는 한 파견근로관계가 용이하게 인정될 것이며 사내하도급은 기업가적 결정사항으로서 헌법적으로 보장된 경영권에 속하는 사항이라고 본다.

g) 혼합계약의 성격과 사적 자치를 강조하는 입장[65)]

이는 기본적으로 사내하도급관계는 전형적인 도급계약의 일종이며, 도급계약의 당사자 간에 그 내용의 형성은 매우 다양할 수 있고, 이러한 내용을 구체적으로 실현해 나가는 방식도 아주 탄력적으로 이해되어야 한다고 본다. 사적자치의 원칙은 사법관계에서 가장 일반적인 원칙이며, 이에 비추어 파견법이 갖는 예외적 성질도 고려할 때, 개인의 자유를 제한하는 법률에 대해서는 그 해석과 적용에 더욱 명확성을 요구하면서 가급적 유추적용이나 확장적용을 자제하려는 노력이 필요하다고 보고 있다.

b. 논의의 검토

현행 법규에서 노동력을 매개로 하는 도급과 파견의 구별기준을 명확히 규정하고 있지 않아서 위와 같은 해석상의 논의가 쟁점이 되고 있다. 이에 각 논의의 차이점이 많이 나타나고 있지만 문제점과 해결방법, 판단기준에 있어서는 많은 공통점을 보이고 있다. 논의를 종합해 볼 때 "고용목적", "경영상 사업주체로의 독립성" 등이 주요판단기준으로[66)] 제시되기도 한다. 특히 후자의 경우 직접경영자체가 독립되어 있더라도 자본적으로 독립되어 있는지 검토해볼 필요가 있다. 만약 자본적으로 종속되어 있다면 외형적으로 사업주체가 독립되어 있다고 하더라도 실질적으로는 모자회사와 같이 사용·종속관계인 경우가 많기 때문이다.

---

64) 김영문, "사내하도급 근로자와 원청기업의 노동력 제공관계", 『월간 노동법률』, 중앙경제, 2010. 9, 39면.
65) 하경효 외, 『사내하도급과 노동법』, 신조사, 2007, 223면.
66) 근거로는 근로자 수를 고려한 고용목적과 경영상 사업주체로서의 독립성은 원청회사가 노동법의 적용회피를 위해 임의로 형성시키기 어려운 사항이지만, 작업 지시권 등은 법률에 관한 학습효과 또는 업무조직 내지 작업과정 등에서 변경이 비교적 쉬운 사항으로 판단하기 때문이다.

③ 위장도급과 불법파견

도급인과 수급인 근로자들 사이에 묵시적 근로계약관계가 성립하는지 여부를 판단하고 인정되지 않는 경우 파견법의 적용여부를 판단한다. 불법파견에 대한 파견법의 적용문제는 논란거리였지만 대법원 판결은[67] 불법파견에 대해서도 파견법이 적용된다고 함으로써 쟁점을 해소하였다. 도급관계가 인정되지 못하면 위장도급으로서의 불법파견[68]이 문제가 될 것이다.

근로자파견이 파견법에 따라 적법하게 이루어지지 않은 불법파견의 경우로는 i) 파견사업주가 파견사업 허가 없이 근로자파견사업을 행한 경우 ii) 파견사업주가 파견사업 허가를 가졌으나 파견대상 업무가 아닌 업무에 근로자파견을 행한 경우 iii) 파견사업주가 파견사업 허가를 가지고 합법적인 파견을 실시하였으나 파견법에서 정한 금지규정, 예컨대 제6조 각항의 법정 파견기간을 초과하여 파견을 행한 경우 iv) 파견사업주가 파견사업 허가를 가진 상태에서 근로자파견을 행하였으나 그 기간 도중에 파견사업 허가가 취소된 경우 등을 들 수 있다.

사내하도급과 관련된 불법파견의 경우로는, 파견사업 허가 없이 파견대상에 해당하지 않은 업무에 근로자를 파견한 경우가 이에 해당 될 것이다. 근로자파견계약 자체는 파견업 허가를 받은 자만이 할 수 있기 때문에 허가 없이 체결한 원청기업과의 근로자파견계약은 그 자체가 금지규정 위반으로 무효로 된다. 그리고 파견사업주와 원청기업 사이의 근로자공급계약의 무효와 관계없이 파견사업주와 파견근로자 사이의 근로계약 자체가 유효하게 존속할 수 있는가 하는 의문이 제기될 수 있으나, 이 경우는 파견사업주가 파견업을 목적으로 파견근로자와 근로계약을 체결한 것 자체가 원시적 불능에 해당하여 계약의 효력이 없는 것으로 보아야 한다.[69]

여기서 파견근로자와 원청기업 간에 이루어진 기왕의 근로제공의 문제와 향후 파견근로자의 지위를 어떻게 설정할 것인가 하는 문제가 남는다. 현행파견법에는 벌칙을 통한 규제[70] 이외에, 허가를 받지 않고 행한 파견행위 그 자체에 대한 사법상 효과와 파견근로자의 지위에 대해서는 명문의 규정이 없다. 따라서 이 중 첫 번째 문제인 기왕

67) 대판 2008. 9. 18, 2007두22320.
68) 불법파견보다는 불법공급이라고 보는 견해. (박제성, 『사내하도급과 노동법』, 한국노동연구원, 2009, 41면.)
69) 박종희, "사내하도급의 불법파견에 관한 법적 문제", 『고려법학 제47호』, 2006, 147면.
70) 파견법 제43조 및 제7조.

에 제공한 파견근로에 대해서는 다른 명문의 규정이 없는 한 일반적인 노동법 이론에 따라 사실적 근로관계 성립을 인정함으로써 해결할 수 있을 것이다.[71]

사내하도급이 불법파견으로 인정된다면 주로 실체가 있는 고용사업주일 경우가 일반적일 것이며 이때 'ii) 파견사업주가 파견사업 허가를 가졌으나 파견대상 업무가 아닌 업무에 근로자파견을 행한 경우'가 가장 문제가 된다. 이 경우 근로자의 지위 및 보호에 관한 법률효과는 다음과 같다.

a. 파견법 제6조의2의 고용의무

불법파견이 성립되면 파견사용사업주는 파견법 제6조의2[72]에 의해 고용의무를 지게 된다. 개정 전 파견법은 고용간주규정이었다. 고용의무조항은 상대적으로 고용의제 규정보다는 근로자 보호가 약화되는 측면을 보이고 있다고 판단된다.

b. 파견법 제13조 제1항의 법률효과

파견법 제13조 제1항[73]과 관련하여 불법파견시 직접 적용되는 근거규정이 아니라 최소한의 법률효과를 인정하기 위한 해석의 기준역할을 수행한다. 그리고 파견법 제1조[74]와 제13조 제1항의 취지에 비추어 볼 때 파견근로자 보호를 위해서는 그것이 불법파견일 경우에도 파견근로자에 대한 근로관계의 존속 · 유지가 가장 바람직한 법률효과로 평가될 수 있다.

(다) 실체성 없는 하청기업

하청업체의 실체가 인정되지 않는 경우 하청업체 근로자의 법적 지위가 공백상태

---

71) 김형배, 『노동법(신판 보정판)』, 2005, 1047~1048면; 조경배, "위법한 근로자공급사업에 있어서 사용사업자와 공급 근로자간의 근로계약 성립여부", 『노동법의 쟁점과 과제』〈김유성교수화갑기념논문집〉, 2000, 71면; 강성태, "위법한 파견근로와 사용사업자의 책임", 『노동법연구』 제13호, 2002, 191면. (박종희, "사내하도급의 불법파견에 관한 법적 문제", 『고려법학』 제47호, 2006, 147면.)

72) 파견법 제6조의2(고용의무) ① 사용사업자가 다음 각 호의 어느 하나에 해당하는 경우에는 당해 파견근로자를 직접 고용하여야 한다. 1. 제5조 제2항의 규정을 위반하여 2년을 초과하여 계속적으로 파견근로자를 사용하는 경우 2. 제5조 제3항의 규정을 위반하여 파견근로자를 사용하는 경우 3. 제6조 제2항 또는 제4항의 규정을 위반하여 2년을 초과하여 계속적으로 파견근로자를 사용하는 경우 4. 제7조 제3항의 규정을 위반하여 2년을 초과하여 계속적으로 근로자파견의 역무를 제공받은 경우.

73) 파견법 제13조(허가 취소 등의 처분후의 근로자파견) ① 제12조의 규정에 의한 허가의 취소 또는 영업의 정지 처분을 받은 파견사업주는 그 처분전에 파견한 파견근로자와 그 사용사업자에 대하여는 그 파견기간이 종료될 때까지 파견사업주로서의 의무와 권리를 가진다.

74) 파견법 제1조(목적) 이 법은 근로자파견사업의 적정한 운영을 기하고 파견근로자의 근로조건 등에 관한 기준을 확립함으로써 파견근로자의 고용안정과 복지증진에 이바지하고 인력수급을 원활하게 함을 목적으로 한다.

로 되어 고용관계가 불안정해지는 것을 방지하기 위하여 고안된 것이 바로 하청업체의 근로자와 원청회사 사이에 묵시적 근로계약의 성립을 인정하는 법리구성이다.[75] 원청회사와 하청업체 근로자 사이의 사용종속관계 및 이를 전제로 한 고용관계의 의사를 객관적으로 추인하기가 상당히 어렵기 때문에 ㉠하청기업이 기업으로서의 독립성(내지 독자성)이 결여되어 사실상 원청회사의 노무담당 대행기관에 불과한지, ㉡원청회사가 하청업체 근로자에 대해 지휘 · 명령 이외에 채용이나 배치전환 · 징계 · 해고 등의 인사관리를 하고 있는지, ㉢사내하청업체 근로자의 임금이 실질적으로 원청회사에 의해 결정되고 하청기업을 매개로 지급되고 있는지 등의 요건을 갖춘 경우에 묵시적 근로계약관계를 인정하는 것이 타당[76]하다. 이는 하청기업의 실체가 없는 경우 근로자의 법적지위를 보호하기 위한 법리로 볼 수 있을 것이며 또한 묵시적 근로계약관계를 인정하기 위해서는 위 요건들에 대한 외형적 판단보다 실질적 판단이 더 중요하다고 하겠다.

① 판례의 입장

앞서 설시한 현대미포조선 판결은 사용종속성 중 '지휘명령적 종속성'을 주요판단기준으로 고려하여 하청기업 근로자들이 현대미포조선과 묵시적 근로관계에 있다고 판단,[77] 하청기업의 실체가 없어진 경우 하청기업이 원청기업의 일개 사업부서나 노무대행기관의 역할을 하였다고 판단될 때 하청기업의 근로자들을 보호하기 위한 판례법리라 볼 수 있다.

② 묵시적 근로계약관계의 성립기준

위 판례는 묵시적 근로계약관계의 성립과 관련하여 "원고용주는 사업주로서의 독자성이 없거나 독립성을 결하여 제3자의 노무대행 기관과 동일시 할 수 있는 등 그 존재가 형식적, 명목적인 것에 지나지 아니하고, 사실상 당해 피고용인은 제3자와 종속적인 관계에 있으며, 실질적으로 임금을 지급하는 자도 제3자이고, 또 근로제공의 상

75) 이러한 계약법리가 성립하기 위해서는 ① 양자사이에 사실상의 사용종속관계가 존재할 것 ② 하청업체 근로자가 원청회사를 사용자로 인정하여 노무를 제공하고, 반대로 원청회사는 하청업체 근로자를 근로자로 인정하여 임금을 지급할 의사를 가지고 있었음이 추인될 수 있을 정도의 사정이 존재할 것 등을 요건으로 함. (이정, "사내하도급 근로자에 대한 파견근로 판단", 『월간 노사 포커스』 통권 42호, 2010, 11, 29~33면.)

76) 이정, "사내하도급 근로자에 대한 파견근로 판단", 『월간 노사 포커스』 통권42호, 2010, 11, 29~33면.

77) 류문호, 『사내하도급에서 제3자의 사용자지위 확정법리에 관한 소고』, 한국외국어대학교 2011-1학기 노동법 세미나 자료집, 8면 참조.

대방도 제3자이어서 당해 피고용인과 제3자간에 묵시적 근로계약관계가 성립되어 있다고 평가될 수 있어야 한다."고 판시한다.

위장도급에 있어 묵시적 근로계약관계의 성립이 인정되는 판단기준을 위의 판례에서는 아주 구체적으로 나타내고 있지는 않은 것 같다. 하지만 판례의 여러 요소들을 종합해보면 채용, 승진, 징계, 지휘감독, 근로조건에 대한 영향력, 사업경영상의 독립적인 물적 시설의 구비 등의 사실관계들이 묵시적 근로관계의 판단기준이 될 수 있을 것이다.

2. 집단적 노사관계법상 사용자

(1) 의 의

노조법 제2조 제2호는 사용자를 '사업주, 사업경영담당자, 또는 그 사업의 근로자에 관한 사항에 대하여 사업주를 위하여 행동하는 자'로 규정하고 있다.

이는 규정형식에 있어서 근기법상 사용자개념과 별 차이가 없으며, 엄밀히 보면 이 규정은 사용자를 개념정의하고 있는 것이 아니라 사용자의 종류를 말하고 있을 뿐이다. 이와 같은 입법규제 태도로부터 입법자가 노조법상 사용자개념을 근기법상 사용자개념과 일치시키고, 사용자개념의 범위도 동일한 것으로 생각해 볼 수 있다. 따라서 이렇게 생각한다면 노조법상 사용자나 근기법상 사용자는 근로자에 대해 근로계약관계에 있는 자를 말한다. 달리 말하면 근로관계에 있지 않는 자들은 노조법상 사용자에 해당하지 않아 단체교섭이나 부당노동행위의 주체가 될 수 없다는 것이다. 이것이 종전 대법원 판례의 기본태도이기도 하다. 현행 노조법상 사용자개념을 외부의 제3자에게로 확대하는 것에 대해서 아무런 규정을 두지 않은 것으로 이해되며, 노조법상 사용자개념이 외부의 제3자에게로 확장되는지, 아니면 노조법상 사용자개념은 근기법상 사용자개념처럼 근로계약관계에 있는 자로 한정해야 하는지 여전히 논란이다.[78)]

근로계약관계에 대하여 최저기준을 제시하고 그 준수를 강제하는 근기법은 그 수규자인 사용자도 당연히 근로계약관계의 당사자로 한정한다.[79)] 단지, 근로자파견법이

78) 김영문, 『외부노동력 이용과 노동법』, 법문사, 2010, 258면.
79) 하경효 외, 『사내하도급과 노동법』, 신조사, 2007, 239면.

예외적으로 행해지며 근로계약상의 사용자가 아닌 원청기업도 파견법에서 정한 범위 내에서 근기법의 당사자로서 사용자에 해당된다. 하지만 노조법은 사용자의 외형적 또는 실질적 범위의 확장과 관련하여 그 규제나 기준에 대한 규정을 두고 있지 않다.

(2) 사용자개념의 확대

하도급근로자가 원청기업을 상대로 한 단체교섭요구 및 부당노동행위구제신청을 하는 경우, 하도급근로자의 상대방으로서 직접적 근로관계가 없는 원청기업이 사용자성을 가지는지 여부가 문제된다.

또한 이와 같은 사안에 있어서 원청기업의 사용자성을 판단하는 각 기관 내지 법원이 서로 다른 판단을 하고 있다는 점은 종래의 노동법의 법규제가 다양화된 고용형태에 대응하기에가 어렵다는 점을 보여준다. 특히 현대중공업 대법원판결[80]등 하급심[81]법원에서 협력업체와 업무도급계약을 체결하여 자신의 사업장에서 도급 업무를 수행하도록 한 원청기업이 협력업체의 근로자에 대하여 부당노동행위의 주체로서 사용자로 인정될 수 있다는 취지의 판결이 잇따라 나오면서 직접적인 계약관계가 없더라도 일정요건을 갖춘 경우 사용자로서의 사용자성을 인정하는 것이 쟁점으로 떠오르고 있다.

(3) 학설의 검토[82]

노동조합의 단체교섭 상대방으로서 사용자는 해당 근로자와 명시적 · 묵시적으로 근로계약관계가 전제되어야 한다고 하는 점에 대해 학설은 대개 비판적[83]이다.

(가) 근로계약관계 유사설

근로계약관계의 당사자인가를 중심으로 단체교섭, 부당노동행위의 사용자에 해당하는지가 결정되어야 한다는 견해이다.

즉, 과거 또는 가까운 장래에 근로계약관계가 존재하는 경우, 실체상 근로계약상의

80) 대판 2010. 3. 25, 2007두8881.
81) 대구고등법원 2007. 4. 5, 선고 2006노595; 전주지방법원 군산지원 2006. 4. 12, 선고 2005카합 411 등.
82) 학설의 검토는 다음 논문을 참고. (김성호, "노동법상 사용자 지위에 관한 소고", 『법학논총』 제25집, 숭실대학교 법학연구소, 2011, 220~222면.)
83) 김영문, 『외부노동력 이용과 노동법』, 법문사, 2010, 265면.

사용자와 유사한 지위에 있는 경우 등 근로계약관계와의 유사성을 기준으로 노조법상 사용자의 범위를 획정하고자 하는 견해이다. 사실상 묵시적 근로계약관계 이론과 같은 것으로 보는 견해도 있다.[84] 이 견해는 좁게 해석할 경우 묵시적 근로계약관계 이론과 같게 되어 사용자지위 확대에 제한적일 수밖에 없고, 넓게 해석하면 유사성에 대한 다른 구체적인 징표가 보충되어야만 하므로 결국 근로계약의 당사자를 중심으로 축소될 우려가 있다.[85]

(나) 법인격 부인설

주식회사에서 주주가 유한책임제도를 악용하여 거래상대방에게 피해를 주는 문제를 해결하기 위해 상법상 발전된 이론이다. 주로 모회사에 대한 임금청구 등 개별적 사건에 적용되었으나 부당노동행위의 주체인 사용자를 정하는 기준으로도 사용되었다.[86] 결국 회사(법인) 뒤에 숨은 자연인을 찾아 책임을 지우기 위한 이론이다.[87] 동 이론은 위장해산 등 법인격이 형해화 내지 남용된 경우에 한하여 적용이 가능하다는 단점이 있다.[88]

(다) 실질적 지배설

노조법상 사용자의 범위를 정함에 있어 근로관계의 유무에 관계없이 "근로관계상의 제 이익에 대하여 실질적인 영향력 내지 지배력을 가질 수 있는 지위에 있는 자"라는 기준을 사용하는 견해이다. 부당노동행위제도의 경우 행위자의 개인책임과 계약책임을 묻는 것이 목적이 아니고 단결권 침해라는 객관적 상태를 시정 · 회복하는 것을 정책적 목표로 하기 때문에 사용자로서의 권한을 실질적으로 행사할 수 있는 지위에 있는 자를 널리 사용자로 인정하여야 한다고 한다.[89] 이 이론은 일본의 다수설이며 최

---

84) 김선수, "단체교섭의 상대방으로서의 사용자개념의 확대", 「노동법강의: 기업구조조정과 노동법의 중요과제」, 법문사, 2004, 477면.(김성호, "노동법상 사용자 지위에 관한 소고", 『법학논총』 제25집, 숭실대학교 법학연구소, 2011, 220~222면.)

85) 김정숙, "간접고용과 집단적 노사관계의 문제 〈사용자개념을 중심으로〉", 『행정재판실무 연구Ⅱ』 제114집, 2007, 593~594면.

86) 김정숙, "간접고용과 집단적 노사관계의 문제 〈사용자개념을 중심으로〉", 『행정재판실무 연구Ⅱ』 제114집, 2007, 592~593면.

87) 성기정, 『사내하도급 근로관계의 문제점과 개선방안』, 충북대 박사학위논문, 2009, 103~104면.

88) 김정숙, "간접고용과 집단적 노사관계의 문제 〈사용자개념을 중심으로〉", 『행정재판실무 연구Ⅱ』 제114집, 2007, 593면.

89) 김선수, "단체교섭의 상대방으로서의 사용자개념의 확대", 「노동법강의: 기업구조조정과 노동법의 중요과제」,

고재판소가 아사히방송 사건에서 수용한 이래 법원에서도 받아들여지고 있는 이론이다.[90)]

(라) 사용종속관계설

근로계약의 존재를 형식적으로 살피지 않고 그 실질을 살펴 사실상 사용종속관계가 있는 자를 노동조합법상 사용자로 보는 견해이다. 형식적 근로계약관계에 구애받지 않았다는 점에서는 긍정적이나 사용종속관계를 판단징표로 한 이상 묵시적 근로계약관계 이론과 별반 다를 바 없다는 것이 단점이다.[91)]

(마) 대향관계설

지배력설을 보다 발전시킨 이론으로서 지배력설에 의한 근로관계상 제 이익이 인사 및 근로조건으로 축소 해석될 가능성을 보완하기 위해 "당해 노동조합 내지 조합원의 제 이익을 좌우할 지배력 · 영향력을 가진 자"로 확대한 것이다. 근로조건과 관련한 개별적 측면이 아닌 집단적 노사관계 질서로서 권리와 의무를 포함하는 지배력 · 영향력을 설정한 것이라는데 차이가 있다고 한다.[92)]

법문사, 2004, 481면.

90) 아사히방송 사건(최고재판소 1995. 2. 28) : 아사히방송이 세 개의 회사에 TV 프로그램 제작을 위한 촬영, 조명, 음향 등의 업무를 도급주었고 위 세 개의 회사로부터 70여명의 근로자를 파견받아 아사히 방송의 연출자의 지휘감독 하에 작업을 시켰는데, 하청근로자 7명이 속한 노동조합이 단체교섭을 요구한 사안에 대해 아사히방송이 거부한 사건이다. 2심인 고등법원에서 지배력설에 근거하여 노동조합법상 사용자 지위를 인정했고 최고재판소에서도 사용자 지위를 인정하였다. 다만, 고등법원 판결과 최고재판소 판결의 표현은 다소 상이한 바, 고등법원은 "노동조합법 제7조의 사용자란 반드시 근로자와 사이에 고용계약을 체결한 고용주에 한정되지 아니하고 고용계약이 없더라도 계약상의당사자인 고용주와 동일시할 수 있을 정도로 근로자의 근로관계상의 제 이익에 직접적인영향력 내지 지배력을 미칠 수 있는 지위에 있는 자를 포함한다."고 했으나, 최고재판소는 "노동조합법 제7조의 사용자란 일반적으로 근로계약상의 고용주를 가리키지만 고용주 이외의 사업주라 하더라도 고용주로부터 근로자의 파견을 받아서 자기의 업무에 종사시키고 그의 근로조건에 대해서 고용주와 부분적이긴 하지만 동일시할 수 있을 정도로 현실적이고 구체적으로 지배 · 결정할 수 있는 지위에 있는 경우에는 그에 한하여 위 사업주는 동조의 사용자에 해당한다"고 판시하였다. 양 판결의 차이를 보면 ① 고등법원은 포괄적인 근로조건에 대한 지배 · 결정권이 있어야 한다고 했으나 최고재판소는 부분적인 지배 · 결정권만으로도 사용자 지위를 가질 수 있다는 점, ② 최고재판소는 원칙적으로 근로계약의 당사자라는 원칙을 천명하면서 "구체적인" 지배 · 결정권이 있어야 사용자성 확대가 인정될 수 있는 점, ③ 최고재판소는 교섭범위를 구체적인 지배 · 결정권을 가진 사항으로 한정한 점(부분적 사용자성 인정) 등으로 볼 수 있다.; 김선수, 앞의 논문 481~482면, 노상헌, "파견 및 사내하도급근로에 관한 일본의 노동법리와 쟁점", 노동법연구 제19호, 2005, 331~332면 참고. (김성호, "노동법상 사용자 지위에 관한 소고", 『법학논총』 제25집, 숭실대학교 법학연구소, 2011, 592~593면.)

91) 김정숙, "간접고용과 집단적 노사관계의 문제 〈사용자개념을 중심으로〉", 『행정재판실무 연구Ⅱ』 제114집, 2007, 477면.

92) 성기정, 『사내하도급 근로관계의 문제점과 개선방안』, 충북대 박사학위논문, 2009, 92~93면.

(바) 학설의 검토

노조법과 근기법의 보호목적대상이 다르므로 그 대상에 따라 사용자개념을 달리 해석하여야 한다는 논의에 생각을 같이한다. 직접근로관계가 없는 사용사업주도 노조법에서 근로자의 노동3권 행사의 상대방으로서 사용자성이 있는지의 여부가 논의되고 있다. 학설은 사용자개념은 근로계약관계를 넘어 대외적으로 제3자에게 확대할 수 있다는 점에서는 공통적이지만 그 범위와 기준, 관점에 따라 차이를 보이고 있다.

(4) 판례의 검토

판례는 명시적이든 묵시적이든 근로계약관계가 인정되어야만 사용자 지위를 인정하고 있고 다음과 같은 판례들을 검토해볼 때 개별적 근로관계와 집단적 노사관계의 사용자개념에 차이를 두지 않는 것으로 보인다. 이에 대표적인 사건으로 남해화학사례[93]를 들 수 있으며 대법원은 종래 이 판례의 경향을 유지하여 오다가 현대중공업사례[94]를 계기로 일부 수정되는 입장을 보이고 있다. 따라서 위 판결들을 검토하며 판례의 입장을 정리하고자 한다.

(가) 종전판례

남해화학 판결은[95] 사단법인 항만운송협회가 전국항운노동조합연맹과 사이에 단체협약을 체결하여 온 경우에도 위 협회의 회원사가 위 노동조합연맹 산하 단위노동조합에 대하여 단체교섭의무를 부담하는 사용자에 해당하지 않는다고 한 판결로 대법원은 "조합 소속 조합원들과의 사이에 명시적이거나 묵시적인 근로계약관계를 맺고 있다고 할 수 없고 달리 원고와 위 조합원들 사이에 사용종속관계가 존재한다고 볼 아무런 자료가 없는 터이므로 원고는 참가인 조합 소속 조합원들에 대하여 노동조합법 제33조 제1항, 제39조 소정의 사용자의 지위에 있지 않다 할 것이다"고 판시하고 있다.

이와 같이 항운노조의 단체교섭 요구에 대하여 당해 회사는 항운노조 조합원에 대해 명시적이거나 묵시적인 근로계약관계가 인정되지 않는다는 이유로 교섭의무가 없다고 판시하였다. 이 사건에서 남해화학은 항운노조와 단체협약을 체결하는 당사자인 항

93) 대판 1995. 12. 22, 95누3565.
94) 대판 2010. 3. 25, 2007두8881.
95) 대판 1995. 12. 22, 95누3565.

만하역협회(사단법인 한국항만운송협회)회원사로서 직접적으로 항운노조 조합원을 사용하고 있었으나 대법원은 회원사가 항운노조 소속 조합원을 공급받기로 하는 노무공급계약을 체결함에 따라 당해 노조에서 구체적인 작업권을 가지게 되고 조합원의 채용, 선정, 교체 등의 권한도 당해 노조에서 행사한다는 점을 이유로 회원사와 항운노조 조합원 간에는 사용종속관계가 인정되지 않으므로 근로계약관계의 성립을 부정하였다.

여기서 주목할 점은 대법원이 "사용종속관계"를 부정함으로써 노동조합법상 단체교섭 의무가 없다고 판시한 점이다. 대법원은 근로조건의 결정권의 존부 내지는 그에 대한 실질적 지배력여부보다는 사용종속성을 중심으로 한 실질적인 근로계약관계의 존부를 우선 고려하고 있는 것으로 보인다.[96] 이와 같은 근로계약관계의 불성립을 이유로 단체교섭 요구의무를 부정하는 동 판례[97]의 입장은 이후에도 한동안 계속 유지되었다.

(나) 최근판례

○ 현대중공업 판결[98] 사건의 개요

현대중공업회사 사내하청업체 소속 일부 근로자들은 2003년 3월경부터 비밀리에 노동조합준비위원회를 결성하고 같은 해 8월 24일 노조창립총회를 거쳐 8월 30일 노동조합설립신고증을 교부받았다. 이와 같은 노조설립 사실이 공개되자 2003년 9월부터 2003년 12월 사이에 사내하청 노조의 간부들과 조합원들이 속해 있던 하청업체들이 대부분 폐업했고, 사내하청 노조의 조합원들은 해고를 당했다. 이에 사내하청 노조와 노조 조합원들은 하청업체의 폐업과 조합원에 대한 해고가 원청회사인 현대중공업의 지배·개입에 의한 것이라며 현대중공업을 상대방으로 노동위원회에 부당노동행위구제신청을 하였다.

초심 지방노동위원회(이하 '지노위')는 부당노동행위구제신청을 기각했으나, 재심 중앙노동위원회(이하 '중노위')는 지노위의 결정을 취소하며 구제명령을 발했고, 현대중공업이 중노위를 상대로 부당노동행위 구제재심판정취소소송을 제기했지만 1심, 2심 모두 원고인 현대중공업의 청구를 기각했다. 그러자 현대중공업은 대법원에 이 사건을

96) 김성호, "노동법상 사용자 지위에 관한 소고", 『법학논총』 제25집, 숭실대학교 법학연구소, 2011, 217~218면.
97) 대판 1996. 6. 11, 96누1504, 대판 1997. 9. 5, 97누3644, 대판 2008. 9. 11, 2006다40935.
98) 대판 2010. 3. 25, 2007두8881.

상고하기에 이르렀다.

○ 현대중공업사례 판결요지

대법원은 사용자의 지위에 있는 원청기업이 지배·개입의 부당노동행위를 하였다면 부당노동행위 구제명령을 이행할 주체가 된다고 본다. 이상과 같이 현대중공업 사건에 관한 대법원의 논리는 '원청기업이 사내하청근로자의 기본적인 노동조건 등에 관하여 사내하청업체의 권한과 책임을 일정 부분 담당하고 있다고 볼 정도로 실질적이면서 구체적으로 지배·결정할 수 있는 지위에 있기 때문에 사용자가 되고, 그 사용자가 사내하청근로자에 대해 지배개입의 부당노동행위를 하였기 때문에 구제명령을 이행하여야 할 사용자'라는 것이다.

○ 현대중공업사례 검토

하청업체 노동조합의 단체교섭 요구와 관련해 원청업체가 실질적인 영향을 미친다면 원청업체에 대해서도 단체교섭의무를 인정할 가능성 및 하청업체 노동자들이 원청업체 사업장에서 일상적인 노조 활동을 하거나 쟁의행위를 할 수 있는 가능성이 있다.

또한 부당노동행위의 경우에 있어 주체를 일률적·획일적으로 판단하기보다 노조법 제81조의 각호에서 정한 부당노동행위의 유형에 따라 사용자성을 개별적으로 판단하는 입장은 나름의 타당성을 가지고 있으며 기존의 대법원의 입장을 일관되게 따른다면 노조법상의 사용자가 근로계약관계의 당사자에 한정되므로 노조법상의 제도인 부당노동행위의 주체도 근로계약관계의 당사자인 사용자로 한정된다. 따라서 부당노동행위의 유형별로 사용자성을 판단하는 것은 처음부터 불필요한 것이 될 것[99]이라는 견해가 있다.

노조법 제81조에서 규정하고 있는 부당노동행위의 유형 중 대상판결에서 주로 쟁점이 되었던 부분은 제81조 제4호의[100] 지배·개입에 관한 내용이다. 부당노동행위제도는 근로3권의 보장을 통하여 달성하려는 대등한 노사관계 또는 적절한 노사관계의 실현을 목적으로 한다. 따라서 질서의 유지 및 촉진을 저해하는 사용자의 행위를 배제하기 위한 수단으로 지배개입의 금지를 규정하고 있다.[101] 이와 같은 관점에서 보면 제

99) 하경효 외, 『사내하도급과 노동법』, 신조사, 2007, 253~254면.

100) 노조법 제81조 (부당노동행위) 제4호 근로자가 노동조합을 조직 또는 운영하는 것을 지배하거나 이에 개입하는 행위와 노동조합의 전임자에게 급여를 지원하거나 노동조합의 운영비를 원조하는 행위.

101) 이정, 『노동법의 세계』, 2009, 424면.

81조 각호에 있는 불이익취급이나 단체교섭의 거부도 모두 지배개입의 모습을 지니고 있다. 예컨대 임금인상이나 승급 · 승진에 대하여 조합원을 비조합원에 비하여 차별하는 것은 불이익취급이면서 동시에 지배개입에 해당된다.[102] 구체적인 불이익취급 또는 단체교섭의 거부행위가 없고, 나아가 노동조합의 자주성을 구체적으로 침해하지 않더라도 그와 같은 개연성이 있는 경우에는 지배개입에 해당할 수 있는 가능성도 있을 것이다.

Ⅷ. 사내하도급 근로자에 대한 보호정책[103]

사내하도급에서의 원청기업의 사용자성 문제의 핵심을 요약하면 다음과 같다.

첫째, 노조법상 원청기업의 사용자성 책임의 범위이다. 원청기업이 사내하도급 근로자에 대해 부당노동행위의 주체로 인정받는 사례와 같이 사용자성을 인정받는다 하더라도, 전면적인 사용자로서 사용자책임까지 갖는 것은 아닐 것이다. 즉, 원청기업이 사내하도급 근로자에게 행한 부분적인 사용자성을 보편적으로 확대하는 것은 무리가 있다.

단체교섭은 근로조건의 향상을 위해 사용주와 근로자가 맺는 협약이 단체협약이지만 현대중공업 사례와 같이 부당노동행위의 주체로서의 사용자지위가 인정되면 단체교섭에 응해야 하는지는 의문이다. 앞서 검토했던 노조법 제1조[104]에서 노동조합이 단체교섭의 대상으로 삼는 전제조건사항은 근로조건이며 사내하도급 근로자와 원청기업이 근로계약을 체결하지 않았음에도 불구하고 원청기업에 대해 부당노동행위의 사용자주체를 인정한 것만으로 단체교섭의 상대방이 되는지는 그 법리도 명확치 않을 뿐만 아니라 그 근거도 불확실하다. 다만, 사내하도급 근로자에 대해 원청기업의 행위가 사용자성에 해당되는 부분이 있으면 그 부분에 한하여 원청기업에 대해 책임을 묻는 것

---

102) 김형배, 『노동법 제19판』, 박영사, 2010, 966면.

103) 박재명, 『사내하도급의 사용자지위 및 쟁점 연구』 한국외대 석사학위논문, 2011, 89-103면.

104) 노조법 제1조: 이 법은 헌법에 의한 근로자의 단결권 · 단체교섭권 및 단체행동권을 보장하여 근로조건의 유지 · 개선과 근로자의 경제적 · 사회적 지위의 향상을 도모하고, 노동관계를 공정하게 조정하여 노동쟁의를 예방 · 해결함으로써 산업평화의 유지와 국민경제의 발전에 이바지함을 목적으로 한다.

이 법이치에 부합된다고 판단된다.

둘째, 사내하도급을 규율하는 명확한 법질서 부재가 사내하도급 문제의 가장 큰 원인이라고 판단된다. 노무도급과 같은 노동력을 매개한 도급을 적절히 규율하는 법리 창출이 필요하다. 민법상 '일'의 도급과는 별도로 노동법상 '노무도급'을 규율하는 것이 필요하다고 판단된다. 적법한 파견을 제외하고는 사내하도급을 노동법상 규율하는 법리가 명확치 않다. 이에 사내하도급을 규율할 수 있는 법질서의 필요성과, 파견법 등의 개선도 제안해 본다.

1. 사내하도급 근로자에 대한 보호정책

앞서 검토한 현대중공업 및 현대자동차 사례의 사내하청 노동조합과 근로자에 대한 원청회사의 부당노동행위 및 종업원지위를 인정하는 대법원판결에서 대법원이 제시한 기준에 따를 경우 하청업체 근로자와 직접적인 고용관계가 없는 원청회사에 대해서까지 사용자책임을 넓게 인정하게 되어 진정한 도급조차 위축될 가능성이 있고, 기업이 외부노동력의 이용에 소극적으로 되어 노동시장이 경직화되고 고용창출 및 경쟁력 제고에 부정적 영향을 미치리라 예상된다. 이렇게 되면 원청회사는 사내하도급 대신 직접근로자를 고용 또는 하도급을 아예 포기할 수밖에 없는데, 회사가 이를 선택할 것으로 기대하기란 어려운 것이 현실이며, 사내하도급 실태를 감안하여 명백한 위장도급이나 불법파견은 개선하되 건전한 외부노동력시장이 위축되지 않도록 새로운 법리 개발 등의 모색이 필요하다.[105)]

사내하도급과 관련하여 비정규관련법 시행 이전에 노동계에는 주로 불법파견형태로서 사내하도급을 중심에 두고 도급과 파견의 구별기준에 관해 논의하는 것이 주를 이루었다. 그러나 비정규관련법 시행 이후 노동계는 기업이 법의 원래 의도대로 비정규직을 정규직화 하는 경우도 있지만 대부분 오히려 비정규직의 고용을 불안정하게 만드는 계약해지, 외주화 등 탈법 · 편법의 우회 전략을 사용함으로써 사회적인 문제를 일으키고 있다는 인식을 기초로 간접고용, 더 구체적으로는 도급 자체를 규율할 수 있는 입법적인 제도개선을 제안하고 있다.[106)]

---

105) 이정, "사내하도급 근로자에 대한 파견근로 판단", 『월간 노사 포커스』 42호, 2010. 11, 29~33면.

즉, 외부노동력 이용의 증가와 문제발생의 이유는 간접고용에 대한 관련 규율이 미진한 것을 그 원인으로 찾을 수 있을 것이며, 사내하도급 규율의 문제는 노동법의 입법목적인 근로자의 보호라는 측면에서 법리적, 정책으로 반드시 재고되어야 한다고 본다.

(1) 근로자파견법의 개선

기업의 고용유연성을 높이는 방법으로 현재와 같이 파견대상업무가 제한되어 있는 한 기업들은 비용절감을 위해 도급, 용역 이외의 대안을 찾기 어려울 것이며, 현재 2년으로 제한되어 있는 파견기간은 기업에는 고용 경직성, 근로자에게는 고용불안정의 원인이 될 수 있기 때문에 이에 대한 재검토가 필요하다.[107] 또한 제조업의 직접생산공정 업무가 여전히 파견대상에서 제외되어 있는데 이는 기업의 인력운영의 경직화를 초래하고 제조업분야에서 사내하도급을 선호할 수밖에 없는 원인으로 작용한다.[108]

노동부가 근로자파견대상업무의 확대와 관련된 법 개정을 추진하였으나 이를 찬성하는 입장과 반대하는 입장이 대두되었으며 각각의 주장[109]들을 고려해 볼 때 근로자파견대상업무의 확대를 위해서는 첫째, 근로자파견 사업에 관한 정확한 실태 파악의 필요 둘째, 근로자파견 대상 업무 확대를 통한 일자리창출 효과에 대한 심층 분석 셋째, 파견사업체 전문성 제고 및 파견근로자 보호방안의 모색 넷째, 근로자파견 대상 업무 확대로 위장도급감소의 효과에 대한 분석 등이 필요하며 이를 통한 체계적인 접근이 필요할 것이다.[110]

106) 박종희 외, 『사내하청 제도 및 정책적 개선방안 연구』, 경제사회발전노사정위원회, 2010, 87면.
107) 노동부, 『불법파견 형태의 사내하도급 문제 해결을 위한 참여정부의 노력과 과제』, 2007, 81면.
108) 이영면 외, 『원하청 도급관계에서의 노동법적 쟁점 및 과제』, 노동부, 2007. 10, 5면.
109) 파견관련 규제 완화 찬성 근거는 ① 규제중심의 근로자파견법을 현실적 수요를 충족시킬 수 있도록 파견업무의 확대 등이 필요 ② 기업의 효율적인 인력운용에 장애요소를 해소함으로써 노동력을 탄력적으로 운용 ③ 해외 주요 선진국의 근로자파견제도와 관련된 경향을 살펴보면, 근로자파견제도에 대한 규제완화를 통한 근로자파견을 확대하는 것이 보편적인 추세 ④ 근로자파견을 사용할 수 있는 업종과 사업을 확대함으로써 탈법적인 사내하도급 남용을 줄일 수 있을 것 ⑤ 근로자파견을 상용형으로 정착시키고 근로자의 근로조건을 합리적으로 보호할 수 있다면 근로자파견대상업무를 제한하는 것은 큰 의미가 없을 것, 이에 대한 반대 근거는 ① 파견업종이 허용될 경우 간접고용 활용유인이 발생하여 용역까지 늘어날 가능성이 있다. ② 우리나라의 파견근로에 대한 규제가 다른 나라들에 비해 다음과 같은 점에서 지나치게 엄격하다고 볼 수는 없다. (강선희, "사내하도급 관련 국내의 논의 상황과 과제", 노동법이론실무학회 제14회 정기학술대회 자료집, 2010, 88~90면, 각 인용 문헌 참고.)
110) 한인상, 『근로자파견대상업무 조정 · 확대방안에 대한 검토』, 국회입법조사처, 2011. 1, 48~52면.

파견법 개정을 둘러싸고 찬반의 논의가 있고 그 논거 역시 모두 일리가 있다. 하지만 현재 가장 대두되고 있는 사내하도급 문제들을 어느 정도 해소하기 위해서는 제조업 등 파견대상업종의 확장과 파견기간의 조정을 통한 근로자파견법의 수정 등이 필요하다고 판단된다. 이미 현재의 파견법만으로는 외부노동력을 이용하는 각종 문제에 대응하는 것은 그 한계를 넘은 것으로 보여 진다.

(2) 원 · 하청기업의 공동책임부과

진정도급계약성이 인정되는 원청기업과 하청근로자간에 비록 개별적인 근로기준법이 적용될 여지는 없다하더라도, 하도급근로자도 노동력제공을 통해 생계의 수단을 얻게 되는 사회적 약자이기 때문에 이들 사이에 사회적 보호필요성이 존재하며, 근로계약관계의 경우에는 매우 높은 강도의 배려의무관계가 인정되지만, 인력 이외에는 본질적인 독립적 기업설비가 존재하지 않는 이른바 순수노무도급관계로서의 원 · 하청간의 도급계약관계의 경우에도 사회법적 차원에서 원청회사의 배려의무가 발생할 여지가 있으므로 이러한 사회적 보호필요성을 구현할 개별 규제를 형성하는 것이 불가능한 것은 아니다.[111]

우리 근로기준법과 파견법의 규정 형식은 진정한 의미에서의 연대책임에 관한 규정이라 말하기 어렵다. 왜냐하면 직상수급인이나 원청기업의 귀책사유가 있는 경우에만 임금지급책임을 부과하고 있기 때문이다. 즉 자기의 고의나 과실에 대한 책임을 지는 것일 뿐이다. 반면에 프랑스 노동법전의 규정형식은 연대책임규정으로 도급인에게 아무런 귀책사유가 없는 경우에도 나아가 "모든 반대의 약정에도 불구하고" 수급인이 파산한 경우 도급인의 책임을 규정하고 있다. 물론 이러한 책임이 발생하기 위해서는 "수급인이 계약의 이행에 필요한 영업 자산을 소유하고 있지 아니한 경우"(L. 8232-1조)라는 요건이 별도로 충족되어야 한다. 수급인이 사업을 운영하고 있는 동안에는 차별금지원칙을 부과하고 수급인이 파산한 경우에는 도급인의 연대책임을 부과하는 것은 금전적 이득을 목적으로 법을 교묘하게 위반하는 행위를 억제하는 효과를 가질 수 있다. 즉 사내하도급을 적법한 방향으로 유도하는 효과를 가질 수 있다는 것이다.[112]

111) 이영면 외, 『하청 도급관계에서의 노동법적 쟁점 및 과제』, 노동부, 2007. 10, 462면.
112) 박제성 외, 『사내하도급과 노동법』, 한국노동연구원, 2009, 85~86면.

하도급근로자의 보호필요성이 특별히 강조되는 분야는 임금 내지 근로시간 등의 보호, 산재 등 사회보험의 적용, 고용의 계속성보장, 차별금지, 협약자율의 보장 등이다.[113] 여기서 특히 산재, 사회보험, 차별금지 등 근로자의 기본적인 권리에 해당되는 부분은 최소한의 근로권에 관련된 것이라 여겨지기 때문에, 이러한 문제에 대해서는 원청기업 및 하청기업이 공동으로 대응할 필요가 있다고 판단된다.

(3) 차별금지 및 근로조건보호

사내하도급근로자들의 기본적인 근로조건을 보호하기 위한 차별시정노력 및 제도로는 첫째, 비정규관련법에서의 차별시정의 대상 및 시정주체 등의 제한에 따른 차별시정 제도의 취약성으로 인해 사내하도급 등 외주화가 증대되었다는 문제의식의 고취, 둘째, 근로자파견법에 민법상의 계약에 의해 계약상대방이 아닌 제3자의 사업 또는 사업장에서 근로를 제공하는 간접고용 근로자의 근로조건을 원청기업에 소속된 근로자의 근로조건을 고려하여 개선하도록 '노력'하라는 노력의무조항의 신설 등이 있다.[114]

다만, 그 방법에 있어 차별금지와 시정절차를 입법적으로 도입할 것인지 아니면 원사업주와 수급사업주간 공정거래를 유도함으로써 간접적으로 근로조건의 개선을 이룰 것인가 등에서 차이가 난다고 볼 수 있다.[115] 또한 근로조건의 보장과 관련해서 세부적으로 ㉠시간외근로 등 근로시간에 대한 규제 ㉡안전배려의무 ㉢하청근로자의 복리후생에 관한 원청회사의 책임 ㉣사업장내 재해보상[116] 등을 보장해 줌으로써 사내하도급의 가장 큰 쟁점인 정규직 근로자와의 차별을 해소하는데 기여하여 이와 관련된 문제점도 방지할 수 있으리라 본다.

(4) 원청기업 노동조합 가입허용문제

사내하도급 근로자의 차별해소의 방안의 하나로 사내하도급 근로자의 사용사업장 정규직 노동조합 가입을 허용해야 한다는 주장도 있을 수 있다. 물론 그렇게 된다면 사

---

113) 이영면 외, 『하청 도급관계에서의 노동법적 쟁점 및 과제』, 노동부, 2007. 10, 467면.
114) 전윤구, "한국의 비정규직법 시행효과와 입법적 개선방안", 『한국의 비정규직법 시행 1년의 진단과 국제적 동향에 비추어 본 법제도 개선방향』, 한국노총, 2008. 10, 27면.
115) 박종희 외, 『사내하청 제도 및 정책적 개선방안 연구』, 경제사회발전노사정위원회, 2010, 127~129면.
116) 이영면 외, 『하청 도급관계에서의 노동법적 쟁점 및 과제』, 노동부, 2007. 10, 467~469면.

내하도급의 근로자들이 원청기업과의 단체교섭 등에 있어 자신들의 근로조건 향상 등에 관한 권리를 주장할 수 있는 길이 열릴 수도 있으리라 판단된다. 하지만 여기에도 몇 가지 문제가 있다.

첫째, 사용사업장내 정규직 노동조합의 조합원들이 사내하도급 근로자를 수용하는지 여부와 수용한다 하더라도 정규직 노조원들과의 대적관계에 놓일 가능성이 크고 원청기업이 단체교섭의 상대방으로 사내하도급 노조원들이 속한 노동조합과 당사자 적격성을 놓고 단체교섭을 해태 · 거부할 수 있는 가능성이 발생한다.

둘째, 우리나라는 단체협약에 의하여 그 회사의 종업원만이 노동조합에 가입할 수 있다고 규정하고 있는 것이 일반적 실태이고,[117] 판례 또한 "노동조합의 구성원인 근로자와 사용자 사이에는 고용에 따른 종속관계가 있어야 하고, 이러한 관계가 없는 자는 노동조합법이 정한 적법한 노동조합을 조직할 수 있는 근로자가 될 수 없다"[118]라고 하여 노동조합 설립을 허용하지 않고 있다.

따라서 사내하도급 근로자가 정규직 노동조합에 가입하는 것은 현실적으로 어려울 뿐만 아니라 판례도 이를 허용하고 있지 않으므로, 사내하도급문제를 정규직 노동조합을 통하기보다는 후술하는 노사협의회를 통한 해결이 보다 현실적이 아닐까 생각한다.

(5) 노사협의회제도를 통한 소통창구의 확대

사내하도급 근로자의 사용사업장의 노동조합 가입과 같은 맥락에서 근로자 스스로 차별시정과 근로조건의 향상을 위한 소통의 창구로 노사협의회제도를 통하는 것이 노동조합 가입의 방법보다는 더 수월하고 현실적인 방법이 될 수도 있다.

왜냐하면 단체교섭은 노동3권을 바탕으로 하여 '조합원'의 권익향상을 위해 사용자와 교섭하여 근로조건의 증진 등에 기여하는 것이 목적인 반면, 노사협의회는 '전체 근로자'를 대표하여 참여와 협력을 통해 노사공동의 이익을 증진시키고자 하는 목적을 갖고 있기 때문이다. 당사자의 측면에서 보면 단체교섭은 노동조합과 사용자(단체)가

117) 김형배, 『노동법』 제19판, 박영사, 2010, 733면.

118) 대판 1970. 7. 21, 69누152; 대판 1992. 5. 26, 90누9483; 또한 같은 취지에서 항운노조의 조합원을 공급받아 하역작업을 수행하는 회사에 대하여 항운노조의 조합원과 명시적 또는 묵시적으로 개별적인 근로계약관계가 없음을 이유로 단체교섭의 당사자지위를 부인한 사례; 대판 1956. 12. 23, 85누856; 대판 1993. 11. 23, 92누13011; 대판 1995. 12. 22, 95누3565. (김형배, 『노동법』제19판, 박영사, 2010, 733면.)

협약당사자가 되는데 비하여 노사협의회는 전체근로자를 대표하는 근로자위원과 사용자가 당사자가 된다. 즉, 노동조합은 기본적으로 소속 조합원의 권익을 우선하는 것이지 비조합원 및 타 노동조합 소속 근로자를 대변할 지위에 있지는 않기 때문에 전체 근로자를 대표하는 데에는 한계가 있다.[119] 반면에 노사협의회를 변용하여 하청근로자들을 노사협의회에 참여할 수 있도록 하는 방안은 입법 정책적으로 용이하다는 장점은 있으나, 『근로자참여 및 협력증진에 관한 법률』상의 근로자개념을 달리 구성해야 한다는 난점이 있을 뿐만 아니라,[120] 원 · 하청 근로자간 또는 하청근로자와 원청회사 간에 근로조건 및 고용형태를 둘러싸고 법적 분쟁이 발생할 소지가 있다.

따라서 현실적으로는 사내하도급 근로자들이 직접적으로 노사협의회에 참석하여 의결권이나 발언권을 행사하기보다는 복리후생이나 안전위생과 같은 작업환경에 관한 사항에 대해서는 참관할 수 있는 기회를 제공하는 것이 바람직하다고 생각된다.

(6) 고용불안 및 고용경직성의 해소

사내하도급으로 전환하는 경우와 사내하도급업체의 변경이 사업양도(영업양도)에 해당되는 경우에는 판례의 일관된 견해에 따라 고용승계 및 근로조건의 승계의무가 당연히 발생하나 그러하지 않은 경우(특히 사내하도급업체간의 변경)도 다수 존재할 수 있으므로 이를 입법적으로 명문화하여 고용불안 및 고용경직성을 해소할 수 있다. 이 방안의 경우 불과 얼마 되지 않은 과거에 사업양도 시 고용 및 근로조건의 승계의무의 입법화에 대한 논의가 있었으나 결과적으로 입법론으로 해결을 보지 못하고 해석론에 맡겨진 채 지금까지 흘러오고 있는 실정이다. 이와 관련된 노사 간의 단체협약 등의 합의를 통해 자율적으로 해결방안을 모색하거나 사용자가 불가피하게 외주화를 할 수밖에 없는 상황(수급사업주의 변경의 경우도 마찬가지로)이라면 최소한 종전 근로자의 고용 및 근로조건을 승계할 것을 조건으로 수급사업주를 선정하는 노력이 필요하다고 본다.[121]

사내하청은 국가에 따라 정도의 차이는 있지만, 일본이나 독일과 같은 나라에서도 일반적으로 이용되고 있는 인력수급방식이다. 그럼에도 불구하고 이 문제가 유독 우리

119) 이정 외, 『노사관계 환경변화에 따른 노사협의회제도 개선방안 연구』, 고용노동부, 2010, 64면.
120) 이정 외, 『노사관계 환경변화에 따른 노사협의회제도 개선방안 연구』, Ⅵ편.
121) 박종희 외, 『사내하청 제도 및 정책적 개선방안 연구』, 경제사회발전노사정위원회, 2010, 134면.

나라에서 이슈로 등장하는 이유는 해고법제 및 파견법이 너무 경직화되어 있고, 사내하청근로자가 공정하게 대우를 받지 못하기 때문이라고 생각한다. 사내하청에 대해 흑백논리로 접근할 것이 아니라, 해고에 대한 실질적 규제를 좀 더 유연화 할 필요가 있다.[122)]

이에 고용불안 및 고용경직성을 해소하기 위해서는 정규직 근로자로의 전환뿐 아니라 수급사업자간의 변동이 있을 시에 근로자의 승계에 관련하여 규제하여야 한다고 판단된다.

(7) 사내하도급의 매뉴얼 마련

사내하도급 관계에 대한 법률적 또는 정책적 규율은 앞서 제시하였듯 반드시 필요하다.

사내하도급 근로자에 대한 원사업주의 노동법적 보호를 입법적으로 규율하는 방안에 대해서는 노동법의 대상이 아니라 민법의 영역에 맡겨진 문제라는 견해, 노동법적 개입을 신중하게 접근해야 한다는 견해, 사내하도급 근로자의 보호에 대한 특별법이나 기존의 법에 추가하여 제정하자는 견해 등으로 나뉜다. 이에 더해 사내하도급 근로자에 대한 노동법적 보호의 필요성에 대해 공감한다고 하더라도 보편적인 사내하도급관계를 법적보호대상으로 삼을 것인지 아니면 특정한 범주에 속하는 사내하도급관계만을 보호대상으로 할 것인지, 그 법적 보호의 내용은 무엇으로 할 것인지 그리고 보호의 수준은 어느 정도로 할 것인지 등은 더욱 논란의 여지가 있다.[123)] 사적자치 또는 정책적 · 법률적으로 사내하도급을 규율할 수 있는 매뉴얼(Manual) 또는 가이드라인(Guideline)이 논의되고 있으나 아직 도입되지 못한 실정이며, 순차적으로 사적자치에 기반한 매뉴얼을 보급하고 정립하는 것이 우선이라 생각된다.

(8) 공정거래질서 확립

사내하청을 포함한 하청근로자에 대한 공정한 대우를 담보하기 위하여 하도급 공정거래질서를 확립하여야 한다.[124)] 이는 원청회사가 업무도급계약을 부당하게 해지하

122) 이정, “고용경직성 깨야 ‘사내하청’ 풀려”, 한국경제 시론(2010. 12. 26).
123) 박종희 외, 『사내하청 제도 및 정책적 개선방안 연구』, 경제사회발전노사정위원회, 2010, 134~135면.

는데 대하여 일정한 규제를 가할 필요가 있음을 뜻한다. 이 경우 관련 규정을 어디에 둘 것인가가 문제된다. 먼저 고려할 수 있는 법률은 『하도급거래 공정화에 관한 법률』이다. 이 법률 제8조의 부당한 위탁취소의 금지규정에 따라 합리적 이유 없이 계약갱신을 거절하는 것을 부당한 것으로 인정하고, 계약해지 시에는 일정한 예고기간을 설정하며 만약 부당한 해지인 경우에는 하청근로자에 대하여 일정한 해고보상금을 지급하도록 할 수 있을 것이다. 다만 하청근로자에 대한 해고보상금의 지급에 관한 규정을 이 법률에 둘 수 있는지 여부에 대해서는 좀 더 검토가 있어야 할 것이다. 한 가지 더 고려해볼 수 있는 방안은 원하청회사의 업무도급계약의 표준계약서를 만들어 보급하는 방안이다. 이 표준계약서에 원청회사의 부당해지시 하청근로자에 대한 해고보상금 규정을 둘 수 있을 것이다.[125)]

또한 사내하도급 근로자에게 부당한 차별대우를 하거나 원청기업의 부당한 압력으로 인한 위와 같은 불공정 또는 불이익을 하청기업에 전가하는 행위에 대하여 하도급거래에 관련한 규정 등을 두게 하는 것도 하나의 방안이며 무엇보다도 하도급 자체가 공정하게 운영될 수 있는 윤리의식을 가지는 것이 필요하다고 본다. 하도급 거래에 있어 이유 없는 계약갱신의 거절금지, 부당해지 시 근로자 보호규정, 원청기업에 관한 처벌규정이나 의무규정만 갖추더라도 최소한의 고용안정과, 외주화의 문제점은 어느 정도 해소되리라 판단된다.

Ⅸ. 종전법리의 한계와 문제점

대법원은 파견과 도급의 구별이 문제되었던 H사 사건[126)]에서 자동차 생산 작업 중

124) 이정, "사내하도급 쟁점과 해결방안", 자동차산업 전략세미나 자료집, 2011. 5. 19, 1면.
125) 이영면 외, 『하청 도급관계에서의 노동법적 쟁점 및 과제』, 노동부, 2007. 10, 487~488면.
126) 서울고등법원 2011. 2. 10. 선고 2010누23752 판결, 대법원 2012. 2. 23. 선고 2011두7076 판결 (원심판결 유지) 파견여부 판단에 있어서 주요 기준은 다음과 같다.
① 사내협력업체인 수급업체의 기술성과 전문성에 대한 요구정도가 낮고 노무제공 과정상 수급업체의 근로자에 대한 지시권이 미약한 점,
② 협력업체 근로자들은 컨베이어벨트 좌우에 참가인의 정규직 근로자들과 혼재하여 배치되어, 참가인 소유의 생산관련 시설과 부품, 소모품 등을 사용하여, 참가인이 미리 작성하여 교부한 것으로 근로자들에게 부품의 식별방법과 작업방식 등을 지시하는 각종 작업지시서 등에 의하여 단순, 반복적인 업무를 수행하였고, 이

에서 컨베이어 시스템에 의한 자동차 조립 업무의 일환인 의장 공정에 대해 원청과 하청의 계약관계는 형식적으로는 도급계약이나 그 실질이 근로자파견관계가 성립함을 인정하였다.

또한 최근 파견법위반 여부에 관한 G사 사건[127)]에서도 G사와 사내협력업체들은 그 사이에 체결된 계약의 명칭이나 형식 여하에 불구하고 그 협력업체에 소속된 근로자들이 G사의 사업장에 파견되어 G사의 지휘 · 명령 아래 G사를 위한 근로를 제공하는 근로자파견관계에 있었다고 판단하였다.[128)]

과정에서 협력업체의 고유 기술이나 자본 등이 업무에 투입된 바는 없는 점,

③ 또한 원청은 근로자들에 대한 일반적인 작업배치권과 변경결정권을 가지고 있었고, 참가인의 정규직 근로자와 마찬가지로 협력업체 근로자들이 수행할 작업량과 작업 방법, 작업 순서 등을 결정한 점,

④ 참가인은 협력업체 근로자들을 직접 지휘하거나 또는 협력업체 소속 현장관리인 등을 통하여 구체적인 작업지시를 하였는데, 협력업체 근로자들이 수행하는 업무의 특성 등을 고려하면, ㅇㅇ기업 현장관리인 등이 그 근로자들에게 구체적인 지휘명령권을 행사하였다 하더라도, 이는 도급인이 결정한 사항을 전달한 것에 불과하거나, 그러한 지휘명령이 도급인 등에 의해 통제되어 있는 것에 불과한 점,

⑤ 참가인은 협력업체 근로자들에 대하여 시업과 종업 시간의 결정, 휴게 시간의 부여, 연장 및 야간근로 결정, 교대제 운영 여부, 작업속도 등을 결정하였고, 참가인은 협력업체를 통해 그 소속 근로자들에 대한 근태상황, 인원현황 등을 파악하고 관리한 점,

⑥ 참가인의 정규직 근로자에게 산재, 휴직 등 사유로 결원이 발생하는 경우 사내협력업체 소속 근로자로 하여금 그 결원을 대체하여 작업하게 하는 경우도 있었던 점.

127) 1심에서는 무죄, 2심에서 유죄, 대법원에서 유죄 확정된 사안이다. 대법원 2013. 2. 28. 선고 2011도34 판결

128) 창원지법 2010. 12. 23. 선고 2009노579 판결의 주요내용은 다음과 같고, 대법원은 이러한 원심판단을 그대로 인정하였다.

① 계약의 내용

- 협력업체들과 지엠대우 사이에 체결된 계약의 범위가 자동차의 완성을 위한 작업(주식회사 대정의 경우 부품포장) 중 지엠대우와 협력업체들이 별도로 합의하는 작업으로 포괄적 · 추상적으로 기술되어 있는데, 당시 별도로 합의하는 작업에 대한 구체적인 서류를 작성한 바도 없었던 점,
- 도급비는 일의 결과가 아닌 투입된 협력업체 소속 근로자들의 수와 근로시간 등 노무제공의 정도에 따라 변동적으로 지급되었다고 할 것이고,
- 계약목적에 대한 시간적 제한이 정해져 있지도 아니한 점,
- 지엠대우에서는 그 소속 근로자의 임금인상율을 감안하여 협력업체에게 지급할 도급단가를 인상하여 주는데, 지엠대우의 도급비 인상안이 나오면 협력업체들이 모여 그 소속 근로자들에 대한 급여 인상분을 조정하여 지급하였던 점,
- 협력업체들에는 고유하고 특유한 도급업무가 별도로 있는 것이 아니라 지엠대우의 필요에 따라 도급업무가 구체적으로 결정되었던 점

등을 종합하여 보면, 그 계약의 목적이 근로자의 노동력 제공 그 자체에 있었다고 판단된다.

② 업무수행의 과정

- 지엠대우 창원공장에서 협력업체 소속 근로자들이 지엠대우 소속 근로자들과 같은 조에 배치되어 근무하였을 뿐만 아니라, 업무 내용면에 있어서도 동일한 업무를 수행하였으며,
- 지엠대우에서 업무 시작시간과 종료시간의 결정, 휴게시간의 부여, 연장 및 야간근로 결정, 작업속도 등을 결정한 점,
- 지엠대우는 그들의 근로자뿐만 아니라 협력업체 소속 근로자들에 대하여도 직장이 업무일지, 작업일보 등의 작성을 통해 그들의 근태상황, 인원현황 등을 파악하는 등 지엠대우에서 실질적으로 협력업체 소속 근로자들의 근태를 관리한 것으로 보이는 점,

구별 기준에 대한 비판적 검토는 다음과 같다. 파견사업주의 실체여부를 판단함에 있어서는 파견법 시행 초기의 판례에서 실체를 부인하여 사용사업주와 근로자들 사이의 직접적 근로관계를 인정하는 경우가 있었으나, 이러한 판례가 나타난 이후 사용자들이 독자적인 사업체로 인정될 수 있는 요소들을 구비하는 경향을 보이고 있어 최근에는 파견사업주의 실체가 부인되는 사안은 찾아보기 힘들다.

파견여부 판단기준과 관련해서는 행정지침이나 판례는 일정한 기준을 마련하고 있다고 할 것이다. 다만, 구체적인 사안에 대한 결정을 함에 있어 이러한 기준들을 동가치 또는 평면적으로 판단하고 있어 실제 업무수행 형태나 사업의 특성이 고려되지 않는 면이 있다.

대표적으로 판례가 자동차 제조공장에 대해 사용한 판단기준에 대해 검토해 보면 다음과 같다.

첫째, 사내협력업체인 수급업체의 기술성과 전문성에 대한 요구 정도가 낮고 노무제공 과정상 수급업체의 근로자에 대한 지시권이 미약한 점을 파견적 요소로 들고 있으나, 이러한 입장에 의하면 전문, 기술성이 필요하지 않는 분야에서는 도급계약이 전혀 성립될 여지가 없어 보인다. 그러나 이는 현재 청소용역 또는 경비용역처럼 고도의 전문성이나 기술이 요구되지 않는 분야에서도 도급계약이 체결되고 있는 현실을 외면한 판단이고, 더욱이 작업의 전문성 · 기술성 유무를 판단하기 위한 객관적이고도 명확한 기준을 설정하기가 쉽지 않기 때문에 자칫 도급과 파견이라는 문제에 대한 판단이

- 자동차 생산공정업무의 특성상 각 공정은 독립적일 수가 없어 협력업체들이 투입할 근로자의 수, 작업시간, 작업속도 등에 대하여 자율성을 가지지 못하였고, 지엠대우에서 협력업체 소속 근로자들에 대한 일반적인 작업배치권과 변경 결정권을 가지고 있었으며, 그들이 수행할 작업량과 작업방법, 작업순서 등을 결정한 점 등을 종합하여 보면, 근로자파견관계에 더 가깝다고 판단된다.

③ 계약당사자의 적격성
- 협력업체 소속 근로자의 담당업무는 동일 작업을 반복하는 것으로서 협력업체들의 전문적인 기술이나 소속 근로자들의 숙련도가 요구되지 않고 지엠대우가 요구하는 업무를 수행함에 있어 협력업체들의 고유기술이나 자본 등이 업무에 투입된 바는 없었던 점,
- 주식회사 대정의 경우 특화된 부품포장 업무를 담당하기는 하였느나, 지엠대우 소속 조장이나 기사원이 포장작업지시서를 보고 포장방법 등을 지시하면 그에 따라 업무를 수행하였다는 점에서 그 업무에 주식회사 대정의 고유기술이 투입되었다고 보기는 어려운 점,
- 협력업체 소속 근로자들은 지엠대우 소유의 생산 관련 시설 및 부품, 소모품 등을 사용하여 지엠대우가 미리 작성하여 교부한 것으로 근로자들에게 부품의 식별방법과 작업방법을 지시하는 각종 표준작업서, 단위작업서 등에 의하여 단순, 반복적인 업무를 수행하였던 점,
- 이와 같이 협력업체의 전문적인 기술이나 근로자들의 숙련도가 요구되지 아니하여 협력업체 소속 근로자들의 노동력이 지엠대우의 생산과정에 곧바로 결합될 수 있었던 점 등에 비추어 보더라도, 그 계약의 목적이 근로자의 노동력 제공 자체에 있었다고 판단된다.

자의적인 것이 될 위험도 있다고 할 것이다.

둘째, 협력업체 근로자들은 컨베이어벨트 좌우에 참가인의 정규직 근로자들과 혼재하여 배치되어 있다는 점에 대해서는 컨베이어시스템은 재료나 반제품 등 작업 대상의 운반에 컨베이어 장치를 이용한 이동작업방식으로 시간적 규칙성과 작업의 효율성을 위해 고안되었는데 이는 작업방식의 한 형태일 뿐 구체적으로 작업을 담당하는 근로자가 컨베이어시스템을 관리하는 자로부터 작업수행 상 지시 · 감독을 받고 있다고 단정할 수는 없다.

셋째, 원청 소유의 생산 관련 시설과 부품을 사용하여 하청업체 소속 근로자들이 작업을 한다는 점에 대해서는 통상 생산 시설이나 부품의 경우 고가의 장비일 경우 이를 하청업체가 구입하여 작업을 하도록 하는 경우 도급단가가 높아진다는 예상이 가능하다고 할 것이어서 원청으로서는 이를 하청업체에 구입할 것을 요구하거나 이러한 설비를 구비한 업체에 도급을 줄 것인지 아니면 자신이 사업을 계속 운영할 경우 하청업체의 변경에 관계없이 지속적으로 사용할 수 있는 생산 시설을 직접 소유할 것인지는 원청업체의 선택의 문제이지 파견인지 도급인지 여부를 판단하는 기준으로는 적합하지 않다고 할 것이다.

넷째, 원청이 미리 작성하여 교부한 것으로 근로자들에게 부품의 식별방법과 작업방식 등을 지시하는 각종 작업지시서 등에 의하여 단순, 반복적인 업무를 수행하였다는 점에 대해서는 일반적으로 도급계약에 있어서도 도급인은 수급인에게 직접적인 작업 지시나 명령이 아닌 자신의 사용목적에 맞게 제품의 규격이나 사용용도, 완성제품에 대한 일정한 요구사항을 수급인에게 제시하고 수급인은 이를 반영하여 작업하고 있다. 특히 자동차라는 최종 목적물의 완성을 위한 작업의 일부를 도급받은 것으로 자기목적적인 업무가 아닌 이상 작업표준서나 차량사양표 등 일정한 기준을 설정한다고 해서 그것이 바로 파견적 요소라고 단정하기는 어렵다고 할 것이다. 따라서 이러한 작업지시서나 각종 사양서가 실질적으로 하청근로자들에 대한 원청의 작업수행 상의 지시 · 감독에 해당하는지에 대한 판단이 필요한데 이에 대한 판단이 부족한 실정이다.

다섯째, 대법원은 또 원청이 하청근로자들에 대하여 시업과 종업 시간의 결정, 휴게 시간의 부여, 연장 및 야간근로 결정, 교대제 운영 여부, 작업속도 등을 결정하였다고 판단하면서 이를 파견요소로 판단하였다. 그러나 원청근로자들과 하청근로자들의 담당 업무가 서로 독자적인 제품완성이 아닌 완성차 생산이라는 동일한 제품완성을 목적으로 한다는 점에서 시 · 종업시간 및 휴게시간 등이 일률적일 필요성이 있다는 점을 고려할 때 파견판단의 절대적인 요소로 보이지는 않는다.

여섯째, 또한 원청은 근로자들에 대한 일반적인 작업배치권과 변경결정권을 가지고 있었고, 원청의 정규직 근로자와 마찬가지로 하청근로자들이 수행할 작업량과 작업방법, 작업 순서 등을 결정한 점을 파견요소로 들고 있으나, 작업배치 · 변경결정권은 크게 하청업체가 담당할 작업량과 작업구역 등을 결정하는 일반적 작업배치 · 변경결정권과 하청업체 소속 근로자 즉, 파견근로자로 판단되면 고용의제가 되어 원청의 근로자로 인정될 수 있는 근로자들의 작업배치, 작업량 등을 결정하는 구체적 작업배치 · 변경결정권으로 나눌 수 있을 것이다. 그러나 도급, 파견의 구별은 결국은 표면적으로는 원, 하청간의 문제로 보이나 결국은 하청근로자들의 지위를 어느 정도 보호해줄 것인지의 원청과 근로자간의 문제인바, 파견인지 여부의 판단기준으로서의 작업배치 · 변경결정권의 행사여부는 하청업체가 아닌 해당 개별 근로자들에 대한 행사여부로 판단해야 할 것이다.

위와 같이 대법원에서 판시하고 있는 여러 파견요소들은 파견 또는 도급판단의 한 요소로서는 고려될 수는 있겠으나 이러한 점이 인정된다고 하더라도 바로 파견성립여부의 절대적인 기준이 될 수는 없다고 할 것이고, 특히 그 판단에 있어 구체적인 사업특성과 근로자들의 실제 근무상황, 형태가 제대로 고려되지 않은 아쉬움이 남는다.

어떤 사업체간의 계약이 도급계약인지 파견계약인지를 판단함에 있어서 구체적인 사안에서는 도급적 요소와 파견적 요소로 해석될 수 있는 사실들이 공존하고 있음이 일반적이다. 이러한 가운데 현행 법제 하에서 도급과 파견은 그 효과가 명확히 구분되므로 혼재된 요소들 가운데 어떠한 요소들을 기준으로 계약의 본질을 확정할 것인지가 문제가 되는데, 결국은 제도의 본질적인 구분에서 그 해답을 찾아야 할 것으로 판단된다.

파견법(제2조 제1호)은 "사용사업주의 지휘 · 명령을 받아 사용사업주를 위한 근로에 종사하게 하는 것"으로 파견을 정의하고 있고, 도급(민법 제664조)은 "일의 완성"과 "보수"를 약정할 뿐 구체적인 작업수행 상 지시 · 감독 여부는 수급인이 결정하는 점이 특징이다. 즉, 파견과 도급의 구분은 근로자의 작업수행상의 지시 · 감독을 누가 행사하였는지 여부에 의해 결정되어야 할 것이다.

이에 대해 대법원은 "원청은 협력업체 근로자들을 직접 지휘하거나 또는 협력업체 소속 현장관리인 등을 통하여 구체적인 작업지시를 하였는데, 협력업체 근로자들이 수행하는 업무의 특성 등을 고려하면, 하청의 현장관리인 등이 그 근로자들에게 구체적인 지휘명령권을 행사하였다 하더라도, 이는 도급인이 결정한 사항을 전달한 것에 불과하거나, 그러한 지휘명령이 도급인 등에 의해 통제되어 있는 것에 불과"하다고 인정하면서 파견적 요소로 판단하고 있다.

결론적으로 고용노동부와 법무부가 마련한 지침상의 파견여부 판단기준은 사업장 일반에 적용될 것을 감안하여 마련한 것으로 그 내용은 대부분의 사업장에 적용 가능할 것이다. 그러나 각 사업마다 작업형태나 특성이 있는 것이고, 이를 전혀 무시한 채 이러한 판단기준을 획일적이고 동가치적으로 구체적인 사안에 적용할 경우 불합리한 결론을 도출할 위험은 항상 존재하게 된다.

따라서 이러한 기준을 적용함에 있어서는 작업 기술의 발달과 고도의 분업화, 작업 효율화 등의 추세를 고려한 현실과의 괴리를 최소화 할 수 있는 기준의 적용기술이 필요하다고 할 것이다.

제3장

일본과의 비교법적 검토

Ⅰ. 업무위탁 · 도급과 파견

1. 업무위탁 · 업무도급[1)]

(1) 업무위탁 · 업무도급의 정의

'업무위탁' 또는 '업무도급'이라는 용어는 법률로 규정된 개념이 아니고 실무에서 사용되고 있는 통칭이다. 실무에서 사용된 계약서를 보면, '업무위탁계약', '업무도급계약', '업무위탁도급계약'과 같이 '업무'와 '도급' 내지 '위탁'을 함께 사용한 것이나, 단순히 '위탁계약', '도급계약' 등을 표기한 것도 있다.[2)]

이러한 업무위탁 · 업무도급에 관하여 공통된 용어가 존재하지 않는 현재 상황에서 본 연구의 업무위탁 또는 업무도급에 대하여, 카마다(鎌田)교수의 정의를 인용하면 다음과 같다.[3)]

"업무위탁이란, 어떤 개인이 다른 기업(위탁자)으로부터 위탁을 받아 자영의 형식으로 (근로계약 이외의 노무공급계약에 근거한다), 위탁자의 협력 하에서 위탁받은 업무를 수행하고 이에 대하여 보수를 얻는 것을 말하고, 이러한 목적을 달성하기 위해서 당사자 간에 맺는 계약을 업무위탁계약이라고 한다. 업무위탁 하에서 노무를 공급하는 취업자를 '위탁근로자'라고 부른다."

"업무도급이란, 어떤 기업(업무도급기업)이 다른 기업(발주자)과의 계약(업무도급계약)에 근거하여, 그 채무를 이행하기 위해서 발주자의 협력 하에 자신이 고용하는 근로자 또는 위탁근로자를 업무에 종사시켜 이에 대해 보수를 받는 것을 말한다. 업무도급의 형태로 노무를 공급하는 근로자 또는 위탁근로자를 '도급근로자'라고 부른다. 여기서는 업무도급기업, 발주자, 도급근로자 간에 3자간 관계가 발생한다."

"업무위탁 및 업무도급의 특징적인 성질은 발주자(위탁자)가 업무도급기업 또는 위탁근로자에게 업무수행에 필요한 정보, 기계 · 설비 등을 제공하여 업무내용 및 수행방

---

1) 이하 내용은 田思路, 『請負労働の法的研究』, 法律文化社, 2010年, 16~68項을 주로 참조함.

2) 실무에서 사용되고 있는 계약서의 내용에 대해서는 鎌田耕一, 「アウトソーシングの法的問題ー業務委託契約の研究」 釧路公立大學紀要 『社會科學研究』 第12号, 2000年, 42頁 이하 참조.

3) 鎌田耕一, 「委託労働者 · 請負労働者の法的地位と保護」, 『日本労働研究雜誌』, 第526号, 2004年5月, 56~57頁.

법에 대하여 지시를 하고, 다른 한편으로 업무도급기업 또는 위탁근로자는 발주자(위탁자)에 의해 업무수행 상황에 관하여 상시 지시 · 감독을 받는 것과 같은 공동적인 관계를 형성하고, 게다가 업무내용, 보수금액, 계약기간 등의 계약조건을 당사자가 계약기간 중 임의로 변경하는 것을 예정하고 있는 등의 유연성이 있다. 이러한 '공동성', '유연성'에서 업무위탁 · 업무도급은 근로계약, 직업안정법 제44조에 의해 금지되고 있는 '근로자 공급', 노동자파견법 하에서 인정되는 '근로자파견'과의 유사성을 가지고 있다".[4)]

(2) 업무도급의 특징과 문제

업무도급은 발주자 · 업무도급기업 · 도급근로자의 3자로 성립되어 있지만, 그 관계는 복잡하다.

전형적인 경우로는 업무도급기업이 발주자로부터 도급받은 업무를 수행하기 위하여, 자사에서 고용하고 있는 근로자를 발주자의 사업장에 보내어, 해당 근로자를 발주자와의 경제적 의존 하에 근로에 종사시킨다는 형태이다(하청형). 발주자와 업무도급기업간에 업무도급계약이 체결되고, 업무도급기업과 근로자간에 근로계약이 체결되어 있다. 따라서 이 경우에는 도급근로자는 형식적으로는 업무도급기업의 정식적인 근로자이다.

하청형의 업무도급은 2차 세계대전 후, 경제의 이중구조를 반영하여 조선업에서의 도급공, 철광업에서의 사외공 및 서비스업에서의 업무처리도급이라는 형태로 널리 존재했다. 지금까지 판례에는 업무도급기업이 민간방송국의 방송관련업무에 자신이 고용한 근로자를 파견하여 업무를 수행한 '아오모리 방송(青森放送) 사건',[5)] '사가텔레비전(サガテレビ) 사건',[6)] 국내공항사업에 종사하는 회사로부터 위탁을 받고 비행기의 국내선 화물탑재 업무 및 수하물 업무에 자사의 근로자를 파견한 '오사카항공 사건(大阪航空事件(關西航業))'[7)] 등이 있다.

4) 업무위탁 및 업무도급의 특징에 대해서 상세한 내용은 鎌田耕一, 「アウトソーシングの法的問題一業務委託契約の研究」, 釧路公立大學紀要 『社會科學研究』, 第12号, 2000年, 49頁 이하 참조.

5) 青森地判 昭和53.2.14. 勞民集 29卷 1号, 75頁.

6) 佐賀地判 昭和55.9.5. 勞判 352号 62頁, 福岡高判 昭和58.6.7. 判時 1084号, 126頁.

7) 大阪地判 平成12.9.29. 勞判 792号, 26頁.

또 다른 업무도급의 전형적인 경우로는 발주자와 업무도급기업간에 계약이 체결되고, 업무도급기업이 재위탁하여 도급근로자를 파견한 후 업무에 종사시키는 형태가 있다. 이를 본고에서는 '중개형'이라고 부르기로 한다. 여기에서는 발주자와 업무도급기업간에 업무도급계약이 있고, 업무도급기업과 업무근로자간에 업무위탁관계가 있고, 또 도급근로자와 발주자간에 경제적 의존이라는 고용유사의 관계가 있지만, 도급근로자가 발주자 및 업무도급기업의 어느 쪽과도 정식적인 고용관계를 맺고 있지 않은 것을 말한다. 판례로서는 컴퓨터 기술자의 근로자성을 다툰 '에그제(エグゼ)사건',[8] 간병인이 소개처인 병원과의 근로계약관계의 존재 확인을 요구한 '야스다병원(安田病院)사건'[9] 등이 있다.

하청형에서는 업무도급기업(노무하청기업)에 대하여 근로자로서의 법적지위를 얻고 있는 하청근로자가 발주자에게 대하여 어떠한 권리를 자지고 있는가, 또 노무하청기업에 대한 노동자파견법의 적용이 문제가 된다.

중개형에서는 도급근로자의 보호와 함께, 직업안정법 제44조가 금지하는 근로자공급사업과의 구분이 문제가 된다.

민법상의 도급 또는 위임이라면, 도급인 및 수임자는 주문자, 위탁자로부터 독립하여 근로를 기획수행하기 때문에, 주문자와 근로자간에 사용종속관계가 발생하는 일은 없다. 그러나 현실에는 업무도급의 일부는 민사적인 도급 · 위임과 근로자파견 · 근로자공급 간 '그레이존(gray zone)'에 속하고, 발주자와 도급근로자간에 고용유사관계가 인정되는 경우가 많다. 예를 들면, 자동차 제조라인에서 발주자의 종업원과 도급근로자가 혼재하여 작업을 행하는 경우 등이 여기에 해당된다. 또 도급이라면 보수는 성과에 대하여 지불되는 것인 것에 반하여, 업무도급의 보수금액은 통상적으로 근로자의 수 · 근로시간에 근거로 하여 계산되어 실제의 지급액도 일정 시간 내에 업무에 사용한 인원수와 시간의 실수에 근거로 하여 지급되는 경우가 많다.[10] 이러한 위장도급(偽裝請負(裏派遣))이 확산되고 있다. 그 문제점으로는 사용자(고용주) 책임이 애매하고, 근로자

8) 東京地判 平成6.5.9. 勞判 659号, 64頁.
9) 大阪高判 平成10.2.18. 勞判 744号, 63頁, 最高三小判 平成10.9.8 勞判 745号, 7頁.
10) 그 성과의 산정방법으로서 편의상, 시간을 단위로 하는 것도 위법은 아니고, 그 사례도 적지 않다. 예를 들면, 정원수의 전정(剪定)작업은 어떤 정원이나 공원에 대하여, 몇일 분, 몇시간 분의 일을 평가하여 시간단위를 곱하여 계약하는 것이 보통이다. 반대로 고용의 경우의 임금도, 시간급뿐만이 아니라 성과급, 판매액 등의 성적에 따라 지급되는 급료(歩合給), 성과급 등이 있다. 그러한 까닭에 반드시 위장이라고 결정할 수 없다. 의사, 변호사, 교사 등에 대한 위임보수도 시간을 단위로 하는 경우가 적지 않다. 이러한 점에서 주의할 필요가 있다.

에게는 고용의 극도의 불안정성이 항상 존재하며('언제라도 해고할 수 있다', 계약기간이 반년, 3개월, 1개월 등)이고, 근로조건은 저임금('정사원의 3분의 1' 등), 사회보험 가입률이 낮으며(업계 평균 3~4할), 불규칙적인 근로시간(야근전속, 24시간 365일 일괄도급 등)으로 인한 과혹한 업무 등이 지적된다.

후생노동성이 2002년 6월에 실시한 도급사업자 조사에 의하면, 응답한 219개의 사업소 중에, 발주자의 종업원으로부터의 지휘명령이 '반드시 있다' · '대체로 있다'고 응답한 도급사업소의 비율은 26.5%였다. 그 결과, 도급근로자의 사용자는 누구인가라는 문제가 발생한다.[11)]

2. 도급근로자와 파견근로자

(1) 역사적 경위

여기까지 파견과 도급의 차이를 언급했지만, 같은 클라이언트의 사무소에서 일하는 것은 변함없는 것처럼 보인다. 외관적으로는 실제상 그만큼 다르지 않다. 그러나 파견과 도급이 나누어지게 된 중요한 요인(factor)으로서 '직업안정법'의 존재와 '1986(昭和61)년 노동성 고시 제37호'의 두 가지의 법령 등이 관계하고 있다.

(가) 제2차 세계대전 전

일본에서는 에도(江戸)시대에 직공(職人)이나 근로자를 공급하는 '奉公人請宿(소위, 주군이나 나라를 위하여 고용인을 관리하는 곳)'가 존재하고 있었다. 메이지(明治)시대에는 이에 대한 지방행정 당국의 단속규칙이 산견(散見)된다. 1938(昭和13)년 '(개정)직업소개법'은 '근로자 공급사업'을 지방장관의 허가제로 하고 있다. 동법을 근거로 하는 '노무공급사업규칙'은 풍속영업 · 예창기(芸娼妓) 주선업 · 고물상 등과의 겸업금지(제6조), 법정 대리인 등의 승낙 없이 무능력자를 소속시키는 것의 금지(제7조), 과대광고 · 노무자의 의사에 반하는 공급 · 근로자의 재물의 보관매매 · 풍속문란 · 외출통신면접방해, 그 외의 자유방해 및 과혹한 취급 · 근로자의 소재 은폐 · 숙박시설의 정원 초과 등의

---

11) 脇田滋,「個別的労働関係における使用者ーサガテレビ事件」別冊ジュリスト,『労働判例百選第(6版)』1995年, 6頁.

금지(제8조)에 대해 벌칙(제17조)을 부과하고 있다. 그러나 사업, 그 자체를 금지했던 것이 아니라, 이 사업은 '인부, 짐꾼(仲仕), 토공(土工) 인부, 목수(大工), 미장이(左官), 잡역, 파출부, 간호부, 시중(付添婦), 자동차운전수, 사자(使者), 점원, 요리인, 욕탕종업원, 기부기녀, 그 외' 등의 광범위한 직종으로 확대되었다.[12]

(나) 제2차 세계대전 후 초기단계 (파견과 도급의 구별이 없었던 시대)

점령군 총사령부는 일본민주화정책의 중요 항목의 하나로서 근로자 공급사업(2차대전 전의 노무공급사업)의 금지를 내세워 '노동보스 반대 캠페인'을 전개하였다.

'노동보스'의 '보스'란 '우두머리(親方)'의 번역어일 것이다. 전후 일본을 통치한 GHQ(General Headquarters; 연합국군최고사령관총사령부) 노동과의 문서는 다음과 같이 언급하고 있다.

"SCAP(연합국 최고사령관) 담당관은 '노동보스'의 성격에 대해 취직알선인, 직장(職長), 가부장적 집단 리더, 강탈자 등 몇 가지 역할을 하는 인물로, 근로자가 노동시장에 대하여 무지하다는 점을 이용하여, 근로자를 위해 구직을 해주는 대가로 근로자들을 속박하고 있는 것으로 이해했다."[13]

"노동보스가 지배하는 근로자의 대다수는 일용근로자 혹은 건설근로자였다. 패전의 시점에 어림잡아 약 250만 명의 근로자가 노동보스의 지배하에 있었다고 추측된다."[14]

GHQ는 '노무공급사업'을 범죄조직(노동보스)이 근로자를 노예와 같이 지배하고, 강제적으로 근로시키는 사업 활동으로 간주하여 금지했던 것 같다. 그러나 근대 일본에는 신분으로서의 노예제도도 노예노동도 없었다. '노무공급사업'에는 인권침해적인 행동이 일부 존재했던 것은 부정할 수 없다고 해도, 그것은 다른 일반 기업에도 존재했다. 이러한 것은 자본주의 초기의 원생적 노동관계로, 노예노동은 아니었다.

1872(明治5)년, '마리아 루즈호(マリア・ルーズ号)사건'이 발생하여, 일본은 마카오에서 페루로 운반되고 있던 중국인 노예 230명을 해방하였다. 또 후에 수상이 된 타카하시 고레키요(高橋是清)는 젊을 때 미국으로 건너가 생활했었을 때, 모르는 사이에 집주

12) 馬渡淳一郎, 『三者間勞務供給契約の研究』 總合勞働研究所, 1992年, 45頁이하; 馬渡淳一郎, 『勞働市場法の改革』, 日本評論社, 2003年, 51頁 이하.
13) 竹前榮治・中村隆英監修, 『GHQ日本占領史32 勞働條件』, 日本図書センター, 1998年, 43頁.
14) 竹前榮治・中村隆英監修, 『GHQ日本占領史32 勞働條件』, 日本図書センター, 1998年, 42-43頁.

인에 인해 오클랜드로 노예로 팔린 적도 있었다. 일본은 노예제도를 가지지 않는 점에서는 미국보다 훨씬 앞서 있었다.

'근로자 공급사업'의 기본적인 기능은 노동력의 수급을 결합하는 경제활동이다. 점령정책은 이 점을 평가하지 않고, 폐해에만 주목하여 '근로자 공급사업'을 금지하고 경제적 기능에 대해서는 오로지 공공직안(公共職安)에 의존하였다.

미국 본국에서는 근로자파견은 금지되어 있지 않았고, 1930년대에 시작되어 그 후 대규모로 발전했다. 따라서 일본에서도 폐해는 규제하면서, 경제적 기능은 발전시킬 필요가 있었다. ILO 제181호 조약이 직업소개나 근로자파견을 자유화하고 일본도 이를 비준했기 때문에, 이러한 것을 언제까지나 중간착취의 배제(노동기준법 제6조), 근로자 공급사업의 금지(직업안정법 제44조)에 따라 범죄활동으로서 이를 원칙적으로 금지하는 것은 잘못이다.

제2차 세계대전 전의 일본의 탄광, 건설, 항만운송 등의 업종에서는 근로자에 대한 폭력적인 지배나 임금의 가로채기를 동반하는 노무공급사업이 있었던 것은 사실일 것이다. 그러나 광범위한 직종에 걸쳐있던 2차 대전 전의 노무공급사업이 전부 그러했었다고는 할 수 없다. 예를 들면, 대표적인 폐해업종인 항만운송의 일용근로자에 대해서조차, 폭력단이 지배했던 항도 있지만, 칸몬(關門)항에서는 그러하지 않았던 것 같다. 우두머리-수하(親方子方)와 같은 문화나 관행은 정도의 차이는 있다고 해도 일본 사회에서 넓게 볼 수 있었던 것으로, 이러한 것을 일률적으로 범죄시하는 것은 점령군이 색안경을 끼고 보았기 때문일 것이다.

가정부 · 간호부 · 시중을 포함한 근로자 공급사업의 전면 금지는 '환자를 내버려두는 것'이라는 비판을 받았고, 당시의 후생성은 이러한 것을 갑작스럽게 '유료직업소개사업'로 재정비하여 존속을 인정했다. 그러나 이러한 재정비로 사태가 복잡하게는 되었지만, 근로자공급의 실태는 그다지 달라지지 않은 점, 전후 반세기 이상이 지나도 이러한 업종의 근로자 공급사업을 금지해야 하는 폐해가 발생하고 있지 않은 점은 앞의 야스다병원(安田病院) 사건의 사례가 보여주고 있다. 노동력의 수급 결합이라는 근로자 공급사업의 중심적인 기능은 어느 시대에도 필요하다고 여겨지는 정당한 경제활동으로, 노예제도나 봉건제도의 유물 등이라는 비판은 받지 않는다. 따라서 근로자 공급사업은 헌법상의 '영업의 자유'에 비추어 원칙적으로 이를 인정하고, 폐해 방지의 규제에 그쳐야 하는 것이 아닐까?

폐해에 대해서는 강제노동의 금지나, 기숙사 규제나 임금전액불원칙 등 구체적인 법규제로 대처하면 충분하다. 점령정책에 따라 노동기준법은 강제노동의 금지(제5조), 중간착취의 배제(제6조)를 규정하고, 직업안정법은 근로자 공급사업을 금지했다(제44조).

직업안정법 시행규칙 제4조는 근로자 공급사업과 도급의 구별의 기준을 정하고 있다.

일본에서는 노무공급사업 중에 '파출부'라는 단어가 사용되고 있었지만, '인재파견'이라는 개념은 원래 미국에서 건너왔다. 미국의 맨파워사가 1966년에 일본에 진출한 것이 시작이라고 여겨지고 있다. 그러나 당시의 일본에서는 인재파견업을 영위하는 것이 법률상 허용되지 않았다. 이 인재파견을 금지하고 있던 법률이 '직업안정법'이었다. 당시 직업안정법에서는 인재파견업과 같이 근로자를 '타인의 지휘명령을 받고 근로에 종사시키는 것'을 '근로자 공급사업'이라고 정의하여 금지하고 있었다. 그래서 당시의 인재파견업과 같은 업무를 행하는 업자는 한편으로는 민법 제632조(도급계약)에 주목하여 업무도급업으로서 업자가 도급인이 되어, 주문자의 사업소에서 주문자로부터의 일의 완성이나 업무처리를 계약내용으로서 자사 고용의 근로자를 근로시키게 되었다. 민법 제656조(준위임계약)에 근거로 하는 업무처리대행업도 거의 비슷하다.

노동기준법 제6조는 '중간착취의 배제'라는 표제 하에 '업으로서 타인의 취업에 개입하여 이익을 얻는 것'을 금지하고 있다. 그러나 '민간직업중개사업소조약'(ILO 제181호)의 비준 후에는 직업소개나 근로자파견 등은 원칙자유, 예외규제로 해야 하고, 원칙금지의 노동기준법 제6조는 재검토를 필요로 한다. 또 설령 표제라고는 하나, 직업소개나 근로자파견 등을 '중간착취'로 규제하는 것은 편견이다. 파견업자가 파견근로자에 약속한 임금을 지급하면, 임금전액불원칙 위반은 있을 수 없고 '중간착취'는 법률용어로서 부적절하다.

(다) 분리단계(노동자파견법이 공포된 시대)

실태로서 '도급계약'으로 칭하고, 인재를 계속 파견하고 있던 시대가 오랫동안 계속되었다. 너무나도 '업무도급업'이 많아졌기 때문에, 결국 노동성이 입법에 착수하여

1985(昭和60)년 7월에 '노동자파견법'이 제정되어 다음해 4월 '근로자파견사업과 도급으로 행해지는 사업과의 구분에 관한 기준'(1986년 4월 17일 노동성 고시 제37호)이 고시되고, 파견과 도급의 구분기준이 명확하게 되었다. 그 내용은 직업안정법 시행규칙 제4조의 근로자 공급사업과 도급과의 구별기준과 기본적으로 공통되지만, 보다 한층 더 상세하게 언급하고 있다.

(라) 자유화단계(노동자파견법의 파견가능업종이 확대된 시대)

고도성장기의 일본을 지탱해온 종신고용관행이나 연공임금제는 청년 노동력의 풍부한 공급, 근속년수 · 학력수준 · 임금수준의 피라미드 구조에 의존하고 있었으나, 이러한 조건이 변화하여 고용의 유연화가 필요하게 되었다. 근로자의 근무방식에도 변화가 보였다. 노동자파견법은 당초, 시스템 설계 등 26개 업무만 파견이 가능하다는 형태로 시행되었다(positive list 방식). 그러나 고용의 유연화, 기업의 국제경쟁력 강화, 다양한 근무방식 등의 요망이 강해져, 금지업무 이외에는 원칙적으로 파견가능하다고 하는 규제완화가 이루어졌다(negative list화). 나아가 2004년 3월에는 물건의 제조업 분야로의 파견해금 등 파견가능업무가 확대되었다.

최근의 경제적 불황 때문에, 일본에서는 파견근로자를 수용하고 있던 기업이 고용을 종료(중단)해야 했다. 그렇게 하지 않으면, 정사원의 대량해고나 기업도산으로 내몰리기 때문이다. 그것이 '파견근로자 짜르기(派遣切り)'로 비판받으며 사회적으로 문제화되었다. 그러나 일본보다도 훨씬 저임금의 많은 국가들과 글로벌경쟁을 해야 하는 기업이 근로자를 모두 종신고용의 정사원으로서 고용할 수 있을 리가 없고, 살아남기 위해서는 유연한 고용형태를 도입하는 것은 당연하며, 이에 의하여 경제성장도 고용의 증가도 가능하게 되었던 것이다.

실업자가 나오는 것은 대불황이기 때문으로, 그것이 파견근로자에 먼저 집중적으로 나타났던 것은 문제이지만, 파견근로를 없애면 실업자가 발생하지 않는다는 것은 아니다. 그런데 '파견근로자 짜르기' 비판의 캠페인에 선동되어, 정부는 파견법을 개정하여 파견을 축소하고자 하고 있다.

또 일본에서는 파견의 대상 직종 · 업무를 제한하고, 제조업으로의 파견을 금지하고 있었다(유럽과 미국에는 없는 규제였다). 그렇기 때문에 당연히 도급이 발전했다. 도급이라고 해도, 최신 설비를 사용하여 최고품질의 생산을 하기 위해서는 발주기업과의 협력이 반드시 필요하며, 양자가 완전히 독립하여 활동한다는 원칙은 법률가의 탁상공론이라고도 할 수 있다. 특히 설비나 생산방법의 최초의 또는 변경 후의 최초의 테스트나 훈련에서는 발주기업의 지시 지도가 필요불가결하다. 후생노동성도 이에 대해서는 예외적으로 발주기업의 지휘명령을 인정하고 있다. 실제로는 품질관리 등 더욱 폭넓은 지도협력관계가 필요하다고 생각된다.

그러나 그것은 견해에 따라서는 도급기업의 근로자에 대한 발주기업의 지휘명령으로서, 위장도급으로 비난받게 된다. 그래서 파견으로의 전환을 하고 싶고, 제조업에 대한 파견이 해금되었어도, 파견기간 1년은 너무 짧아 실정에 맞지 않으므로 도급에 의존할 수밖에 없었다.

파견기간을 제한함으로써 파견근로자의 고용을 불안정하게 하고, 기업을 파견이 아니라 도급에 의존하게 만든 원인은 파견법의 규제이다.

(2) 도급과 파견의 구분

근로자파견이란, '자신이 고용하는 근로자를 자기 고용관계 하에, 동시에 타인의 지휘명령을 받아 타인을 위해서 근로에 종사시키는 것을 말하고, 타인에 대하여 해당 근로자를 타인에게 고용하는 것을 약속하는 것을 포함하지 않는 것'을 말한다(노동자파견법 제2조 제1호). 그리고 동조 제2호는 파견근로자를 파견사업주가 고용하는 근로자로, 근로자파견의 대상이 되는 자를 말한다고 정의하고 있다.

이에 따르면, 근로자파견에서의 당사자의 관계는 ㉠파견사업주와 파견근로자와의 간에 고용관계가 있고, ㉡파견사업주와 사용사업주 사이에 근로자파견계약이 체결되어, 이 계약에 근거하여 파견사업주가 사용사업주에게 근로자를 파견하고, ㉢사용사업주는 파견근로자에게 지휘명령을 행한다는 것이 된다.

상기 ㉠의 고용관계란, 민법 제623조의 규정에 따른 양자 간의 고용관계(단순히 노무를 제공하여 임금을 지급한다는)뿐만이 아니라, 근로자는 파견사용사업주의 지휘명령을 받고 그 규율 하에 종속적 지위에서 근로를 제공하고, 그 제공된 근로의 대상으로서 파견사업주가, 임금, 급료, 그 외 이러한 것에 준하는 것의 지급을 행하는 삼자간의 관계를 말한다. 근로자파견에 해당되기 위해서는 파견사업주와의 사이에서 해당 고용관계가 계속하고 있는 것이 필요하다.

근로자공급이란, 공급계약에 근거하여 근로자를 타인의 지휘명령을 받고 근로에 종사시키는 것을 말하고, 근로자파견에 해당하는 자는 포함할 수 없다(직업안정법 제4조 제6항). 근로자 공급사업은 노동조합법의 노동조합, 직원단체, 노동조합의 단체 등이 후생노동대신의 허가를 받고 무료로 행하는 경우(직업안정법 제45조) 외에는 전면적으로 금지하고 있다.

파견근로자는 타사의 근로자라는 점에서 사용사업주의 정사원과 다르고, 사용사업주와 고용관계가 없다는 점에서 출향과 다르다. 또 사용사업주에서의 노무에 대하여 파견사업주의 지휘명령을 받지 않는 점에서 업무처리도급과는 다르다. 또, 고용관계와 지휘명령을 완전히 분리하고 있는 것이 근로자파견의 특색이라고 할 수 있다.[15]

그러나 이 정의에서는 도급근로자와 파견근로자의 차이는 반드시 명확하지 않다. 그래서 구(旧)노동성은 '근로자파견사업과 도급에 의해 행해진 사업과의 구분에 관한 기준'(1986년 4월 17일 노동성 고시 제37호)으로 근로자파견사업과의 구분기준을 정하고 있다.[16]

이에 따르면 '타인의 지휘명령을 받고, 타인을 위해 근로에 종사시키는 것'이 아니라고 하여, 근로자파견에 해당되지 않고, 도급으로 행해지는 사업에 해당된다고 판단되기 위해서는 '지휘감독성'과 '독립성'의 두 가지 요건을 함께 충족시켜야 한다.

첫째, 지휘감독성은 해당 근로자의 노동력을 해당 사업주가 자신이 직접 이용하는 것, 즉, 해당 근로자의 작업의 수행에 대하여 해당 사업주가 직접 지휘감독의 모든 것을 행하는 것이 필요하다. 이것이 인정되기 위해서는

① 도급업자가 업무의 수행에 관한 지시, 그 외의 관리를 자신이 행하는 것일 것,

② 근로시간 등에 관한 지시, 그 외의 관리를 자신이 행하는 것일 것,

③ 기업에서의 질서의 유지, 확보 등을 위한 지시, 그 외의 관리를 자신이 행하는

---

15) 본래 일치해야 하는 '고용주'와 '사용주'가 분리하면, 자신이 고용한 근로자를 타인에게 근로자로서 공급하는 것을 의미하게 되기 때문에, 이러한 노무제공형태는 근로자 공급사업(직업안정법 제4조 제6항)에 해당되고, 동법 제44조에서 금지되어 공급자측도 공급을 받는 측도, 함께 처벌(동법 제64조)의 대상으로 되어 있었다. 그러나 이 형태의 일부로 노동력의 수급관계의 특수성 등으로부터 고용질서에서 보아 지장이 없는 업무에 한하여, 1985(昭和60)년 7월 1일 시행된 파견법의 제정으로 동법에서 인정된 '적법한 근로자파견에 한하여' 해금되었던 것이다.

16) 구분기준의 의의와 상세한 내용에 대하여, 安西愈, 「請負, 業務委託, 人材派遣などアウト・ソーシングの法律上の問題」『日弁連研修叢業 現代法律研務の諸問題(平成12年版)』, 830頁 이하 참조.

것일 것.

상기의 ①②③의 모든 것을 충족시켜야 한다.

상기 ①은 또, a.근로자에 대한 업무의 수행방법에 관한 지시, 그 외의 관리를 자신이 행하고 있을 것, b.근로자의 업무의 수행에 관한 평가에 관계되는 지시, 그 외의 관리를 자신이 행하는 것의 어느 하나에 해당되는 것을 요건으로 한다.

상기 ②는 또, a.근로자의 시업 및 종업의 시각, 휴게시간, 휴일, 휴가 등에 관한 지시, 그 외의 관리(이러한 단순한 파악을 제외한다)를 자신이 행하는 것, b.근로자의 근로시간을 연장하는 경우 또는 근로자를 휴일에 근로시키는 경우에서의 지시, 그 외의 관리(이러한 경우에서의 근로시간의 단순한 파악을 제외한다)를 자신이 행하는 것의 어느 하나에 해당되는 것을 요건으로 한다.

상기 ③은 또, a.근로자의 복무상의 규율에 관한 사항에 대한 지시, 그 외의 관리를 자신이 행하는 것, b.근로자의 배치 등의 결정 및 변경을 자신이 행하는 것의 어느 하나에 해당되는 것을 요건으로 한다.

후생노동성이 제시하는 구체적 사례를 보면, 업무도급이 인정되기 위해서는 업무도급기업이 업무에 필요한 도급근로자의 수를 결정 · 선정하고, 작업속도를 자신의 판단으로 결정할 수 있고, 업무 중의 휴게시간 등에 대해서 유저(user)의 종업원으로부터 직접 지시를 받아서는 안 된다.[17)]

둘째로, 독립성의 요건은 해당 업무를 자신의 업무로서 상대방으로부터 독립하여 처리하는 것, 즉, 해당 업무가 해당 사업주의 업무로서 그가 가지는 능력에 근거로 하여 자신의 책임 하에서 처리되는 것이 필요하다. 이것이 인정되기 위해서는,

④ 업무의 처리에 필요로 하는 자금에 대하여, 모두 자신의 책임 하에서 조달하고, 동시에 지불하는 것,

⑤ 업무의 처리에 대하여 민법, 상법, 그 외의 법률에 규정된 사업주로서의 책임을 가지는 것,

⑥ 단순히 육체적인 노동력을 제공하는 것이 아닐 것이 필요하다.

상기 ⑥은 또, a.자신의 책임과 부담으로 준비하고 조달하는 기계, 설비 혹은 기재(업무상 필요한 간이공구를 제외) 또는 재료 혹은 자재로 업무를 처리하는 것, b.자신이

---

17) 高梨昌編著, 『詳解勞働者派遣法(第2版)』, 日本勞働研究機構, 2001年, 246頁 이하.

행하는 기획 또는 자신이 가진 전문적인 기술 혹은 경험에 근거로 하여, 업무를 처리하는 것의 어느 하나에 해당되는 것을 요건으로 한다.[18]

이 기준은 또 1999(平成11)년 11월 17일자 職發 제814호 통달의 별첨으로 제시되어 있는 '파견업무취급요령'으로 구체화되어 있다.

상기 ①의 a.는 '해당 근로자에 대한 업무의 할당, 순서, 완급의 조정 등에 대하여 해당 사업주가 자신이 행하는 것인지의 여부를 종합적으로 감안하여 행한다'고 해석하고 있다.[19]

상기 ①의 b.는 '해당 요건의 판단은 해당 근로자의 업무의 수행에 관한 기술적인 지도, 근태점검, 성과사정 등에 대하여, 해당 사업주가 자신이 행하는 것인지의 여부를 종합적으로 감안하여 행한다'고 해석된다.

상기 ④에 해당되기 위해서는 해당 요건의 판단에 있어서, 자금에 대한 조달, 지변의 방법은 특별히 불문하지만, 사업운전자금 등은 모두 자신의 책임으로 조달하고 동시에 지불하고 있는 것이 필요하다.

상기 ⑥의 a.에 해당되기 위해서는 기계, 설비, 자재 등의 소유관계, 구입경로 등의 여하를 묻는 것은 아니지만, 기계, 자재 등이 상대방으로부터 차입 또는 구입된 것에 대해서는 별개의 쌍무계약[20]에 의한 정당한 것이라는 것이 필요하다.

상기 ⑥의 b.에 해당되기 위해서는 이 요건은 사업자가 기업체로서 가지는 기술, 기능 등에 관한 것으로, 업무를 처리하는 개개의 근로자가 가지는 기술, 기능 등에 관한 것이 아니라는 것을 필요로 한다.

이 '지휘명령성'과 '독립성'의 어느 하나라도 충족시키지 못하는 경우는 근로자파견사업으로 여겨진다.

'도급'이란, 당사자의 일방(도급인)이 어떤 업무를 완성하는 것을 약속하여, 상대방(주문자)이 그 업무의 결과에 대하여 보수를 지급하는 것을 내용으로 하는 계약이다(민법 제632조). 따라서 업무가 완성되면, 계약관계는 종료된다. 또, 양당사자 사이에는 고용관계도 없으며 사용관계도 없다. 그러한 점에서 도급은 근로자파견과는 전혀 다르다.

---

18) 직업안정법 시행규칙 제4조를 참조.

19) '종합적으로 감안하여 행한다'란, 이러한 것들 중 어느 사항을 사업주가 자신이 행하지 않는 경우라고 해도, 이에 대하여 특단의 합리적인 이유가 인정되는 경우는 즉시 해당 요건에 해당되지 않는다고는 판단하지 않는다는 취지이다.

20) 계약당사자 쌍방에 상호 대가적 관계를 이루는 법적 의무를 부과하는 계약.

또, 이 직업안정법과 노동자파견법상의 '도급' 중에는, 노무사용형태상 민법의 '준위임'도 포함되는 것이라고 생각되고 있다. 민법의 준위임이란, '당사자의 일방이 법률행위가 아닌 사무를 하는 것을 상대방에게 위탁하고, 상대가 이를 승낙함으로써 그 효력을 발생한다'(제656조에 의해 제643조를 준용)고 되어 있는 것으로, 업무의 처리를 상대방으로부터 수탁하고, 자신의 어느 정도의 자유재량을 가지고 자신의 책임으로 처리하는 형태를 말한다. 이 경우도 위탁을 받은 업자(수임자)는 상대방(위임자)에게 지휘명령을 받는 경우는 없다. 민법상의 도급과 같이 업무의 완성을 목적으로 하는 것은 아니지만, 사무나 업무의 독립성 때문에, 파견법상의 구분으로서는 '도급'에 해당된다고 여겨지고 있다. 일반적으로 '근로자파견과 구별하는 의미에서, 민법상의 '도급'과 '준위임'을, 도급이라든지 업무위탁으로 칭하고 있는 것'이다.[21]

따라서 '도급'은 근로자가 위탁사업주(주문자)의 노무지휘(지휘명령)는 일절 받지 않고, 고용주인 자사만의 지휘명령을 받고 자사의 업무로서 자사를 위해서 도급사용사업주에서 취로하는 것이라고 할 수 있다. 그래서 상대방의 주문기업의 지휘명령을 전혀 받지 않는 점에서 근로자파견과는 명확히 구별되는 것이다. 즉, 도급기업 자신이 지휘감독하는 것을 요건으로 한다. '근로자파견사업과 도급에 의해 행해진 사업과의 구분에 관한 기준'(1986년 4월 17일 노동성 고시 제37호) 업무취급요령에서 '근로자파견은 근로자를 "타인의 지휘명령을 받아, 타인을 위해서 근로에 종사시키는 것"으로 되어 있으며, 이 유무로 근로자파견을 업으로서 행하는 근로자파견사업과 도급으로 행해지는 사업이 구분된다'고 언급하고 있다.

이상과 같이, 각각의 특징을 파악하면, 파견과 도급의 어느 쪽을 사용해야 하는지의 판단기준이 된다.

그러나 고용과 도급 · 준위임의 이러한 교과서적인 단순한 구별기준으로 복잡 다양한 현실을 전부 일도양단으로 구별할 수 있는가, 혹은 구별해야 하는가라는 문제가 남는다.

시민생활상의 각종 도급 · 준위임계약에서, 발주자(개인)가 도급기업의 계약책임자가 아닌 종업원에게, 주문내용에 대하여 직접 지도하는 것은 드물지 않고, 오히려 다반

---

21) 『労働者派遣事業と請負により行われる事業との區分に關する基準』(昭和61年4月17日 勞働省告示37号)、『勞働者派遣事業關係業務取扱要領』((平成17年5月18日 職發0518001号)참조.

사이다. 이는 당사자의 간이 · 신속 · 유연 · 정확한 서비스 제공을 가능하게 하고, 계약 만족도를 높이는 기능을 하나, 지도나 지휘명령과는 구별하기 어려운 경우가 적지 않다. 이러한 사정은 발주자(기업)의 입장에서도 공통되기 때문에, 구별기준의 너무나도 엄격한 운용은 경제활동의 교각살우(矯角殺牛)가 될지도 모른다.

후생노동성의 '"근로자파견사업과 도급으로 행하진 사업과의 구분에 관한 기준"(제37호 고시)에 관한 질의응답집'에는, 많은 미묘한 문제가 등장하고, 발주자가 행하는 기술지도에 대해서는 당국도 실제로 도급계약 하에서의 기술 지도를 일정 정도 인정하고 있다.[22] 그 외에도 이러한 종류의 한계 사례는 있을 수 있을 것이다.

3. 위장도급을 둘러싼 판례동향 - 松下PDP 事件을 중심으로-

위장도급이란, 업무도급이나 업무위탁의 계약형식을 채택하고 있어도, 또는 해당자가 개인사업주로서 계약주체가 되어 있는 경우라고 해도, 실태가 근로자공급 또는 근로자파견인 상황을 지칭하는 용어이다. 업무위탁에 의한 것은 위장위탁이라고 표현되는 경우도 있다.

대형전기회사에 취업하고 있던 도급회사 사원이 위장도급이라고 주장하여 발주자측에게 고용책임을 요구하자 청구기각의 판결이 나왔지만, 고등법원에서 역전되었다.[23] 위장도급 문제가 심각함을 더해가는 가운데, 근로자파견, 근로자공급, 도급의 여러 개념이 이러한 중요한 사건으로서 주목된다.

(1) 사건의 개요

원고 X는 2004년 1월, 소외 A사(파스코)와 2개월 갱신의 고용계약을 체결하고, A사와 피고 Y사(마츠시타 플라즈마 디스플레이(주))와의 업무위탁계약(자본관계, 인적관계, 특정 거래관계는 없음)에 근거하여, Y사 공장 내에서 제조업무(봉착작업)에 종사하고 있었다. X는 Y사의 모회사인 M사(마츠시타 전기)의 출향자로부터 지시를 받고 있었다. X는 그 취업상태를 노동자파견법 등 위반이라고 하여, 2005년 4월경부터 직접 또는 노동

22) http://www.mhlw.go.jp/bunya/koyou/dl/haken-shoukai03.pdf
23) 松下PDP事件 · 大阪地判 平成19.4.26. 勞判 941号, 5頁, 大阪高判 平成20.4.2.5 勞判 960号, 5頁.

조합을 통하여 Y사에 직접 고용을 신청하고, 또 위장도급이라 하여 노동국에 신고하였다. 같은 해 7월 4일 노동국이 시정지도를 하자, A사는 업무도급에서 철퇴하고, 같은 달 21일 이후는 소외 B사가 Y사와 근로자파견계약을 체결하였다.

A사의 철퇴에 따라, X는 Y사에 직접 고용을 요구하여 Y는 이에 응했다(본건 고용계약 3). X는 계약기간에 이의(異議)를 남겼다고 주장하지만, 계약서에 따르면, 계약기간은 2005년 8월 22일부터 2006년 1월 31일(단, 2006년 3월 말일을 한도로 갱신하는 경우가 있다)로, 업무내용은 PDP패널 제조 – 리페어작업 등의 여러 작업으로 되어 있었다. X는 과거에 종사했던 적이 있는 봉착작업을 희망했지만, 다른 종업원이 없는 방에서 검은색의 시트로 둘러싸여 행하는 리페어작업을 명령받았다.

Y사는 2006년 1월 31일 기간만료로 X와의 고용관계가 종료되었다고 주장했다. 한편, X는 Y사에 대하여,

(본건 고용계약 1) 묵시의 고용계약의 성립

(본건 고용계약 2) 파견법 제40조의 4(고용계약신청의무)에 근거로 하여 고용계약의 성립,

(본건 고용계약 3) 유기고용계약의 고용중지의 무효,

를 주장하여, 리페어작업명령을 불법행위라고 주장하여 손해배상을 청구했다.

제1심 판결은 상기 본건 고용계약 1, 본건 고용계약 2를 부정하고, 본건 고용계약 3에 대해서는 고용중지가 적법하다고 판단했다. 다만, 직접고용 후의 리페어작업에 대해서는 필요성이 결여되고, 직접고용에 대비하여 일부러 마련한 작업이라는 측면도 있다고 하여 불법행위를 인정했다(인용액은 감액). 이에 X가 항소했다.

(2) 제2심의 판결요지

(본건 고용계약 1)에 대하여: 직업안정법 제44조 · 노동기준법 제6조 위반, 물건의 제조업무파견, 파견기간 1년 초과, 파견수용금지위반 등에 비추어, X · A간의 고용계약은 무효이다. X · Y간에는 사용종속 · 임금지급 · 노무제공 등의 여러 관계에서 묵시적 고용계약의 성립이 인정된다.

(본건 고용계약 2)에 대하여: X · A간의 계약은 근로자공급계약, X · A간의 고용계약은 동 목적 달성을 위한 계약으로 무효이기 때문에, 직접고용신청의무는 발생하지

않는다. 직접고용체결의무가 있다고 해도, 무기계약체결의무가 있다고는 할 수 없다. 따라서 파견법 제40조의 4에 근거로 하는 고용계약의 성립은 인정되지 않는다.

(본건 고용계약 3)에 대하여: X · Y간의 계약에는 이의가 남겨져 있고, 계약서대로의 합의는 인정되지 않기 때문에, 묵시적 근로계약(본건 고용계약 1)의 내용이 계약내용이 된다.

(불법행위): 인정한다.

(3) 검 토

〈도급대금의 성질〉에 대하여: 판결은 (본건 고용계약 1) 묵시적 고용계약의 성립을 인정하는 중요한 근거로서, X · A간의 도급대금의 실질이 노무수령대가로, A의 이익을 공제하여 임금으로 교부받고 있었던 것으로, A도 이를 인식하고 있었다고 한다.

그러나 하청 중소영세기업에서는 대부분의 경우 주요 거래처의 하청대금을 임금지급의 유일한 원자로, 그것이 하청대금을 임금이라고 판정하는 이유는 되지 않는다. 임금은 근로자 본인에게 지급되어 비로소 임금이 되는 것으로, 지급될 때까지는 아직 임금이 아니라, 사용자 소유의 금전에 불과하다.

또, '근로제공 · 보수수령의 의사와 근로수령 · 보수지급의 의사가 합치하고 있다는 실태에 입각하면, 당사자의 의사 해석으로서도 양자 간에 근로계약을 맺는 의사가 존재했다'는 판시에는 어떠한 근거도 없다. Y는 그 의사를 명백하게 부정하여 본건 소송을 다투고, 또 X의 임금은 A가 지급하고 있었다.

〈직업안정법 제44조 위반〉에 대하여: 근로자공급사업 금지의 이유는 전근대적인 노동보스를 배제하고, '노동의 민주화'를 행하는 것에 있다. 동 사업은 강제노동이나 중간착취의 폐해를 동반하기 쉬운 '봉건적인 고용관습의 잔재라고도 할 수 있는 것'으로서, 개인의 자유와 인격의 존중을 기본원리로 하는 신헌법의 정신에 근거하여, '봉건적 고용관행의 타파'를 위해서 금지되었다.[24)]

그렇기 때문에, 특정 근로자파견에 파견법 위반이 있었다고 해도, 즉시 직업안정법 제44조 위반이 성립한다는 것은 아니다. 근로자와의 자유로운 계약으로 파견하는 경우, 실력으로 지배했다고는 할 수 없다. 본판결은 그러한 점을 고려하지 않고, 파견법

24) 馬渡淳一郎, 『三者間勞務供給契約の研究』 總合勞働研究所, 1992年, 52頁 이하.

위반에서 자동적으로 직업안정법 제44조 위반을 유추하고 있다.

〈노동기준법 제6조 위반〉에 대하여: 앞에서 서술했듯이, '민간직업중개사업소 조약'(ILO 제181호)의 비준 후에는 직업소개나 근로자파견 등의 원칙자유, 예외규제로 해야 하고, 원칙적으로 금지하여 범죄 취급하는 노동기준법 제6조는 재검토를 필요로 한다. 이러한 고려 없이, 파견법 위반에서 자동적으로 노동기준법 제6조 위반, 직업안정법 제44조 위반을 이끌어낸 본판결의 판단에는 의문이다.

〈근로계약의 무효〉에 대하여: 본판결은 직업안정법 제44조 · 노동기준법 제6조 위반, 물건의 제조업무파견, 파견기간 1년 초과, 파견수용금지위반 등에 비추어, X · A간의 고용계약은 민법 제90조에 의하여 무효로 된다. 그러나 설령 파견법 위반 등이 있었다고 해도, 근로계약을 무효로 할 만큼의 위법의 인식이 당사자에 있었다고 할 수 있을지 의문이다.

4. 근로자의 개념에 대하여

(1) 근로자의 개념과 도급근로자 보호의 관계

산업혁명 후에 제2차 산업을 중시하던 시대에 노동법이 형성되는 과정에서 '근로자'라는 주체 개념의 모델이 된 것은 공장에서 사용자의 지휘감독 하에서 노무를 제공하는 육체근로자였다. 그 판단기준인 '종속노동' 혹은 '사용종속관계'는 그러한 근로자로부터 나왔다고 할 수 있다.[25)]

그러나 산업구조, 취업구조가 변화하는 가운데, 최근 다양한 취업형태로 일하는 자가 계속 증가하고 있고, 특히 최근의 서비스경제화 속에서, 제3차 산업을 중심으로 하여 도급 · 위임의 계약관계로 일하는 자, 근로계약 관계 유무가 명확하지 않은 복잡한 계약관계로 일하는 자가 증가하고 있다. 이에 전반적으로 구체적이고 현실적인 지휘감독이라는 법적 파악 방법은 점차 그 유효성을 상실하고 있는 것 같다.

일본 노동법이 제정된 당시에는 노동기준법 제9조의 근로자의 정의규정에 있는 '사용된다'는 것의 의미가, 현실의 상역(上役)과 하역(下役)과의 인격적 지배적 관계를 중

---

25) 池添弘邦,『社會法における『勞働者』の槪念』, 獨立行政法人勞働政策研究 · 研修機構 JILPT Discussion Paper 04-007号, 2004年 6 月, 1頁.

심으로 한 노동관계를 염두에 두면서, 상역의 하역에 대한 개별적이고 구체적인 지휘명령관계, 구체적으로는 출근, 작업시간, 작업량, 작업내용 · 방법 등이 본인의 자유에 맡겨지고 있는지의 여부가 '사용종속성'의 내용으로 간주되어, 이를 중심으로 근로자인지의 여부가 판단되었다.[26] 물론, 지휘명령을 받는다고 해도, 거기에는 어느 정도 근로자 자신의 판단의 여지가 인정되고 있었던 것은 노동이라는 것의 본래적 성질에 비추어 당연하다. 그러나 도급 · 위임의 경우에는 '지휘명령하의 근로'라는 기준을 적용하고자 하면, 그 의미 내용을 매우 추상화시키지 않을 수 없고, 기준으로서의 기능을 잃게 되는 것이 아닐까 생각된다.

예를 들면, 용차운전수[27]의 운송도급업무의 경우에는 배송물품의 종류, 수량, 일시, 배송지 등, 업무의 성질상 당연한 지시가 이루어진다. 이 지시만으로 직용 운전수와 비슷한 노무제공을 받을 수 있다. 이른바 자갈, 토사를 운반하는 덤프트럭도, 통상의 상품을 운반하는 트럭도 개인도급이라는 형태로 배송된다. 이렇게 근로과정에서의 시간적 · 장소적 구속이 적고, 자주성이 비교적 강하다는 성격이 도급 · 위임 등의 형식에서 '비근로자화(非勞働者化)'의 대상으로 하는 것을 가능하게 하고 있다. 이러한 근로자는 사용종속성이 부족하다고 평가된다.

한편, 이러한 취업자는 형식상은 독립된 개인으로서, 혹은 독립된 회사의 근로자로서 도급 · 위임 등의 계약관계 하에서 취업하고 있지만, 그 취업의 실태를 보면, 발주사업주에 대하여 '종속근로'적인 색채를 가지는 관계 하에서 취업하고 있는 경우도 적지 않다.

그런데 노동기준법, 노동안전위생법, 노동자재해보상보험법 등의 노동자보호법규의 적용을 받기 위해서는 먼저 '근로자'에 해당되는 것이 필요하다.

그래서 도급 · 위임 등의 계약관계에 대하여, 다양한 장면에서 '근로자'에 해당되는지의 여부(근로자성이 있는지의 여부)가 문제가 되고, 노사 간 및 노사와 세무 · 사회보험 · 노동보험 당국 간 등에서 다투어진다. 도급 · 위임계약의 업무가 중단되면 해고무효가 다투어지고, 재해가 발생하면 산재보험급여가 다투어지고, 또 건강보험, 후생연금, 고용보험의 가입자격(가입의무)이 문제시된다. 예를 들면 어떤 취업자가 취업 중에

26) 松岡三郎, 「合理化下の勞働基準法の地位とその役割」『日本勞働法學會誌』 22号, 1963年 10月, 8頁 이하.
27) 鎌田耕一, 「雇用關係の範囲(勞働者性)」『大原社會問題研究所雜誌』 545号, 2004年 4月, 17頁.

부상을 당하거나 질병에 걸린 경우에, 그 취업자가 산재보험으로 보상을 받고자 하면, 먼저 그 취업자는 근로자인지의 여부가 문제가 된다. 실제로는 이러한 형태에서 근로자성이 문제가 되는 경우가 매우 많다. 노동법의 보호가 미쳐야 하는지의 여부를 판단할 때에, 종래의 중심적인 판단기준이었던 '지휘명령하의 근로'라는 개념이 그 역할을 다할 수 없는 경우가 늘어나고 있는 것이 아닐까[28] 생각된다.

사용자측은 도급근로자를 노동법상의 사용자 책임의 회피를 도모하기 위해 비(非)근로자로서 다루고, 도급근로자 측으로부터의 단체교섭 신청이 있으면 도급근로자는 사용자와의 관계에서 도급 혹은 위임계약을 체결하고 있기 때문에 고용관계가 없으므로 노동조합법 제3조의 '근로자'에 해당되지 않고, 따라서 도급근로자의 노동조합은 노동조합법상의 노동조합이 아니라고 하여 단체교섭을 거부한다. 또, 기업경영상의 필요성에 따라 도급근로자는 고용관계에 없기 때문에, 노동기준법상의 '근로자'에 해당되지 않고, 따라서 노동기준법 소정의 근로조건 기준을 완전히 무시하고, 불필요하게 되면 언제라도 계약을 해제할 수도 있다.

도급근로자의 대부분은 현실의 도급 내지는 위임계약으로 인하여 자신들의 특수기능을 높은 보수로 치환할 수 없기 때문에, 대부분 사용자측이 지시하는 조건을 받아들일 수밖에 없다. 그러한 까닭에 이러한 경제적 종속성을 띤 도급근로자가 자신들의 지위를 규정하는 도급 혹은 위임의 계약을 사실상 부정하고, 노동법상의 근로자로서 노동조합법, 노동기준법의 적용을 주장하는 것은 필연적이다. 그 결과, 기업은 또 새로운 무명계약에 따른 노동력 이용을 모색한다고 해도, 실제적으로는 그다지 다르지 않을 것이다.

근로의 실태와 법적 형식의 관계가 다양화하고 있는 오늘날, 노동관계 각 법규 및 근로에 관련되어 있는 사회보험 관련 법규가 적용되는 근로자란 도대체 누구를 의미하는 것인가, 개별 법령에서의 '근로자'란 도대체 누구를 의미하는 것인가를 해명하는 것은 매우 중요한 작업이라고 생각된다.

이하에서는 이상의 문제의식에 근거하여, '근로자'의 법적 개념은 현행법 제도에서 무엇을 근거로 하여 어떻게 다루어지고 있는지, 판례나 학설은 어떻게 해석하고 있는

---

28) 이러한 지적으로서 山下登司夫, 「『車持ち』ダンプ運轉手の勞働者性」『勞働法律旬報』996号, 1980年 3月, 29頁 참조.

지를 분석하면서, 근로자성을 둘러싼 문제를 해결하기 위한 입법적 과제 등에 대하여 언급하기로 한다.

(2) 민법상 계약유형과 노동기준법상 '근로자'의 개념

노동기준법상의 '근로자'가 체결하는 계약을 근로계약이라고 생각하면, 근로계약은 민법상의 전형계약 가운데, '고용'과 가장 밀접한 관계를 가진다(민법 제623조 이하의 '고용(雇傭)'은 2006년 개정으로 '고용(雇用)'으로 바뀌었지만, 이하에서는 학설사를 다루기 때문에 신구의 자를 병용한다). 학설은 일반적으로 근로계약과 고용계약은 이를 지탱하는 이념이 다르다고 해도, 그 범위는 거의 일치한다고 이해되어 왔다.[29)]

(가) 근로계약에 관한 학설에 대하여 (현행법과의 관계의 정리)[30)]

① 노동기준법상의 '근로계약'과 민법상의 '고용계약'은 다르다는 설

菅野和夫『勞働法(第 6 版)』63면은 다음과 같이 언급하고 있다.

"어떤 자가 타인을 위해 근로하여 보수를 얻는 관계(근로관계)에 대해서는 민법(1896(明治29)년 제정)에서는 사용자의 지휘명령하의 노무에 따르는 경우에 대해서는 '고용(雇傭)'(민법 제623조)이라는 계약형태가, 그리고 업무의 완성이나 사무의 수행을 위임받은 경우에 대해서는 '도급'(민법 제632조) · '유상위임'(민법 제643조 · 648조)이라는 계약형태가 마련되었다. 이러한 것 가운데, '고용'은 통상의 근로관계의 계약형태였다. 민법의 '고용'에 관한 규정의 특색은 근로관계의 당사자에게 평등한 권리의무를 부여하고 있는 점에 있지만, 실제로는 사용자의 강대한 권력 하에서의 지배 · 종속의 근로관계가 많이 행해져 왔다.

그래서 전후, 노동기준법은 근로관계에서 근로자를 사용자로부터 보호하기 위해서 다수의 계약상의 원칙 · 기준을 설정하고, 이러한 법규제가 미치는 근로관계를 표현하기 위해서 '근로계약'이라는 계약개념을 설정하였다.

---

29) 근로계약과 고용계약과의 관계에 대하여, 石田眞, 「勞働契約論」 籾井常喜編, 『戰後勞働法學說史』, 勞働旬報社, 1996年, 615頁 이하; 土田道夫, 『勞務指揮權の現代的展開』, 信山社, 1999年, 317頁; 萬井隆令, 『勞働契約締結の法理』, 有斐閣, 1997年, 18頁; 東京大學勞働法硏究會, 『注釋勞働基準法(上)』, 有斐閣, 2003年, 184頁 이하(秋田); 菅野和夫, 『勞働法[第6版]』, 弘文堂, 2003年, 63頁; 下井隆史, 『勞働基準法[第3版]』, 有斐閣, 2001年, 65頁 및 『勞働契約法の理論』, 有斐閣, 1985年, 3頁 이하 등을 참조.

30) '근로계약'의 개념에 관한 학설의 변천에 대해서는 石田眞, 「勞働契約論」 籾井常喜編, 『戰後勞働法學說史』, 勞働旬報社, 1996年, 615頁 이하.

이리하여 '근로계약'은 '노동기준법이 적용되는 노무공급계약'이라고 할 수 있다. '근로계약'은 민법상의 '고용'에 해당되는 경우가 대다수이지만, 그것과는 반드시 일치하지 않고 (중략), 민법상의 도급 또는 위임의 형식을 취한 노무공급계약도 있을 수 있고, 또 민법상의 고용, 도급 또는 위임의 계약형식을 취하고 있지 않은 (비전형의) 노무공급계약도 있을 수 있다.

한편, ㉠동거의 친족만을 사용하는 사업에서의 친족, 또는 ㉡가사사용인에 관한 계약과 같이, 고용계약이기는 하지만 근로계약이 아닌 것도 있을 수 있다. 요컨대, 어떤 노무공급계약이 '근로계약'이라고 할 수 있는지의 여부는 노무를 공급하고 있는 자가 노동기준법의 적용사업에 사용되어 임금을 지급받는 '근로자'(노동기준법 제9조)라고 할 수 있는지가 결정적 요소가 된다. 이 노동기준법의 적용요건을 충족시키는 근로관계라면, 그 계약은 근로계약이라고 인정된다."[31]

여기에서는 '근로계약'이 고용, 도급, 유상위임을 포함하는 것으로 여겨져, '근로계약'도 비슷하게 파악되고 있다. '도급 또는 위임의 형식을 취한 노무공급계약'에 대해서도 그것이 형식에 그치고, 지휘명령을 동반하는 고용의 실질을 갖추는 것을 요구받고는 있지 않다. 노동기준법의 적용사업에 '사용되고' 있는지의 여부의 판단에서는 지휘명령이 요건이 된다고 생각되지만, 그것과의 관계는 명확하지 않다.

② 노동기준법상의 '근로계약'과 민법상의 '고용계약'은 동일하다는 설

下井隆史『労働基準法[第3版]』66면 이하는 다음과 같이 언급한다.

"계약유형으로서의 고용은, 노무급부 그 자체를 목적으로 하는 점에서 노무급부의 결과를 목적으로 하는 도급과는 다르고, 또 사용자의 지휘감독 하에서 노무급부가 행해지는 점에서, 수임자가 자신의 재량으로 이것을 성취하는 위임 및 도급인이 자주적으로 이것을 성취하는 도급과 구별된다.

민법의 고용은 '노무에 따르는 것'과 '이에 그 보수를 제공하는 것'이 약속(민법 제623조)되는 계약관계이다. 그것은 자본주의사회에서의 임(賃)노동관계의 법적 표현과 다를 바 없다. 그러한 까닭에 근로계약도 계약유형으로서는 고용계약과 동일한 것으로 해석하는 것이 바람직하다.

31) '근로계약'에 관한 여러 학설을 정리 및 분석한 문헌으로서 石田眞「労働契約論」籾井常喜編『戦後労働法學說史』労働旬報社、1996年, 萬井隆令『労働契約締結の法理』有斐閣、1997年、3頁 이하.

그러나 민법의 고용규정은 근로자의 생활보호라는 이념(노동기준법 제1조 참조)은 거의 포함하지 않고, 단결권 등의 보장으로 근로관계가 단체교섭이나 단체협약에 규제되는 것 등을 전혀 예정하고 있지 않다. 그러한 의미에서는 오늘날의 근로자와 사용자의 계약관계에는 '근로계약'이라는 명칭을 사용하는 것은 적절하다고 할 수 있을 것이다."[32]

"노동법의 적용대상인지의 여부의 판단이 미묘한 경우는 오늘날 더욱 더 늘어나, 고용과 도급이나 위임의 혼합계약 혹은 이러한 것이 병존하고 있다고 해석되는 노무공급계약이 실제로는 적지 않게 존재하고 있다. 이 점을 생각한다면, 근로계약과는 계약유형으로서 고용 · 도급 · 위임의 어느 것인가를 불문하고, 노동법상의 사용자와 근로자를 당사자로 하는 관계의 모든 것을 가리킨다고 해석하는 것이,[33] 보다 간결하고 적절하다고 할 수 있을지도 모른다."

여기에서는 고용계약과 근로계약의 계약유형으로서의 동일성이 계속 지적되고 있으며, 보다 유연한 파악에 대한 접근이 시사되어 있다.

이러한 학설은 고용 · 도급 · 위임이라는 시민법의 고전적인 계약유형을 기초로 하는 근로계약론이 이론적인 엄밀성을 굳이 초월하면서도, 경제사회의 변화에 적응하기 위한 노력을 제시하는 것이라고 할 수 있을 것이다.[34]

(나) 민법상 노무공급계약

민법이 정하는 전형계약 가운데, 타인의 노무의 이용을 목적으로 하는 계약으로서는 고용, 도급, 위임의 세 가지를 들어, 이러한 것을 총칭하여 노무공급계약이라 하는 것이 보통이다.[35] 이 세 종류의 계약의 의의 · 성질은 다음과 같다.

---

32) 보다 상세한 내용은 下井隆史, 『勞働契約法の理論』, 有斐閣, 1985年, 3頁 이하, 39頁 이하, 48頁 이하 등을 참조.

33) 菅野和夫, 『勞働法(第5版)』, 弘文堂, 1999年, 70頁.

34) 근로계약과 고용계약은 본서에서는 동일한 것으로서 사용하고 있다. 노동법학설에서는 양자의 차이에 대하여 오랫동안 논쟁이 이루어져 왔다. 양자의 차이는 고용계약의 민법상의 개념으로, 근로계약을 노동법상의 개념으로 파악하여, 이에 입각하는 원리의 차이를 강조하는 점에 존재했다. 그러나 본서가 주제로 삼는 실용법학적 과제인 노동법의 적용대상의 확정 및 고용계약(근로계약)과 그 외의 노무공급계약과의 구분에 관해서는 양자를 구분하는 의미는 그다지 없다.

35) 민법은 노무의 공급에 관하여, 고용(623조), 도급(632조), 위임(643조), 기탁(657조)의 4종류의 전형계약 유형을 규정하고 있다. 이러한 노무공급계약은 모두 많든 적든 타인의 노무공급을 계약목적으로 하는 것이지만, 타인의 물건의 보관을 목적으로 하는 기탁에 대해서는 본고의 검토대상과의 관계가 희박하다. 그렇다고 하면 전형계약 유형으로서의 노무공급계약 가운데 비직용(非直用) 근로자와의 관계로 고려해야 하는 것은 고용, 도급 및 위임이 된다.

고용은 노무 그 자체의 급부를 목적으로 하는 것으로, 그 노무는 이를 수령하여 이용하는 자(사용자)의 지휘명령 하에서 행해진다(즉 노동력의 지배는 사용자의 수중에 있다).

이에 대하여 도급은 노무 그 자체가 아니라, 노무에 의해 이루어진 결과(업무의 완성)를 목적으로 하는 것으로, 노무자(도급인)가 업무의 완성을 위해 어떠한 노무를 어떻게 이용하는지는 원칙적으로 노무자의 자유에 맡겨져, 업무의 완성까지의 동안에 발생하는 위험도 원칙적으로 노무자가 부담한다(근로를 해도 업무의 완성이 없으면 보수를 받을 수 없다).

또 위임은 일정한 사무를 처리하기 위한 통일적인 노무의 급부를 목적으로 하는 것이지만, 노무자(수임자)는 원칙적으로 자신의 재량으로 그 노무를 행할 수 있다.

즉, 이 세 가지의 전형계약의 각각을 특징짓고, 또 서로 구별하는 것으로서는 적어도 두 가지의 기준을 생각할 수 있다.

첫째는 노무의 성과가 계약의 요소를 이루는지의 여부, 환언하면 성과 실현에 관한 위험을 노무공급자측이 부담하는지의 여부라는 기준이다. 이 기준에서 보아 긍정하는 쪽에 있는 것이 도급이고, 고용과 위임은 부정하는 쪽이 된다.

둘째는 노무급부(혹은 근로의 행정(行程))에서 노무공급측이 노무수령측에 종속되는지, 혹은 이에 대하여 독립성을 가지는지, 라는 기준으로, 이에 의하면 고용에서는 종속성이 특징이고, 도급과 위임에서는 독립성이 특징이다. 때문에, 도급과 위임이란 노무공급자측의 독립성이라는 점에서는 공통되고 있지만, 노무의 성과인 업무의 완성에 대한 위험의 부담은 전자에서만 인정된다.

(다) 판단기준

이렇게, 전형계약으로서의 고용과 도급, 위임은 같은 노무공급계약이라고 해도, 계약의 목적, 노무급부 등에서 명확히 다르며, 이론상으로는 명확히 구별되는 것이다. 그러나 현실의 사회에서 나타나는 노무공급계약에서는 이러한 것의 계약유형에 몇 가지의 요소가 혼재되는 것이 많고, 그것이 어느 계약유형에 해당되는지를 판단하는 것이 어려운 경우도 적지 않다.

그런데, 노동법이라는 독자적인 법영역이 확립됨에 따라, 이 노동법의 대상이 되어야 하는 노무공급계약은 특히 근로계약으로 불리게 되었다. 이렇게 노동법의 법률대상이 되어야 하는 근로 · 근로자 내지는 근로계약의 의미를 파악함에 있어서는 그 중심개념으로서 '종속근로' 내지 '근로의 종속성'을 파악하는 것이 독일이나 프랑스의 통설적인 견해인 것 같고, 일본에서도 다수설이라고 할 수 있다.

오늘날에는 노동법은 확고한 법분야로서 확립되어 있을 뿐만 아니라, 다수의 노동입법이 제정되어 관계되는 법이론의 형성도 두드러진다. 근무방식의 다양화나 노무공급형태의 상호 전환이 진행되고, 대체로 사회에 유용한 노무를 제공하고 있는 것은 법적 보호를 넓게 미칠 필요가 있다는 인식이 확산되면, 이렇게 법적 보호를 포괄하는 법의 전체로서의 노동법에서의 주체라는 의미에서 새로운 근로자 개념이 재차 이론적인 문제가 될 가능성이 있다.

도급 · 위임 등의 계약자의 근로자성을 검토하는 경우에, 먼저 명확히 해두어야 하는 것은 노동기준법상의 근로자 개념이다. 왜냐하면, 노동기준법과 노동조합법은 노동법을 구성하는 가장 기본적인 법률로, 특히 노동기준법상의 근로자의 개념이 그 외의 노동입법에서의 근로자 개념을 생각하는 경우의 기준을 제공하는 것이 되기 때문이다. 노동기준법은 노동자보호법규로, '근로자'에 대하여 적용되는 것이지만, 동법 제9조는 그 '근로자'에 대하여 '직업의 종류를 불문하고, 사업 또는 사무소(노동기준법의 적용사업)에 사용되는 자로, 임금을 지급받는 자를 말한다'고 정의하고 있다.

따라서, 노동기준법상의 '근로자'인지의 여부는 ㉠노동기준법의 적용사업에 '사용되는' 자인지의 여부, ㉡임금이 지급되어 있는지의 여부에 의해서 판단되게 된다. 그러나 그 자가 노동기준법의 적용사업에 '사용되는' 한, 그에 대한 대상(對償)은 일반적으로 임금이라고 해석된다(노동기준법 제11조). 그러한 까닭에, '임금'과 '근로자'는 상대적인 관계에 있는 것, 노무제공에 대한 대가성이 있으면 '임금'성은 인정되기 때문에, '근로자'성 판단에 있어 그다지 중요한 요소는 아니다.[36] 실제로는 '사용되는' 것의 요건이 특히 문제가 되게 된다.

기존에 '사용되는' 것은 '사용종속관계' 내지는 '인적종속성'으로 호칭되어 왔지만, 현재로는 '지휘감독성'이나 '지휘명령성' 등의 호칭도 있다.[37] 그 호칭이 상이한 이론

---

36) 安枝英訷 · 西村健一郎, 『勞働基準法(勞働法Ⅱ)』, 青林書院, 1996年, 28頁.

37) 青木宗也 · 片岡昇, 『注解法律學全集44 勞働基準法Ⅰ[序說 · 第1條~第41條]』, (第9條、安枝英訷執筆部分), 青林書院, 1994年, 112頁; 土田道夫, 『勞働法概說1 雇用關係法』, 弘文堂, 2004年, 頁. 또 노동기준법 제9조에서

적 배경은 차치하고, 요컨대 '사용되는' 것은 '사용자의 지휘감독 하에서의' 근로를 의미한다. 그러나 연혁적으로 공장근로자를 염두로 구성되어 있는 것과 같은 판단기준은 공장근로자 이외의 근로자에 대하여 적용하는 경우에는 매우 어려운 문제를 발생시킨다. 취업형태의 다양화 · 복잡화에 따라 발생하는 한계적 사례를 어떻게 판단하는가라는 문제이다.

먼저, 근로계약에 독자적인 요소로 여겨지는 사용종속관계는, 실제로는 도급 · 위임에서도 주문자나 위임자의 지도에 따른 노무의 제공이라는 형태로 일정 정도 존재할 수 있는 것이다. 다른 면에서, 근로자로서 취급되어야 하는 자 중에서도, 그 직무내용이나 근무형태 때문에 근로수행과정에서의 구체적 노무지휘에 구속되지 않거나, 구속도가 낮은 자가 늘어나고 있다. 연구직 · 기술직이나 관현악단원 · 배우와 같이 근로수행 시에 넓은 재량을 인정받는 사람들이나, 외무원 · 집금원 · 재택근무자와 같이 경영조직에 편성되는 정도가 낮은 사람들, 또는 지입차주와 같이 고가의 기구를 보유하고 자신의 계산과 책임으로 사업을 수행하고 있는 사람들이 전형적인 사례이다. 그리고 이러한 사람들의 대부분은 형식적으로는 도급이나 위임의 형태로 계약을 맺고 노무를 제공하고 있기 때문에, 근로계약(근로자)인지의 여부의 판단이 보다 어렵게 되었다. 그렇기 때문에, 제1차적으로 법해석을 행하는 행정기관은 축적된 재판사례를 참고로 '사용종속관계'의 유무를 판단하기 위한 고려요소를 1985년에 책정하였다.[38)]

그러나 이 기준은 추상적이다. 이러한 판단기준을 구체적 사안에 어떻게 적용해야 하는지라는 것은 매우 어려운 작업과 판단을 동반하는 것으로, 후술하는 것처럼 판례에서의 이론과 결론은 한결같지 않다.[39)]

더구나 이 적용사업은 '사용되는' 자라는 요건은 근대 자본주의 사회에서의 근로관계의 특질인 '종속근로'의 견해에 입각한 것으로, 이 점에서 민법상의 고용계약과는 다

의 '근로자'를 그 역사를 포함하여 개관한 문헌으로서, 東京大學勞働法硏究會, 『注釋勞働基準法(上)』(第9條、橋本陽子執筆部分), 有斐閣, 2003年, 137頁 이하가 있다.

38) 『勞働基準法硏究會第1部會報告(勞働契約關係)』 昭和60年12月19日.

39) 社団法人全國勞働基準關係団体連合會, 『勞働法上の『勞働者』性の判斷に關する裁判例の傾向と分析』, 1995年을 보면, 같은 직종이라도 '근로자'라는 것이 긍정된 사례와 부정된 사례가 있다는 것이 정리되어 있다. 따라서, 판단기준의 적용은 어렵고, 명확한 일반적인 경향은 찾아내기 어렵다고 생각된다. 또, 최근에는 노동기준법과 같은 '근로자' 개념이 이용되고 있는 노재보험법에서의 '근로자'성이 다투어진, 일련의 橫浜南勞基署長(旭紙業)사건의 여러 판결에서도, 1심(橫浜地判 平成5.6.17 勞判643号 71頁), 공소심(東京高判 平成6.11.24. 勞判714号, 16頁), 상고심(平成8.11.28. 勞判714号, 14頁)에서, 결론과 이유가 달라, 판례기준의 적용에 따른 구체적 사안처리의 어려움(이해의 어려움이라고 해도 좋다)이 엿보인다.

른 것이다. 즉, 민법에서는 근대 시민사회에서의 이념인 완전히 자유롭고 평등한 인격자 사이의 계약(이 경우에도 계약의 성질상 노무급부의 종속성은 있다)으로서 고용계약을 파악하고 있는 것에 대하여, 노동기준법은 그 후의 자본주의에서의 근로관계의 실태('사용종속관계' 내지 '종속근로', 단, '사용종속관계' 내지 '종속근로'의 개념에 대해서는 민법상의 고용계약에서의 노무급부의 종속성과는 다른 것이라고 일반적으로 이해되는 것이지만, 이 본질을 어떻게 이해하는지에 대해서는 여러 종류의 학설이 있다)에 착안하여, 거기에서의 계약관계를 규제하고자 하는 관점에서 그 일방의 당사자인 근로자에 대하여 '사용되는' 자로 정의하고 있는 것이다.

따라서, 단적으로 말하면, 노동기준법상의 '근로자'란, 계약의 명칭, 형식의 여하를 불문하고, 실질적으로 '사용종속관계'에 있는 자('종속근로'에 종사하는 자)를 말하는 것이 된다. 현재의 통설에서는 민법상의 고용계약은 모두 근로계약으로 해석되고 있는 것 같기 때문에, 그 고용계약에서의 노무자는 '사업'에 사용되지 않는 가사사용인 등을 제외하고, 당연히 노동기준법상의 '근로자'가 되지만, 민법상의 도급, 위임 등의 계약에서도 여기에 실질적으로 사용종속관계가 인정되는 경우에는 그 노무자도 노동기준법상의 근로자라는 것이 된다.

그러나 이러한 것과, 계약 '형식'의 문제는 명확히 구별해야 한다. 즉, 노무를 공급하는 자와 공급받는 자는 자주 도급이나 위임의 '형식'으로 계약을 체결하지만, 노동법상의 '근로자'인지의 여부는 계약의 '형식'에 관계없이, 노무제공 등의 실태에서 판단해야 하는 것으로 되어 있다. 이 시점은 사용자의 탈법적인 비(非)'근로자'화를 막기 위해서도 중요하다. 판례는 현재에도 '근로자'성 판단에 관련하여 자주 고용계약이라는 표현을 사용하지만, 노동법의 적용이 문제가 되고 있는 경우에는 고용, 도급, 위임의 계약 '형식'에 얽매여서는 안 된다는 점을 명확히 하기 위해서, 근로계약의 개념을 사용하는 것이 적절할 것이다.

(3) 노동조합법상의 '근로자' 개념

한편, 노동조합법상의 '근로자'와 노동기준법상의 '근로자'의 개념에 대해서도 논의되어 왔다. 도급 · 위임계약자의 근로자성이 노동법상 문제가 되는 전형적인 사례는, 한편으로는 해고와의 관련으로 노동기준법 제9조에서 말하는 '근로자'에 해당되는지의 여부이고, 다른 한편으로는 부당노동행위와의 관련으로 노동조합법 제3조에서 말하는 '근로자'에 해당되는지의 여부 등의 케이스이다.

실정 노동법상, 근로자개념을 정하는 규정은 수많이 존재하지만, 노동법의 체계구성에서, 혹은 또 실제의 노사분쟁과의 관계에서 노사관계의 집단적 측면을 규율하는 법의 중심인 노동조합법과 개별적 측면을 규율하는 기본법으로서의 노동기준법에서의 근로자 개념 규정은, 대부분 노동법상의 근로자개념의 기초를 이루는 것이라고 해도 좋을 것이다.

그러나 노동조합법, 노동기준법은 같이 노동법체계를 구성하는 법이지만, 노동조합법상의 근로자 개념의 규정내용과 노동기준법상의 그것과는 동일하지 않고, 노동조합법의 경우는 근로조건의 유지 · 개선을 노동조합의 결성과 사용자와의 자치적인 교섭을 통하여 실현하는 집단적 노동관계를 규율하는 것이기 때문에, 노동조합법 제3조는 '근로자'를 '직업의 직종을 불문하고, 임금, 급료, 그 외 이에 준하는 수입으로 생활하는 자'로 정의한다. 또, 동법이 헌법 제28조 '근로자가 단결하는 권리 및 단체교섭, 그 외의 단체행동을 하는 권리는 이것을 보장한다'는 요청을 받아 제정된 점에서 비추어, 본법에서의 '근로자'는 실업자도 포함된다는 것처럼, 노동기준법상의 '근로자'보다도 상대적으로 넓은 개념이다.[40)]

개인적으로는 최소한의 근로조건을 정하고 있는 노동기준법이 적용되지 않는 자가 노동조합법의 근로자는 된다는 견해에는 실업자의 경우를 제외하면 의문을 느낀다. 노동기준법의 근로자가 아니라고 하면 자영업자로, 단체교섭에서의 대우개선요구는 근로조건의 개선요구가 아니라, 거래조건의 개선요구와 다르지 않는 게 아닌가라고 생각하기 때문이다. 그러나 양자를 구별하는 것이 현재의 통설 · 판례라고 해도 좋을 것이다.

이러한 근로자의 범위의 파악에 차이가 발생하는 것은 노동조합법 및 노동기준법 각각의 법목적의 차이에서 유래한다. 즉, 노동조합법은 노동조합의 결성, 사용자와의 단체교섭 및 쟁의행위의 보장을 통하여 근로관계의 집단적 측면에서 근로자의 생존권 이념의 구체적 실현을 도모하는 것을 목적으로 하는 법이기 때문에, 거기에서의 근로자는 단결권, 단체교섭권 및 쟁의권행사의 주체, 환언하면 넓게 노동운동의 담당자가

---

40) 구체적으로는 실업자, 프로야구선수, 가내근로자가 포함된다. 東京大學勞働法研究會, 『注釋勞働基準法(上)』(第9條, 橋本陽子執筆部分), 有斐閣, 2003年, 140頁.

될 수 있는 경제적 입장에 선 종속근로자라는 것이 된다.

따라서 노동조합법상의 근로자의 경우에는 자신이 생산수단을 가지지 않는 까닭에 넓게 일반적으로 사용자와의 대항관계에서, 주로 경제적으로 종속되지 않을 수 없는 점에 착안하여, 그 개념파악을 해야 하는 것이다. 이에 대하여 노동기준법은 근로조건의 최저기준의 설정을 통하여, 개별적 노동관계의 측면에서 근로자의 생존권 이념의 구체적 실현을 도모하는 것을 목적으로 한 법이기 때문에, 거기에서의 근로자는 현실에 직접 고용되어 있는 종속근로자라는 것이 된다. 따라서 노동기준법상의 근로자의 경우에는 개별 사용자와의 관계, 즉 근로자의 근로과정에서 주로 인(격)적으로 종속되지 않을 수 없는 점에 착안하여 근로자 개념을 규정하는 것이 된다.

그런데, 노동조합법에서의 근로자의 판단기준이 노동조합법 중에는 규정되어 있지 않기 때문에, 대체하는 기준으로서 '사용종속관계'를 사용하고 있다.[41] 여기에서 말하는 '사용종속관계'는 노동기준법과는 다른 노동조합법의 목적을 고려하고, 당연히 여기에 따른 적절한 기준 내지 요소가 고려되면 좋을 것이다. 그러나 판례에서는 노동기준법과 노동조합법의 쌍방의 '근로자' 개념과 '사용종속관계'가 명확히 구별되어 논해지고 있는 것이 아니다. 즉 노동조합법상의 근로자 개념 획정(劃定)을 위하여 사용되는 고려요소는 노동기준법상의 이것을 확정하기 위해 사용되는 것과 같다.[42]

그리고 노동조합법상의 근로자성의 다툼의 특징은 노동기준법의 그것과 다르고, 직접적인 계약자와의 사이의 계약이 근로계약인지의 여부뿐만 아니라, 직접적인 계약자가 아닌 자와의 사이에서 그 자가 사용자인지의 여부가 다투어지는 점이다(물론 직접적인 계약자간의 사이의 근로자성, 사용자성을 둘러싼 다툼도 있다).

방송국의 제작을 도급받은 회사의 근로자에 대하여, 방송국의 사용자성이 다투어진 사건[43]은 TV방송회사로부터 업무를 도급받고 있는 도급회사 3사의 종업원으로 조직된 노동조합으로부터 TV방송회사가 단체교섭요구를 거부했다는 것이 부당노동행위로 간주된 사건이다. 동 사건에서는 최고법원은 '일반적으로 사용자는 근로계약상의 고용주를 말하는 것이지만, 동조(노동조합법 제7조)가 단결권 침해에 해당하는 일정한

---

41) 菅野和夫, 『勞働法[第6版]』 弘文堂, 2003年, 484頁.
42) 東京大學勞働法硏究會, 『注釋勞働基準法(上)』 (第9條, 橋本陽子執筆部分), 有斐閣, 2003年, 142頁. 菅野和夫, 『勞働法[第6版]』 弘文堂, 2003年, 486頁.
43) 朝日放送事件、最3小判 平成7.2.28. 民集 49.2, 387頁.

행위를 부당노동행위로서 배제, 시정하여 정상적인 노사관계를 회복하는 것을 목적으로 하고 있는 점에 비추어 보면, 고용주 이외의 사업주라고 해도, 고용자로부터 근로자의 파견을 받아 자신의 업무에 종사시켜 그 근로자의 기본적인 근로조건 등에 대하여, 고용주와 부분적이라고는 하나 동일시 할 수 있는 정도로 현실적이고 구체적으로 지배, 결정할 수 있는 지위에 있는 경우에는 그에 한하여 위의 사업주는 동조의 "사용자"에 해당된다'고 한 바 있다.

앞에서 언급했듯이, 노동조합법의 근로자는 노동기준법의 근로자와 구별되고 있으며, 노동기준법의 근로자라고는 생각되지 않는 경우에도, 노동조합법의 적용을 받고 있다.

예를 들면, 프로야구선수회가 도쿄도 노동위원회에서 노동조합의 자격인정을 받고 있지만,[44] 프로야구선수에 대한 노동조합법의 적용은 통상적으로 상정되고 있지 않다.

그렇기 때문에, 계약취업자 등의 경우, ㉠노동기준법이 적용되는 계약취업자, ㉡노동기준법이 적용은 되지 않지만 노동조합법이 적용되는 계약취업자, ㉢노동기준법 · 노동조합법의 어느 하나도 적용되지 않는 계약취업자로 분류되게 된다.

이전에는 노동조합법상의 '근로자'는 그 성질상 실업자 등을 포함하는 것을 제외하면 노동기준법상의 '근로자'와 일치한다는 입장이 지배적이었지만,[45] 최근에는 각각의 법률의 목적이 다르기 때문에, '근로자'성은 별개의 관점에서 판단되어야 한다는 견해[46]가 유력하다.

(4) 기타 법률에서의 '근로자' 개념

노동조합법상의 근로자는 노동조합법뿐만 아니라, 노동기준법에서 파생된 여러 법률이나 그 외의 노동입법에 의해 보호된다. 그러한 의미에서 노동기준법상의 근로자의 개념은 중요한 의의를 가진다.

---

44) 프로야구 최초의 파업으로 주목을 모았던 日本プロフェッショナル野球組織(団体交渉等仮處分抗告)事件＝東京地判平成16.9.3(勞判ダイジェスト 879.90)에서는 프로야구선수의 근로자성이 문제가 되었다. 퍼시픽 리그의 두 구단의 영업양도 · 참가자격 통합 및 그에 따른 근로조건에 관한 교섭사항에 대하여 단체교섭을 요구할 수 있는 지위에 있는 것을 임시로 정한 가처분 신청에 대하여, 프로야구선수회는 NPB(일본 프로페셔널 야구조직)에 대하여 노동조합법 제7조 제2호의 단체교섭을 할 권리를 가지고 있다는 점이 인정되어, 노동조합법상의 근로자성을 긍정했다.

45) 昭和22年12月1日 勞發 199号, 昭和23年6月5日 勞發 262号.

46) 菅野和夫,『勞働法[第6版]』弘文堂, 2003年, 486頁.

노동기준법상의 '근로자'의 개념은 상술한 것처럼 '직업의 종류를 불문하고, 사업 또는 사무소(노동기준법의 적용사업)에 사용되는 자로, 임금을 지급받는 자를 말한다'(제9조). 본조의 '근로자'에 해당되는 자에는, 먼저 노동기준법이 적용된다. 그 외에도, 노동기준법과 동시에 제정된 노재보험법이나 당초는 노동기준법에 포함되어 있던 부분이 후에는 독립된 법률이 된 노동안전위생법[47](제2조 제2호), 최저임금법(제2조 제1호), 직업훈련법(→직업능력개발촉진법(1985(昭和60)년))이 있다. 그 후에도 중요한 것만을 열거해도, 임금지불확보법(1976(昭和51)년), 제2조 제2호), 고용대책법(1966((昭和41)년), 고용보험법(1974(昭和49)년), 직업능력개발촉진법(1985(昭和60)년), 고령자고용안정법(1986(昭和61)년), 장애자고용촉진법(1987(昭和62)년), 남녀고용기회균등법(1985(昭和60)년), 노동자파견법(1985(昭和60)년), 육아휴업법(1991(平成3)년(→육아개호휴업법(1995(平成7)년),단시간노동자파견관리개선법(파트노동법)(1993(平成5)년), 노동계약승계법(2000(平成12)년), 노동계약법(2008(平成20)년) 등이 제정되었다.

(가) 노재보험법

'근로자'의 정의규정은 없지만, 노동기준법상의 재해보상에 대신하는 보험급부를 목적으로 하여(노재보험법 제12조의 8, 제2항), 재해보상의 책임보험 제도로서 제정되었기 때문에, 본법에서 말하는 '근로자'는 노동기준법상의 '근로자'개념과 동일하게 해석되고 있다.[48][49] 따라서 노동기준법상의 '근로자'개념과 동일한 문제점이 여기에도 있다.

(나) 고용대책법

'근로자'의 정의규정은 없다. 그러나 '근로자'의 직업의 안정(제3조), 직업안정사업의 실시(제4조)에 비추어 보아, 본법은 헌법상의 '근로자'[50]와 같고, 일할 의욕과 능력이 있는 '근로자'를 대상으로 하여 '구직자' 내지는 '이직자', '실업자'도 포함된다고 해

47) 또한 노동안정위생법에는 '도급인'과 그 '근로자'에 대해서도 '특정 원청사업자(特定元方事業者)'나 '주문자'가 일정한 조치를 취하는 것을 의무화하고 있다(노동안정위생법 제29조 이하 참조). 따라서 사람의 적용범위는 실제로는 노동기준법상의 '근로자'보다도 넓다고 생각된다.

48) 日本勞働研究雜誌, 『就業形態の多樣化と法政策』(土田達子執筆部分), 2003年, 75頁. 또 판례에 대해서는 橫浜南勞基署長(旭紙業)事件 · 最小判 平8.11.28. 勞判 714号, 14頁.

49) 또한, 노재보험법은 본래적 적용범위인 '근로자'에 포함되지 않는 자의 특별가입제도를 마련하고 있다. 이 제도에 가입할 수 있는 것은 중소사업자와 그 가족종업자, 일인도급자(一人親方) 등과 그 가족종업원, 가내근로자나 개호작업종사자 등 특정사업종사자, 해외파견자이다(노재보험법 제33조).

석된다.

(다) 고용보험법

'피보험자'에 대하여 '적용사업에 고용되는 근로자'라고 하는 정의규정이 있다(제4조 제1항). 그렇기 때문에, 노동기준법상의 '근로자'와의 동일성이 문제가 된다. 판례에서는 노동기준법상의 '근로자'성 획정(劃定)과 비슷한 판단방법이 취해지고 있다.[51)]

(라) 직업능력개발촉진법

'근로자'란 '사업주에게 고용된 자와 구직자를 말한다'(제2조 제1항). 능력개발시책은 근로관계의 내외 양방에서 필요하기 때문에, 본법에서의 '근로자'에는 '구직자'가 포함된다.

(마) 고령자고용안정법

정의규정은 없다. 제2조에 따르면, 일정 연령이상이라는 점이 요구되며, 구직자, 실업자를 포함한 고령자가 적용대상으로 되어 있다.

(바) 장애자고용촉진법

'상시 고용하는 근로자'(제43조 제1항)를 대상으로 하는 한에서는 본법의 근로자는 노동기준법에서 말하는 '근로자'와 기본적으로 같다고 생각된다. 또 본법은 장애를 가진 자의 고용의 촉진을 도모한다는 목적을 가지고 있으며, 취직 이전인 자도 대상으로 하고 있다고 해석된다. 이에 관련하여 본법에서는 장애를 가진 자가 행정시책으로서 향수할 수 있는 직업 재활(rehabilitation)(직업지도, 직업훈련, 직업소개)이 규정되어 있다.

(사) 남녀고용기회균등법

정의규정은 없지만, 제1조를 비롯하여 많은 조문에 '여성근로자'의 문언이 사용되고 있다는 점에서, 노동기준법상의 '근로자'와 동일하다고 해석할 수 있다.[52)]

---

50) 헌법 제27조와 제28조를 참조.

51) 경영컨설턴트의 피보험자 자격에 대하여, 所澤職安署長事件 · 東京高判 昭和59.2.29. 勞民集 53卷1号, 15頁. 『社會保障判例百選(第3版)』, 有斐閣, 2000年, 152頁 참조.

52) 또, 성희롱에 관해서는 파견사용사업주는 파견근로자가 그 피해를 입지 않도록 취업환경을 유지하는 노력의무를 부과하고 있다(平成11.11.17 勞告 138号). 파견사용사업주에게는 지휘명령관계만이 있고 근로계약 관계는

(아) 노동자파견법

제2조 제2호에 따르면, '파견근로자'란 파견사업주가 '고용하는 근로자'를 말한다. 따라서 파견사업주와의 관계에서는 '사용종속관계'에 있는 '근로자'라고 해석할 수 있다. 한편으로 본법의 제도 구조에는 포함되지 않지만, 사실상 파견되어 있는 경우에는 사용기업과의 관계에서 실질적인 사용종속관계가 있으면, 사용기업과 해당 취업자 사이에서 '근로자'성과 '근로계약성'이 인정되는 경우가 있다.[53)]

(자) 육아개호휴업법

정의규정은 없지만, '육아휴업'은 '근로자(매일 고용되는 자 및 기간을 정하여 고용된 자를 제외)'를 권리주체로 하기 때문에(제2조 제1호), 기본적으로는 노동기준법에서의 '근로자'와 같지만, 취로의 형태에 의해 일부의 자를 적용제외하고 있다고 생각된다.[54)]

(차) 단시간노동자고용관리개선법(파트타임노동법)

근로시간에 관한 적용대상 자격이 규정되어 있지만(제2조), 통상적으로 파트근로자는 고용계약을 체결하여 취로한다고 생각되기 때문에, 노동기준법에서의 '근로자'와 동일하다고 해석할 수 있다.

(카) 노동계약승계법

정의규정은 없지만, 계약승계의 통지 대상자는 '고용하는 근로자'(제2조 제1항 제1호, 제2호)이다. 따라서 노동기준법상의 '근로자'라고 해석할 수 있다.[55)]

(타) 노동계약법

제2조 제1항에서 '근로자'란, 사용자에 사용되어 근로하고, 임금을 지급받는 자를

없기 때문에, 그러한 의미에서는 균등법상의 '근로자'의 개념을 특별한 정책적 의미에서 확장한 취급을 하고 있는 것이라고 해석할 수 있다.

53) 安田病院事件 · 最三小判, 勞判 745号, 7頁참조. 또 유기고용의 고용중지의 법리가 등록형 파견의 경우에도 적용된다는 일반론을 언급한 사안인 伊予銀行 · いよぎんスタッフサービス事件 · 平成15.5.22. 勞判 856号, 45頁도 참조.

54) 또한, 2004(平16)년 개정 육아개호법에서는 기간을 정하여 고용된 근로자라고 해도, 휴업기간 종료 후의 1년을 초과하여 계속하여 고용되는 것이 예정되어 있는 근로자는 휴업을 취득할 수 있다고 적용대상 근로자의 범위를 개정하였다.

55) 池添弘邦『社會法における『勞働者』の概念』獨立行政法人勞働政策研究 · 研修機構 JILPT Discussion Paper 04-007号、2004年 6月、10-15頁를 참조.

말한다고 되어 있다. '근로자'에 해당되는지의 여부는 동항에 '사용자에 사용되어' 규정되어 있는 바와 같이, 노무제공의 형태나 보수의 노무대상성 및 이러한 것과 관련된 여러 요소를 감안하여 종합적으로 판단하고, 사용종속관계가 인정되는지의 여부에 의해 판단되는 것으로, 이것이 인정된 경우에는 '근로자'에 해당되는 것이다. 이것은 노동기준법 제9조의 '근로자'의 판단과 같은 견해이다.

또, 특정 업종에서의 고용대책입법으로서 탄광근로자 등의 고용안정임시조치법(1959(昭和34)년, 2001(平成13)년 폐지), 중소기업노동력확보법(1998(平成10)년), 개호노동자고용관리개선법(1992(平成4)년), 건설노동자고용개선법(1976(昭和51)년) 등이 존재한다. 노동기준법 제9조의 '근로자'에는 이상의 법률도 적용된다.

또한, 건강보험법이나 후생연금보험의 피보험자에 대해서는 '사용되는 자' 등의 표현이 사용되고 있으며,[56] 그 범위는 노동기준법상의 '근로자'와 대체로 중첩되지만, 실무상 법인의 대표자나 업무집행자도 피보험자 자격을 인정받고 있는 점에 특징이 있다[57](앞에서 언급한 노재보험법은 이러한 자를 적용대상으로 하고 있지 않다).[58]

단, 1970년대 이후 증가하고 있는 노동력의 수급조절에 관한 입법을 '노동시장법'으로 독립된 법 영역으로 하는 경우, 그 근로자개념에 대해서는 노동기준법과 상당히 공통된다고 생각되지만, 아직 충분히 검토되고 있지 않다.

따라서, 이러한 법규정을 적용하는지의 여부에 있어서, 사안의 당사자가 '근로자'인지의 여부를 판정하는 것이 필요하다. 이것은 재판소, 노동기준감독서, 공공직업안정소, 노동위원회 등의 실무에서 매우 중요한 의미를 가진다.

56) 건강보험법 제3조에서 '적용사업소에 사용된 자'를 '피보험자'라고 규정하고 있다. 후생연금보험법 제9조에서 '적용사업소에 사용된 70세 미만의 자'를 '피보험자'라고 하고 있다.

57) 昭和24年7月28日 保發 74号.

58) 昭和61年3月14日 基發 141号. 유한회사 이사의 피보험자 자격에 대하여 판단한 사안으로서 廣島高岡山支判 昭和38.9.23. 行裁集 14巻 9号, 1684頁가 있다. 또한 건강보험법은 업무외의 이유에 의한 상병을 대상으로 하고, 또 노재보험법은 업무상의 재해를 대상으로 하여, 소영세규모법인의 대표자는 노동기준법상의 '근로자'가 아니기 때문에 업무상 재해에 대하여 건강보험법상의 급부는 물론, 노재보험법상의 급부도 받을 수 없었다. 이 때문에, 그러한 사업주 법인 대표자의 근로실태가 일반 종업원과 현저하게 다르지 않은 경우에는 특별하게 건강보험에 의한 급부를 행하기로 되어 있고, 동시에 노재보험이 적용되는 경우에는 건강보험급부는 행하지 않기로 되어 있다(保發0701002号 平成15.7.1).

(5) 소　결

이상에서 살펴보았듯이, 그 적용의 범위가 넓고, 또 엄격한 노동기준법상의 근로자 개념이, 그 외의 노동입법에서의 근로자 개념을 생각하는 경우의 기준을 제공하는 것이 된다. 노동기준법상의 근로자 개념의 핵심을 이루는 것은 '노무에 따르는 것'('근로에 종사하는 것')과 '보수'(민법 제623조)이다. 다만, '노동시장법'의 분야에서는 '구직자', '이직자', '실업자' 등, 고용전후의 상태도 포함한 근로자 개념이 이용되고 있다.[59]

법률에서의 '근로자'의 개념에 관해서 학설 및 행정해석과 법원은 어떻게 판단하고 있는지 및 그 문제점은 무엇인지에 대해 검토한다.

5. 근로자성의 판단기준과 문제점

노동법상의 근로자성을 판단하는 종래의 학설에서의 일반적인 방법으로는 계약형식의 여하에 관계없이 노무수행 과정에서의 사용종속관계를 중시하는 것이 통례이다.[60] 이러한 방법은 판례 · 행정해석에서도 일반적으로 채택되어 왔다.

그런데 이러한 방법에 의하면, 계약형식을 문제로 삼지 않고 노무수행과정 중에서의 사실상의 사용종속관계의 유무를 중시하는 것이기 때문에, 노무수행과정에서의 사실상의 사용종속관계의 구체적 판단기준을 명확히 하는 것이 필요하게 된다. 따라서 다수의 학설 · 판례 · 행정해석은 이 점을 의식하여 매우 실태적인 시점에서, 구체적 판단기준을 제시해왔다고 해도 좋을 것이다.[61]

(1) 학　설

노동법이 대상으로 하는 것은 근로 일반이 아니라 종속적인 근로로, 이에 종사하는

59) 添弘邦, 『社會法における『勞働者』の概念』, 獨立行政法人勞働政策研究 · 研修機構 JILPT Discussion Paper 04-007号, 2004年 6月, 16頁.

60) 片岡昇, 「外務員」『季刊勞働法』第60号, 1966年, 145頁; 青木宗也, 「特殊勤務者の勞働者性」『ジュリスト』619号, 1976年8月, 97頁. 山本吉人, 『雇用形態と勞働法』, 總合勞働研究所, 1970年, 142頁, 國武輝久, 「特殊雇用形態と勞働者概念」『日本勞働法學會誌』第42号, 1973年10月, 99頁.

61) 青木宗也, 「特殊勤務者の勞働者性」『ジュリスト』619号, 1976年8月, 97頁, 판례는 大塚印刷事件 東京地裁判決(昭和48.2.6. 勞判179号).

것이 근로자로 여겨졌다. 그래서 다수설은 근로의 종속성의 의미를 '인적 종속성', 즉 '근로수행 과정에서 근로자가 인적으로 사용자의 지배에 따르는 지위, 또는 근로자의 시간 · 장소 · 종류 등에 대하여 사용자의 일방적 결정에 따르는 지위' 등의 '타인결정성'을 핵심으로 하면서, 이에 '경제적 종속성'(근로자의 사회경제적 지위 또는 계약체결시의 계약내용의 피(被)결정성 등)을 결합시켜 복합적으로 파악하고 있다.[62] 근로의 종속성이란 다수설을 핵심 내지 기저로 하여, 이에 조직적 종속성(조직체로서의 기계체계에 대한 종속=기술적 종속)을 가미한 내용의 개념이라고 여겨진다.

이러한 종속성의 지표로서 다수학설이 들고 있는 것은, 다음과 같다.

(가) 인적 종속성

㉠일의 의뢰, 업무종사에 대한 승낙여부의 자유의 유무

㉡근무시간 · 근무장소에서의 구속성

㉢업무의 내용 · 수행방법에 관한 사용자의 지휘명령의 존재

㉣제3자에 의한 대체가능성

㉤보수가 노동력의 제공에 대한 대가로 인정되는지 여부

(나) 경제적 종속성

㉠생산수단 · 재료의 소유관계

㉡타인근로의 이용의 유무

㉢사용자에 의한 근로조건의 일방적 결정 등이다.[63]

그러나 다수설 중에서도 종속성의 지표는 다양하며, 여기에 들었던 것으로 충분한 것은 아니다.

(2) 판　례

노동기준법 제9조의 규정은 '사용'에 관하여 상세한 정의를 제공하고 있지 않기 때

62) 片岡昇,『現代勞働法の展開』岩波書店, 1983年, 43頁.
63) 青木宗也,「勞働者 · 使用者概念と事業場」『季刊勞働法別冊』1号, 1997年, 28頁 이하; 西谷敏,「勞基法上の勞働者と使用者」沼田稻次郎 · 本多淳亮 · 片岡昇編,『シンポジューム勞働者保護法』, 青林書院, 1984年, 3頁 이하; 吉田美喜夫,「雇用 · 就業形態の多様化と勞働者概念ー勞基法上の『勞働者』の判斷基準を中心として」『日本勞働法學會誌』68号, 1986年, 30頁 이하.

문에, 후생노동성 및 법원은 각각 구체적인 판단기준을 마련해 왔다.

지금까지 법원에서 취업자의 근로자성이 다투어져 온 사례로서는, 지입차주, 오케스트라 악단 단원, 증권 · 보험업무의 위탁외무원, 매점에서의 신문 · 과자 등을 판매하는 판매원, 가스회사 · 전력회사 등의 위탁집금인 · 검침원, 필경계약에 근거로 하는 필경사, 목수 · 석공 등의 건설 도급(手間請け: 재료는 지급받고 작업만 도급받은 방법) 취업자, 촉탁, 잠수부, 컴퓨터기술자, 컴퓨터 시스템 매뉴얼 작성의 업무수탁 등이 있다.

이러한 판례는 반드시 명확하지 않지만 세 가지 형태로 나눌 수 있다.

(가) 고용 · 도급 · 위임을 구분하는 것

민법상의 노무공급계약의 구분에 따라서, 고용 · 도급 · 위임의 계약형식의 구분을 중시하고, 고용계약만을 노동법의 적용대상으로 하는 것.

예를 들면, 증권외무원의 근로자성을 부정한 야마자키증권(山崎証券) 사건(最判 昭和36.5.25 民集 15권 5호 1322면)에서는 증권회사의 성과급에 따른 외무원의 고용형태 및 해고시의 노동기준법 제20조의 적용 여부가 다투어졌다. 최고법원은 다음과 같이 판시하여 그 근로자성을 부정하였다. 즉 "상고인은 외무원으로서 위의 회사의 고객으로부터 주식, 그 외의 유가증권의 매매 또는 그 위탁을 매개, 중개 또는 그 대리의 주문을 받은 경우, 이를 위의 회사를 통하여 매매, 그 외의 증권거래를 성립시키는 이른바 외무행위에 종사해야 하는 의무를 부담하고, 위의 회사는 이에 대한 보수로서 성과에 따라 임금을 지급하는 의무가 있음과 동시에 상고인이 행한 유가증권의 매매위탁을 수리해야 하는 의무를 부담하고 있었던 것으로, 위의 계약에는 기간의 정함이 없었다고 하기에, 위의 계약은 내용상 해고계약이 아니라, 위임 혹은 위임에 유사한 계약으로 적어도 노동기준법이 적용되어야 하는 성질의 것이 아니다"고 해석하는 것이 상당하다고 한다.

또한, 도장의 기술지도 등을 하는 촉탁을 '노동법의 적용을 받아야 하는 근로자'라고 인정한 사례가 있다. 타이헤이제지(大平製紙) 사건[64](最判 昭和37.5.18 民集 16권 5호 1108면)에서는, 촉탁계약을 근거로 한 기술원의 해고에 관하여 단체협약의 적용관계 등이 다투어졌지만, 최고법원은 다음과 같이 판시하여 그 근로자성을 긍정하였다. 인

64) 제1심(東京地判 昭和34.7.14), 제2심(東京高判 昭和35.2.10., 最二小判 高裁 昭和37.6.18.)

용하면, "피상고인의 직무내용은 … 도료제법의 지도, 도료의 연구로, 일반 종업원과는 달리 직접 가공부장의 지휘명령에 따르지 않고 오히려 동 부장의 상담역이라고도 할 수 있는 입장에 있고, 또 지각, 조퇴 등으로 급여의 감액을 받는 경우가 없었다고는 하나, 주 6일간 아침 9시부터 저녁 4시까지 근무하고, 매월 일정의 본급외 시급의 2할 5부 증가의 비율로 계산된 잔업수당의 지급을 받고 있었던 점에서, 본건 촉탁계약이 고용계약(엄밀하게 말하면 근로계약)으로, 피상고인은 노동법의 적용을 받아야 하는 근로자라고 한 원심의 판단은 정당"하다.

그 외에도, 하급심판례로서 아오야기시치텐(靑柳質店) 사건,[65] 니시노신문점(西野新聞店) 사건[66] 등이 있다.

예를 들면, 아오야기시치텐(靑柳質店) 사건에서는 일정한 보수를 정하여 대출금 채권의 징수를 전당포로부터 의뢰받은 채권징수인의 임금청구권이 다투어졌다. 재판소는 임금청구는 부정했지만, 지급청구권 발생 원인인 전당포의 동일성에 근거로 하여, 위탁계약에 근거로 하는 보수청구를 인정하여 다음과 같이 판시했다. "위탁에서도 수임자가 수임사항을 처리하는 것에 대하여 노무를 제공하는 것이 필요하지만, 그것은 계약의 본질적인 내용을 이루는 것이 아니라, 위임자가 수임자의 인물, 식견 및 기량에 신뢰하여 그 자유재량에 따라서 약정에 관한 사항을 처리하도록 하는 것을 맡기는 바에 위임의 요점이 있는 것이라고 해야 하고, 위임과 고용을 식별하는 기준도 주로 이 점에서 요구되어져야 한다." 본건 계약의 "당초의 목적은 피고가 그 채권의 징수를 그 것이 실현된 경우에 보수를 지급하는 약정으로 원고에게 위임하는 것에 있었다고 해석하는 것이 상당하고, 게다가 그 성과를 거두는 것이 불명확하게 된 이후에 원고가 다른 사무의 처리에 착수하게 되었을 때에 특히 원고, 피고의 합의로 종전의 계약의 내용을 개정했다든지 새로운 계약이 체결되었다는 등의 사정은 도저히 알 수 없다."

이러한 형태는 구체적인 판단에 있어서 고용 혹은 도급, 위임의 민법상의 전형적인 구분에 따라서 취업자가 행하는 업무내용이 특정되어 있는지, 업무수행의 지휘명령에 따르고 있는지, 보수지급에 관한 위험을 누가 부담하고 있는지, 계약기간의 정함 등이 고려된다.

---

65) 東京地判 昭和34.5.12. 勞民集 10卷3号, 636頁.
66) 旭川地判 昭和25.7.25. 勞民集 1卷 追錄1342.

(나) 사용종속관계를 기준으로 한 근로계약 판단

민법상의 노무공급계약의 유형에 구애받지 않고 사용종속관계의 유무를 기준으로 하여 근로계약(노동법의 적용대상)의 존재를 판단하는 것. 그러나 사용종속관계의 구체적 판단에 있어서는 통일되지 않고, 구체적 지표를 제시하는 것은 다음의 한 가지 사례밖에 없다.

오츠카인쇄(大塚印刷) 사건[67]에서는 인쇄회사에서의 성과급의 필경계약자의 계약해제가 해고에 해당하는지의 여부가 다투어졌다. 법원은 본건 계약관계를 고용계약이 아니라고 하여 다음과 같이 판시하고, 청구를 기각했다. “일반적으로 어떤 노무공급에 관한 계약이 고용계약인지 혹은 도급계약 내지 준위임계약인지는 계약의 형식에 구애받지 않고, 해당 계약 당사자 간에 노무제공에 대하여 실질상 사용종속관계가 있는지의 여부, 환언하면 사용자의 지휘감독 하에서 노무제공이 이루어져 일반적인 지휘감독 하에 편성되어 있다고 평가할 수 있는지의 여부에 대하여 판단하여 결정해야 한다. 구체적으로는 사용종속관계의 징표라고 생각되는 다음의 여러 사항, ㉠일의 의뢰, 업무종사에 대한 승낙여부 자유의 유무, ㉡시간적 장소적 구속성의 유무 – 근무시간(시업 및 종업시의 규정), 근무장소의 지정, ㉢업무내용이 사용자에게 있어 정해져 업무수행과정에서의 사용자의 일반적 지휘감독관계의 유무, 복무규율의 적용, ㉣노무제공의 대체성의 유무, ㉤업무용 기구의 부담관계, ㉥보수가 노동자체의 대가적 성격을 가지고 있는지의 여부 – 생활보장급적 요소, 근로의 질에 대한 교차(較差), 결근공제, 초근수당 등의 유무, 부수적으로 급여소득세 등의 원천징수의 유무, 더 나아가 퇴직금 제도의 존재여부 등을 고려해야 한다.” 본건의 경우는 “근무시간의 정함이 전혀 없고, 특히 구속시간이라는 것은 없고, … 피고로부터의 일의 의뢰에 대하여 승낙여부는 자유이고, 타사의 일을 하는 것에 대하여 아무런 제약도 없고, 원고가 일의 의뢰를 승낙한 경우에 자택 등에서 자유롭게 작업하고 납기까지 완성하면 된다는 것에 불과하고, 현재 위의 기간 중 원고의 업무량은 완전히 일정하지 않고, 상당기간 피고의 일을 거절하고 전혀 일을 하지 않았던 점은 앞에서 인정하는 바와 같고, 피고의 일반적 지휘감독 하에 편성되어 노무를 제공하고 있었다고는 도저히 인정할 수 없다. 그러므로 이에 대응하여 필경료의 지급도 … 기준단가를 정한 다음의 성과급제가 취해지고, 이에 대하여 월액의

67) 東京地判 昭和48.2.6. 勞判 179号, 74頁.

최저보장급이나 시간외 수당, 또 퇴직금 등의 규정도 없고, 급여소득에 대한 소득세 등의 원천징수도 이루어지지 않아, 고용관계에 있는 타자수(typist) 등의 종업원의 근로조건과는 분명히 구별되어 있었던 것은 앞에서 인정하는 바와 같다." 그리고 본건에서의 필경에 관한 법적 성질은 "계약내용, 원고의 업무종사의 상황 등에서 생각하면, 원고 · 피고 간에 … 사용종속관계가 있었다고는 도저히 인정하기 어렵고, 피고 주장과 같이 임시고용인 고용계약이라고는 인정되지 않는다. 오히려 도급계약 내지 준위임계약의 관계였다고 인정하는 수밖에 없다."

노동기준법 제9조에서 말하는 '근로자'는 임금을 지급받는 자라는 요건과 함께, 먼저 무엇보다도 사실상의 사용종속관계의 존재를 필요로 한다. 따라서 특히 후자의 구체적 판단기준이 어떠한 것인지가 실제로는 중요하게 될 것이다. 본 판결은 이 점에 대하여 여섯 가지 항목에 걸쳐 상세한 판단기준을 제시한 것으로, 학설도 이를 지지하는 것이 많다고 해도 좋을 것이다. 하급심 판결이기는 하지만, 충분히 고려가 되는 판례라고 할 수 있다.

(다) 고용과 그 외 계약과의 혼합계약으로 판단

사용종속관계를 판단기준으로 하고 있지만, 이것을 이른바 정도의 문제로서 상대적으로 파악하고, 고용의 측면에 대하여 노동법규를 적용하고자 하는 것이다. 이 판례는 소수로 명확한 이론구성을 제시한 것은 다음의 한 가지 사례만 있다.

도쿄쥬니찬네루(東京十二チャンネル) 사건[68]에서는 민간방송사업을 영위하는 재단(일본과학기술진흥재단)이 타이틀 계약자의 인원정리를 했기 때문에, 부당노동행위, 근로계약 위반 및 해고권의 남용 등이 다투어졌다. 법원은 이에 대하여 다음과 같이 판시하여 결과적으로는 이러한 주장을 부정하고, 해고유효로 인정하고 있다. "노무제공자의 사용자에 대한 지배종속의 정도에 다양한 종류의 단계가 있고, 실제상 고용과 도급과의 구별이 애매하다고 한다면, 그것이 일도양단적으로 고용인가 도급인가의 어느 한 유형으로 구별한 뒤, 여기에 전형계약의 법리를 결부시켜 문제를 해결하는 것은, 지나치게 부당한 결과를 발생하는 경우가 있다. 노동법은 종속근로제공자를 실질적으로 보호하기 위해서 시민법에 대한 수정적 의무도 가진 것이기 때문에, 그 대상이 되는 것은

68) 東京地判 昭和43.10.25. 勞民集 19卷 5号, 1335頁.

단순히 전형계약으로서의 고용계약뿐만 아니라, 종속근로의 성격을 가지는 한, 설령 그것이 본래라면 도급으로 분류되어야 한다고 해도, 근로의 종속성이라는 측면에서 노동법상의 보호를 받는 것이라고 해야 한다. 다만, 그것이 도급으로서의 성격도 가지는 한, 환언하면 근로의 종속성이 고용에서의 그것보다는 희박하다는 점에서 그 종속성의 정도에 따라서 보호의 정도도 감소하는 것은 당연하다. 이것을 신청인의 주장과의 관계에서 구체적으로 검토해 보면, … 신청인과 피신청인과의 계약은 도급적 성격과 함께, 고용의 성격 '따라서 종속근로로서의 성격'을 포함한 일종의 혼합계약이라고 볼 수 있는 것으로, 그 고용적 성격의 범위 내에서, 또 노동법상의 보호를 받을 수 있는 것이다." 또 본건 해고의 효력에 대하여 "피신청인이 신청인들 타이틀 계약자와 계약을 체결하는데 있어서, 일부러 다른 회사를 만들어 이들과 계약시켜, 피신청인과 직접적으로 계약하는 것을 피했던 점, 직접 계약의 형식이 되고 나서부터 신청인들의 직원화의 강한 요구에도 구애받지 않고, … 다양한 점에서 다른 종업원과는 다른 취급을 해온 점, 특히 의사확인서로 조합에 대하여 "인원정리를 하지 않는다"는 취지를 약속했을 때에도 일부터 타이틀 계약자를 제외하고 있던 점, 신청인들은 이에 대하여 강한 불만을 가지고 있었다고 해도 결국 이에 응해온 점, 신청인들의 일의 성질상, 단순 근로와 달리, 종속근로자로서 기업에 고용된다는 것 이외에, 생활의 자금을 얻는 방법이 없는 자가 아니라는 점 등의 사정을 고려하면, 신청인들의 근로의 종속성의 정도는 상당히 약하다고 할 수 있고, 이러한 경우에는 계약관계를 종료하는 것이 권리의 남용으로 여겨진 범위는 통상의 고용계약의 경우보다도 좁은 것이라고 해야 한다."

(3) 행정해석에서의 노동기준법 연구회 보고서

노동기준법상의 '근로자' 개념에 대하여, 지금까지의 판례, 학설, 행정해석은 제9조에서 말하는 '사용되는 자'라는 표현에 착안하여 노무수령자와 공급자간에 지휘명령의 관계가 있는지의 여부(이른바 인적 종속성)를 중심적인 판단기준으로 하고, 그 외의 요소도 추가적으로 고려하여 판단해왔다.

1985년 12월 19일, 노동대신(당시)의 자문기관인 노동기준법연구회 제1차 부회(좌장: 荻澤清彦 成蹊大學 교수)는 '노동기준법의 "근로자"의 판단기준에 대하여'라는 제목의 연구결과의 보고를 했다(이하, '85년 보고서'라고 함).[69] '85년 보고서'는 전체적으로

세 부분으로 구성되어 있다. 그 내용을 약간 코멘트를 하면서 정리, 요약하여 제시하면 대략 다음과 같다.

(가) 노동기준법의 '근로자'의 판단기준

서론에 해당되는 이 부분에서는 본 보고서의 기본적인 입장을 다음과 같이 서술하고 있다.

첫째, '근로자'인지의 여부의 판단은 '사용종속성'으로 총칭되는 두 가지의 기준, 즉 '지휘감독하의 근로'라는 노무제공의 형태 및 '임금지급'이라는 보수의 노무에 대한 대상성, 그 양자의 유무로 이루어지게 된다.

둘째, 그러나 현실에는 이러한 기준으로 판단을 내리기 위해서는 곤란한 경우가 있고, 이러한 경우에는 '전속도(專屬度)', '수입액' 등의 여러 요소도 고려한 종합판단을 해야 한다.

셋째, 또한, 적어도 노동기준관계법제에 대해서는 이것이 사용종속관계에 있는 근로자의 보호를 공통된 목적으로 하고, 또 감독행정을 전국 획일적으로 운영해 나가는 필요상, 법률, 제도의 목적, 취지를 연관시킨 케이스 바이 케이스의 판단이 아니라, 공통의 판단에 따라야 할 것이다.

(나) '근로자성'의 판단기준

본론에 해당되는 이 부분에 대해서는 형식적인 계약형식의 여하에 관계없이, 실질적인 사용종속성을 종합적으로 판단할 필요가 있는 경우가 존재하는 것을 거듭 지적한 후, 이를 위하여 명확히 해야 하는 구체적인 판단기준을 제시하고 있다.[70)]

① '사용종속성'에 관한 판단기준

a. '지휘감독하의 근로'에 관한 판단기준

a) 일의 의뢰, 업무종사의 지시 등에 대한 승낙여부 자유의 유무

b) 업무수행상 지휘감독의 유무

c) 근무장소, 근무시간에 관한 구속성의 유무

d) 노무제공의 대체성의 유무

69) 勞働省勞働基準局編『勞働基準法の問題点と對策の方向』日本勞働協會, 1986年, 52頁 이하 참조.
70)『85年報告書』, 52頁 이하.

b. 보수의 노무대상성에 관한 판단기준

② '근로자성'의 판단을 보강하는 요소

a. 사업자성의 유무

a) 기계 · 기구의 부담관계

b) 보수의 금액

b. 전속성의 정도

a) 타사 업무의 제약

b) 보수의 생활보장적 요소

c. 기타

a) 채용 · 위탁 등의 선고과정

b) 원천징수

c) 노동보험

d) 복무규율

e) 퇴직금제도, 복리후생

보고서는 이러한 것들 중, A의 가, 나, 다를 중시하고, 이러한 제요소를 종합적으로 감안하여 근로자성의 유무가 결정되게 된다. 이렇게 일반적인 사용종속성의 판단구조에 대하여 논한 후, 보고서는 구체적인 사례로서 지입차주와 재택근무자에 대하여 언급한다.

(다) 구체적 사안과 보강요소

이상의 부분을 이론 편으로 이름을 붙인다면, 이 보고서의 최종 부분은 문자 그대로 응용편이라고 부를 수 있다. 보고는 '지입차주'와 '재택근무자'의 양자로 압축하여 그 판단기준을 구체적으로 논하고 있다. 이하는 그 요약이다.

① 지입차주

보고는 '지입차주'를 '자신이 소유하는 트럭 등으로 타인의 의뢰, 명령에 근거하여 제품 등의 운송업무에 종사하는 자'로 정의한 뒤, 다음과 같이 의견을 진행하고 있다. 운송업무에 종사하는 자에 대하여 그 사용종속성의 유무를 판단하는 경우, 해당 업무의 성격에도 항상 주의할 필요가 있다. 보고서가 강조하고 있는 점은 이 점이다. 예를 들면 '업무수행상의 지휘감독의 유무'에 대하여 운송물품, 운송처, 납입시각의 지정은 운송이라는 업무의 성격상 당연하고, 지휘감독의 유무와는 관련되지 않는다. 지휘감독이 있다고 하기 위해서는 운송경로, 출발시각의 관리, 운송방법의 지시 등이 이루어져 운송업무의 수행이 사용자의 관리 하에서 이루어지고 있다고 인정될 필요가 있다고 한다.[71]

또 '구속성의 유무'에 대해서는 근로장소 · 근무시간의 지정 · 관리가 없는 것은 지휘감독관계를 부정하는 중요한 요소가 되지만, 그것이 업무내용에서 필연적으로 필요하게 되는 경우는 구속성을 긍정하는 한 가지 요소가 되는 것에 불과하다고 한다.[72]

지입차주의 근로자성에 대해서는 지입차주가 일반적으로 고액의 트럭 등을 소유하고 있기 때문에, 근로자성의 판단기준으로서 '사용종속성'에 관계되는 여러 사정뿐만 아니라, 보강요소로서 '사업자성(자신의 계산과 위험부담에 근거로 하는 사업 활동)의 유무'나 '전속성의 정도' 등의 사정도 첨가하여 종합 판단할 필요가 있다고 한다.[73]

② 재택근무자

재택근무자의 정의는 불필요할 것이다. 보고는 향후 이러한 취업형태의 자가 증가해 갈 것이라는 전제로, 그 '근로자성'의 판단기준을 구체적으로 모색하고 있다. 여기에 제시된 판단기준은 '업무의 승낙여부의 자유'의 유무와 함께 '계약의 내용'이 판단의 결정적 요소가 되어야 한다.

(라) 소 결

'85년 보고서'는 지금까지 근로자성의 유무를 판단해 온 많은 행정해석이나 판례 및 학설을 분석함으로써, 판단기준을 체계화했다. 이 중 '사용종속성'의 유무를 판단하는 사정으로서 '업무수행상의 지휘감독의 유무', '근무장소, 근무시간에 대한 구속성의 유무'의 두 가지 사정을 중요한 요소로 들고 있다(그 외, '일의 의뢰, 업무종사의 지시 등에 대한 승낙여부 자유의 유무'도 이것이 긍정되는 경우에만 중요한 요소가 된다고 한다).

한편, '85년 보고서'는 보강요소로서 들었던 '사업자성의 유무' 등에 대하여 지입차

71) 『85年報告書』, 59頁.
72) 『85年報告書』, 59頁.
73) 『85年報告書』, 58頁.

주가 고액의 트럭 등을 소유하고 있는 경우에는 '사업자성'이 추인되고, 또 동종의 업무에 종사하는 정규종업원에 비하여 보수가 고액이 되는 경우에는 근로자성을 약화시키는 요소가 되는 등의 판단을 제시하고 있다.[74] 그리고 '85년 보고서'는 결론적으로는 '사용종속성'의 정도를 충분히 긍정할 수 있는 사례에서는 '사업자성의 유무' 등의 보강요소가 '사업자성'을 보여주고 있어도, 근로자성이 긍정된다고 한다. 반대로 '사용종속성'이 인정되지 않고, 동시에 '사업자성'이 인정되는 사례에서는 근로자성은 부정된다고 한다.[75]

'85년 보고서'에서는 '사용종속성'이 인정되지 않든가, 그 정도가 낮지만 '사업자성'도 부정되는 경우의 판단이 반드시 명확하지 않지만, '사용종속성'의 판단요소인 '업무수행상의 지휘감독의 유무'와 '구속성의 유무'를 근로자성 판단의 기본요소로 규정하고 있다고 해석된다.

(4) 법원에서의 대응

과거에 근로자성이 다투어진 사건에는 다음과 같은 것이 있다.

가스회사의 요금집금인, 전력회사의 위탁검침원, 전속피아니스트, 전속판매원, 특약점 계약에 근거로 하는 취재 · 배본 · 집금 등의 업무에 종사하는 외무조사원, 손해보험회사의 연구생, 산업폐기물운송의 운전수, 거래금액에 따라 지급(歩合給制)하는 트럭운전수, 자신의 차를 가지고 있는 운전수, 회사의 이사, 위촉 비상근강사, 업무위탁계약에 따른 세탁 · 조리의 업무에 종사하고 있는 자, 선어류 선별에 종사하고 있는 자, 비디오디스크 제작에 종사하는 자, 미술판매업무에 종사해온 자, 청소업무에 종사해온 자, 도급계약에 따른 호스티스, 대학교 조수, 필경자, 정당기관의 상임활동가, 오토바이경기에 참가하는 선수, 영화회사의 조명기사, 녹음기사, 가족경영의 제재회사에서 일하는 양자, 경영 컨설턴트, 부동산중개업, 프로그램제조회사에서 부탁받은 엑스트라, 화물집하인, 우체국의 직장헬퍼, 전화박스 청소인, 컴퓨터시스템 매뉴얼 작성의 영업활동에 종사하는 자 등등이다.

그 외 대표이사의 모친의 근로자성이 다투어진 사례도 있고, 그 중에는 본래 상법

74) 『85年報告書』, 60頁.
75) 『85年報告書』, 63頁 이하.

第276조 '겸임금지'[76]에 따라 사용인을 겸무할 수 없는 감사역에 대하여 근로자성이 인정되어, 취업규칙 퇴직금 조항의 적용이 있다고 여겨진 사례도 있다.[77]

이상 실제로 수많은 종류의 직업 · 업무가 존재한다. 물론 상기에서 열거한 사례 모두 근로자성이 인정되었던 것은 아니지만, 얼마나 많은 직업 · 업무에서 근로자성이 다투어져 온 것을 이해할 수 있으며, 그 입법화의 영향은 매우 광범위하게 미친다고 인식하는 것이 좋을 것이다.

그런데 노동행정 · 법원은 도급근로자 등 특수고용형태에 대하여 노동기준법 제9조에서 정하는 근로자에 해당되는지의 여부가 개별사안마다 판단하여 대처하고 있다. 노동기준법 제9조가 정하는 근로자의 정의가 추상적이기 때문에, 노동행정은 앞의 '85년 보고서'가 정리한 근로자성에 관한 판단기준을 바탕으로 근로자성의 유무를 판단하고 있으며, 법원도 대부분 이를 참고로 하고 있다. 또, 어떤 기준(항목)에 절대적으로 중요성이 있는 것이 아니라, 상호 관련되면서 서로 보완하고 있다는 이해가 중요하다.

예를 들면, 노동기준법 · 노재보험법이나 해고권남용법리 등의 적용에 관계되는 '근로자'성에 대해서는 자신의 자동차를 가진 트럭운전수에 대하여 이것을 부정한 사례[78] 및 긍정한 사례,[79] 촬영 중 사망한 영화촬영기사에 대하여 긍정한 사례,[80] 회사경영의 공원 취주악단 단원에 대하여 긍정한 사례,[81] 수신료집금인에 대하여 부정한 사례,[82] 연수의에 대하여 긍정한 사례[83]가 있다.

또, 노동조합법상의 '근로자'에 대해서는 이전 방송국의 전속관현악단의 단원에 대하여 이를 긍정한 판례[84]가 있고, 노동위원회의 실무에서는 임가공 내지 가내근로자,[85] TV회사의 예능인,[86] 특정 영화회사에 소속된 배우[87] 등, 1985년 이후 프로야구

76) '감사역은 회사 혹은 자회사의 이사 혹은 지배인, 그 외의 사용인 또는 자회사의 집행역을 겸할 수 없다.' 현행 회사법 제335조 2항 참조.
77) 千切屋事件 · 京都地判 昭和50.8.22. 判時 803号, 120頁.
78) 横浜南労基署長(旭紙業)事件 · 最一小判 平8.11.28. 労判 714号, 14頁; 加部建設 · 三井道都事件 · 東京地判 平15.6.9. 労判 859号, 32頁.
79) 御船運送事件 · 大阪高判 平15.11.27 労判 865号 13頁.
80) 新宿労基署長(映畫撮影技師)事件 · 東京高判 平14.7.11. 労判 832号 13頁.
81) チボリ · ジャパン事件 · 岡山地判 平13.5.16. 労判 821号 54頁.
82) NHK西東京營業センター事件 · 東京高判 平15.8.27. 労判 868号 75頁.
83) 關西医大研修医事件 · 大阪高判 平14.5.9 労判 831号. 28頁.
84) 中部放送事件 · 最判 昭和51.5.6. 民集 30巻 4号 437頁.
85) 東京ヘップサンダル工組合事件 · 中労委 昭和35.8.1. 労委年報 15号 30頁(菅野和夫『労働法(第6版)』弘文堂、2003年、484頁는 이 사건은 노동기준법상의 근로자는 될 수 없다고 한다).

선수,[88] 승려[89] 등이 '근로자'라고 인정되고 있다.

또한, 이사 겸무 종업원이 해고제한이나 취업규칙(특히 퇴직금 규정)의 적용과의 관계에서 '근로자'라는 점을 주장하여 다투는 사례도 많다. 이 경우, 판례는 이 자의 종업원으로서의 근무실태에 따라 판단하고 있다고 할 수 있다.

판례는 기본적으로는 상기의 '85년 보고서'가 언급하는 '근로자'성의 판단기준의 모든 것, 또는 일부를 종합적으로 고려하여 실질적으로 판단해왔다고 할 수 있다. 예를 들면, 일련의 요코하마미나미 노동기준감독서장(아사히지업)(横浜南労基署長(旭紙業)) 사건 각 판결에서는 같은 인정사실에도 불구하고, 2심과 공소심 · 상고심에서 법적 판단이 나뉘고, 또 공소심판결에서는 법적 판단방법으로서의 종합판단뿐만이 아니라, '당사자 의사의 존중'에 대해서까지 언급하기에 이르렀다.[90]

이 사건은 자신의 트럭을 가지고 운전업무를 하고 있던 상고인이 작업 중, 전도하여 골절, 두부외상 등의 상해를 입은 사고에 대하여, 노동기준감독서에 산재에 따른 요양보상급부 등을 청구했지만, 노동기준감독서장은 노재보험법상의 근로자에 해당되지 않는다고 하여 요양보상급부의 불지급처분을 했기 때문에, 그 처분의 취소를 요구하여 다툰 사건이다.

제1심의 요코하마 지방재판소(平5. 6. 17. 판결)는 노재보험법상의 근로자는 노동기준법상의 근로자와 같다는 점, 자동차를 가진 운전수는 시간적인 구속의 정도가 일반 종업원과 그다지 다르지 않았다는 점, 현실에는 원고 혼자서 회사의 운송업무를 전속적으로 행할 수밖에 없고 회사 이외의 사무소와 운송계약을 하거나, 제3자에게 운송업무를 대체시키는 것은 불가능했던 점, 보수에 대해서 보아도 회사가 일방적으로 설정한 보수기준인 운임표에 구속되어 그 보수가 일반 운전수의 임금과 비교하여 근로자성을 부정하는 만큼 특히 고액이라고 할 수 없는 점 등에 비추어보면, 회사의 원고에 대한 업무수행에 관한 지시나 시간적 · 장소적 구속은 도급계약에 근거로 하는 발주자의

86) 中部放送事件 · 最判 昭和51.5.6. 民集 30巻 4号 437頁.
87) 京都地労委命令 昭和40.7.27.
88) 東京地労委命令 昭和60.11.14.
89) 京都地労委命令 平成8.28.
90) 해당 노무공급자가 한편으로는 자영업자로서 세법상의 이익을 받으면서, 다른 한편으로 나중에 근로자로서 노동법의 적용에 따른 보상을 청구하여 이익을 얻게 되어, 통상적으로 공정(公正)에 반한다고 생각되기 때문이다. 그리고 노무공급자가 한번 자신이 그 법적 지위를 선택하여 이익을 향수한 이상, 자신의 선택을 철회할 수는 없다고 하여, 명시의 당사자 의사는 근로자성의 판단에서 결론을 좌우하는 요소가 된다.

도급인에 대한 지도나 그 계약의 성질에서 발생한 구속의 범주를 초과하는 것으로, 업무의 실태는 회사의 사용종속관계 하에서의 노무의 제공이라고 평가해야 하는 것이라고 하여, 원고는 노재보험이 적용되는 근로자에 해당된다고 했다.

이에 대하여 제2심 도쿄 고등법원(平6. 11. 24. 판결)은 노재보험법상의 근로자는 노동기준법상의 근로자와 동일하고, 노재보험법의 특별가입제도 등은 근로자가 아닌 자에 대하여 임의적인 가입을 인정하는 것으로, 노재보험법이 당연히 적용되는 근로자의 개념을 바꾸어 적용대상의 범위를 넓히는 것이 아닌 점, 또 자동차를 가진 운전사는 운송도급계약 하에서 실태상으로는 전속적인 하청업자로서 운송업무를 하고, 운송에 필요한 경비 및 사고의 경우의 손해배상책임을 부담하는 자로, 취업규칙은 적용되지 않고, 원천징수소득세를 공제받지 못하고, 보수는 종업원으로서 운전사를 고용한 경우의 급여보다도 많은 금액을 지급하고 있는 점, 이러한 취업형태는 노동기준법상의 근로자로 보는 것은 어렵다고 하여, 피공소인은 노재보험법상의 근로자라고는 할 수 없다고 했다.

그리고 계속된 최고법원(平8.11.28 판결)은 상고인은 트럭을 자신이 소유하고 연료 등의 제경비를 자신이 부담하고 있었던 점에서 먼저 사업자성이 있다고 판단하고, 그 뒤 부정하는 정도의 사용종속성이 있는지의 여부를 판단한다. 구체적으로는 상품의 납입처, 납입기간 등의 지시를 받는 외, 주행경로 등의 지시는 없었다는 점, 혹은 시업·종업시각은 유저(user)의 정규종업원과 달리 정해져 있지 않고, 납입일의 전날에 짐을 실어 자택에서 직접 납입처로 직행하는 경우도 있었다. 이러한 사정에서 보아 시간적·장소적 구속성이 옅고, 작업지시의 구속성의 정도가 낮았다는 점에서, 근로자성을 부정하고 산재급부를 받을 수 없다고 결론지었다.

주의해야 하는 점은 유저(user)인 운송회사의 정규종업원의 시업시각·종업시각이 정해져 있었음에도 불구하고, 이 지입차주의 사람들은 정해져 있지 않았던 점이다. 이것이 정규근로자와 비교하여, 시간적 구속성이 옅다는 최고법원의 판단에 영향을 미치고 있다고 생각된다.

지금까지 최고법원은 '근로자' 개념에 이러한 판단을 적지 않게 해왔다.

그러나 이러한 어느 사건에서도 최고법원은 다양한 사실관계를 나열한 뒤, 이러한 것의 종합판단으로서 '근로자'인지의 여부의 결론을 제시할 뿐이다. 최고법원의 입장에서 적극적으로 '근로자'개념을 정의하고, 그 판단기준을 명시하는 것에는 아직 이르고 있지 못하다. 사법의 판단을 통일한다는 최고법원 판례가 완수해야 하는 기능은 이 문제에 대해서는 달성되지 못한 것이다.

(5) 판단기준의 문제점

이상과 같은 학설 · 행정해석 · 판례의 판단구조는 판단요소가 다양하고, 또 제요소의 경중이나 상호관계가 명확하지 않기 때문에 많은 문제를 안고 있다.[91)]

첫째로, '근로자'성을 매우 다양한 요소의 종합평가로 판단하는 방법은 객관성과 예측가능성이 결여된다는 문제가 있다. 최근에 이르러 적어도 긍정적으로 판단하는 판례가 나오고 있는 점은 주목할 만하지만,[92)] 사전예측이 어려운 불명료한 상태가 여전히 계속되고 있다.

이러한 상황은 결과적으로는 이 문제에 대한 근로자의 지위를 심하게 불리하게 하고 있다고 생각된다. 취업자가 자신의 법적 지위를 혹은 자신의 권리의무를 명확히 인식한다는 점에서는 현행 제도에 여전히 검토해야 하는 과제가 있다고 생각된다.

개별 구체적인 사안에 따라서 법원의 판단이 다른 것은 피할 수 없는 부분이지만, 사용종속성 기준과 그 판단 방법이 결과의 예측을 어렵게 하고 있는 요인은 전통적인 근로자에 가까운 자를 보호하는지, 혹은 사용종속성이 애매해도 보호의 필요성을 중시하는지에 대한 방향성이 명확하지 않은 점에 있다고 생각된다.

또, 판례 · 학설의 기본적 구조를 유지한다고 해도, '근로자'성이 문제가 되는 자를 몇 가지 형태로 나누어, 각각에 입각하여 보다 명확한 판단기준을 확립하는 것이 과제가 될 것이다.

둘째로, 지휘명령 · 구속성의 판단의 어려움이다. 지휘명령 · 구속성은 즉, 어떠한 사정이 인정되면 지휘감독하의 근로라고 할 수 있는가라는 판단은 매우 어렵다.

또 '근로자'성을 지휘감독관계(인적 종속성)의 존재여부에 중요한 위치를 부여하여

91) 労働基準法研究會,『労働基準法の『労働者』の判斷基準について』, 1985年12月19日. 이 보고서의 비판적 검토로서, 總評弁護団,『労働基準法研究會報告書の問題点』, 1986年1月31日, 2頁 이하 참조.

92) 池添弘邦,『社會法における『労働者』の概念』, 獨立行政法人労働政策研究 · 研修機構 JILPT Discussion Paper 04-007号, 2004年 6月, 40-47頁의 판례 일람에 따르면, 노동기준법상의 근로자성에 대해서는 긍정사례 73, 부정사례 53, 일부긍정사례 2, 혼합사례 1이다.

판단한다는 방법이 현실적 및 이론적으로 적절한지에 대한 재검토의 여지가 있다. 이러한 판단기준은 경제적으로는 근로자와 비슷한 보호를 필요로 하지만, 지휘감독관계가 희박한 자를 '비근로자'로서 다루게 되지만, 그것이 타당한지의 여부가 문제이다. 게다가 노동기준법상의 근로자 중에서도, 근로시간의 구속을 받지 않고 업무수행상의 구체적인 지휘명령을 받지 않는 근로자(제41조 제2호의 적용을 받는 관리감독자나 재량근로제로 일하는 근로자 등)가 존재하고 계속 확대되고 있는 점의 이론적 정합성도 문제이다.

셋째로, 인적 종속성과 경제적 종속성의 복합의 문제이다. 상기 '85년 보고서'와 다수학설에서 들고 있는 판단기준 가운데, A a)는 인적 종속성의 기준이고, A b), B a)와 b)는 경제적 종속성의 복합으로, 보완적인 판단기준이기는 하지만, 이 양자가 노동법의 적용대상을 확정하는 통일적인 판단기준으로 되어 있다. 이에 대하여 독일에서는 '근로자'성의 판단기준으로서는 인적 종속성(지휘명령구속성)만을 이용하고, 이와는 별도로 근로자와 자영업간에 위치하는 '근로자 유사한 자'의 개념이 있다.[93]

또, 도급근로자를 근로자로서 보호하는 방향이 명확하지 않기 때문에, 노동법의 적용대상을 좁게 해석하는 경향이 존재한다는 지적도 있다.[94]

6. 도급과 파견의 구분[95]

일본에서 도급(일본에서는 이를 '請負'라고 함)은 여러 산업현장에 다양한 형태로 존재하여 왔다. 통상적으로 지칭하는 도급은 조선, 철강, 화학, 건설 등 전통적인 산업분야에서 최근에는 빌딩관리, 민간방송 및 정보 · 사무처리 등 전 방위로 확대되고 있다. 도급은 법적으로는 업무의 완성을 목적으로 하는 민법상의 도급계약이 이용되는 경우가 일반적이지만, 그 이외에 위임계약 내지 업무위탁교육이라는 형태로 이루어지는 경우도 있다.

도급의 경우, 하청기업이 원청기업(발주기업)과는 별도로 자신의 사업장에서 제품이나 부품을 생산하여 이를 발주기업에 납품하는 전형적인 형태가 있는가 하면, 건설업

93) 東京大學勞働法研究會, 『注釋勞働基準法(上)』(第9條, 橋本陽子執筆部分), 有斐閣, 2003年, 147頁 참조.
94) 鎌田耕一, 「いわゆる傭車運轉手の勞災保險上の勞働者性が否定された事例ー權浜南勞基署長事件 · 最高裁第一小法廷判決の研究」『勞働法律旬報』1422号, 1997年12月, 21頁 이하.
95) 이정, "일본의 도급과 파견의 판단기준", 『노동법포럼』 제11호, 2013, 3면.

이나 조선업에서는 하청근로자들이 건축물이나 선박이 위치하는 원청기업의 특정 장소에서 다양한 작업에 종사하는 경우도 있다. 후자의 경우를 흔히 '사내하도급'(일본에서는 이를 '構內請負'라고 함)이라고 하는데, 이는 자기가 소속하고 있는 기업이 아닌 다른 기업에서 노무를 제공하고 있다는 점에서 근로자파견과 매우 흡사하다. 파견은 근로자파견법의 규제를 받는다는 점에 있어 민법상의 도급이나 업무위탁과는 엄격히 구분되어야 하지만, 사내하도급과 파견을 구분하기란 그렇게 간단하지 않다. 이에 주무행정관청은 '도급과 파견을 구별하는 기준을 마련하여 대응하고 있지만, 그럼에도 불구하고 위장도급 내지 불법파견 문제가 완전히 불식되지 않고 있는 것'도 사실이다.

7. 구별개념[96)]

(1) 근로자공급과의 구별

근로자파견은 '자신이 고용하는 근로자를, 해당 고용관계 하에 이와 동시에 타인의 지휘명령을 받고, 해당 타인을 위하여 근로에 종사하게 하는 것'으로 정의되어 있다(파견법 제2조 제1호). 1985년의 노동자파견법의 제정으로, 직업안정법 제4조 6호에서 규정되어 있던 근로자공급의 정의('공급계약에 근거로 근로자를 타인의 지휘명령을 받아 근로에 종사시키는 것')에서, 파견법 제2조 1호에서 말하는 근로자파견은 제외되게 되었다. 근로자공급과 근로자파견의 관계에 대하여 파견금지업무에 대한 파견 등의 이른바 위법파견은 근로자공급에 해당하는지가 문제가 되지만, 위법파견이라고 해도 파견법 제2조 1호의 정의를 충족시키는 한, 근로자공급은 되지 않는다고 해석되고 있다.[97)]

따라서, 근로자파견이 아니라 근로자공급에 해당되는 취업형태란, 공급기업과 근로자간에 고용계약 이외의 어떠한 형태의 지배관계가 있는 경우에 한정된다. 이러한 근로자공급으로 인정되는 취업형태는 현재 거의 관념(觀念)하기 어렵다고 생각되지만, 예를 들면, 파견사용기업이 파견근로자를 또 다른 사용기업 하에 취업시키는 다중파견의 경우는 여기에 해당된다고 해석되고 있다.

---

96) 하시모토 요코, "일본의 노동자파견법의 최근 동향", 2014. 1. 20 한국노동법이론실무학회 토론회집, 9-10면.
97) パナソニックプラズマディスプレイ(パスコ)事件・最判平成21・12・18. 民集 63巻10号 2754頁.

(2) 도급과의 구별

도급과 근로자파견은 사용기업이 지휘명령을 행사하고 있는지의 여부로 구별되며, 1986년의 노동성고시가 구체적인 기준을 정하고 있다.[98] 이에 따르면, 위법인 도급으로 인정되기 위해서는 업무수행방법의 지시 및 근로시간의 관리 등, 기타의 노무관리를 하청기업이 행하고 동시에 하청기업이 자금 · 기재 등을 직접 부담하여 법령상의 사업주로서의 책임을 완수할 수 있는 독립된 사업주로서의 실체를 갖추고 있는 것이 필요하게 된다.

도급과 근로자파견의 구별은 실무상 언제나 어려운 문제로, 후생노동성은 문제가 되는 직업마다 구체적인 기준을 제시하고 있다.[99] 또, 위장도급을 방지하기 위해서 후생노동성은 원청 및 하청기업에 대하여 적정한 도급이라고 인정받기 위해서 확인해야 하는 사항을 열거한 도급가이드라인을 작성하였다.

(3) 출향과의 구분

고용주와의 근로계약 관계를 유지한 채, 일정기간, 동일 기업그룹 내의 타사에서 취업하는 재적출향은 일본에서 확립된 고용관행으로 되어 있으며, 밀접한 관계에 있는 기업간에 출향 중의 근로조건이 출향근로자에게 불이익하게 되지 않도록 정비되어 있으면, 근로자의 개별동의를 얻지 않고 출향을 명할 수 있다고 해석되고 있다.[100]

출향과 근로자파견을 구별하기 위해서, 출향에서는 출향기업뿐만 아니라, 출향사용기업도 근로자와 근로관계를 가진다고 해석되고 있다(2중의 근로관계).[101] 그러나 실제로 출향과 근로자파견을 어떻게 구별하는지에 대해서는 반드시 명확하지 않다. '출향'이라고 칭하고 있었지만, 실제로는 '근로자파견'이었다고 여겨져 출향기업이었던 파견회사가 처분 받은 사례에서는 '관계회사에서의 고용기회의 확보, 경영지도, 기술지도의 실시, 직업능력개발의 일환, 그룹기업 내의 인사교류의 목적은 없고' 단순히 근

98) 『労働者派遣事業と請負により行われる事業との區分に關する基準を定める告示』(昭和61 · 4 · 17 勞働省告示37号).

99) 제조업무, 차량운행관리업무, 의료사무수탁업무, 연회서비스에 대하여 구체적인 기준이 제시되어 있다(勞務行政研究所編『勞働者派遣法』120頁 以下〔勞務行政研究所、2013年〕).

100) 新日本製鐵(日鐵運輸第2)事件 · 最判平成15.4.18. 勞判847号 14頁.

101) 勞務行政研究所編『勞働者派遣法』勞務行政研究所, 2013年1, 27頁.

로자를 송출하는 것으로, 출향기업은 근로자의 임금에 상당하는 실비 상당액 이상의 금전을 수령하여 금전적인 이익을 얻어 '업(業)'으로 행하고 있었기 때문에, 근로자파견이었다고 판단되고 있다.[102] 출향과 근로자파견의 구별에서는 업으로서 행했는지의 여부가 실질적인 기준이 되어 있다고 말할 수 있을 것 같지만, 일본의 톰슨사건(トムソン事件)[103]에서는 출향과 근로자파견의 명확한 구별의 기준을 제시하지 않고, 출향이라고 칭하여 행해진 근로자의 파견이 근로자파견이라고 평가되고 있다.

8. 사내하도급의 문제점[104]

사내하도급을 이용하는 최대의 목적은 하청업체가 가진 기술적 노하우를 활용하기 위한 측면도 있지만, 주로 경기변동에 능동적으로 대응하기 위한 목적 내지 코스트의 절감을 위한 목적으로 하도급을 이용하고 있는 것으로 나타나고 있다. 그 결과 사내하도급을 둘러싸고 여러 가지 문제가 발생하고 있는데, 이를 요약해 보면 다음과 같다.[105]

(1) 상대적으로 열악한 근로조건

사내하도급 근로자의 경우, 원청기업 근로자에 비해 근로조건이 상대적으로 열악하다는 점을 지적할 수 있다. 물론, 원청기업 및 하청기업과의 관계에 따라서는 수주의 안정을 기대할 수 있는 점 및 기술 지도를 받을 수 있는 점 등의 장점도 있을 수 있지만, 불공정한 도급계약에 의해 열악한 근로조건을 강요당하는 경우가 많다. 예를 들어, 도급대금의 저액화에 따른 하청기업의 이익저하, 도급대금의 지급지연, 추가·변경의 주문에 대한 대금미지급 등은 그 대표적인 문제이다. 이러한 문제에 대응하여 기업 간 거래자체에 대하여 중소기업보호의 관점에서 일정한 규제를 하고 있다.

예를 들면, 『하청대금지불방지법(下請支拂防止法)』에서는 제조업이나 건설업의 도급

102) 三重労働局發表報道資料(平成25年3月14日).
103) 日本トムソン事件·大阪高判平成23.9.30. 勞判1039号 20頁.
104) 이정, "일본의 도급과 파견의 판단기준", 『노동법포럼』 제11호, 2013, 7-9면.
105) 위 내용은 山川隆一, 「日本における下請け構造と勞働法上の問題点」 『外法論集』 제37권 제1호, 2013을 주로 참고하여 정리하였다.

관계에서 도급대금지급의 신속화와 지급조건의 서면화 등을 규정하고 있다(제2조의 2 및 제3조). 또한, 『건설업법(建設業法)』에서는 건설업자가 수주한 건설공사를 일괄하여 다른 업자에게 다시 하청을 주는 것(이를 일본에서는 '마루나게'(丸投げ)라고 한다)을 금지하고 있는데(제22조), 이는 수차례의 도급과정에서 자신들은 공사를 행하지 않고 하도급업체로부터 부당이득을 챙기는 소위 '중간착취'를 방지하기 위함이다.

(2) 고용불안

사내하청기업의 경우, 근로자를 장기에 걸쳐 기간의 정함이 없는 계약으로 고용할 재정상의 여력이 부족하다는 점과, 발주가 줄어든 경우의 리스크에 대응할 필요가 있는 점 등에서 기간제근로를 선호하는 경향이 있다. 예를 들면, 2005년에 후생노동성이 실시한 『노동력수급제도에 대한 앙케이트조사(労働力需給制度についてのアンケート調査)』에 의하면, 하청기업에 고용되어 타사에서 일하는 근로자의 53.3%가 '기간의 정함이 있는 근로계약을 체결하고 있다'고 응답하고 있다.[106] 이러한 기간제고용은 기간이 완료되면 계약이 당연히 종료된다는 점에서 근로자의 입장에서 보면 고용이 불안정하며 뿐만 아니라, 이러한 경우에는 장기고용을 전제로 한 기술 및 업무교육 등의 교육훈련을 받을 기회도 불충분하여 커리어형성을 통한 정규직으로 전환할 수 있는 기회가 거의 없다는 점을 들 수 있겠다.

(3) 위장도급문제

일본의 경우, 2004년부터 제조업에 대해서도 파견을 허용하고 있지만, 그 이전까지는 제조업에 파견이 허용되지 않았기 때문에 주로 도급을 이용하여 왔다. 하지만, 파견이 허용된 후에도 파견기간에 대한 제한 때문에[107] 이를 피하기 위하여 파견과 도급을 반복적으로 이용하는 소위 '회전문식 고용'이 생겨나면서 파견과 도급의 혼용에서 오

---

106) http://www.mhlw.go.jp/bunya/koyou/haken-shoukai01 (III-9 도급근로자 조사 중, 표9를 참조)

107) 일본에서의 근로자파견에 대해서는 소프트웨어 개발이나 사무기기조작 등, 일정한 전문적 내지 특수한 업무에 대해서는 특히 파견근로자의 수용기간을 제한하지 않는 한편, 제조나 판매, 일반사무 등 그 이외의 업무에 대해서는, 일정기간(최장 3년)까지만 파견을 허용하는 제도로 되어 있다(노동자파견법 제40조의 2). 이에 비해, 파견기간이 1일(일용파견) 등 너무 짧은 경우에는 파견기업이 고용주로서의 책임을 다하기 어렵기 때문에 산업재해 등의 문제가 발생하기 쉽다. 그래서 2012년의 노동자파견법의 개정으로, 30일 이내의 단기간의 근로자파견은 일정한 전문 업무를 제외하고는 금지하기에 이르렀다.

는 다양한 법률문제가 발생하고 있다.[108)]

예를 들어 노동자파견법과의 관계에서는 도급의 형식을 취하면서, 원청기업이 현실적으로는 하청기업의 근로자에 대하여 지휘명령을 하는 경우가 종종 있다. 이러한 취업형태는 객관적으로는 근로자파견에 해당되지만, 하청기업은 노동자파견법상의 허가나 신고를 하지 않는 등 다양한 법률위반이 발생하게 된다. 이러한 취업형태를 당사자가 의도적으로 행하고 있는 경우에 '위장도급'이라고 하며, 이에 대하여 어떠한 법적 대응이 가능한지가 문제가 된다.

(4) 고용관리책임의 불명확함의 문제

사내하도급의 경우, 하청기업의 근로자가 원청기업의 근로자와 같은 사업장에서 근로에 종사하게 되어 지휘명령 계통이 병존하게 되는 경우도 종종 있다. 특히 건설업과 조선업 등에서와 같이 하청기업의 수가 많은 중층하청의 현장에 대해서는 이러한 현상이 한층 더 두드러지게 나타나고 있다.

이처럼 지휘명령이나 고용관리가 혼재하는 경우, 어느 기업이 근로자의 안전위생상의 관리를 해야 하는지가 불명확하게 될 뿐만 아니라, 기업 및 근로자 상호간에 커뮤니케이션(의사소통)이 원활하지 못하여 산업재해가 발생하기 쉽다. 예를 들어 조선업의 하청현장에서, 어떤 하청기업이 위험한 작업을 하고 있음에도 불구하고 다른 하청기업이 이러한 사실을 통보받지 못한 채 위험한 작업이 이루어지고 있는 현장에서 근접한 장소에서 작업을 하다가 재해를 입는 사례가 대표적이다. 최근에는 2011년의 동일본(東日本)대지진 직후에 발생한 후쿠시마(福島) 원자력발전소사고에 대한 대응에서, 원자력발전소 관련 근로자의 대부분이 하청근로자라는 것이 판명되고, 그 근로자들의 안전관리가 충분하지 못했던 사례를 볼 수 있다.[109)]

---

108) 본고에서 언급한 후생노동성의 조사에 의하면, 조사대상인 파견근로자의 39.7%가 사실상 기간의 정함이 있는 근로자가 될 수밖에 없는 '등록형 파견근로자'이기 때문에 도급근로자와 마찬가지로 고용불안의 문제를 안고 있다.

109) http://www.asahi.com/special/10005/TKY201207200768.html (하청기업이 피폭정도를 적게 보여주기 위하여 계측기를 납판으로 덮었다는 내용의 신문보도)

(5) 개별적 도급 및 업무위탁과 근로자성

건설현장에서의 일인사업자 등의 개별적 도급(개인도급), 혹은 가정전기제품의 수리 등에 대한 개별적 업무위탁이 이루어진 경우, 개별적 도급인이나 개별적 업무위탁자는 주문자나 위탁자에 비하여 교섭력이 약한 것이 일반적이다. 그러한 사람들이 대부분 오로지 특정 주문자나 위탁자로부터 업무를 부여받고 있는 경우에는(전속성이 강한 경우), 그 주문자나 위탁자에 대한 경제적 의존관계가 발생하기 때문에 교섭력이 약한 것은 한층 더 명확하게 된다(이른바 'dependent contractor').

이러한 교섭력이 약한 개별적 도급인이나 개별적 업무위탁자는 계약서 등에서는 도급이나 업무위탁의 형식이 취하고 있기 때문에, 실제로 노동법상의 '근로자'로서는 취급되지 못하는 경우가 많다. 이 때문에 업무 중에 재해를 입은 경우나 주문자나 위탁자로부터 계약을 해지당한 경우에도 '근로자'로서의 보호를 받지 못하는 결과가 되지만, 이들을 과연 '근로자'라고 할 수 없는지, 그렇다고 하면 이들이 아무런 법적 보호도 받을 수 없는지 등의 의문이 생긴다.

Ⅱ. 파견법의 연혁[110)]

1. 파견근로

고용에서 차지하는 비정규고용의 숫자 및 그 비율은 〈표 10〉에서 살펴볼 수 있듯이 일관하여 증가하고 있으며, 1985년의 655만명(비율은 16.4%)에서 2002년에는 1813만명(비율은 35.2%)이 되었다. 그동안 정규근로자는 1995년의 3779만명을 피크로 서서히 감소하기 시작하였으며, 비정규근로자를 합친 고용근로자 전체도 2007년의 5173만명(정규근로자 수는 3441만명, 비정규근로자수는 1732만명)을 피크로 하여 서서히 감소하기 시작하였다. 고용근로자 전체가 감소하고 있음에도 불구하고, 비정규근로자수는 일관하여 증가하고 있다는 것은 정규근로자가 비정규근로자로 옮겨가고 있다는 점일 것이다.

---

110) 하시모토 요코, "일본의 노동자파견법의 최근 동향", 2014. 1. 20 한국노동법이론실무학회 토론회집, 2014, 2-25면.

비정규고용의 내역 및 비정규고용에 차지하는 파견근로자의 비율은 노동력조사(勞働力調査)에 따르면 〈표 10〉과 같다. 일본에서는 근로자성이 문제가 되는 이른바 개인도급·위탁취업자는 비정규근로자에 포함되어 있지 않지만, 이러한 취업형태도 증가하고 있으며 정확한 통계는 없지만, 약 110만명~125만명 정도이지 않을까 추계된다.[111)]

〈표 10〉 정규근로자와 비정규근로자의 추이

	1985년	1990년	1995년	2000년	2005년	2010년	2012년
정규근로자	3343만명	3488만명	3779만명	3630만명	3375만명	3355만명	3340만명
비정규근로자	655만명	881만명	1001만명	1273만명	1634만명	1756만명	1813만명
비정규근로자의 비율	16.4%	20.2%	20.9%	26.0%	32.6%	34.4%	35.2%

출처: 『今後の勞働者派遣制度の在り方に關する硏究會報告書參考資料』 9頁.

〈표 11〉 비정규근로자의 내역

	2002년	2007년	2009년	2010년	2011년	2012년
파트타임	718만명	824만명	817만명	852만명	874만명	888만명
아르바이트	326만명	331만명	339만명	344만명	355만명	353만명
파견사원	43만명	140만명	108만명	96만명	96만명	90만명
계약사원·촉탁	230만명	322만명	323만명	333만명	360만명	354만명
기타	125만명	148만명	148만명	138만명	127만명	128만명
비정규근로자에 차지하는 파견근로자의 비율	3.0%	7.9%	7.9%	5.4%	5.3%	5.0%

출처: 『今後の勞働者派遣制度の在り方に關する硏究會報告書參考資料』 11頁.

연수입 200만엔(한화로 약 2,000만원 정도) 미만의 근로자에 차지하는 비정규근로자의 비율은 65.3%로, 연령에 따른 변화가 적다는 점이 특징이다.[112)]

파견근로자수는 〈표 11〉에 의하면, 2007년 이후 리먼 브라더스 쇼크로 줄어들었지

111) 厚生勞働省『個人請負型就業者に關する硏究會報告書』(座長、佐藤博樹東京大學敎授、2010年4月) 10頁.
112) 厚生勞働省·雇用政策硏究會報告書(座長、樋口美雄慶應大學敎授、2010年7月) 도표 31 및 32.

만, 2002년과 비교하면 상당히 증가하고 있다. 2000년대에 들어서부터 파견근로자수가 증가한 것은 1999년 개정에 따른 파견업무의 자유화(negative화)와 2003년 개정에 따른 제조업무에 대한 파견금지가 풀린 영향이 컸다.[113)]

파견근로자의 시급은 등록형파견사원의 평균은 1,263엔, 상용형파견사원의 평균이 1,432엔이다.[114)] 임금에 대한 평가는 '만족하고 있지 않다'가 35.1%, '만족하고 있다'가 34.9%, '어느 쪽이라고도 할 수 없다'가 27.2%이다. '만족하고 있지 않다'고 응답한 파견근로자의 만족하지 못한 이유는 '파견사용기업에서 동일한 업무를 행하는 직접 고용되어 있는 근로자보다도 임금이 낮기 때문에'가 29.9%로 가장 높다.[115)]

사업소 조사에 따르면, 근로자파견계약의 기간은 '2개월 초과 3개월 이하'가 42.2%로 가장 높아 1회의 계약기간은 결코 길다고는 할 수 없지만, 통산 파견기간에 대해서는 '1년 초과 3년 이하'가 31.7%이다.[116)] 한편, 파견근로자 조사에 따르면, 파견근로자로 일해 온 통산기간에 대하여 '5년 이상 10년 미만'이 26.9%, 다음으로 '3년 이상 5년 미만'이 17.7%로, 파견근로자로서의 고용이 결코 일시적 · 임시적이라고는 할 수 없는 결과가 밝혀졌다.[117)]

파견근로자를 정사원으로 채용하는 제도가 있는 사업소의 비율은 파견근로자가 취업하고 있는 사업소로 한정해도 27.8%로, 그 중 '파견근로자를 정사원으로 채용한 적이 있다'는 5.8%로 매우 적다는 것을 알 수 있다.[118)]

파견근로자의 향후의 근무방식에 대한 희망은 '파견근로자로 일하고 싶다'가 43.1%, '파견사원이 아니라 정사원으로 일하고 싶다'가 43.2%이다.[119)] 파견근로의 양상에 대해서는 언제나 경영측은 파견근로를 바라고 있는 근로자가 있다는 것을 주장하고, 반대로 근로자측은 정사원이 되지 못했기 때문에 어쩔 수 없이 파견사원으로 일하고 있다는 것을 주장하지만, 이러한 수치에서 보면 어느 쪽의 주장도 성립한다고 말할 수밖에 없는 결과이다.

---

113) 武井寛「勞働者派遣と社會的排除—業務限定 · 解除の視角から」『法律時報』85卷3号, 2013年, 20頁.
114) 厚生勞働省『平成24年度派遣勞働者實態調査の概況』22頁.
115) 厚生勞働省『平成24年度派遣勞働者實態調査の概況』22頁.
116) 厚生勞働省『平成24年度派遣勞働者實態調査の概況』10-11頁.
117) 厚生勞働省『平成24年度派遣勞働者實態調査の概況』18頁.
118) 厚生勞働省『平成24年度派遣勞働者實態調査の概況』14頁.
119) 厚生勞働省『平成24年度派遣勞働者實態調査の概況』28頁.

2. 노동자파견법의 내용

(1) 파견법의 제정 · 개정의 경위

(가) 2003년 개정까지

노동자파견법은 1985년에 제정되어 당초 13개의 전문업무에 한하여 근로자파견을 이용하는 것이 인정되었다. 파견사용기업의 상용고용을 위협할 우려가 없다고 생각되는 일정 업무에 대하여 파견의 이용을 인정한다는 견해는 '상용대체방지'라고 불리면서 노동자파견법의 규제를 관철하는 중요한 이념이 되었다. 이러한 파견가능한 업무에 대하여 파견가능기간의 제한은 마련되지 않았지만, 국회에서 기간제한을 마련해야 하지 않는가라는 점이 논의되어 노동대신고시(勞働大臣告示)로 근로자파견계약의 상한규제(파견법 제26조 제2항)가 마련되게 되어 당초 9개월, 1991년에는 1년간이 상한으로 되었다.

그 후, 1999년 개정과 ILO 제181호 조약의 비준으로, 근로자파견은 원칙적으로 자유화 되었지만, 상용대체방지를 위해 이렇게 자유화된 업무에 대하여 파견가능기간은 1년으로 한정되게 되었다. 또 이러한 자유화 업무에 대하여, 1년을 초과하여 계속하여 동일업무에서 파견업무의 제공을 받고자 하는 파견사용기업은 파견근로자가 신청한 경우에는, 그 자를 우선하여 고용하는 노력의무를 가지는 규정이 도입되었다(파견법 제40조의 3).

이 시기에, 파견근로자의 사회보험 미가입 문제가 회계검사원에 의해 지적되었고, 또 파견회사에 등록되어 있는 파견근로자의 개인정보가 유출되는 스캔들이 크게 보도되었다. 그렇기 때문에 파견기업에 확실하게 파견근로자를 사회보험에 가입시키기 위하여, 사회보험의 가입의무를 소홀히 한 경우에는 허가의 결격사유로 삼고(파견법 제6조 2호), 사업폐지명령의 대상으로 함과 동시에(제21조), 파견기업은 파견사용기업에 대하여 파견근로자가 사회보험에 가입하고 있다는 것을 통지할 의무를 부과했다(제35조 2호). 파견사용기업이 파견근로자의 노동 · 사회보험에 대한 가입상황을 알 수 있도록 함으로써, 파견사용기업이 정당한 이유 없이 노동 · 사회보험에 가입하고 있지 않은 파견근로자를 받아들이지 않도록 촉구하고, 또 파견근로자의 노동 · 사회보험료의 사실

상의 원자(原資)가 되는 파견요금의 원활한 결정에 이바지하기 위해서이다.[120]

또, 파견근로자의 정보유출문제에 대응하여 국회수정으로 파견사용기업이 파견근로자를 특정 하는 것을 목적으로 하는 행위를 해서는 아니 된다는 특정행위의 금지의 노력의무(파견법 제26조 제7항) 등, 개인정보의 적정한 관리를 규정한 규정이 도입되었다(파견법 제7조 제1항 3호 및 파견법 제24조의 3).

그 후, 2003년 개정으로, 1년이 상한이었던 자유화 업무에서의 파견가능기간이 3년으로 연장되었다. 다만 원칙은 어디까지나 1년으로, 1년을 초과하여 3년 이내의 기간을 계속하여 근로자의 파견을 받아들이고자 할 때에는, 사전에 그 기간을 정해 두어야 하며(파견법 제40조의 2 제3항), 그 때 파견사용사업소의 과반수 조합 혹은 과반수 대표자의 의견을 청취하는 것으로 되었다(파견법 제40조의 2 제4항).

또 2003년 개정으로 제조업에서의 파견이 해금되게 되었다(다만 시행 후 3년간에 대하여 파견기간은 1년간으로 한정되었다).

파견가능기간이 2년으로 연장됨에 따라, 파견사용기업의 직접고용신청의무가 새롭게 규정되었다. 파견법 제40조의 3은 기간제한이 있는 업무에 대하여 사전에 정해진 기간을 초과하여 파견근로자를 사용하고자 할 때에는 해당 파견근로자에 대하여 고용계약의 신청을 해야 한다고 규정했다. 또, 파견법 제40조의 5는 기간제한이 없는 업무에 대하여 3년을 초과하여 동일한 파견근로자를 받아들이고 있으며, 이러한 업무에 근로자를 고용하고자 하는 경우에는 해당 파견근로자에게 고용계약의 신청을 해야 한다고 규정했다.

파견법 제40조의 4는 자유화 업무에 적용되는 직접고용신청의무로, 동조의 목적은 파견사용기업에 의한 파견수용기간 제한의 위반을 미연에 방지하기 위해서라고 되어 있다.[121] 파견법 제40조의 5는 파견가능기간의 제한이 없는 전문업무에 적용되는 직접고용신청의무로, 그 목적은 3년을 초과하여 동일한 파견근로자를 받아들이고자 하는 경우에는 해당 파견근로자에게 그 업무에 필요한 업무수행능력을 가지고 있다고 생각되고, 파견사용기업이 새롭게 근로자를 고용하고자 하는 경우에 해당 파견근로자를 고용시키고자 하는 것이 합리적이기 때문이라고 설명되어 있다.[122]

120) 高梨昌編『詳解勞働者派遣法(第3版)』エイデル研究所, 2007年, 457頁.
121) 第6回今後の勞働者派遣制度の在り方に關する研究會(平成20年5月30日)資料2.
122) 第6回今後の勞働者派遣制度の在り方に關する研究會(平成20年5月30日)資料2.

그러나 이러한 직접고용간주의무는 단순히 공법상의 의무에 불과하다고 해석되고 있으며, 파견사용기업이 이러한 고용계약의 신청을 하지 않는 경우에는 노동자파견법에서 규정하는 지도, 조언, 시정권고, 공표 등의 조치가 가해지는 경우는 있어도, 직접 고용계약의 신청이 이루어지지 않은 이상, 직접의 고용계약이 체결되는 것은 아니라고 해석되고 있다.[123)]

(나) 2012년 개정

파견법이 제정된 후부터 일관하여 파견법의 규제는 완화되어 왔다고 할 수 있지만, 2012년 개정으로 규제가 강화되는 방향으로 재검토가 이루어졌다. 2012년 개정으로, 노동자파견법의 정식명칭이 '근로자파견사업의 적정한 운영의 확보 및 파견근로자의 취업조건의 정비 등에 관한 법률(勞働者派遣事業の適正な運營の確保及び派遣勞働者の就業條件の整備等に關する法律)'에서 '근로자파견사업의 적정한 운영의 확보 및 파견근로자의 보호 등에 관한 법률(勞働者派遣事業の適正な運營の確保及び派遣勞働者の保護等に關する法律)'로 개정되었으며, 법률의 목적에도 파견근로자의 보호를 위한 법률이라는 것이 명기되었다.

2012년의 개정에 이르기까지, 2008년 법안과 2010년 법안이 국회에 제출되어 있었다.

① 2008년 법안

2003년 파견법이 개정된 후 약 5년이 경과하여 재검토를 위한 검토가 2008년 2월부터 후생노동성에 설치된 '향후의 근로자파견의 바람직한 양상에 관한 연구회(今後の勞働者派遣の在り方に關する研究會)' (좌장: 카마다 코이치(鎌田耕一, 東洋大學)교수)에서 시작되었다. 2007년에는 휴게실의 이용이나 데이터 관리 등의 명목으로 파견근로자의 임금의 일부를 파견회사가 공제하는 문제나, 또 파견회사가 사용자로서의 역할을 완수하고 있다고는 할 수 없는 일용파견의 문제가 크게 다루어지는 등, 연구회 시작 후인 2008년 6월 8일에는 제조업에서 파견근로자로 일하고 있던 어떤 20대 남성에 의한 길거리 괴한 사건이 일어나, 파견근로가 열악한 고용으로 규제를 강화해야 한다는 여론이 고조되었다.

---

123) パナソニックプラズマディスプレイ(パスコ)事件 · 大阪地判 平成19.4.26. 勞判941号 5頁 등.

2008년 여름에 마련된 보고서에 기초한 법안은, 이러한 여론 속에서 1985년의 파견법제정 후, 1997년 및 2003년의 법개정으로 일관하여 완화되어 온 파견법을 재검토하고, 일용파견의 금지나 그룹파견의 제한 등의 규제완화를 포함하는 것이었지만, 위법파견의 시정조치나 불안정한 등록형의 재검토에 대해서는 여전히 신중한 개정안에 그쳤다. 동 법안은 2008년 11월 4일, 제170회 국회에 제출되었다.

동 법안의 주요한 내용은 다음과 같다.

a. 일용파견의 금지

매일 또는 30일 이내의 기간을 정하여 고용하는 근로자의 파견의 원칙적 금지가 규정되었다.

b. 등록형파견의 상용화 촉진

등록형파견의 상용화를 촉진하기 위하여 1년 이상 근무하고 있는 기간의 정함이 있는 파견근로자에 대하여, ㉠기간의 정함이 없는 파견근로자 또는 통상의 근로자로 고용할 것, ㉡기간의 정함이 없는 파견근로자로의 전환을 촉진하기 위한 교육훈련 등의 조치를 강구할 것, ㉢소개예정파견의 대상으로 하거나 또는 소개예정파견에 관계되는 파견근로자로 고용하는 것을 통하여, 파견사용기업에서의 직접고용을 촉진하는 어느 한 조치를 강구하는 노력의무를 근로자파견사업주에게 부과하는 것을 정했다.

c. 파견근로자의 대우의 확보

파견근로자의 직무내용, 직무의 성과, 의욕, 능력 또는 경험 등을 감안하여 임금을 결정하는 노력의무를 근로자파견사업주에게 부과하게 되고, 또 파견사용기업의 동종의 근로자의 임금을 고려요소의 하나로서 지침을 명기하게 되었다.

파견근로자의 커리어패스를 고려한 적절한 교육훈련의 실시, 취업기회의 확보를 강구하는 노력의무를 근로자파견사업주에게 부과하게 되었다.

파견요금과 파견근로자의 임금과의 차액(이른바 마진)이 파견요금에 차지하는 비율 등의 사업운영에 관한 정보공개의무를 근로자파견사업주에게 부과하게 되었다.

기간의 정함이 없는 고용계약의 파견근로자에 대하여 파견법 제40조의 5(고용신청의무)의 적용대상에서 제외하게 되었다.

d. 그룹기업파견의 규제

파견사용기업이 특정 1개사에 한정되어 있는 것과 같은 '오로지 파견(専ら派遣)'은 일반근로자파견사업의 허가가 인정되지 않지만(파견법 제7조 제1항 1호), 그룹기업 내의 파견회사에서 그룹기업 각사에 파견되는 경우가 적지 않았다. 이러한 그룹파견은 노동력의 수급조절기능을 완수한다는 근로자파견 본래의 기능을 완수하고 있지 않기 때문에, 일정하게 한정하게 되었다. 법안에서는 그룹기업(모회사 및 관련 자회사) 내의 파견회사가 하나의 사업년도 중에 해당 그룹기업에 파견하는 인원(정년퇴직자를 제외)의 비율을 8할 이하로 하는 의무를 근로자파견사업주에게 부과하게 되어, 8할을 초과하는 경우에는 지도, 권고, 허가의 취소 등의 각 조치를 순차적으로 행하게 되었다.

e. 이직근로자의 파견근로자로서의 수용금지

정년퇴직자를 제외하고, 이직한 근로자를 다른 기업에 파견하는 것을 이직 후 1년간은 금지하게 되었다. 이것은 일단 해고하여 그룹내의 파견회사로 재고용하여 원래의 회사에 파견시키는 것으로, 종전과 같은 일을 하면서 근로조건을 악화시키는 것을 방지하기 위한 규제이다.

f. 위법파견시정을 위한 파견사용기업에서의 직접고용

적용제외업무로의 파견, 기간제한위반, 무허가 · 무신고사업소로부터의 파견 또는 이른바 위장도급으로 파견사용기업에서 일정한 책임이 있는 경우, 파견사용기업에 대하여 행정이 임금 및 고용기간에 대하여 종전 이상의 조건으로 고용계약을 신청하는 것을 권고할 수 있게 되었다.

② 2010년 법안

2009년 가을 총선거에서 자민당 정권에서 민주당 정권으로 교체되었고, 그 직후에 리먼 브라더스 쇼크에 따른 심각한 경제 불황이 일어나 파견근로계약의 중도해제 문제가 크게 거론되었다. 2008년 법안에 다음과 같은 추가 · 수정이 이루어진 법안이 2010년 4월 6일, 제174회 국회에 제출되었다. 2010년 법안에서 법률의 명칭 및 목적에 파견근로자의 보호가 명기되었다. 2010년 법안은 2008년 법안에 더불어, 등록형 파견의 원칙금지와 위법파견의 경우 근로계약의 신청간주의 규정을 신설하여 규제를 강화하는 것이었다.

a. 등록형 파견의 원칙금지

원칙적으로 상용고용 이외의 근로자파견이 금지되게 되었지만, 고용의 안정 등의 관점에서 문제가 적다고 생각되는 ㉠전문 26개 업무, ㉡산전산후휴업 · 육아휴업 · 개호휴업 취득자의 대체요원 파견, ㉢고령자파견 및 ㉣소개예정파견은 금지의 예외로 하게 되었다.

b. 제조업무파견의 원칙금지

위장도급의 문제가 많이 발생한 제조업무로의 근로자파견이 금지되게 되었다. 다만 상용고용의 근로자파견은 예외로 하게 되었다.

c. 일용파견의 원칙금지

2008년 법안과 마찬가지로, 일용파견이 원칙적으로 금지되게 되었지만, 30일 이내가 아니라 2개월 이내의 기간을 정하여 고용하는 근로자로 수정되었다.

d. 균형대우

파견기업은 파견근로자와 동종의 업무에 종사하는 파견사용기업의 근로자와의 균형을 고려하기로 하는 취지의 규정을 마련하게 되었다.

e. 마진률의 정보공개

2008년 법안의 내용에 더불어, 파견기업은 파견근로자의 고용, 파견개시 및 파견요금개정시에 파견근로자에게 1인당의 파견요금의 액수를 명시해야 하게 되었다.

f. 위법파견의 경우의 직접고용의 촉진

파견사용기업이 ㉠금지업무에 대한 파견수용, ㉡무허가 · 무신고 파견기업으로부터의 파견수용, ㉢기간제한을 초과한 파견수용, ㉣이른바 위장도급(노동자파견법의 의무를 피하는 것을 목적으로 근로자파견계약을 체결하지 않고 파견근로자를 수용하는 것), ㉤등록형파견의 원칙금지에 위반하여 상용고용하는 근로자가 아닌 자를 파견근로자로 받아들이는 각종 위법파견에 대하여, 위법이라는 것을 알면서 파견근로자를 수용하고 있는 경우에는 위법적인 상황이 발생한 시점에서 파견사용기업이 파견근로자에 대하여 해당 파견근로자의 파견기업에서의 근로조건과 동일한 근로조건을 내용으로 하는 근로계약을 신청한 것으로 간주하는 취지의 규정을 마련하게 되었다.

이러한 직접고용간주의 이행확보를 위한 수단으로서, 통상의 민사소송에 더불어 행정권고제도를 마련하게 되었다.

③ 2012년 개정법

2008년 법안 및 2010년 법안 모두 국회에서 한 번도 심의되지 못한 채, 시간이 경과했다. 하지만 2011년 11월 중반에 드디어 국회가 움직인다는 취지의 보도가 있었고,[124] 2012년 4월 6일에 개정안이 제정되어('법 제27호') 같은 해 10월 1일부터 시행되고 있다. 민주당이 양보한 결과, 2010년 법안의 내용에서 등록형파견의 금지 및 제조업파견의 금지는 삭제되고, 일용파견의 금지의 대상이 '2개월 이내'에서 '30일 이내'로 한정되는 등, 당초 예정하고 있던 일정한 전문업무[125]에 더불어, 60세 이상의 고령자, 주간학생 및 세대연수입이 500만엔 이상의 가정주부 등은 적용이 제외되었다(파견법 제3조 3, 파견법 시행규칙 제28조의 2 및 동 제28조의 3). 위법파견의 경우의 파견사용기업의 직접고용간주신청의 규정은 실현되었지만(파견법 제40조의 6), 시행이 3년 후로 연기되어 2015년 10월 1일부터 시행되게 되었다.

그 외의 새로운 규제로, 그룹파견의 제한(파견법 제23조), 파견사용기업의 동종의 근로자와의 균형배려의무(파견법 제30조의 2), 이직한 근로자의 파견근로자로서의 수용금지(파견법 제35조의 4), 마진률의 개시(파견법 제23조 제5항)가 있다.

(2) 노동자파견법의 기본적 성격

노동자파견법은 기본적으로 행정단속법규로, 파견법에 위반하였다고 하여 즉시 파견기업 · 파견사용기업간의 근로자파견계약 및 파견기업 · 파견근로자간의 파견근로계약이 무효가 되는 것은 아니다.[126] 이것은 파견법 제정 이전의 직업안정법 제44조에서 말하는 근로자공급의 금지규정 위반이 문제가 되었던 사안에서도, 마찬가지로 직업안정법 위반이라고 하여 즉시 사법상의 계약관계에 영향을 미치는 것은 아니라고 해석되고 있었던 것과 기본적으로 동일하다.

파견법이 공법으로, 사법상의 효력은 가지지 않는다는 파견법의 기본적 성격은 근로계약신청의무(파견법 제40조의 4)에 대하여 동 의무를 이행하지 않은 경우에는 지

124) 2011년 11월 16일(수), 朝日新聞朝刊(아사히신문 조간).
125) 이른바 17.5 업무라고 불리고 있다(派遣法施行令 4條).
126) パナソニックプラズマディスプレイ(パスコ)事件 · 最判平成21.12.18. 民集63巻 10号 2754頁.

도, 조언 등의 행정처분이 예정되어 있는 것뿐으로, 고용계약의 신청이 있었던 것과 같은 효과를 발생시키는 것은 아니라는 해석[127]에도 반영되어 있다. 또 파견법 위반의 사실만으로 불법행위의 성립은 인정되지 않는다고 해석하는 판례가 유력하다(하기 7(3) 참조).

그러나 파견법의 규정이 모두 사법상의 강행규정이 아니라고 해석하고 있는 것은 아니다. 파견근로자의 국적, 신조, 사회적 신분 및 노동조합활동을 이유로 하는 근로자파견계약의 해제를 금지하는 파견법 제27조 및 파견사용기업이 파견근로자를 직접고용하는 것을 방해하는 합의를 금지하는 파견법 제33조는 사법상의 강행규정이라고 해석되고 있다.[128]

(3) 근로자파견의 분류

(가) 전문 26개 업무와 그 이외의 업무

당초는 파견가능업무가 한정되어 있던 근로자파견은 현재에는 항만노동, 건설업 및 경비업을 제외하고, 파견가능업무의 제한은 철폐되었지만, 당초부터 파견이 허용되고 있던 전문업무는 현재에는 파견가능기간의 상한이 없는 업무로 계승되어, 그 외의 업무('자유화 업무')에서는 파견가능기간은 3년이 상한으로 되어 있는 것과 대비된다.

이러한 전문업무의 수는 서서히 증가하여 당초의 13개 업무에서 1986년 개정으로 16개 업무, 1996년 개정에서 26개 업무[129]가 되었다. 현재도 26개 업무이지만, 26개 업무라고 해도 이러한 업무를 열거하는 시행규칙의 번호를 증가시키지 않고 같은 번호

---

127) パナソニックプラズマディスプレイ(パスコ)事件 · 大阪地判平成19.4.26. 労判941号 5頁.

128) 파견법 제27조에 대하여 トルコ航空ほか事件 · 東京地判平成24 · 12 · 5 労判1068号32頁(파견법 제27조 위반으로, 근로자파견계약의 해제는 무효로, 동 해제가 유효라는 것을 전제로 한 파견기업의 파견근로자에 대한 해고는 전제가 결여되어 무효가 된다고 판단되었다), 파견법 제33조에 대하여 ホクトエンジニアリング事件 · 東京地判平成9.11.26. 判時1646号 106頁.

129) ①소프트웨어 개발 ②기계설계 ③방송기기 등 조작 ④방송프로그램 등 출연 ⑤사무용기기 조작 ⑥통역, 번역, 속기 ⑦비서 ⑧파일링 ⑨조사 ⑩재무처리 ⑪거래문서작성 ⑫상품의 성능, 조작방법 등의 소개 및 설명 ⑬수행안내원 ⑭건축물 청소 ⑮건축설비운전, 점검, 정비 ⑯안내 및 접수, 주차장 관리 등 ⑰연구개발 ⑱사업의 실시체제의 기획 및 입안 ⑲서적 등의 제작 및 편집 ⑳광고디자인, 인테리어 코디네이터, 아나운서, OA 인스트럭션, 텔레마케팅 영업, 세일즈 엔지니어의 영업, 금융상품의 영업, 방송프로그램 등의 대도구 및 소도구.

130) 예를 들면 2003년 개정시에, 구정령 제4조 제25호의 '세일즈 엔지니어의 영업'에 '금융상품의 영업'이 추가되고, 최근에는 2012년 개정시 동일본대지진 후의 건축물의 잔해 등의 처리를 촉진하기 위하여, 구정령 제4조 제15호의 '건설설비의 운전, 점검 또는 정비의 업무'에 폐기물 처리, 수도시설 및 비파괴 검사에 필요한 설비 등의 운전 등의 업무가 추가되었다.

속에 업무를 추가하는 것도 이루어져 왔기 때문에,[130] 업무의 수는 26개보다도 많다. 또 전문업무라고 부르는 것이 통례이지만, 정확하게는 '전문적인 지식, 기술 또는 경험을 필요로 하는 업무' (파견법 제40조의 2 제1항 제1호 イ) 및 '특별한 고용관리를 행할 필요가 인정되는 업무' (파견법 제40조의 2 제1항 1호 ロ)의 두 가지의 다른 성격을 가진 업무의 총칭으로, 후자에 해당되는 업무로서는 특히 청소업무(파견법 시행령 제5조 3호)를 들 수 있다. 이러한 업무가 기간제한의 예외로 되어 있는 것은, 파견사용기업의 상용고용에 영향을 미치지 않는다고 생각되었기 때문이지만, 전문 26개 업무로서 인정되어 있는 업무가 정말로 상용대체의 우려가 없다고 할 수 있는가는 의문이다. 사무근로에 대하여 사무용기기의 조작(파견법 시행령 제4조 17호) 및 문서 등의 파일링(동 6호)이 파견법 제정 당초부터 전문업무로 되어 있는데, 당시에도 전문성이 있다고 할 수 있는가는 의심스러운 업무였다.

2012년 개정법으로, 그 가운데 일정한 업무가 일용파견금지의 예외로 되어, 이러한 업무는 '17.5 업무'로 불리었지만,[131] 왜 0.5인가 하면, 구(旧) 정령 제4조 제16호에서 규정되어 있던 업무 중, '건축물 또는 박람회장에서의 방문자의 접수 또는 안내 업무' 만이 제외되었기 때문이다. 현재도 파견가능기간의 제한이 없는 업무는 26개 업무로 불리고 있지만, 2012년 개정 후에는 일용파견금지의 예외업무를 규정한 파견법 시행령 제4조와 동 제5조에서 나누어 규정되게 되었기 때문에, 단순히 26호로 정리되어 있는 것이 아니어서(파견법 시행규칙 제4조 제1항은 18호로, 동 제5조는 10호이기 때문에, 단순히 더하면 28개 업무가 된다), 점점 알기 어렵게 되었다.

알기 어려운 것은 규정의 방법뿐만이 아니라, 실무상 언제나 문제가 되고 있는 것이, 무엇이 전문업무에 해당하는가의 판단이다. 예를 들면, 사무근로에 대하여 사무용기기의 조작(파견법 시행령 제4조 17호) 및 문서 등의 파일링(동 6호)이 전문업무로서 인정되고 있지만, 일반사무의 다양한 활동이 어디까지 이러한 전문업무라고 할 수 있는가의 판단은 반드시 쉽지 않다. 이 문제에 대하여 후생노동성은 2010년 5월의 통달 '전문 26업무에 관한 질의응답집(専門26業務に關する疑義応答集)'에서, 전문업무에 해당하는지의 여부의 판단의 기준을 제시하고 있다. 사무근로에 대하여 전문 26개 업무의 실

131) 구정령 제4조 제1호, 제2호, 제5호에서 제13호까지, 제16호의 일부, 제17호에서 제20호까지, 제23호 및 제25호가 일용파견금지의 예외로서 인정되었다.

시에 필요하다고 할 수 없는, 적절한 분담 등이 이루어지지 않은 채 행해지는 조례나 미팅의 출석, 청소 · 뒷정리 및 전화 등의 응대는 전문 26개 업무에는 해당되지 않고 '부수업무'라고 해야 한다. 이러한 부수업무는 1일 또는 1주간의 취업시간 수에서 1할을 초과하는 경우에는 전체적으로 전문 26개 업무에는 해당되지 않는다는 행정해석이 제시되었다.

부수업무는 1할 이하이어야 한다는 이러한 행정해석은 전문 26개 업무인지, 그 이외의 구별의 의미에 재차 의문을 제기하는 것이었다.

(나) 상용형과 등록형

이러한 파견가능기간의 상한의 유무가 문제가 되는 전문 26개 직종의 여부라는 구별 외에, 이른바 등록형과 상용형이라는 분류가 있다. 그러나 이 명칭은 파견법에는 나오지 않고, 파견법은 '상시 고용되는 근로자만'으로 행해지는 근로자파견업을 '특정 근로자파견사업'이라고 부르고(파견법 제2조 5호), 사업을 행하기 위해서 이러한 특정 근로자파견사업은 신고로 충분한 것에 대하여(파견법 제16조), 그 이외의 '일반 근로자파견사업'(파견법 제2조 4호)은 허가를 필요로 하고 있다(파견법 제5조). 이른바 등록형과 상용형은 개개의 파견근로자의 근로계약의 체결의 양상에 착안한 호칭으로, 구체적인 파견사용기업이 결정되고 나서 근로자파견사업주와 이러한 파견기간에 대해서만 고용되는 경우를 등록형이라고 하고, 파견기간의 여하에 관계없이 고용되는 경우를 상용형이라고 부르고 있다. 상용형은 1년 이상의 유기계약이라면 유기라고 해도 좋다.

2012년 6월 1일 시점에서 파견근로자의 내역은 〈표 12〉와 같다.

〈표 12〉 파견근로자 내역

	상시고용된 근로자: 85만명	상시고용된 근로자 이외의 근로자: 50만명
이른바 '26개 업무': 59만명	42만명	16만명
제조업무: 27만명	17만명	10만명
상기 이외의 업무: 50만명	26만명	24만명

자료: 후생노동성.

(4) 파견기업 · 사용기업의 의무

(가) 파견기업 · 사용기업이 강구해야 할 조치

노동자파견법은 근로자파견사업을 적정한 것으로 하고 파견근로자의 보호에 이바지하기 위하여 많은 의무를 파견기업 및 사용기업에 부과하고 있다. 이러한 의무의 대부분은 이른바 조치의무라고 불리며, 기본적으로 공법상의 의무에 그치며, 위반행위는 행정처분의 대상이 되는 것에 불과하다고 해석되고 있다.

그러나 정말로 단순한 공법상의 의무에 불과하며, 이러한 조치의무가 사법상 어떠한 효과도 가질 수 없는지에 대해서는 학설상 거의 논의는 이루어지지 않는다. 예를 들면, 사용기업은 자신의 상황으로 인하여 근로자파견계약을 해제한 경우, 파견근로자의 새로운 취업기회의 확보, 파견기업의 휴업수당 등의 지불에 필요한 비용의 부담 등, 파견근로자의 고용의 안정을 도모하기 위해 필요한 조치를 강구해야 하며(파견법 제29조의 2),[132] 구체적으로 사용기업이 부담하는 내용은 근로자파견계약에도 명시되어야 하지만(파견법 제26조 8호), 이러한 규정에 위반하여 파견사용기업이 근로자파견계약을 해제하고 파견근로자의 고용의 안정에 대하여 아무것도 배려하지 않은 경우에 사용기업이 어떠한 법적 책임을 질 여지는 없는지 문제가 될 수 있다고 생각된다. 또, 파견사용기업의 동종 근로자와의 균형을 고려한 임금결정의 배려의무(파견법 제30조의 2 제1항)에 대하여, 이러한 배려의무를 다하지 못한 경우, 파견근로자가 파견기업에 대하여 어떠한 청구를 할 수 있는지에 대해서도 거의 논의는 이루어지지 않았다.

(나) 사용기업에 대한 노동법령의 적용

파견법 제44조 이하는 파견근로자에게 지휘명령을 하는 파견사용기업도 사용자로 간주하고, 지휘명령을 하는 파견사용기업이 가져야 하는 법령의 준수를 의무화하고 있다. 구체적으로는 노동기준법 및 노동안정위생법에 근거로 하는 근로시간 및 안전위생에 관한 규제와 남녀기회균등법에 근거로 하는 임산부의 불이익 취급의 금지 및 성희롱의 방지의무이다.

판례법리[133]에 의해 고용계약 당사자간에 한정되어 있지 않은 안전배려의무에 대

132) 파견법 제29조의 2는 종래에는 지침에서 정해져 있던 내용이지만, 2012년 개정으로 파견사용기업의 조치의무로서 조문으로 격상되었다.

해서도, 파견근로자에 대하여 지휘명령을 하는 파견사용기업은 파견근로자에 대하여 안전배려의무를 가지는 것이 인정되어 있다.[134)]

(5) 사용기업의 직접고용신청간주 규정

2012년 개정으로 ㉠파견금지업무로의 파견의 수용, ㉡무허가 · 무신고 파견사업주로부터의 파견의 수용, ㉢파견가능기간을 초과한 파견의 수용, ㉣이른바 위장도급의 경우에 사용기업의 고의 · 과실을 요건으로 하여 이러한 위법행위가 이루어진 시점에서, 사용기업이 파견근로자에 대하여 동일한 근로조건을 내용으로 하는 근로계약의 신청이 이루어진 것으로 간주되는 규정(파견법 제40조의 6)이 도입되었다.

이 직접고용신청간주규정은 노동자파견법이 행정단속법규에 불과하다는 원칙을 크게 수정하는 획기적인 규제이다. 그러나 시행은 2015년 10월로, 아직 이 규정의 적용이 문제가 된 분쟁은 발생하고 있지 않다. 이 규정에 대해서는 파견사용기업의 '채용의 자유'를 침해한다는 비판이 있다.[135)]

그 외의 사항에서는 파견법 제40조의 6은 파견사용기업의 직접고용신청간주를 규정하는 것만으로, 파견사용기업 · 파견기업간의 근로자파견계약 및 파견기업 · 파견근로자간의 파견근로계약이 무효가 된다고는 규정되어 있지 않다. 이 점을 명확히 하고 있지 않은 점은 입법의 불비라고 할 수 있을 것이다.

(6) 근로자파견에 관한 주요 판례 등

(가) 파견근로계약의 고용중지

파견근로자는 등록형이라면 유기고용이고, 상용형에서도 반드시 유기고용이 배제되어 있지 않다. 파견기업과의 유기근로계약이 고용중지된 경우, 직접고용의 유기근로

133) 自衛隊車両整備工場事件 · 最三小判昭和50.2.25. 民集29巻2号 143頁.
134) アテスト(ニコン熊谷製作所)事件 · 東京高判平成21.7.28. 勞判990号 50頁. 도쿄고등재판소는 파견기업에 대신하여 파견근로자를 지휘감독하고 있던 파견사용기업의 종업원 A의 안전배려의무위반에 대하여, 파견사용기업의 불법행위법상의 사용자 책임(민법 제715조)을 긍정했다. 파견사용기업이 파견근로자에 대하여 직접, 안전배려의무를 가지는지의 여부에 대해서는 명확하게 언급되어 있지 않다.
135) 本庄敦志「改正勞働者派遣法をめぐる諸問題—施行後の抜本的再検討に向けて—」『季勞』237号, 2012年, 30頁; 大内伸哉「雇用强制についての法理論的検討」『菅野和夫先生古稀記念論集 · 勞働法學の展望』有斐閣, 2013年, 112頁 등.

계약에 대하여 형성된 고용중지법리가 적용되는지가 문제가 되지만, 판례는 이를 긍정하고 있다. 그러나 동시에 13년 이상이나 동일한 파견사용기업에 파견되어 있던 파견근로자에 대하여, 고용계속에 대한 기대가 인정되면서도, 상용대체방지를 목적으로 하는 파견법의 취지에 비추어보면, 이러한 기대는 합리성을 가지지 않고, 보호해야 하는 것이라고는 할 수 없다고 판단되어 있다.[136] 원래 등록형 파견이라는 것만으로 고용계속에 대한 기대를 부정하는 판례도 있다.[137] 즉, 파견근로계약도 유기근로계약인 이상, 고용중지법리의 적용의 대상이 되지만, 고용중지가 위법이라는 여지를 실질적으로 잃고 있다.

(나) 사용기업과의 묵시적 고용계약의 성립여부

2003년 파견법 개정으로 제조업에서의 근로자파견이 가능하게 되었지만, 여전히 제조업에서는 사내하청이 넓게 행해져 형식상은 도급이지만, 실제로는 사용기업이 파견근로자에 대하여 지휘명령을 하고 있는 위장도급이 문제가 되고 있다. 제조업에서의 파견금지가 풀렸던 2003년 개정 파견법이 시행되기 전의 사안에서, 위장도급이 문제가 되었던 파나소닉 플라즈마 디스플레이(パナソニックプラズマディスプレイ(パスコ)) 사건에서, 오사카 고등재판소가 원고인 파견(하청)근로자와 사용기업(원청) 간에 묵시적 고용계약의 성립을 긍정했던 것은, 비정규고용의 증가가 사회문제가 되고 있는 가운데 크게 주목되었다.[138] 최고재판소는 이러한 판단을 뒤집어, 종래의 판례의 경향에 따라 원청이 임금액을 결정하고 있었다고는 하나, 하청기업이 노무관리를 행하고 있었던 점에서 묵시적 고용계약의 성립을 부정했다. 또, '노동자파견법의 취지 및 단속법규로서의 성질, 더 나아가서는 파견근로자를 보호할 필요성 등에 비추어 보면' 위장도급이라는 위법파견이라는 점에서 즉시 파견근로자와 파견기업과의 고용계약이 무효가 되는 것은 아니라고 언급했다.

본건에서는 원고의 신고에 기초로 하는 노동국에 의한 위법파견의 시정 지도를 받고 원고는 사용기업에 직접 고용되었지만, 수리작업이라는 단조로운 업무에 종사시키

136) 伊予銀行・いよぎんスタッフサービス事件・高松高判平成18.5.18. 勞判921号 33頁. 최근의 판례로는 トルコ航空ほか事件・東京地判平成24.12.5. 勞判1068号 32頁.
137) テンブロス事件・大阪地判平成22.6.11. 勞判1008号 89頁、日経スタッフ事件・東京地判平成22.12.27. 勞経速2094号 8頁.
138) パナソニックプラズマディスプレイ(パスコ)事件・大阪高判平成20.4.25. 勞判960号 5頁.

는 것에 대하여 최고재판소는 불법행위의 성립을 인정하여 파견기업의 손해배상책임을 긍정했다.

파견사용기업과의 묵시적 고용계약의 성립을 긍정한 본건 고등재판소 판결 후, 비슷한 사안이 다수 제기되었지만, 본건 최고재판소 판결 이후는 사용기업(원청)과의 묵시적 고용계약의 성립을 부정하는 판결이 잇따라 나오고 있다.[139)]

위장도급 내지 위법파견이 인정되어도, 파견사용기업과 파견근로자간의 묵시적 고용계약의 성립은 원칙적으로 부정된다는 판례의 판단경향이 정착했다고 할 수 있지만, 최근 마츠다 호후 공장(マツダ防府工場) 사건[140)]에서 파견사용기업과 파견근로자간에 묵시적 고용계약의 성립이 인정되어 주목받고 있다. 동 사건에서는 파견가능기간(파견법 제40조의 2)이 경과하기 직전에 3개월 1일(후에 6개월) 직접고용하고, 그 후 재차 파견근로자로서 받아들인다는 제도('서포트 사원 제도')에 대하여, 3개월의 쿨링기간은 '사용기업이 강구해야 하는 조치에 관한 지침(派遣先が講ずべき措置に關する指針)'에서 인정되어 있었지만, 본건의 운용실태에 비추어보면 이전의 파견과는 별개의 파견으로는 간주되지 않아, 파견법 제40조의2를 위반한다고 판단되었다.

위 사건에서 파견근로자의 능력평가제도에서의 순위 결정을 사용기업이 행하고 있었던 점에서, 숙련공의 장기적인 확보를 목표로 하여 사용기업이 직접 조직적이고 대대적으로 위법상태를 만들어내고 있었다고는 하나, 사용기업 · 파견기업간의 근로자파견계약 및 파견근로자와 파견기업간의 근로계약은 무효가 된다고 판단되었다. 그리고 파견사용기업과 파견근로자간에, 사실상의 사용종속관계 및 노무제공관계를 인정하여, 임금지불도 실질적으로 사용기업이 결정하고 있었다는 점을 인정하여 묵시적 고용계약관계가 긍정되었다. 그리고 파견사용기업은 능력평가제도의 구축으로 파견근로자의 정착을 도모하고 있었던 점에서 파견사용기업 · 파견근로자간에 기간의 정함이 없는 근로계약이 성립한다고 판단되었다.

---

139) 日本電信電話ほか事件 · 京都地判平成22.3.23. 労経速2072号 2頁, 三菱重工業事件 · 神戸地裁姫路支判平成2.12.8. 労経速2094号 3頁, 日本化薬事件 · 神戸地裁姫路支判平成23.1.19. 労判1029号 72頁, 積水ハウスほか(派遣労働)事件 · 大阪地判平成23.1.26. 労判1025号 24頁,パナソニックエコシステムズ(派遣労働)事件 · 名古屋地判平成23.4.28. 労判1032号 19頁,パナソニックエレクトロニックデバイスジャパン(ケイテム)事件 · 福井地判平成23.9.14. 労働法律旬報1756号 78頁, 日本トムソン事件 · 大阪高判平成23.9.30. 労判1039号 20頁, 日本精工(外國人派遣労働者)事件 · 東京地判平成24.8.31. 労判1059号 5頁, トルコ航空ほか事件 · 東京地判平成24.12.5. 労判1068号 32頁, 三菱電機事件 · 名古屋高判平成25.1.25. 労経速2174号 3頁.

140) 山口地判平成25.3.13. 労判1070号 6頁.

본건은 항소되어 있으며, 항소심이 어떻게 판단될지가 주목된다. 본건에서는 확실히 쿨링기간 중에만 직접고용하고, 그 후에는 다시 파견으로 수용한다는 운용이 제도화되어 있었다는 점은 파견가능기간 제한의 탈법이었다고 평가할 수 있지만, 파견사용기업 · 파견기업간의 근로자파견계약 및 파견근로자와 파견기업간의 근로계약을 무효라고 평가할 수 있는지는 의문이다. 파견법 위반의 사실만으로 즉시 불법행위의 성립이 인정되는 것이 아니라는 판례의 경향(아래 (다))에 비추어보면, 이질(異質)적인 판단이라고 할 수 있다. 또 파견사용기업과 묵시적 고용계약의 성립을 인정하는 것이 가능했는가에 대해서는 파견기업이 대형 제조업의 사내하청기업이었던 점에 비추어보면 의문이 남는다. 또, 본건에서는 파견사용기업이 파견근로자의 능력평가제도의 구축에 적극적으로 관여했던 것이 부정적으로 평가되고 있지만, 파견근로자의 스킬 향상은 중요한 정책과제로, 파견사용기업의 협력이 반드시 필요한 과제이기도 하다.

(다) 사용기업의 사용자성

최근에 사용기업과 파견근로자간의 묵시적 고용계약의 성립은 부정되는 경향이 있지만, 사용기업의 어떠한 부당한 행위에 대하여 불법행위책임이 긍정되는 경우가 있다. 이 경우, 위법파견을 받아들였던 점에서 즉시 사용기업의 불법행위책임이 인정되는지의 여부에 대하여 판례는 나뉘어져 있었지만,[141] 최근에는 파견법이 행정단속법규에 불과한 점에서, 단순히 파견법에 위반하여 파견을 수용하고 있었던 것만으로는 사용기업의 불법행위책임은 인정되지 않는 경향이 있다.[142]

불법행위의 성립이 인정되었던 사례로서, 예를 들면, 파나소닉 에코시스템즈(パナソニックエコシステムズ)(파견근로) 사건[143]에서는, RoHS업무라고 불리는 특수한 측정업무에 대하여, 전문 26개 업무에 해당되지 않음에도 불구하고, 정령 제4조 제5호 업무(OA기기 조작 등)라고 파견근로자 고용통지서 겸 취업조건명시서에 기재하여 전문 26개 업무로 취급되고 있었는데, 이러한 위법파견 상태를 해소한다는 의도 하에서 파견을 중단했던 것이 신의칙위반의 불법행위라고 판단되어, 원고 1명에게는 300만엔의

---

141) 파견가능기간을 넘는 5년 초과의 기간, 파견을 받아들이고 있었기 때문에 파견사용기업의 불법행위책임을 긍정한 사례로서, 日本トムソン事件 · 神戸地裁姫路支判平成23.2.23.勞判1039号 35頁.

142) パナソニックエレクトロニックデバイスジャパン(ケイテム)事件 · 福井地判平成23.9.1 4. 勞働法律旬報1756号 78頁, 日本トムソン事件 · 大阪高判平成23.9.30. 勞判1039号 20頁.

143) 名古屋地判平成23 · 4 · 28, 勞判1032号 19頁.

위자료가 인정되었다.

또, 세키스이하우스 (積水ハウス)외 (파견근로) 사건[144]에서는 파견사용기업의 소장이 3개월 후에 다시 파견근로자로서 취업할 수 있다고 원고에게 이야기를 했기 때문에, 원고에게는 복직에 대한 기대가 발생하고 이러한 기대는 법적으로 보호되어야 한다고 언급하여, 사용기업에 대하여 30만엔의 위자료의 지불을 명령했다.

니뽄세이코우(日本精工) (외국인파견근로자) 사건[145]에서는, 최장으로 13년 4개월이나 파견을 수용하고 있었음에도 불구하고, 일본인의 파견근로자에 대해서는 정사원으로 등용된 자도 있었지만 원고들 일본계 브라질인에 대해서는 1명도 정사원으로 등용되지 못한 채, 선별기준에 대하여 합리적인 설명은 없고 다른 재취직처를 알선한 적도 없었던 점에 대하여, 도의적 책임을 완수하고 있었다고는 할 수 없어 불법행위에 해당된다고 판단되었다. 그리고 '파견근로자로서의 취업의 기회를 갑자기 빼앗겨, 장래로 이어진 고용불안 때문에 정신적 고통을 받았다'는 점에 대한 위자료로서 각자 50~90만엔의 지불을 명령했다.

미츠비시덴키(三菱電機事件) 사건[146]에서는 나고야 고등법원은 '파견사용기업이 강구해야 하는 조치에 관한 지침(派遣先が講ずべき措置に關する指針)'에서 사용기업에게 요청되는 파견근로자의 고용의 안정을 위한 조치는, 파견근로자에게 직접 사용기업에 대한 권리를 부여하는 것이 아니지만, 사용기업은 '고용의 유지 또는 안정에 대한 합리적인 기대를 현저하게 해치는 일이 없도록 일정한 배려를 해야 하는 것이 신의칙상 요청되고 있다고 해야 한다'고 언급하고, 근로자파견계약의 중도해제에 따른 불법행위책임을 원고의 일부에 대하여 인정했다.

(라) 사용기업의 노동조합법상 사용자성

파견근로자가 가입하는 노동조합이 사용기업에 대하여 단체교섭을 요구한 경우, 사용기업이 이에 응해야 하는가의 문제는 파견법 제정 당초부터 중요한 논점이라는 것은 인정되었지만, 최근까지 분쟁은 없어 이 문제에 대하여 거의 논의되는 경우는 없었다.

144) 大阪地判平成23.1.26. 勞判1025号 24頁.
145) 日本精工(外國人派遣勞働者)事件・東京地判平成24.8.31. 勞判1059号 5頁.
146) 名古屋高判平成25.1.25. 勞経速2174号 3頁.

중앙노동위원회 및 도쿄 지방재판소는 사용기업이 파견법 위반이라는 노동국의 지도를 받은 것을 계기로, 파견근로자의 직접고용화를 결정한 후, 파견근로자 8명이 노동조합을 결성하여 사용기업에 대하여 근로조건 등에 관한 단체교섭을 요구한 사안에서, '고용주 이외의 자라고 해도, 해당 근로자와의 사이에 가까운 장래에 근로계약관계가 성립하는 현실적이고 구체적인 가능성이 존재하는 자'도 노동조합법 제7조의 '사용자'에 해당된다고 언급하고, 파견사용기업의 노동조합법상의 사용자성을 인정했다.[147]

이 쿠보타(クボタ) 사건은 고용주 이외의 제3자인 파견사용기업의 노동조합법상의 사용자성이 긍정된 3자간의 사례라고 보는 것보다는, 이미 근로관계가 종료한 경우에도 구 사용자가 단체교섭상의 사용자에 해당한다고 여겨지고 있는 것처럼, 근접한 시기에 고용관계에 있었던 (있는) 자가 노동조합법상의 사용자가 될 수 있다는 2자간의 사례라고도 할 수 있다.

이에 대하여, 현재 고용관계에 있는 파견기업 이외의 파견사용기업이 단체교섭상의 사용자에 해당하는지의 여부는 노동자파견법이 제정되기 전에 나온 아사히방송(朝日放送) 사건 최고재판소 판결[148]의 사정이 근로자파견에도 미치는가라는 문제이다. 아사히방송 사건에서 최고재판소는 '고용주 이외의 사업주라고 해도, 고용주로부터 근로자의 파견을 받고 자신의 업무에 종사시키고, 그 근로자의 기본적인 근로조건 등에 대하여 고용주와 부분적이라고는 하나, 동일시할 수 있는 정도로 현실적이고 구체적으로 지배, 결정할 수 있는 지위에 있는' 자는 노동조합법 제7조의 사용자에 해당된다고 노동조합법 제7조의 사용자를 정의하고 있었다.

이 문제에 대하여, 중앙노동위원회는 쇼와(ショーワ) 사건[149] 및 한큐교통사(阪急交通社) 사건에서, 노동자파견법 제정 · 개정시의 국회의 논의를 언급하고, 적법한 근로자파견에서 사용기업이 노동조합법 제7조의 사용자에는 해당되지 않는다는 것이 명확한 입법취지였다고 언급하고, 아사히방송 사건의 사정은 적법한 근로자파견에는 미치지 않는다는 견해를 제시하였다. 그러나 '노동자파견법의 구조 또는 근로자파견계약에서 정해진 기본적인 사항을 일탈하여 행해지고 있는 경우' 또는 '노동자파견법의 구조에 따라 행해진 근로자파견의 사용기업 사업주라고 해도, … 그 책임을 져야 하는 노동

147) クボタ事件 · 中勞委決定平成21.9.2. 勞判992号 96頁. 東京地判平成23.3.17. 勞判1034号 87頁.
148) 最判平成7.2.28. 民集 49巻 2号 559頁.
149) ショーワ事件 · 中勞委決定平成24.9.19. 別冊中 勞時1486号 16頁.

기준법 등의 규정에 반하는 조치가 행해지고 있을 때에는', '고용주와 부분적이라고는 하나 동일시할 수 있는 한에서' 노동조합법 제7조의 사용자에 해당한다는 판단구조를 제시하였다.

중앙노동위원회의 견해는 파견법 제정시의 논의상황을 배려하여, 근로자파견에는 원칙적으로 아사히방송 사건의 사용자성의 정의는 미치지 않는다고 하면서도, 예외적으로 아사히방송 사건의 사용자성의 판단구조가 이용되는 경우가 있는 것이지만, 아사히방송 사건의 사용자성의 판단구조가 적용되는 경우라고 해도 기본적인 근로조건 등에 대하여 고용주와 부분적이라고는 하나, 동일시할 수 있는 정도로 현실적이고 구체적으로 지배, 결정할 수 있는 지위에 있다고 인정되지 않으면, 결론적으로 사용자성은 부정되게 된다. 즉, 아사히방송 사건의 사용자성이 판단구조가 적용되는지의 여부의 판단과, 이 판단구조가 적용된 후에 행해진 사용자성 유무의 판단이 실질적으로는 비슷한 판단이 될 가능성이 있다.

실제로 한큐교통사 사건에서는 파견법 제44조의 제2항에 근거로 하여, 파견사용기업이 파견근로자의 근로시간을 파악하는 의무를 가지고 있었는데, 파견사용기업은 이에 반하여 근로시간 관리를 실시하고 있지 않았다고 인정한 뒤, 근로시간 관리에 대하여 파견사용기업은 노동조합법 제7조의 사용자에 해당되고, 이러한 사항에 대하여 단체교섭을 거부할 수 없다고 판단되었지만, 아사히방송 사건의 사용자성의 판단구조가 적용된 예외에 해당하는가 라는 판단과 아사히방송 사건의 구조 하에서의 사용자성 유무의 판단이 구별되고 있다고는 할 수 없다.

이러한 점을 고려했는지의 여부는 불명확하지만, 재판소는 파견사용기업의 사용자성이 다투어진 효고현 · 효고현 노동위원회 (카와사키 중공업(川崎重工業))[150] 사건에서, 아사히방송 사건의 판단취지를 인용하여 '고용주와 동일시할 수 있는 정도로 현실적이고 구체적으로 지배, 결정할 수 있는 지위에 있었다고 할 수 있는지'의 여부를 판단하고 있으며, 특별히 논의하지 않고 근로자파견에도 아사히방송 사건 최고재판소 판결의 사정이 미친다는 이해를 제시하고 있다.

---

150) 兵庫縣 · 兵庫縣勞委(川崎重工業)事件 · 神戸地判平成25.5.14. 勞判1076号 5頁.

3. 노동자파견법의 개정의 동향

(1) 개정법안(공익위원안)

2012년 개정시의 국회의 부대결의에서 전문 26개 업무에 해당하는지 여부에 따라 파견가능기간이 크게 다른 현행제도에 대하여, 파견근로자나 파견기업 · 파견사용기업에 알게 쉬운 제도가 되도록 신속하게 재검토에 대한 검토를 시작하는 것이 요청되었다.[151] 그리고 2012년 10월부터, 후생노동성에 설치된 '향후의 근로자파견제도의 양상에 관한 연구회(今後の勞働者派遣制度の在り方に關する硏究會)' (좌장: 카마다 코이치 토요대학교 (鎌田耕一, 東洋大學))에서 검토가 시작되었다. 그 후 2013년 6월 14일의 각의결정('규제개혁실시계획(規制改革實施計畵)')에서, 2014년 가을 이후 노동정책심의회에서 ㉠파견기간의 양상(전문 26개 업무에 해당하는지의 여부에 따라 파견기간이 다른 현행제도), ㉡파견근로자의 커리어업 조치, ㉢파견근로자의 균형대우의 양상에 대하여 근로자파견 제도를 재검토하는 것이 결정되었다.

2013년 8월 20일에 후생노동성의 연구회보고가 정리되어, 같은 해 8월 말부터 후생노동성 노동정책심의회 수급조정부회(厚勞省勞働政策審議會需給調整部會)에서 개정법안을 위한 노사의 조정이 진행되고 있다. 노사 의견의 격차가 커서 2013년 11월 28일(목)의 수급조정부회에서는 후생노동성안이 제시되었지만, 근로자측 위원의 반대가 강하여 12월 12일(목)의 수급조정부회에서는 재차 공익위원안이 제시되었다. 2014년 1월부터 공익위원안을 기초로 더욱 노사의 조정을 실시하여 1월 말까지 수급제도부회의 보고서('근로자파견제도의 개정에 대하여(勞働者派遣制度の改正について)')를 정리하여, 3월 말까지 국회에 법안을 제출할 예정이다.

공익위원안의 내용은 다음과 같지만, 연구회보고서에 제출된 내용과 기본적으로 동일하다.

(가) '상용대체방지'의 유지

연구회보고서와의 유일한 차이가 '상용대체방지'라는 노동자파견법의 취지를 유지

151) 2011년 12월 7일(平成23年12月7日) 중의원 후생노동위원회 및 2012년 3월 27일(平成24年3月27日) 참의원 후생노동위원회.

하기로 한 점이다. 연구회보고서에서는 파견기업과 기간의 정함이 없는 근로계약을 체결하고 있는 파견근로자(무기고용파견)에 대해서는 상용대체방지의 예외라는 정리가 제시되어 있지만, 공익위원안에서는 고용과 사용이 분리된 파견근로의 폐해를 방지하고 파견사용기업의 상용근로자와의 대체가 일어나지 않도록 하기 위해서, 파견근로를 임시적이고 일시적인 이용으로 한정하는 것을 원칙으로 한다고 되어 있어,[152] 상용대체방지라는 견해가 유지되는 것이 명확히 되었다.

(나) 전문 26개 업무와 그 이외의 업무구분의 철폐

이번 개정안의 최대의 변경사항은 전문 26개 업무와 그 이외의 업무의 구분을 철폐하는 점이다. 현행법은 전문 26개 업무인가, 그 이외의 업무인가에 따라서 최대 3년의 파견가능기간의 상한의 유무(파견법 제40조의 2) 및 직접고용신청의무의 내용(파견법 제40조의 4 및 파견법 제40조의 5)이 다르기 때문에, 이러한 업무구분이 파견법 규제의 하나의 중심적인 기둥이 되어 있다고 할 수 있다. 그러나 앞에서 언급한 것처럼, 2012년 개정시의 국회의 부대결의 및 2013년 6월 14일의 각의결정에서 업무구분의 재검토가 지적되었기 때문에 업무구분의 철폐는 이미 이번 법개정의 내용이 되는 것이 결정되어 있었다고 할 수 있다.

(다) 새로운 기간제한의 도입

① '개인단위의 기간제한'

개정안에서는 업무구분을 근거로 하는 기간제한에 대신하여, 동일한 파견근로자가 동일한 파견사용기업에서 취업할 수 있는 것은 3년을 상한으로 하는 취지의 규제가 도입되는 것이 예정되어 있다. 공익위원안에서는 이러한 기간제한을 '개인단위의 기간제한'으로 부르고 있다.[153] 또, 현행법에서의 파견기간의 계산은 동일 파견사용기업의 '업무'마다 이루어지고 있지만, 이 단위를 확대하여 '업무의 통합이 있고, 또 동시에 장(長)이 업무의 배분 및 노무관리상의 지휘감독권한을 가지는 단위로서 파견계약상 명확히 한 것'으로 변경하는 것이 예정되어 있다.[154] 구체적으로는 여기에서 말하는 조직단위로서 '과(課)'가 상정되어 있지만, 파견사용기업에 따라서 조직형태가 다르기 때문

152) 『労働者派遣制度の改正について(報告書骨子案(公益委員案))』의 3의 (1).
153) 『労働者派遣制度の改正について(報告書骨子案(公益委員案))』의 3의 (2).
154) 『労働者派遣制度の改正について(報告書骨子案(公益委員案))』의 3의 (2).

에, 혼란을 피하기 위해서 사전에 파견계약으로 명확히 해 두는 것이 필요하다.

② 고용안정조치의 의무화

개정안에서는 동일 사용기업에서의 3년의 파견가능기간의 상한에 달하는 파견근로자에 대하여, 본인이 계속하여 취업하는 것을 희망하는 경우에는, 다음의 조치 중 어느 하나를 강구할 의무가 도입되는 것으로 되었다.[155)]

㉠ 사용기업으로의 직접고용의 의뢰

㉡ 새로운 취업기회(사용기업)의 제공

㉢ 그 외 안정된 고용의 계속이 확실히 도모되는 조치

상기의 조치 가운데, ㉠을 강구했지만, 직접고용에 이르지 못했을 때에, ㉡에서 ㉢의 조치의 어느 하나를 강구하는 것으로 되어 있다. ㉢의 그 외의 조치로서 상정되고 있는 것은 소개예정파견이나 취직으로 이어지는 직업소개 등이다. 심의회에 옵서버로 참가하고 있는 대형인재파견회사의 대표는 동일 사용기업으로의 파견의 연장을 이러한 고용안정조치에 첨가하는 것을 강력하게 주장하고 있지만, 이를 인정해버리면 고용안정조치를 의무화하는 의미를 잃게 된다고 생각된다.

개정안에서는 ㉠의 사용기업으로의 직접고용의 의뢰가 실제로 직접고용으로 연결되는 조치를 강구하는 것도 예정되어 있으며, 구체적으로는 직접고용의 모집정보의 주지나 동일한 업무에 근로자를 고용하고자 하고 있는 경우에는, 해당 파견근로자를 고용하는 노력의무의 도입이 상정되어 있다.

③ '사용기업 단위의 기간제한'

'개인단위의 기간제한' 외에, 개정안에서는 동일한 사업소에서의 파견근로자의 수용 상한을 3년으로 하여, 파견근로자의 수용 시작에서 3년을 경과할 때까지, 해당 사업소에서의 과반수노동조합(과반수조합이 없는 경우에는 과반수 대표자)으로부터 의견을 청취한 경우에는, 또 3년간 파견근로자를 받아들일 수 있다는 규제의 도입이 예정되어 있다.[156)] 그 후 또 3년이 경과한 때에도 마찬가지로 근로자대표의 의견청취를 하면, 파견근로자의 수용을 또 3년간 연장할 수 있다. 공익위원안은 이것을 '파견사용기업 단위의 기간제한'으로 부르고 있다.

155) 『労働者派遣制度の改正について(報告書骨子案(公益委員案))』의 3의 (3).
156) 『労働者派遣制度の改正について(報告書骨子案(公益委員案))』의 3의 (4).

'사용기업 단위의 기간제한'에서 3년의 단위는 동일 사업소로, 동일 사업소에서 파견근로자를 1명 수용했을 때부터 3년의 기간이 시작되고, 그 후 3년을 경과하기 전까지 사업소에서의 파견근로자의 수용상황에 대하여 근로자대표에게 의견청취를 하는 것이 예정된다.

의견청취가 실효적인 것이 되는 절차에 대해서는 앞으로 논의할 예정이지만, 기록의 작성 · 보존, 사업소 내에 대한 주지 등의 의무화가 도모될 것이 상정되고 있다.

④ '개인단위 및 사용기업 단위의 기간제한'의 예외

이상의 '개인단위의 기간제한' 및 '사용기업 단위의 기간제한'의 규제에는 다음의 예외가 마련될 예정이다.

㉠ 무기고용의 파견근로자

㉡ 60세 이상의 고령자

㉢ 현행제도에서 기간제한의 예외가 되어 있는 일수 한정 업무, 유기프로젝트업무, 육아휴업의 대체요원 등의 업무에 대한 파견

이 중, ㉡60세 이상의 고령자에 대해서는 다른 연령층과 비교하여 고용기회 확보의 필요성이 높다는 정책적 관점에서 예외로 여겨지고, ㉢의 일정한 업무에 대해서는 현행법에서 이미 3년의 기간제한의 예외로 되어 있는 것이다. 다만, 유기프로젝트업무에 대하여 현행의 실무에서는 3년을 상한으로 하는 프로젝트로 한정되어 있는데, 이 운용은 재검토되어 끝나는 기간이 명확한 이상은 파견기간을 제한하지 않는 것이 예정되어 있다.

이에 대하여 ㉠무기고용파견을 '개인단위 및 사용기업 단위의 기간제한'의 예외로 하는 것에 대해서는 이 내용 그 자체는 연구회보고서의 제안과 같다. 그러나 연구회보고서에서는 무기고용파견을 상용대체방지의 예외로서 정면으로부터 용인하고 있는 것에 대하여, 공익위원안에서는 상용대체방지의 이념을 유지하고, 파견근로의 이용은 어디까지나 일시적이고 임시적인 것이어야 한다고 하면서, 무기고용파견을 기간제한의 예외로 규정하고 있다. 파견근로의 이용이 일시적이고 임시적이어야 한다면, 무기고용파견이라고 해도, 그 이용은 일시적이고 임시적이어야 하고, 무기고용파견을 기간제한의 예외로 하는 것을 정당화하는 충분한 이유는 제시되어 있지 않다.

(라) 균등대우의 추진

개정법안에서는 파견근로자의 균등대우의 추진을 도모하기 위하여, 사용기업에 일정한 배려의무를 부과하는 것이 예정되어 있다. 구체적인 배려의무의 내용은 사용기업은 파견사업주의 요구에 응하여 ㉠파견근로자의 동종의 업무에 종사하는 근로자의 임금에 관한 정보를 제공하는 등의 적절한 조치를 강구하는 것, ㉡업무의 수행에 밀접하게 관련된 교육훈련을 실시하는 경우에는 같은 업무에 종사하고 있는 파견근로자에게도 실시하는 것, ㉢복리후생시설의 이용의 기회를 부여하는 것이 제안되어 있다. 이러한 배려의무는 2012년 개정법에 도입되었던 파견기업의 균등배려의무(파견법 제30조의 2)에 대응하는 내용을 사용기업에게도 요청하는 것으로, 파견근로자의 균등대우의 실현에는 파견사용기업의 협력이 불가결하기 때문에 이러한 입법이 예정되어 있다.

(마) 허가제로의 일원화

현재 상용형의 파견근로자만을 고용하는 특정 근로자파견사업에 대해서는 신고제가, 등록형을 포함한 일반 근로자파견사업에 대해서는 허가제가 취해지고 있지만, 앞으로는 모두 허가제로 이행하는 것이 예정되어 있다.

(바) 기　타

그 외의 새로운 제도로서, 파견근로자의 노동 · 사회보험에 대한 가입을 촉진하기 위한 조치, 파견근로자의 커리어업을 도모하기 위해서 파견사업주가 강구해야 하는 조치, 소개예정파견 및 파견근로자의 파견사용기업에서의 정사원화를 추진하기 위한 조치,[157] 특정 목적행위의 금지를 무기고용파견근로자에 대해서는 완화하는 것[158] 등의 개정이 예정되어 있다.

이상의 것 중에서, 파견근로자의 커리어업의 조치로서, ㉠파견사업주는 고용하는 파견근로자에 대하여 (i)계획적인 교육훈련, (ii)커리어컨설팅을 실시할 것, ㉡근로자파견사업의 허가 · 갱신요건에, 커리어형성지원제도를 가지는 것을 추가할 것, ㉢사용기업은 파견기업근로자의 요구에 응하여 수용되어 있는 파견근로자의 직무수행능력 등

157) 『労働者派遣制度の改正について(報告書骨子案(公益委員案))』의 6의 (3).

158) 『労働者派遣制度の改正について(報告書骨子案(公益委員案))』의 8. 한편으로, 연령 및 성별 등에 의한 차별이나, 복수의 후보자 중에서 파견사용기업이 근로자를 선별하는 행위의 금지규정을 마련하는 것이 예정되어 있다.

에 관한 정보를 파견사업주에게 제공하도록 노력하는 것의 조치를 부과하는 것이 예정되어 있다.[159)]

또 파견근로자의 노동 · 사회보험의 적용촉진을 도모하기 위한 조치로서, ㉠파견사업주는 파견근로자로 고용하고자 하는 자에 대하여, 노동 · 사회보험의 가입자격의 유무를 명시할 것, ㉡파견근로자를 노동 · 사회보험에 가입시키고 나서 파견하는 것 등을 정한 파견사업주 · 파견사용사업주의 양쪽의 지침의 내용 가운데, 가능한 것을 법률 · 정령 · 성령 등으로 격상할 것, ㉢조치개시 후에 파견근로자를 노동 · 사회보험에 가입시킨 경우, 일정 기간 내에 사용기업에 대하여 가입의 통지를 하는 것 및 ㉣파견사업주는 사용기업에 대하여 해당 파견근로자의 피보험자 등의 사본을 명시하는 것을 정하는 규정의 도입이 예정되어 있다.

그리고 2012년 개정법에 대해서는 앞으로의 재검토의 대상으로는 삼지 않고, 계속하여 검토를 실시하는 것으로 되어 있다.[160)]

(2) 개정법안(공익위원안)의 평가

이상의 개정안에 대하여 살펴보면, 전문 26개 업무인지 그 이외의 업무인지에 따라서 다른 규제를 두는 것은 현실적이지 않게 되었기 때문에 업무구분을 폐지한다는 출발점에 서서 규제를 재검토 한 경우, 개인단위 및 파견사용기업 단위에서의 기간제한이라는 새로운 구조를 생각할 수 있는 유일한 규제방법이지 않을까 생각한다. 개별의 규제내용에 대해서는 노사의 이해 조정에 맡겨지는 면이 크고, 특히 파견사용기업 단위에서의 기간제한의 규제에 대해서는 새로운 근로자대표의 제도화도 생각되었지만, 오히려 렌고(일본노동조합총연합회)의 요망으로 현재의 제안내용이 되었다.

사견으로는 파견근로자의 균형 · 균등대우의 실현이 앞으로의 파견근로라는 근무방식을 긍정적으로 파악하기 위해서 필수라고 생각되지만, 이러한 점에서도 개정법안에서는 점진적으로 강화한다는 입장에 서서 파견사용기업의 균형배려의무를 도입하는 것으로, 일정 정도 평가할 수 있다고 생각된다.

---

159)『労働者派遣制度の改正について(報告書骨子案(公益委員案))』의 6.
160)『労働者派遣制度の改正について(報告書骨子案(公益委員案))』의 7.

4. 소 결

일본의 노동자파견법을 둘러싼 최근의 판례 및 개정법안의 제안내용에 대하여 설명을 했는데, 한국의 노동자파견법은 균등대우의 실현이나 2년의 기간제한 등의 점에서 일본보다도 선진적인 입법이라고 이해하고 있다. 따라서 일본의 논의가 한국의 입장에 유익한가라는 점에 대해서는 불안하다. 반대로 일본은 한국법의 시행상황 및 학설로부터 많은 점을 배울 수 있다고 생각된다.

Ⅲ. 파견법상의 고용의무조항[161)]

일본에서도 우리나라와 마찬가지로 정규직과 비정규직 간의 양극화문제가 사회적 이슈로 등장하고 있으며, 이 문제를 해결하기 위하여 기간제를 규제하는 입법을 국회에 상정하여 입법심사를 진행하고 있으며, 2012년에 들어서는 파견에 대한 법적 규제를 강화하는 방향으로 『파견법』[162)]을 개정하였다. 이 중 파견에 대한 규제강화는 2009년 정권교체를 계기로, 파견근로자가 고용의 조절변수가 되는 것을 방지하기 위해, 경기변동의 영향을 입기 쉬운 『제조업 파견』과 일이 있을 때에만 고용계약을 체결하는 『등록형 파견』을 원칙적으로 금지하는 것을 주요 쟁점으로 하는 법안을 2010년 3월에 민주당, 사민당, 국민신당의 연립정권이 통상국회에 제출했었다.

하지만 국회에서 각 정당간의 이해관계의 차이로 1년 넘게 심의가 난항을 겪고 있다가 2011년 11월에 드디어 민주당은 자민, 공명 양당에 양보하여 대폭적인 내용을 수정하는 형태로 3당이 합의, 2012년 3월 7일에 중의원 후생노동원회에서 가결되어 8일에 중의원 본회의에서 가결, 28일 오전 참의원 본회의에서 3당(민주당, 자민당, 공명당) 등의 찬성다수로 가결 · 성립되어, 4월 6일 공포되었다.

161) 이정, "일본 파견법상의 고용의무조항에 대한 고찰", 『노동법포럼』 제9호, 2012, 2-22면.

162) 정식 법률 명칭은 『노동자파견사업의 적정한 운영의 확보 및 파견근로자의 취업조건의 정비 등에 관한 법률 등의 일부를 개정하는 법률안(勞働者派遣事業の適正な運營の確保及び派遣勞働者の就業條件の整備等に關する法律等の一部を改正する法律案)』이나, 본고에서는 『파견법』이라 약칭한다.

이번에 개정된 파견법의 주요 내용을 보면, (1)등록형파견과 제조업 파견의 원칙금지를 삭제하고 '검토사항'으로 한 점, (2)일용파견의 원칙금지를 완화한 점, (3)위법파견에 대한 고용간주규정을 3년 후부터 시행하기로 한 점, (4)특정 근로자파견 사업을 검토하기로 한 점 등 네 가지가 핵심적인 사항이다.

이번 파견법의 개정에 대해서는 노동계의 입장도 서로 상이한데, 예를 들어 일본 최대의 노동단체인 『렌고(日本勞働組合總連合會)』는 『고용은 기간의 정함이 없는 직접고용이 원칙』이라는 방침 아래, 지금까지 규제완화 일변도에 있던 근로자파견법을 개정하기 위하여, 개정 파견법의 국회상정 이래 구성조직 및 지방연합회가 하나가 되어 법안실현을 위하여 여론형성 등에 주력해 온 결과, 개정법의 성립으로 이어진 점을 평가하고 있다. 이에 비해, 『젠노렌(全國勞働組合總連合)』은 우여곡절 끝에 내용이 수정합의 되어, 개정안의 주요 쟁점이었던 등록형파견과 제조업파견의 "원칙금지"가 삭제되는 등, 대폭적인 수정 및 후퇴된 점에 유감을 표하고 있다. 또 작년 11월의 3당 합의 이후 법안의 대폭적인 수정에도 불구하고, 심의시간 조차 충분치하지 못하는 등, 법안성립에 서둘렀던 점에 대해서도 유감을 표명하고 있다.

그럼에도 불구하고, 지금까지 파견법 개정을 둘러싸고 격렬한 논쟁의 하나였던 파견근로자에 대한 사용기업의 직접고용문제가 비록 3년 후로 그 시행을 유보하고는 있지만 『직접고용간주제도』가 새로이 도입되었다는 점에서 진일보한 개정이라 평가할 수 있을 것이다. 현행 파견법에서도 이른바 '자유화업무'를 중심으로 일정한 파견기간이 경과한 경우에 파견근로자에게 사용기업이 직접고용을 신청하게 한 다음 파견근로자가 승낙여부를 판단하도록 규정하고는 있으나, 개정법에서와 같이 자동적으로 고용관계가 성립하는 것은 아니다. 다시 말해서 개정법은 3년간의 유예기간을 두고는 있지만, 현행법과는 달리 『사용기업이 '위법(違法)하게' 파견근로자를 활용하고 있음을 '인지(認知)'한 경우에는 '자동적(自動的)'으로 고용계약이 성립』하게 된다.

개정 파견법에서 소위 『직접고용간주규정(直接雇用みなし規定)』을 도입함으로써 파견근로자가 직접적인 고용관계의 설정을 원하고 있음에도 불구하고, 이를 실행하지 않고 위법한 파견근로자를 계속해서 사용하는 기업에 대해 고용의 책임을 명확하게 했다는 점에서 의의가 있다고 하겠다.

한편 개정 파견법상의 『직접고용간주규정』은 지금까지 일본의 고용관계법에서는 존재하지 않았던 제도인 만큼 시행에 따른 혼란이 예상되고 있다. 예를 들어 개정 파견법에서 말하는 『위법상태』는 구체적으로 어떠한 상황을 의미하는지, 사용기업의 『인지(認知)』여부를 어떻게 판단할지, 파견근로자가 직접고용을 원하지 않는 경우에 고용관계는 어떻게 되는지 등 불분명한 부분이 많이 남아 있다. 이에 대해서는 3년간의 유예기간 동안 제도를 보완하리라 판단되지만, 현행 파견법상의 직접고용신청제도를 둘러싸고 전국적으로 많은 소송이 진행되고 있는 상황에 비추어, 개정 파견법상의 '직접고용신청간주규정'이 과연 연착륙할지에 대해서는 다소 의문이다.

위에서 언급한 개정 파견법상의 '직접고용신청간주규정'에 대해, 동 규정이 사법적으로 어떠한 의미를 가지는지, 이를 둘러싸고 어떠한 견해들이 대립되고 있는지에 대해 분석한 다음, 동 규정의 해석상의 한계를 명확히 하고자 한다. 특히 본고에서는 파견근로자의 근로계약의 내용과는 관계없이 사용기업으로 하여금 직접고용을 강제하는 원칙론을 너무 강조하다 보면, 자칫 현행 제도의 배경에 있는 '상용대체방지'라는 목적이 파견근로자의 이익보호에 반하는 결과를 초래할 수 있는 점이 경시될 수 있다는 점을 전제로, ㉠현행법 하에서 근로자파견을 어떻게 규정하는 것이 바람직한지에 대해 분석하고, ㉡'직접고용신청의무'에 관련되는 여러 제도의 의의 및 목적을 재확인 한 다음, ㉢향후 '직접고용신청간주규정'의 입법정책과 관련하여 그 의의와 한계에 대해 고찰하고자 한다.[163)]

1. 현행제도의 재확인[164)]

(1) 근로자파견의 규정

(가) 학설의 동향

근로자파견제도를 둘러싸고는 노동법상의 원칙론으로서, 노동력의 실제 이용자(사

163) 개정 파견법이 2012. 3. 28. 국회를 통과하여 4. 6. 공포되었기에 아직까지 『직접고용간주규정』에 대한 논문은 찾을 수 없으므로, 본고에서는 개정되기 이전의 논의과정에서 제시된 견해들을 주로 인용할 수밖에 없었는데, 그 중에서 특히 本庄淳志「改正勞働者派遣法をめぐる諸問題」『季刊勞働法』第237号(夏号), 2012年; 同「派遣先での直用化をめぐる諸問題」『季刊勞働法』第231号(冬号), 2010年; 安西愈『勞働者派遣と請負・業務委託・出向の實務』勞働調査會, 2007年; 木村大樹『勞働者派遣の法律實務』勞務行政, 2007年 등을 주로 참조했음을 밝혀둔다.

용기업)에게 법적 책임을 지게 해야 한다는 입장에서, 간접고용 그 자체를 부정적으로(negative) 보는 견해가 있다(직접고용주의).[165] 이러한 학설은 1985년에 파견이 해금될 때까지, 직업안정법(職業安定法) 제44조와 노동기준법(勞働基準法) 제6조에 의해 파견근로가 광범위하게 위법으로 여겨져 온 점을 중시한 것이다. 이 문제는 특히 파견법의 제정을 전후하여 격렬하게 논의되었듯이 아주 생소한 테마는 아니다.

그러나 파견이 해금되어 이미 사반세기가 지난 현재에도, 이 문제에 대한 견해에는 상당한 괴리가 있고, 이러한 괴리는 예를 들어 직업안정법과 파견법과의 적용관계를 어떻게 이해해야하는지 등에 있어 서로 상충될 수 있는 한 요인이 되었다. 파견제도의 근간에 관계되는 중요 논점이기 때문에 상세히 살펴보기로 한다.

파견법 제2조 제1호에 의하면, 근로자파견이란『자기가 고용하는 근로자를, 당해 고용관계 하에, 이와 동시에 타인의 지휘명령을 받아 당해 타인을 위해 노동에 종사하게 하는 것을 말하고, 당해 타인에 대하여 당해 근로자를 당해 타인에게 고용시키는 것을 약속하여 하는 것을 포함하지 않는다』이러한 파견의 제도화에 더불어 직업안정법도 개정되어, 동법이 금지하는 근로자공급이란,『공급계약에 기초로 하여 근로자를 타인의 지휘명령을 받아 노동에 종사하게 하는 것을 말하고, …… (파견법) 제2조 제1호에서 규정하는 근로자파견에 해당하는 것을 포함하지 않는다』라고 하고 있다(제4조 제6항).

이리하여, 파견법의 '근로자파견'과 직업안정법의 '근로자공급'을 구별하여 생각하는 입장이 주장되었으며, 이러한 주장은 행정해석에서도 채택되게 되었다(이하,『분리설』).[166] '분리설'에 의하면, 예를 들면 이른바 '위장도급'과 같이 어떤 취업형태가 파견

164) 파견법은 빈번한 개정을 거쳐 내용적으로도 매우 복잡한 것으로 되어 있지만, 이를 망라적으로 소개 및 검토하는 귀중한 문헌으로, 安西愈『新版勞働者派遣法の法律實務(上・下卷)』勞働調査會, 2008年이 있다. 또 법 개정의 경위에 대해서는 高梨昌『勞働者派遣法(第3版)』エイデル研究所, 2007年도 참조.

165) 고용에서는 직접고용이 원칙으로 하는 직접고용주의에 대해서는 淸正寬「雇用保障における『直接雇用の法理』ー勞働者供給事業禁止法理の再檢討」『社會法の現代的課題』法律文化社, 1983年, 275頁; 鎌田耕一「勞働者供給事業禁止規定の立法趣旨と意義」『勞働法律旬報』1108号, 62頁; 脇田滋『勞働法の規制緩和と公正雇用保障ー勞働者派遣法運用の總括と課題ー』法律文化社, 1995年, 39頁; 矢部恒夫「勞働者派遣法」『日本勞働法學會誌』103号, 2004年, 117頁; 沼田雅之「勞務供給の多様化と直接雇用の原則」『日本勞働法學會誌』112号, 2008年, 35頁; 萬井隆令「勞働者派遣法における期間制限の意義」『龍谷法學』42卷 1号, 2009年, 5頁; 西谷敏「派遣法改正の基本的視点」『勞働法律旬報』1694号, 2009年, 6頁 등을 참조.

166)『勞働者派遣事業の適正な運營の確保及び派遣勞働者の就業條件の整備等に關する法律の施行について』基發333号、1986年 6月 6日. 학설로서 濱口桂一郎「いわゆる僞裝請負と默示の雇用契約ー松下プラズマディスプレイ事件」『NBL』885号, 2008年, 20頁; 荒木尚志『勞働法』有斐閣, 2009年, 432頁; 菅野和夫『勞働法(第9版)』弘文堂, 2010年, 214頁 등.

법의 여러 규칙에 위반되어 동법에서 규제하고 있는 민 · 형사상의 책임문제가 발생한다 하더라도, 직업안정법상의 위반이 문제가 되는 경우는 거의 없다.

한편, 학설 중에는 '분리설'을 비판하는 입장도 있다. 즉 파견법에서 말하는 '근로자파견'이란, 파견법상의 각 규제를 준수한 적법한 것에 한정해야 하고, 그 이외의 경우는 파견법뿐만 아니라 직업안정법의 규제에도 위배된다고 보는 견해이다(이하, 『직업안정법 중첩적용설』).[167] 최근의 판례 중에서도, 이러한 견해를 원용했다고 보이는 것도 있다(松下プラズマディスプレイ事件 · 高裁判決[168]). '직업안정법 중첩적용설'은 첫째, 법체계로서 파견법이 직업안정법의 특별법으로 규정되는 점, 둘째, 직업안정법 제44조의 이념은 파견법 시행 후에도 보편성을 가지고 있으며 사회적 타당성을 가지고 있는 점을 그 근거로 하고 있다.[169] 예를 들면, 요로이(萬井) 교수는 '근로자파견'에 해당되는 한, 직업안정법 위반은 발생하지 않는다는 견해(분리설)에 대하여, 개념법학적인 해석으로 비판하고 있다. 조금 부연하면, '직업안정법 중첩적용설'의 배경에는 단순한 조문의 해석문제에 그치지 않고, 직접고용을 원칙시하는 직접고용주의에 대하여 파견법의 성립 이후에도 유지되어야 한다는 의도가 깔려 있다고 봐도 좋다.

(나) '직업안정법 중첩적용설'에 대한 평가

이 문제에 대해서는 다음과 같은 이유에서 분리설의 입장이 유지되어야 한다. 즉, 첫째, 파견법은 파견기업과 근로계약 관계에 있는 것을 넓게 '근로자파견'에 포함하고 있으며, 그러한 '근로자파견'에 대하여 규제를 부과하는 구조로 되어 있다. 한편, 직업안정법에서는 파견법에서 말하는 '근로자파견'이 근로자공급에 해당되지 않음을 명확히 하고 있다. 파견법은 위법파견도 '근로자파견'에 포함되는 것을 전제로 금지업무나 벌칙 등을 규정하고 있으며, 이러한 해석을 인정하지 않는다고 하면 오히려 파견법에 위반한 사례에 대해 파견법에 의한 시정을 도모할 수 없다는 기묘한 결론이 발생할 수

167) 대표적인 것으로서, 萬井隆令「勞働者派遣と勞働者保護法制ー勞働者派遣 · 勞働者供給 · 出向の概念をめぐってー」『法と民主主義の現代的課題ー龍谷大學法學部創立20周年記念論文集ー』有斐閣, 1989年, 464頁; 同「僞裝請負における事業業業員と發注元との勞働契約關係の成否について」『勞働法律旬報』1694号, 2009年, 17頁; 同「勞務提供に關わる三者間關係の概念についてー勞働者供給 · 派遣 · 出向の概念と相互の關連」『日本勞働法學會誌』114号, 2009年, 70頁 외, 西谷敏『勞働法』日本評論社, 2008年, 386頁; 浜村彰「違法な勞働者供給 · 勞働者派遣と勞働契約關係ー高砂香料工業事件鑑定意見書ー」『法學志林』98巻 1号, 2001年, 143頁;「座談會第二次朝日放送事件」『勞働法律旬報』1659号, 2007年, 19頁[脇田發言] 등.

168) 大阪高判 2008.4.25. 勞判 960号 5頁.

169) 예를 들면, 萬井隆令『勞働契約締結の法理』有斐閣 1997年. 332頁 등.

있다.[170)]

둘째로, 직업안정법 제44조의 입법취지는, 노동보스(勞働ボス)를 배제하여 노동의 민주화를 도모하는 것으로, 적어도 입법 당초에는 공급처(사용기업)의 책임은 중시하지 않았다. 직업안정법은 그 시행직후에 개정되어 노동력의 실제 이용자인 공급처에 대한 규제를 도입하였다. 그러나 이 개정은 어디까지나 노동보스의 배제에 대한 실효성을 꾀하기 위한 것으로, 노동력의 이용자(공급처)에 대하여 사법적인 모든 계약책임을 귀책하는 의도까지는 엿볼 수 없다. 또 가령 이러한 '사용자책임의 잠탈 및 회피의 방지'라는 목적을 포함하고 있었다고 해도, 그러한 의미 및 내용은 현재와 크게 다르다. 즉 해고권남용법리를 비롯하여, 현재의 노동법제의 내실화 및 확대는 직업안정법의 입법 당시의 상황과 크게 다른 것으로, 직업안정법을 근거로 그 전부를 사용기업의 책임으로 하기에는 무리가 있다.

셋째, 파견법의 입법과정에서는 노동력의 수급매칭 수단으로서 파견의 긍정적인(positive) 측면에 착안한 점도 무시해서는 아니 된다. 다시 말해서, 당시에는 직업안정법의 규제가 보편적이라는 발상보다는 오히려 직업안정법의 규제가 시대의 필요성에 미치지 못한다는 견해가 있었음을 알 수 있다. 이에 대하여, 직업안정법 중첩적용설은 파견법으로, 직업안정법에서 금지되어 온 근로자공급사업이 부분적으로 해금된 역사적 경위를 중시하지만, 그것만으로는 새로운 입법인 파견법의 적용범위를 제한하는 근거는 되지 못한다. 그리고 '직업안정법의 취지가 보편적이다'는 주장만으로는 파견법의 정의를 충족시키는 경우에 '신법이 구법에 우선한다'는 대원칙이 타당하지 않는 근거로서 충분하지 않다. 하물며, 직업안정법 제44조 위반에 벌칙이 있다는 점도 고려하면, 죄형법정주의의 관점에서도 정의 및 개념은 명확해야 하지만, 직업안정법 중첩적용설은 이러한 요청에 충분히 응답하고 있지 못하다.

또, 노동기준법 제6조와의 관계에서는 파견기업은 근로계약의 당사자로서 근로자파견을 행하고 있는 것으로, '타인의 취업에 개입하여 이익을 얻고' 있는 것은 아니다.[171)] 근로자파견이 전면적으로 금지되어 있던 시대라면, 파견기업의 개재가 노동기

---

170) 예를 들면, 마츠시타 플라즈마 디스플레이 사건(松下プラズマディスプレイ事件)을 보아도, 오사카 고등재판소(大阪高裁)는 당해 삼자관계가 '근로자파견'에 해당하는 것을 솔직하게 인정하지 않았던 귀결로서, 파견법에 근거로 한 사용기업의 직접고용 신청의무(제40조의 4)를 부정하는 것과 같은 판단을 하고 있다.

171) 1986年 6月 6日 基發 333号, 1988年 3月 14日 基發 150号, 1999年 3月 31日 基發 168号. 또 같은 취지는, 파견법 제정당시의 국회답변에서도 확인되었다(第102回 衆議院社會勞働委員會議錄 第15号(1985年 4月 16日)

준법 제6조 위반으로서 문제가 되었다는 것에도 충분한 이유가 있다. 그러나 간접고용이 합법화된 이상, '타인'의 해석에 변경이 생기고 있는 것도 이른바 당연하다고 보아야 할 것이다.[172] 이와 마찬가지로, 파견은 실질적으로 보면 중간착취에 해당하는 것으로, 노동기준법 위반의 여지를 인정하는 견해에 대해서도,[173] 근로자파견이 정면에서 인정되고 있는 오늘날에는 설득력이 결여된 것으로 생각된다.

위에서 언급한 바와 같이, 파견법의 시행 후에는 더 이상 파견법상의 각 규제의 해석이나 그 적용범위를 둘러싸고 문제가 되는 경우는 있어도, 파견법 제2조의 정의를 충족시키고 있는 한, 직업안정법 제44조 위반 문제는 발생할 여지가 없다고 보는 분리설의 입장이 타당하다고 본다.[174] 파견법을 검토할 때에, 오래 전의 '전근대적 고용관행이 다분하게 남아 있고, 또한 산업이 괴멸적 상태에 있던 시대의 법제도를 금과옥조로서, 그 후의 이반(離反)을 비판하는 것만으로는, 오늘날 아무런 도움이 되지 않는다.'라는 지적에는 충분한 이유가 있다.[175] 따라서 현재 파견형 취업형태가 직업안정법 제44조 위반으로 문제가 되는 것은 주로 근로자와 파견기업과의 사이에 고용관계가 없는 경우('이중파견'이 전형적임), 혹은 사용기업에 '고용시킬 것을 약속한' 경우(이른바 재적출향 가운데, 사용기업과의 간에도 근로계약 관계에 있는 경우)에 한정된다.

(다) 직접고용주의에 대한 의문

위에서 논술한 견해를 전제로 하면, 직접고용을 원리적으로 중시하고, 현재의 파견을 둘러싼 해석문제에까지 반영하고자 하는 견해에 대해서도, 그 법적 근거에 의문이 생기게 된다. 즉, 직접고용을 중시해야 하는 법적 근거는, 파견법의 성립으로 이미 그 의미를 상실했다고 보아야 하지 않는가라는 의문이다.

물론 파견법이 성립하기 이전이라면, 근로자파견은 근로자공급사업의 일종으로서

의 寺園 노동국장 발언을 참조).

172) 이에 대한 비판으로서, 萬井隆令＝山崎友香「『勞働者供給』の槪念ー勞働者派遣法制定を契機とする勞働省による解釋の変更とその問題点」『勞働法律旬報』1557号, 2003年, 6頁 등.

173) 萬井隆令「勞働者派遣と勞働者保護法制ー勞働者派遣・勞働者供給・出向の槪念をめぐってー」『法と民主主義の現代的課題ー龍谷大學法學部創立20周年記念論文集ー』有斐閣, 1989年, 450頁 및 金子征史＝西谷敏(編)『勞働基準法(第4版)ー基本法コンメンタールー』日本評論社, 1999年, 22頁 [執筆者：今野順夫] 등.

174) 이 점은 마츠시타 플라즈마 디스플레이 사건(松下プラズマディスプレイ事件)의 상고심에서는 분리설의 입장을 지지하고, 위법파견(위장도급)의 경우에 대하여 파견법의 구조에 따른 해결을 지향하는 입장이 명확히 되어 있다(最2小判 平成21年 12月 18日 勞判 993号 5頁).

175) 馬渡淳一郎『三者間勞務供給契約の硏究』總合勞働硏究所, 1992年, 96頁. 같은 취지, 諏訪康生「職安体制の課題」『日本勞働硏究雜誌』364号, 1990年, 100頁.

포괄적으로 강력하게 금지되어 온 것으로, 직접고용의 원칙이 법원칙으로 요청되어 왔다고 보아야 할 것이다. 이러한 상황 하에서는 파견을 위법한 취업의 한 형태로 간주하여, 사용기업에 대해 법적 책임을 추구하는 것이 학계의 관심사가 되어 다양한 근거를 제시함으로써 사용기업과의 직접적인 계약관계를 인정하려고 한 점에 역점을 둔 것은 어쩌면 당연한 것이었는지도 모른다.

그러나, 1985년에 근로자파견이 합법화되고, 또 국제적인 동향을 반영하여 1999년에 법개정을 거쳐 파견이 실제로 폭넓게 보급되고 있는 오늘날의 상황 하에서는 이러한 현실을 직시한 법정책이 절실하게 요구된다. 모든 파견근로자를 직접고용의 정규직으로 전환하는 것이 비현실적인 가운데, 직접고용을 원리 및 원칙으로서 중시하는 것은 반대로 파견근로자의 보호에 반하는 결과를 가져올지도 모른다. 오히려 지금 검토해야 할 문제는, 직접고용을 고용의 원칙적 형태로 보는 법적기반을 상실한 가운데, 여전히 파견근로자를 사용기업의 직접고용으로 유도하는 정책에 대하여 그것이 적절한지의 여부나 정당화의 여지를 모색하는 것이라 생각된다.

이러한 문제의식에서 살펴보면, 다음으로 검토할 필요가 있는 것은 현행 제도에서의 사용기업의 직접고용 신청의무 및 이와 밀접하게 관계되는 기간제한이나 대상업무의 구별에 대하여, 그 목적을 명확히 하는 것일 것이다. 직접고용주의의 시점에서 벗어나 살펴 본 경우에, 이러한 규제들은 어떻게 평가할 수 있을까?

(2) 파견법은 왜 대상 업무를 구별하는가

일본의 근로자파견법의 특징 중 한 하나는, 사용기업의 대상 업무에 따라 규제를 달리하고 있는 점이다. 대상 업무에 대하여 파견법이 제정된 1985년 당시에는 다음과 같이 규정하고 있었다.

먼저, 구법 제4조 제1항에서는 파견금지업무로서 항만운송업무와 건설업무를 열거하고 있었고, 이어 '기타 그 업무 실시의 적정을 확보하기 위해서는 업으로서 행하는 근로자파견 …… 에 의해 파견근로자로 하여금 종사케 하는 것이 적당하지 않다고 인정되는 업무로 정령(政令)에서 정하는 업무'를 열거하고 있었다(이하, 최초의 네거티브 리스트(negative list) 업무).

이와 더불어, 정령으로 파견가능업무를 열거하고 있었다(당초는 13업무, 후에 26업무). 이 파견가능업무로는 ㉠그 업무를 신속하고 적확하게 수행하기 위해 전문적인 지식, 기술 또는 경험을 필요로 하는 업무(구 제4조 제1항 제1호), ㉡그 업무에 종사하는 근로자에 대하여 취업형태, 고용형태 등의 특수성에 의해, 특별한 고용관리를 실시할 필요가 있다고 인정되는 업무(동 제2호)가 상정되어 있었다. 그리고 파견대상 이외의 업무에 근로자파견을 실시한 경우에는 파견기업에 대해 형사벌이 부과되게 되어 있었다(제59조).

그러나 그 후, 대상 업무는 정령의 개정으로 서서히 확대됨과 동시에, 법률상으로도 고령자의 파견이나 혹은 육아 및 개호휴업취득자에 대한 대체파견의 경우에 원칙적으로 자유화되는 등의 규제완화가 진행되어 왔다. 그리고 1999년의 법 개정시에 네거티브 리스트방식으로 전환됨으로써 파견 대상 업무는 원칙적으로 자유화되었다.

그렇다고는 하지만, 현재에도 최초의 네거티브 리스트 업무에 대한 근로자파견에는, 파견기업에 대한 벌칙도 남아 있는 등, 다음에서 살펴보는 것처럼 자유화업무와 종래의 정령 26업무에서는 파견기간에 있어서 규제를 달리하고 있다. 또 파견금지업무에 대해서는 다음과 같이 복잡한 규제로 되어 있다. 즉, 파견법은 먼저 제4조 제1항에서 파견금지업무를 정하고 있다(건설업무, 항만운송업무, 경비업무). 그리고 동 제3호에 근거한 시행령에서도 파견금지업무를 열거하고 있다(의사, 약사, 구급구명사 등).[176] 또, 변호사나 사법서사와 같이 업무의 취지에서 파견이 금지되는 경우도 있는가 하면, 『인사노무관리관계 중에서 사용기업에서 단체교섭이나 또는 노동기준법에서 정하는 협정의 체결 등을 위한 노사협의 시에 사용자 측의 직접 당사자로서 행하는 업무』에 대해서는 파견을 행하지 않는 것이 파견사업의 허가조건으로 되어 있다.

이처럼 파견대상업무가 원칙적으로 자유화되었다고는 하나, 현재에도 여전히 근로자파견이 금지되는 업무가 많고, 그 법적 근거도 한결같지 않다. 다만, 적어도 파견법은 대상 업무에 관하여, ㉠최초 네거티브 리스트 업무, ㉡정령 26업무, ㉢그 이외의 자유화 업무에서 등으로 규제를 구별하고 있다. 위의 ㉠에서는, 파견법이 당초보다 명확하게 금지해 온 항만운송업무나 건설업무에 착안하면, 파견이 금지된 이유가 각각 항만노동법이나 건설고용개선법 등에 의한 특별한 고용조정제도가 있었던 점이다.[177] 이

176) 금지업무에 대해서는 시행령 제1조 내지 제2조를 참조.

177) 이 점에 대해서는 高梨昌『人材派遣業の立法化構想ーとりまとめにいたる経緯と争点ー』『ジュリスト』831号, 1985年, 8頁 외, 第102回 衆議院社會勞働委員會議錄 第25号(1985年 6月 6日)도 참조. 또 경비업무가 근

에 대하여 ㉡나 ㉢의 업무에서 대상업무를 구별해온 목적은 파견근로자가 사용기업의 직접고용 근로자의 고용기회(post)를 빼앗는다는 상용대체에 의해, 전통적인 고용관행에 악영향을 미치는 것을 방지하는 것에 있었다. 마찬가지로, 제조업에 대해 근로자파견을 금지해 온 것도, 당시 이미 중층적 하청관계를 전형으로 하는 도급사업이 정착되어 있었다는 이유 때문이다. 다시 말하면, 이러한 파견대상업무의 구별은 업무의 위험성 등을 고려한 것이 아니고, 업무의 '전문성'에 착안하는 경우라고 해도, 파견근로자의 교섭력의 정도(대등성) 등이 고려되었던 것은 아니다.[178]

요컨대, 파견법이 대상업무를 한정한 것은 개개의 파견근로자 보호의 필요성이라기보다는, 기존의 법제도나 사용기업의 정사원을 중심으로 한 고용관행을 배려한다는 입법정책상의 목적에 의한 것이다. 그리고 이러한 대상업무의 구별은, 현재에는 파견기간에 대한 규제와 밀접한 관계를 가지고, 나아가 이러한 기간제한과 사용기업의 직접고용 신청의무가 관련되어 있다. 그러면 원래 파견법이 자유화 업무에 대하여 상한기간을 규정한 이유는 무엇일까? 이하에서 이에 대해 확인해보고자 한다.

(3) 파견법은 왜 기간제한을 설정했는가

역사적으로 보면, 1985년의 근로자파견법에서는 법률상의 파견기간을 정하고 있지 않았지만, 행정실무에는 파견가능한 13업무에 대하여 업무마다 기간이 정해져 있었다. 이러한 방식은 1990년에는 빌딩 유지관리업(ビルメンテナンス)을 제외하고 상한기간을 1년으로 하는 것으로 통일되었지만, 각각 계약갱신으로 연장되는 것은 자동갱신이 아닌 이상은 인정되고 있었다.

다음으로, 1999년에 대상업무가 원칙적으로 자유화되었을 때, 이러한 자유화업무에 대하여 파견 상한기간(1년)이 법률상으로 명확하게 되었다.[179] 신제도에 의하면, 자

로자파견의 대상에서 제외되었던 것은, 경비업무는 도급에 의해 실현할 수 있다는 이유 외, 감독관청인 경찰청이 반대했었기 때문이라고 여겨진다(第102回 衆議院社會勞働委員會議錄 第15号(1985年 4月 16日)의 加藤 직업안정국장 발언 외, 乘木正名「警備業の現狀と勞働者派遣業問題」『ジュリスト』831号, 1985年, 40頁 및 馬渡淳一郎『三者間勞務供給契約の硏究』總合勞働硏究所, 1992年, 183頁 이하 참조).

178) 和田肇「雇用形態の多樣化と勞働法政策」『法律時報』80卷 12号, 2008年, 4頁은 입법자의 의도로서, 대상업무를 전문적 지식과 경험을 필요로 하는 전문직으로 한정함으로써, 근로자의 교섭력을 확보하는 목적이 있었다고 소개하지만, 입법경위를 살펴보면 의문이다. 앞에서 서술했던 법개정의 경위에서 보아도, 고령자나 육아 및 개호휴업취득자의 대체파견에서 대상업무가 확대되었던 것이 제시되었 듯이, 대상업무의 규제는 파견근로자의 교섭력 등이 아니고, 사용기업의 고용관행에 배려했던 것이라고 해야 할 것이다.

유화업무에서는 파견기간의 연장은 인정되지 않고, 규제를 위반하는 경우에는 노동대신(당시)에 의한 권고제도나 기업명 공표제도가 마련되었다. 다만 한시입법으로, 중고령자에 대해서는 자유화 업무에서도 특례로서 상한기간이 3년으로 되는 등, 상용대체를 방지하면서 노동시장의 수급균형을 배려한 점도 엿볼 수 있다.

또 2003년의 개정으로, 자유화 업무에서의 파견 상한기간이 최장 3년까지 연장되었다. 이와 동시에 새롭게 사용기업에 의한 직접고용 신청의무가 창설 및 강화되었다. 그 대상은 자유화업무에서 파견기간이 3년을 경과했던 경우 외(제40조의 4)에, 정령 26업무로 3년 이상 계속하여 파견을 이용하는 경우나, 그 후 동일업무에 근로자를 고용하는 경우(제40조의 5) 등으로,[180] 이는 현행법에서도 그대로 계수되었다.

이러한 기간제한에 대해서는 상한기간에 저촉된 경우에, 어떠한 법률문제가 발생하는지에 대한 분석이 필요하다. 먼저 기간제한의 준수는 파견기업과 사용기업 쌍방에 의무화하고 있다(제35조의 2, 제40조의 2). 이에 위반한 경우, 파견기업에 대한 벌칙규정이 있고(제61조), 또 사업구분에 따라 허가취소나 사업정지, 개선명령이 내려질 여지도 있다(제14조, 제49조). 한편, 사용기업에 대한 벌칙은 없지만, 앞에서 언급했던 것처럼 후생노동대신에 의한 권고제도나 기업명 공표제도가 있다(제49조의 2). 그리고 기간제한은 다음에서 검토하는 사용기업의 직접고용 신청의무와도 관계되는 것으로, 이러한 '기간'을 어떻게 산정하는지가 문제가 된다.

이러한 사항은, 파견법 제40조의 2에 의하면 『사용기업은 당해 사용기업의 사업소, 기타 파견취업의 장소마다의 동일한 업무 …… 에 대하여, 파견기업 사업주로부터 파견가능기간을 초과하는 기간 동안 계속하여 근로자파견의 역무의 제공을 받아서는 안 된다』. 즉, 파견기간이 문제가 되는 것은 사용기업의 업무, 즉 사용기업의 조직의 최소 단위가 동일한 경우에 한정된다. 이러한 업무의 동일성에 대해서는 사용기업 지침에서 판단기준을 상세히 규정하고 있다(사용기업 지침 제2의 14).[181] 한편, 파견기업에 대한

179) 자유화업무에서의 기간제한이 상용대체방지를 목적으로 하는 점에 대해서는, 小嶌典明「求められる派遣スタッフのための規制改革」『日本勞働研究雜誌』489号, 2001年, 14頁을 참조. 한편, 26업무에서의 기간제한을 둘러싼 행정해석의 변천 및 그 문제점에 대해서는 小嶌典明「派遣期間の制限に關する覺書ーいわゆる3年の期間制限とは何かー」『阪大法學』52卷 3 · 4号, 2002年, 123頁을 참조. 또 엄밀하게는 26업무의 모든 것에 3년의 기간제한이 있었던 것은 아니다(상세한 내용은 小嶌典明「勞働市場の規制改革ー職業安定法 · 勞働者派遣法改正の評価」『社會的規制の経濟分析』日本経濟新聞社, 2000年 참조).

180) 후자는, 1999년의 노력의무규정으로서 창설된 것을 개정했던 것이다.

181) 사용기업이 강구해야 하는 조치에 관한 지침(1999年 勞働省告示 第138号, 最終改正：2009年 厚生勞働省告

규제를 살펴보면, 『파견기업 사업주가 사용기업에게 당해 파견기업 사업주로부터 근로자파견의 역무의 제공을 받았다면, 제40조의 2 제1항의 규정에 저촉되는 경우에는, 당해 저촉하게 된 최초의 날 이후 계속하여 근로자파견을 행해서는 안 된다』(법 제35조의 2). 요컨대, 파견기간의 산정은 어디까지나 사용기업의 업무의 동일성에 착안한 것으로 되어 있으며, 직접적으로는 개개 근로자의 파견기간이 중시되는 것은 아니다.

따라서, 예를 들면, 자유화 업무에서 파견기간의 상한(3년)이 문제가 되는 것은, ㉠어떤 근로자의 계속파견기간이 3년을 초과하는 경우, ㉡복수의 파견근로자가 교대하여 파견되는 경우, 파견기간의 합계가 3년을 초과하는 경우, ㉢어떤 파견기업으로부터의 근로자파견이 종료한 뒤, 다른 파견기업으로부터 (종전과 동일한 또는 다른) 근로자가 파견되어, 그 합계기간이 3년을 초과하는 경우 등이다. 이에 대하여 (i)어느 특정한 근로자가 A회사에 2년 11개월 파견되고, 그 후 B회사에 2년 11개월 파견되는 경우나 (사용기업 변경의 케이스), (ii) 어느 근로자가 A회사의 C업무에 2년 11개월 파견되고, 계속하여 A회사의 D업무에 같은 기간 파견되는 케이스에서는(사용기업의 업무가 변경된 케이스), 모두 파견 상한기간은 문제가 되지 않는다.

이렇게, 파견기간의 산정에서 사용기업의 업무의 동일성이 중요한 한편, 개개 근로자가 파견근로자로서 얼마만큼 계속적으로 취업하고 있었는지가 문제가 되는 케이스도 있다.[182] 이 점은 이른바 '쿨링(cooling)기간'의 의미를 보아도 명확하다. 사용기업 지침에 의하면, 근로자파견에 중단이 있는 케이스라도 중단기간이 『3월을 초과하지 않는 경우에는, 당해 사용기업은 …… 계속하여 근로자파견의 역무의 제공을 받고 있는 것』으로 간주된다(제2의 14(3)). 다시 말하면, 중단기간이 3개월을 경과한 경우에는 기간산정이 새롭게 개시하게 된다. 이러한 사항은 학설에서는 단순히 3개월이라는 기간을 기계적으로 고려하는 것이 아니라, 업무내용이 실질적으로 계속하고 있는지의 여부를 중시해야 한다는 유력한 설도 있다.[183] 그러나 보다 본질적인 문제는 이러한 쿨링기

示 第245号).

182) 또, 정령 26업무에서의 직접고용 신청의무에 대해서는 파견근로자가 동일하다는 것이 요건으로 되어 있지만 (제40조의 5), 어디까지나 업무의 동일성을 전제로 하는 점에서 자유화업무의 경우와 다르지 않다.

183) 大橋範雄 『派遣労働と人間の尊厳─使用者責任と均等待遇原則を中心に』 法律文化社, 2007年, 30頁 및 大橋範雄 「派遣法改正にあたっての提言」 『大原社會問題研究所雜誌』 605号, 2009年, 1頁 등. 또 최근의 행정해석도 단순히 3개월의 기간을 들어 다시 파견근로자의 수용을 예정하는 것은 '법의 취지에 반한다'고 하고 있으며, 같은 취지의 입장과 같다(2008年 9月 26日 職發 0926001号 「いわゆる『2009年問題』への對応について」 『勞働法令通信』 2159号, 2008年 수록).

간을 고려할 때에도 사용기업에서의 수용기간이 문제가 되는 것에 그치고, 개개 파견근로자의 취업기간과는 직결되지 않는다는 점이다. 즉, 기간제한은 상용대체의 방지를 목적으로 하지만, 그 구체적인 내용으로서는 파견근로자의 불안정 고용을 방지한다는 것보다는, 오히려 사용기업의 직접고용 근로자의 이익보호라는 측면이 강한 것이라고 평가할 수 있을 것이다.

이상 요컨대, 특히 자유화 업무에 대해서 보면, 어떤 특정 사용기업이 장기간에 걸쳐 근로자파견을 계속 이용하는 것은, 파견법이 예정한 바는 아니다. 이에 대하여, 정령 26업무에서는 사정이 다를 가능성도 있다.[184] 그러나 자유화 업무와 정령 26업무에서 규제가 다른 것은, 26업무의 전문성 등에서 비추어 보면, 사용기업의 직접고용 근로자의 장기고용관행에 영향이 없다고 생각되고 있기 때문임에 불과하다. 즉, 양자에서 규제가 다른 것은, 사용기업의 고용관행에 대한 영향이 어느 정도인가라는 평가의 차이에 불과하고, 26업무라고 해도 법은 파견에 대하여 적극적인 것이 아니다.[185] 파견법의 핵심에 있는 것은, 파견을 어디까지나 임시적 및 일시적인 것으로 한정해야 한다는 견해이다.[186]

(4) 직접고용 신청의무의 내용

(가) 신청의무 위반의 효과

그러나, 기간제한을 위반한 경우에, 파견근로자의 법적 지위가 어떻게 되는지에 대해서는 법률적으로 명확하지 않다. 파견법에 의하면, 기간제한과 저촉되는 경우에, 사용기업은 파견근로자에 대하여 직접고용 신청의무를 가진다. 이러한 직접고용 신청의무는 파견근로자의 사법상의 지위와도 관계될 수 있기 때문에, 그 내용을 살펴보면 다음과 같다.

---

184) 2003년의 법개정 이전의 것이지만, 이 점을 강조하는 것으로서, 小嶌典明「派遣期間の制限に關する覺書ーいわゆる3年の期間制限とは何かー」『阪大法學』52卷3・4号, 2002年.

185) 예를 들면, 정령 26업무에 대해서도 엄밀하게는 개개의 파견기간의 규정은 최장 3년으로, 그 갱신이 허용되는 것에 불과하다. 그리고 3년이 경과한 뒤에 사용기업이 동일 업무에 신규채용을 하는 경우에는 파견근로자에 대하여 직접고용을 신청하는 의무가 부과되어 있다. 즉, 파견기간의 문제는 남겨져 있는 점에 주의를 필요로 한다.

186) 이 기본자세가 현행법에서도 유지되는 것은, 정부답변에서 확인되고 있다(第169回 衆議院予算委員會議錄 第5号(2008年 4月 8日) 참조).

파견법 제40조의 4에 의하면, 『사용기업은 (파견 상한기간에 저촉되는 취지의) 통지를 받은 경우에, 당해 근로자파견의 역무의 제공을 받았다면 …… (상한기간의 규제)에 저촉되게 되는 최초의 날 이후 계속하여 …… 파견근로자를 사용하고자 할 때에는, 당해 저촉하게 되는 최초의 날의 전날까지, 당해 파견근로자로 당해 사용기업에 고용되는 것을 희망하는 자에 대하여, 고용계약의 신청을 해야 한다』.

이러한 문언에서 살펴보면, 동조에서의 신청의무 발생요건으로서, 사용기업이 ㉠ 파견기업으로부터 '통지'를 받을 것, ㉡파견 상한기간에 저촉된 후에도 파견근로자를 사용하고자 할 것, ㉢근로자가 직접고용을 희망할 것 등이 필요하다고 생각된다.[187] 그리고 중요한 것은, 가령 이러한 요건을 충족시키는 경우라고 해도, 사용기업은 직접고용의 '신청의무'를 가지게 되는 것에 그친다는 점일 것이다. 즉, 파견법은 적어도 명문상은 사용기업과의 근로계약관계의 성립이나, 사용기업의 '신청'을 의제해서는 안 된다. 그리고 동조 위반의 효과도 또 후생노동대신에 의한 권고나 기업명 공표가 예정되는 것에 그친다(제49조의 2). 이것은 과거의 독일법에서 파견 상한기간을 초과하는 위법파견의 케이스에서, 사용기업과의 직접고용관계가 의제되고 있었던 것과 비교하면, 상당히 완화된 규제라고 할 수 있다.[188]

판례를 보면, 마츠시타 플라즈마 디스플레이(松下プラズマディスプレイ)사건의 1심 판결에서는, 사용기업에 의한 『직접고용계약의 신청이 실제로 없는 이상, 직접 고용계약이 체결되었다고 해석할 수 없다』라고 하고 있다.[189] 파견법 제40조의 4를 단속규정으로 해석하고, 사법상의 효력을 부정한 것이다. 이것은 행정해석과 비슷한 입장으로 다수설과도 일치한다.[190] 그러면 이러한 해석은 적절하다고 할 수 있을까? 이하 이에

187) 이 점에 대해서는小嶌典明「派遣先による派遣労働者の直接雇用ー正すべき誤解ー」『阪大法學』59巻 1号, 2009年, 1頁. 반대의 입장으로는 萬井隆令「勞働者派遣法における期間制限の意義」『龍谷法學』42巻 1号, 2009年, 5頁도 참조.

188) 하지만 독일 연방노동법원은 2000. 6. 28. 판결에서 직업소개가 추정되는 경우라 하더라도 사용사업주와 파견근로자 사이에는 근로관계가 성립하지 않는다는 판결을 한 바 있는데, 그 이유로는 종전의 근로자파견법 제13조(『근로관계가 고용촉진법 제4조에 위반하여 행하여진 직업소개에 의하여 이루어진 경우, 그 근로관계상의 사용자에 대한 근로자의 노동법상의 청구권은 합의에 의해 배제될 수 없다』)가 1997년 개정 시에 삭제되었기 때문에 파견근로자와 사용사업주와의 근로관계의 성립을 인정할 만한 법적 근거가 사라졌다는 것을 들고 있다(BAG v. 28. 6. 2000, BB 2000, 2522 ff.

189) 大阪地判 平成19年4月26日 勞判 941号 5頁. 이 사건에 대해서는 本庄敦志「派遣期間の制限・申込義務と派遣勞働者の保護ー松下プラズマディスプレイ(パスコ)事件が示唆するものー」『季刊勞働法』220号, 2008年, 176頁도 참조.

190) 厚生勞働省・都道府縣勞働局『派遣勞働者に對する雇用契約の申込み義務について』. 학설로는 土田道夫『勞

대해 검토하고자 한다.

(나) '직접고용 의무'와 '채용의 자유'

직접고용의 신청의무에 대해서는 사용기업의 '채용의 자유'와의 저촉이 문제가 된다.[191] 채용의 자유는 경제활동의 자유의 일환으로서 헌법에서 보장된 권리이다(三菱樹脂事件 · 最高裁判決[192]). 또, 사용자와 근로자가 계약상의 책임을 지는 것은 바로 자신들의 의사로 계약을 체결했기 때문이다. 책임의 근거를 계약(합의)에 구하는 이상, 국가가 법으로 계약체결의 자유에 개입하는 것, 특히 체결을 강제한다는 수법으로 개입하는 것에 대해서는 항상 신중한 자세가 필요하다. 더구나 일본에서는 채용 후의 해고에 합리적 이유가 필요하고, 노동력의 수급조정에 제한이 가해진다는 점을 고려한다면(노동계약법 제16조), 사용자에게 있어서 채용의 자유는 특히 중요하게 된다.

물론 현행법 하에서도 사용자가 가지는 채용의 자유가 제약 없이 인정되고 있는 것은 아니다. 예를 들면, 균등법 제5조나 고용대책법 제10조, 장애자고용촉진법 등에서 보이듯이, 일정한 차별금지나 해고정책적인 목적으로 채용의 자유는 제한되어 있다. 그러나 구체적인 규제방법을 보면, 법은 개별 구직자에게 (채용) 청구권을 부여하고 있지 않고, 사용자에게 특정 구직자의 고용까지 강제하지는 않는다.[193] 따라서 근로자파견에서 특정 파견근로자의 직접고용을 의제하기 위해서는 다른 법제도 이상으로 명확한 근거가 필요하다.

또, 가령 파견근로자와 사용기업과의 계약관계를 의제하는 경우에는, 새로운 근로조건을 어떻게 설정할 지도 문제가 된다. 일본에서는 근로계약의 중요한 요소인 임금의 결정방법조차도, 기업마다 혹은 동일 기업 내에서도 예를 들면 정규직과 비정규직 사이에 크게 다른 것이 현실이다. 이러한 격차는 정규직의 경우에는 기업 내에서의 배치 및 승진을 전제로 하는 고용시스템과 밀접하게 관련되는 것으로, 직무급 제도에 전

働契約法』有斐閣, 2008年, 707頁 등.

191) 파견기업의 채용의 자유를 중시하는 입장으로서, 小嶌典明「派遣先による派遣勞働者の直接雇用一正すべき誤解一」『阪大法學』59卷 1号, 2009年 및 小嶌典明「採用の自由とその制約一續一派遣法改正案の批判的檢討」『阪大法學』60卷 2号, 2010年, 1頁.

192) 最大判 昭和48年 12月 12日 民集 27卷 11号 1536頁.

193) 예외로서, 부당노동행위의 경우에서 노동위원회가 고용을 명령하는 이론적인 여지는 있지만, 이것은 노동위원회에게 부여된 재량권의 문제로, 채용희망자가 갑자기 재판소에서 근로계약상의 지위를 확인할 수 있는 성질의 것은 아니다.

형적으로 보이는 산업별 근로조건 결정이 침투되어 있는 유럽과 미국과는 사정이 크게 다르다고 할 수 있다. 이러한 상황 하에서는 계약관계를 의제한다고 해도, 근로조건을 확정하는 것이 쉬운 일이 아니다. 파견법이 제정당시부터 지금까지 계약체결을 의제하지 않고 있는 것은, 이는 당사자의 의사에 반한다고 하여 사회적 공감대를 얻지 못하는 점 및 새로운 근로조건에 대하여 기준이 없다는 이유 때문이었다.[194]

물론 법위반의 시정에 대하여, 행정상의 재량행위에 의한 지도 등에 맡기고, 파견근로자 스스로가 법정에서 다툴 수 있는 여지를 인정하지 않는 것은 파견근로자의 권리보호나 규제의 실효성 확보라는 점에서는 의문이 없는 것은 아니다. 그러나 파견법에는 노동기준법 제13조와 같이 법위반에 대해 이에 대한 직접적인 법적 효력을 부인하는 소위 '직률적 효력'을 정한 규정은 없다.[195] 그리고 개별 조문에도 명확한 정함이 없는 이상, 현행 파견법을 근거로 계약체결까지 의제하는 것은 지나친 해석일 것이다.

(다) 신청을 실질적으로 의제한다고 보는 견해에 대한 의문

학설 중에는 신의칙이나 공서양속을 매개로 하여, 신청의무의 사법효(私法效)를 인정하고자 하는 주장도 있기 때문에, 이에 대해 검토하고자 한다. 이를 법적 효과라는 측면에서 보면, 학설은 사용기업과의 묵시적인 근로계약의 성립을 인정하는 것과, 사용기업의 손해배상책임을 도출하는 것에서 구별할 수 있다.

먼저, 전자의 대표적인 사례로서 케즈카(毛塚) 교수의 주장을 검토하고자 한다.[196] 이 입장의 요점은 민법 제623조나 제625조를 근거로 직접고용의 원칙을 도출한 다음, 그에 반하는 고용형태에 대해서는 노동력의 이용자에게 신의칙상의 '적정 이용의무'가 있다는 것을 근거로 하여, 특히 중대한 위법파견으로 기업간 계약이 무효가 되는 케이

194) 第156回 衆議院構成勞働委員會議錄 第14号(平成15年5月4日). 재판례에서 정령 26업무에서의 직접고용 신청의무(제40조의 5)에 대하여 사법효를 명확하게 부정하는 것으로서, 산요 아쿠아 사건(三洋アクア事件)(名古屋地一宮支判 平成21年8月4日 勞経速 2052号 29頁)이 있다. 또, 마츠시타 플라즈마 디스플레이 사건(松下プラズマディスプレイ事件)의 최고재판소 판결에서는 이 문제를 직접 언급하고 있지 않지만, 분쟁의 경위에서 보면, 신청의무의 사법효를 부정하는 입장(적어도 긍정하는 입장은 아니다)으로 보아도 좋을 것이다.

195) 다만, 노동기준법 제13조의 직률효에 대하여, 법이 특별하게 창설된 것으로 해석하는지, 확인규정으로 해석하는지에서는 다툼이 있다(東京大學勞働法硏究會編 『注釋勞働基準法(上卷)』, 有斐閣, 2003年, 268頁[執筆者：大內伸哉]). 또 노동입법에서의 공법과 사법과의 관계에 대해서는 西谷 敏「勞働法規の私法的効力ー高年齢者雇用安定法の解釋をめぐって」『法律時報』80卷 8号, 2008年, 80頁 도 참조.

196) 毛塚勝利「僞裝請負い · 違法派遣と受入企業の雇用責任ー松下プラズマディスプレイ(パスコ)事件こ高裁判決にみる『默示の勞働契約』論の意義と課題ー」『勞働判例』第966号, 2008年, 5頁. 또 비슷한 견해로, 계속이용의 사실에서 직접적으로 묵시의 근로계약의 성립을 모색하는 입장도 있다(대표사례로서, 浜村彰「改正勞働者派遣法の檢討」『勞働法律旬報』第1554号, 2003年, 28頁.

스에서, 묵시적 근로계약의 성립여부를 판단할 때에, 사용기업의 주장 및 항변을 제한하는 것에 있다. 이것은 어디까지나 묵시적 동의를 근거로 한다는 점에서는 파견법의 신청의무와 직결하는 것은 아니다. 그러나 실제로 고려되고 있는 것은 근로자의 일방적인 희망으로, 사용기업의 의사는 고려되고 있지 않다는 점에서 보면, 실질적으로는 신청의무의 사법효(私法效)를 인정하는 것과 같다.

이러한 점은 일반적으로 신의칙에는 모순행위의 금지라는 견해가 포함되어 있기 때문에, 사용기업의 주장 및 항변을 제한하는 것에 국한된다고 한다면 '적정 이용의무'라는 중간개념을 조정(措定)할 필요가 있는지에 대해서는 의문이다. 그리고 보다 중요한 점은, 사용기업의 주장 및 항변의 제한이라는 효과를 가령 인정한다고 해도, 이러한 점이 왜 묵시적 근로계약의 성립으로 이어지는지가 확실하지 않다는 것이다. 케즈카(毛塚) 교수는 묵시적 근로계약론이 규범적 해석이라는 것을 강조하고 있지만(가치판단을 포함한다는 취지일 것이다), 과연 이것으로 충분한 이유라고 할 수 있을까? 3당사자의 관계에서, 법위반의 사실이 있으면, 사용기업이 명확하게 반대하고 있음에도 불구하고 일반조항을 매개로 근로계약의 체결의사까지 실질적으로 의제해도 좋은 것일까?

게다가, 이러한 주장의 근저에 있는 직접고용 중시의 견해나 근거에도 의문이다. 민법 제623조의 고용관계는 파견기업과 파견근로자 사이에서도 나타나는 것으로, 간접고용을 부정하는 근거로는 불충분하다. 또 민법 제625조에서는 근로자의 승낙이 있으면 권리양도도 인정되고 있으며(이를 부정하는 것은 어려울 것이다), 근로자파견도 이러한 고용형태의 일종이라고 해도 좋을 것이다.[197] 민법의 기초(起草)과정을 보아도, 입법자는 고용과 임대차를 서로 동등하게 파악하고, 제625조에 대해서는 전대차의 경우와 마찬가지로 권리의 일부만을 이전하는 경우도 상정한 논의를 했다.[198] 그렇다고 하면, 민법의 해석으로서 근로계약의 당사자와 지휘명령의 당사자를 항상 일치시켜야 한다고 하는 것에는 상당한 무리가 있다. 근로계약의 당사자와 지휘명령이 다른 케이스에는 근로자의 지위가 불안정하게 될 가능성은 부정할 수 없다. 그러나 그렇기 때문에 파견법에서는 근로자 본인의 동의를 확실한 것으로 하기 위한 규제가 마련되어 있는

197) 또, 사용기업에 의한 지휘명령의 법적근거에 대해서는 파견기업이 지휘명령권을 양도했다고 보는가, 위임했다고 보는가 등의 다툼이 있지만, 여기에서는 관여하지 않는다.

198) 法務大臣官房 · 司法法制調査部監修『法典調査會 · 民法議事速記錄四[日本現代立法資料叢業書4]』商事法務研究會, 1984年.

것이다(제32조).

그러나 민법 제623조가 두 당사자 간의 계약관계를 염두에 두고 있으며, 또 현실에서도 고용계약의 대부분이 두 당사자 사이에 전개되고 있는 사정은, 당사자 의사가 불명확한 케이스라면, 두 당사자의 관계를 전제로 한다는 해석준칙이 될 가능성은 있다. 그러나 그 이상으로 고용과 사용의 분리를 부정하는 근거로 보는 것은 불가능하다고 해야 할 것이다.

이 학설은 일반조항을 근거로 하는 이상, 이론적인 여지를 부정할 수 없는 것이다. 그러나 위에서 언급한 점 및 근로계약의 성립이라는 극히 중요한 장면에서, 당사자 의사를 너무나도 무시한 해석으로, 찬성할 수 없다.

(라) 손해배상책임을 인정하는 입장에 대한 의문

다음으로, 학설 중에는 '노동법상의 공서'를 근거로 하여, 신청의무 위반에 대해 사용기업의 손해배상책임을 긍정하는 입장도 있다.[199] 이러한 이론적인 근거는 명확하지 않지만, 이 견해는 실질적으로 보아도 파견근로자의 파견취업계속에 대한 기대(권)를 보호하고자 하는 것이라고 할 수 있다.

이러한 주장도 앞의 주장과 마찬가지로, 일반조항을 근거로 하는 이상 완전히 부정할 수 있는 것은 아니다. 또, 효과면에서 손해배상책임에 한정한다고 한다면, 채용의 자유와 전면적으로 충돌하는 것이 아니다. 다만 그렇다고 해도, 예를 들면 신청의무 위반으로 파견근로자가 입는 손해란 무엇인지가 확실하지 않고, 기간제한에 저촉된다고는 하나, 파견근로자와 파견기업과의 계약관계가 여전히 계속되고 있는 점을 어떻게 평가할 것인지, 또는 파견기업에 의한 저촉일의 통지 등 파견법상의 여러 요건에 대하여 사법상의 판단에서 어디까지 고려할 것인지 등의 문제가 있고, 사용기업에게 손해배상책임을 귀책시키기 위한 구체적인 요건도 명확하지 않다.

또, 원래 사용기업은 상한기간과 저촉되는 경우에 파견관계를 적법으로 종료시킬 수 있고, 앞에서 서술한 현행법에서의 기간제한의 취지에서 보면 이러한 종료는 오히려 바람직한 것이다(=단기이용의 요청). 파견근로자에게 파견계속에 대한 기대가 있다고 해도, 이러한 기간제한의 본래의 의의는 무시할 수 없을 것이다. 이미 언급한 바와

199) 勝亦啓文「派遣労働者の保護ー派遣元・派遣先の法的責任と課題ー」『季刊労働法』第211号, 2005年, 52頁.

같이, 파견기간의 산정은 사용기업의 동일업무에서의 사용기간을 의미하는 것으로, 근로자 개인의 취업기간과는 구별된다는 점에 주의할 필요가 있다. 예를 들면, 기간제한에 저촉되는 케이스 중에는 파견근로자가 교대를 반복한 경우도 포함되지만, 이러한 점을 무시한 채 일괄적으로 손해배상책임을 부여한다는 결론에 대해서는 법논리적인 측면에서 동의하기 어려운 점이 있다.

이러한 점을 고려한다면, 사용기업이 가령 신청의무에 위반했다 할지라도 이에 대해 손해배상책임을 인정하는 것은 원칙적으로 부정해야 할 것이다.

2. 개정 파견법의 주요 내용

개정 파견법은 이전 국회에서부터 계속 심의되어 오던 법안 중의 하나로 그 입법 여부가 주목을 받아오다가, 2012년 3월말에 국회에서 가결되어 4월 6일에 공포되었다. 개정법은 주요 부분에 대해 공포일로부터 기산하여 6개월 이내에, 그리고 근로계약 신청간주제도 등에 대해서는 3년을 경과한 시점에서부터 각각 시행하도록 되어 있다.

이번 개정 파견법의 내용은 다방면에 걸쳐 있는데, 그 내용을 보면 후술하는 바와 같이 전반적으로 파견근로자의 보호법으로서의 성격이 강화된 측면이 있다. 특히, 종전의 파견법은 파견사업의 규제에 포커스가 맞추어져 파견근로자에 대한 민사상의 보호가 다소 등한시된 면이 없잖아 있었는데 반해, 이번 개정에서는 이러한 부분이 많이 보강되었으며 파견법이 지향해야 할 기본적인 방향성에 있어 진일보한 개정이라 평가할 수 있다.

이러한 개정 파견법의 시행과 관련하여, 최근에는 각 도도부현(都道府縣) 노동국장 앞으로 후생노동성의 노동기준국장과 직업안정국장이 연명으로 개정 파견법에 대한 통달을 하달하였다.[200] 개정 파견법상의 직접고용간주규정에 대한 평가에 앞서 이번에 개정된 파견법의 주된 내용을 간단히 소개하면 다음과 같다.[201]

200) 『労働者派遣事業の適正な運營の確保及び派遣労働者の就業條件の整備等に關する法律等の一部を改正する法律について(2012年 4月 6日, 基發 0406 第1号, 職發 0405号 第7号』 http://wwwhourei.mhlw.go.jp/hourei/doc/tsuchi/T120409L0010.pdf

201) 이하 내용에 대해서는 本庄淳志 「改正労働者派遣法をめぐる諸問題」 『季刊労働法』 第237号(夏号), 2012年 논문을 주로 인용하였음.

(1) '일용파견'의 제한

첫째, 개정 파견법은 하루단위로 파견을 하는 소위 '일용파견'(이를 일본에서는『日雇い派遣』이라함) 및 30일 이내의 기간을 정하여 고용하는 '단기파견'을 원칙적으로 금지하고, 다만 예외적으로『적정한 고용관리에 지장을 초래할 염려가 없다고 인정되는 업무』및『고용의 기회확보가 특히 곤란하다고 인정되는 경우』[202]로서, 정령으로 정하여 이를 허용하도록 하고 있다(제35조의 3 제1항).

이처럼 일용파견을 제한하게 된 배경에는 고용기간이 너무 짧은 탓에 노동력의 수급조정시스템으로서 바람직하지 않을 뿐 아니라, 파견사업주 및 사용사업주에 대한 고용관리책임이 부과되지 않기 때문에 당초의 정부안과는 달리, 원칙적으로 금지되는 일용파견의 범위가 2개월 이내에서 30일 이내로 다소 완화되는 형태로 수정되었다.[203]

(2) '그룹기업 내 파견' 및 '이직자 파견'의 제한

둘째, 그룹기업 내의 파견 및 이직한 자를 종전의 직장으로 파견하는 것을 제한하고 있다. 그 배경에는 동일한 그룹기업 내의 사업주가 사용기업의 대다수를 점하는 경우, 실질적으로 제2의 인사부와 같은 역할을 하기 때문에, 원래 직접 고용해야 할 근로자를 파견의 형태로 사용함으로써 근로조건 저하시키는 원인이 되고 있다고 판단하였기 때문이다.

구체적으로는 그룹기업(모회사 및 관련 자회사) 내의 파견회사가 당해 사업연도에 당해 그룹기업에 파견하는 인원의 비율은 총 파견사업에 관련되는 총 근로시간의 8할 이하로 해야 한다(동법 제23조의 2). 여기서 대상으로 되는 '관계사용기업'의 범위 및 파견비율에 대한 구체적 산정방법에 대해서는 향후 성령에 위임하고 있으며, 본조에 위반한 파견사업주에 대해서는 행정상의 조언, 지도, 지시, 허가의 취소 등 당해 사업주에 대해 필요한 조치를 취할 수 있다.

또한 사용기업은 근로자파견에 종사하는 파견근로자가 당해 사용기업을 이직한 자

202) 『고용의 기회확보가 특히 곤란하다고 인정되는 경우』로는 ① 60세 이상의 고령자, ② 주간학생, ③ 부업으로 일용파견에 종사하는 자, ④ 주된 생계자가 아닌 자 등이 이에 속한다.

203) 여기서 '30일'이라는 기간의 근거는 파견사업주의 고용책임과 관련하여, 고용보험의 적용기준이 31일 이상으로 되어 있는 점을 고려한 것이다.

일 경우에는, 당해 이직일로부터 기산하여 1년이 경과하기 이전에는 당해 파견근로자(고용기회의 확보가 특히 곤란하고, 그러한 고용의 유지 등을 꽤할 필요가 있다고 인정되는 경우는 제외)[204]가 종사하는 근로자파견 역무를 제공받아서는 아니 된다(동법 제35조의 4, 제40조의 6).

(3) '마진율'의 공개

근로자파견 사업에 있어서 파견근로자에 대한 임금은 근로계약의 당사자인 파견기업이 지불하지만, 파견근로자의 임금은 사용기업이 파견기업에 지불한 파견요금에서 파견기업의 고용관리 등에 필요한 경비 및 이익금 등을 차감한 금액으로 하는 것이 일반적이다. 이러한 파견에 따른 소위 '마진'에 대해서는 파견기업에 의한 부당한 중간착취로 간주하여 일정비율로 제한해야 한다는 주장이 제기되어 왔다.

이에, 개정법은 마진을 제한하는 직접적인 개입은 하지 않지만, 파견요금과 파견근로자의 임금과의 차액이 파견요금에서 점하는 비율 등에 대한 정보를 공개하도록 하고 있다. 구체적으로는 파견기업은 사업보고서를 통하여 사업소마다 파견근로자 및 사용기업의 수, 파견요금의 평균에서 파견근로자의 임금의 평균액을 공제한 금액 등 성령으로 정한 사항에 대하여 정보를 제공할 의무가 있다(제23조 5항). 또한 파견기업은 개개의 근로자에 대해 근로계약 체결 시 및 근로자파견에 관한 요금이 변경되는 등 일정한 경우에 파견요금을 명시할 의무가 있다(제34조의 2). 구체적으로 명시해야 할 사항에 대해서는 향후 성령으로 정해지겠지만, 특정 근로자 개인의 파견요금을 공개하는 것이 아니라 평균액을 명시하는 쪽으로 검토가 이루어지고 있다.

(4) '근로계약신청'의 간주

개정법의 가장 큰 특징 중의 하나는 '직접고용신청간주제도'를 도입한 것이다. 다시 말해서, 종전에는 파견근로자와 사용기업과의 관계가 공법상의 고용신청의무에 불과하였으나, 개정법에서는 사법상의 규제로써 일정 요건 하에서 사용기업이 파견근로자에 대해 직접고용(근로계약)을 신청할 것을 의무화하고 있다. 즉 동법에 의하면, 사용

---

204) 이러한 예외로는 정년퇴직을 한 자와 같이 고령으로 인하여 재취업이 곤란한 자를 상정할 수 있을 것이다.

기업이 일정한 위법행위를 할 경우, 그 시점으로부터 파견기업이 당해 파견근로자에 대해 파견당시의 근로조건과 동일한 내용으로 하는 근로계약을 신청한 것으로 간주되게 된다(제40조의 6). 단 예외적으로 사용기업이 위법파견임을 몰랐으며, 이에 대한 과실이 없는 경우에는 그러하지 아니하다.

사용기업이 새롭게 신청한 것으로 간주되는 근로조건에 대해서는 당해 근로자와 파견회사 간에 체결된 근로계약상의 기준이 유지되므로, 사용기업에 직접 고용되는 동종의 근로자의 근로조건과는 일치하지 않는다. 이는 근로계약기간에 있어서도 동일하게 적용되어, 당해 근로자가 사용기업에 무기고용으로 직접 고용되는 것이 아니라, 파견기업과의 근로계약으로 정한 기간 동안만 고용이 유지된다.[205)]

'직접고용신청간주규정'이 적용되는 예로는 다음과 같은 위법행위가 이에 해당한다. 구체적으로는 ㉠항만운송업, 건설업, 경비업과 같은 파견금지업무에 파견근로자로 하여금 근로에 종사하게 하는 경우(제4조 제3항 위반), ㉡ 파견사업주 이외의 자로부터 파견근로자를 받아들여 근로에 종사하게 하는 경우(제24조의 2 위반), ㉢파견기간에 제한이 있는 업무에서 그 제한기간에 위반하여 파견근로에 종사하게 한 경우(제40조의 2 제1항 위반), ㉣파견법 등의 적용을 피할 목적으로 도급 기타 근로자파견 이외의 명목으로 계약을 체결한 다음 근로에 종사하게 한 경우 등이 여기에 해당한다.

사용기업은 위에서 열거한 위법행위가 종료된 시점으로부터 1년 이내에는 직접고용신청을 철회할 수가 없으며(제40조의 6 제2항), 파견근로자가 승낙의 의사표시를 한 경우에는 사용기업과의 사이에 근로계약이 체결된 것으로 간주된다. 이 '직접고용신청간주규정'은 사법상의 효력이 있는 것으로 해석되며, 사용기업이 당해 파견근로자를 고용하지 않을 경우에는 후생노동대신에 의한 조언, 지도 또는 권고의 대상이 되며, 그럼에도 불구하고 이에 응하지 않는 경우에는 그러한 내용을 공표하게 된다(제48조의 3 제2 · 3항). 동 규정은 사용기업이 국가 또는 지방공공단체 등의 기관인 경우에도 적용된다(제40조의 7).

205) 이 점과 관련하여, 예를 들어 파견기업과 1년간 파견(고용)계약을 체결하여 사용기업에서 파견근로에 종사하던 중, 10개월이 경과된 시점에서 위법파견 사실을 알게 되어 직접고용간주규정에 따라 사용기업과 근로계약을 체결하게 될 경우, 그 고용기간이 새로이 1년으로 되는지 아니면 남은 2개월로 되는지가 문제로 될 수 있다. 이에 대해서는 아직까지 명확한 규정이나 해석이 존재하지 않기 때문에 향후 노동정책심의회의 결정에 따를 수밖에 없지만, 『동일한 근로조건을 내용으로 하는 근로계약』을 신청한 것으로 간주하고 있는 개정법의 문언에 비추어 2개월로 해석하는 것이 자연스런 해석이라 여겨진다(本庄淳志「改正勞働者派遣法をめぐる諸問題」『季刊勞働法』第237号(夏号), 2012年, 26頁 각주 10 참조).

(5) 임금의 균형

개정법은 파견근로자의 근로조건 수준에 대해서도 이를 규제하는 규정을 신설하였다. 동법(제30조의 2 제1항)에 의하면, 『파견사업주는 자기가 고용한 파견근로자가 종사하는 업무와 동종 업무에 종사하는 사용기업…에 고용된 근로자의 임금수준과의 균형을 고려하면서 당해 파견근로자가 종사하는 업무와 동종 업무에 종사하는 일반근로자의 임금수준 또는 당해 파견근로자의 직무내용, 직무효과, 의욕, 능력 혹은 경험 등을 감안하여 당해 파견근로자의 임금을 결정하도록 배려하여야 한다』라고 규정하고 있다.

뿐만 아니라, 동법은 『파견사업주는 자기가 고용한 파견근로자가 종사하는 업무와 동종 업무에 종사하는 사용기업에 고용된 근로자와의 균형을 고려하면서 당해 파견근로자에 대해 교육훈련 및 복리후생의 실시 기타 당해 파견근로자의 원활한 파견취업의 확보를 위해 필요한 조치를 강구하도록 배려하지 않으면 아니 된다』라고 하여, 교육훈련 및 복리후생 등에 대해서도 사용기업의 직영근로자와의 균형을 고려한 배려의무를 부과하고 있다(제30조의 2 제2항).

3. '직접고용신청간주규정'에 대한 평가

개정 파견법 하에서는 종전과는 달리, 사용기업의 의사와는 상관없이 일정한 위법파견의 경우에는 파견근로자를 사용기업이 직접 고용해야 할 사법상의 의무가 발생하게 된다. 현행법제 하에서도 파견근로자와 사용기업 사이에 『묵시적 동의』가 인정되거나 또는 파견기업과 사용기업 사이에 『법인격 부인의 법리』가 적용되는 경우에는 예외적으로 직접고용될 여지가 있다. 하지만 이러한 경우는 극히 예외적인 점에 비추어, 개정법은 근로계약상의 '합의원칙'을 대폭적으로 수정하고 있다고 할 수 있다.[206)]

이러한 직접고용신청간주규정에 대해서는 그 시행을 3년 동안 유보하고는 있지만, 법적으로 많은 쟁점을 내포하고 있다. 국회심의회에서도 『채용의 자유』 및 『합의원칙』과의 관계에서 문제가 있다는 지적이 있었는데, 이러한 비판에 대해 후생노동대신은

206) 本庄淳志「改正勞働者派遣法をめぐる諸問題」『季刊勞働法』第237号, 2012年, 26頁.

다음과 같이 해명하였다. 다시 말해서, 동 규정은 『민사상의 페널티(penalty)로써 직접 고용의무를 부과하는 것이므로 채용의 자유에 반하지 않으며, 또한 사용기업에 의한 신청의 의사표시가 있었던 것으로 간주되는데 지나지 않기 때문에 근로자 측의 의사가 존중되므로 아무런 문제가 없다』라고 답변한 바 있다. 하지만, 『해고의 자유』가 제한되고 있는 현행 법제 하에서 근로계약의 체결을 강제하는 것은 『사적 자치의 원칙』을 대폭적으로 수정하는 것이므로, 여기에는 합리적인 이유와 법논리적 설명이 필요하다. 이에 대해서는 일정한 위법파견에 대한 단순한 페널티로써 채용의 자유와 합의원칙을 수정할 정도로 정당성을 가지는지에 대해서는 부정적인 견해도 있다.207)

또한, 개정법상의 '직접고용신청간주규정'이 적용될 경우, 파견근로자의 근로조건은 사용기업의 근로자와의 관계에서 어떻게 되는지, 위법파견인 사실도 모른 채 파견근로자를 사용한 소위 선의의 사용사업주에게까지 고용관계를 강제하는 것이 과연 바람직한지 등의 의문이 생기게 된다. 이러한 점에 착안하여, 개정법은 당해 파견근로자에 대해 『그러한 사유가 발생한 시점에서의 파견근로자의 근로조건과 동일한 조건』으로 근로계약을 신청한 것으로 간주되며, 또한 선의의 사용사업주를 보호하기 위해 사용사업주가 『'위법(違法)하게' 파견근로자를 활용하고 있음을 '인지(認知)'한 경우』에 한하여 당해 근로자에 대해 근로계약을 신청한 것으로 간주하고 있다.

하지만 사용기업의 『인지(認知)』 여부를 어떻게 판단할지, 파견근로자가 사용기업에 직접 고용되는 것을 원치 않는 경우에 고용관계는 법적으로 어떻게 되는지 등 불분명한 부분이 많이 산재해 있다. 이에 대해서는 3년간의 유예기간을 통하여 점진적으로 제도를 보완해 나가리라 생각되지만, 현행 파견법상의 직접고용신청제도를 둘러싸고 전국적으로 많은 소송이 진행되고 있는 상황에 비추어 동 제도가 정착되기까지는 상당한 진통이 예상된다.

4. 소 결

일본의 파견법상의 '직접고용신청제도'와 관련하여 현행법 및 개정법상의 내용과 법적 의의 및 문제점에 대해 살펴보았다. 마지막으로 일본의 파견법상의 직접고용신청

207) 本庄淳志「改正勞働者派遣法をめぐる諸問題」『季刊勞働法』第237号, 2012年, 30頁.

제도가 우리에게 주는 시사점에 대해 요약해보면 다음과 같다.

첫째, 일본에서는 우리나라와는 달리 고용이 의제된 자에 대한 근로조건을 명확히 하고 있다는 점이 특징적이다(『명확성의 원칙』). 다시 말해서, 우리나라의 경우에는 구 파견법에 의하여 고용이 의제된 경우, 당해 근로자에 대한 고용기간은 기간이 정함이 없는 근로계약으로 하는 것이 원칙인지 아니면 기간의 정함이 있는 근로계약도 가능한지, 또한 근로조건은 사용기업 근로자를 기준으로 하는지 아니면 새로운 근로계약 체결 시까지는 종전 그대로 유지되는지가 문제로 될 수 있다.

이에 대해 대법원은 『예스코판결(2008. 9. 18.선고 2007두22320)』에서 『근로관계의 기간은 기한의 정함이 있는 것으로 볼만한 다른 특별한 사정이 없는 한 원칙적으로 기한이 정함이 없다고 보아야 할 것이다』라고 한 바 있으나, 이는 법적 근거가 명확하지 않을 뿐만 아니라, 경우에 따라서는 『역차별(affirmative action)』의 문제가 발생할 소지도 있다.[208] 이에 비해 일본의 개정 파견법은 '직접고용신청간주규정'의 적용시점에서의 파견근로자의 근로조건은 그대로 유지한 채 고용관계만 파견사업주에서 사용사업주로 이동하게 됨을 분명하게 하고 있다는 점이 특징적이다.

둘째, 우리나라의 구 파견법에 의하면 불법파견의 경우 2년이 경과된 시점에서 자동적으로 근로계약이 성립되기 때문에 근로계약 당사자의 의사는 개재될 소지가 거의 없다. 다시 말해서 근로계약도 계약인 이상 적어도 '청약'과 '승낙'이라는 의사표시의 합치가 필요함에도, 구 파견법상의 『고용의제규정』에는 그러한 여지가 없으므로 이는 계약법상의 사적 자치를 대폭적으로 수정하고 있다고 할 수 있다.

이에 비해, 일본의 개정 파견법에는 사용사업주가 『'위법(違法)하게' 파견근로자를 사용하고 있음을 '인지(認知)'한 경우에 직접고용신청간주규정을 적용한다』라는 단서규정을 설정함으로써, 적어도 청약에 준하는 요건을 전제로 파견근로자로 하여금 사용사업주와의 근로계약의 체결 여부를 선택할 수 있게끔 하고 있다. 이러한 점에서 일본의 파견법은 '직접고용신청간주규정'에 근거하여 근로계약을 체결함에 있어서도 계약당사자간의 『합의의 원칙』 및 『사적 자치의 원칙』을 최대한 배려하고 있다는 점에 주

208) 서울고등법원은 남우관광사건(2010. 2. 5.선고 2007나75473)에서 『구 파견근로자보호법상의 고용의제규정에 따라 고용이 의제될 경우에도, 사용사업주의 근로자 중 당해 파견근로자와 동종 또는 유사업무를 수행하는 근로자가 있으면 그 근로자에게 적용되는 취업규칙 등에서 정하는 근로조건이 적용된다고 봄이 상당하고, 다만 근로계약기간은 앞서 본 바와 같이 기한의 정함이 없는 것으로 보아야 한다』라고 설시한 바 있다.

목할 필요가 있다.

Ⅳ. 사내하도급에서 파견과 도급[209)]

1. 사내하도급 관련 법률

(1) 민 법

일본 민법 제9절은 도급(일본 민법에서는 "請負"라고 한다)에 대해서 규정하고 있는데 제632조는 도급에 대해서 "당사자의 일방이 어떠한 일을 완성할 것을 약속하고 상대방이 그 일의 결과에 대해서 그 보수를 지불할 것을 약속하는 것에 의해서 그 효력이 발생한다"라고 규정하고 있다. 이에 비해 민법은 제8절은 "고용은 당사자의 일방이 상대방에 대해 노동에 종사할 것을 약속하고, 상대방에 이에 대해 보수를 지불할 것을 약속함으로써 그 효력이 발생한다"라고 규정하고 있다. 이와 같이 일본 민법에서 보듯이, 도급은 "노동에 종사할 것"과 "이에 대해 보수를 지불할 것"을 대가관계로 하고 있는 고용과는 달리, 도급의 본질은 "일을 완성하는 것을 목적으로" 하는데 있다는 점이 명백히 규정되어 있다.

이처럼 도급은 민법이 정하고 있는 13가지 종류의 전형적인 계약 중의 하나이다. 그럼에도 불구하고, 민법 제9절은 단지 도급인과 수급인의 계약관계, 특히 보수의 지불시기, 담보책임, 계약의 해제에 대해서만 규정하고 있을 뿐 도급사업이 어떻게 이루어져야 하는가에 관해서는 별다른 규정을 두고 있지 않다.

(2) 직업안정법

민법은 도급에 대해서 계약 당사자의 자유에 맡겨 놓고 있기 때문에 건설업법과 같은 실정법상의 규제를 제외하고는 당사자가 자유롭게 도급계약의 내용을 정할 수 있다. 그러나 도급계약이라고 하더라도 직업안정법이 정하고 있는 근로자공급사업에 해

---

209) 이정, "일본의 도급과 파견의 판단기준", 『노동법포럼』 제11호, 2013, 9-11면.

당되어서는 안 된다.

1947년 11월에 제정된 직업안정법은 “근로자를 타인의 지휘명령을 받으며 근로에 종사시키”는 근로자공급사업(동법 제4조 제6호)을 엄격하게 금지하고, 예외적으로 노동조합이 당시의 노동대신(지금의 후생노동성대신)의 허가를 얻는 경우에만 가능하도록 하였다(동법 제4조 제8호, 제44조, 제45조). 그러나 실제적으로 도급계약과 근로자공급과의 차이를 명확히 구별하는 것이 매우 어려웠기 때문에, 도급계약에 의한 인력의 활용과의 구별이 문제로 되자 1948년 12월 동법 시행규칙 제4호를 신설하고 도급계약이 근로자공급계약에 해당되지 않기 위한 4가지 요건을 규정하였다.[210)]

신설된 시행규칙 제4조는 근로자를 공급하고 이를 타인에게 사용하게 하는 자는, 설령 그 계약의 형식이 도급계약이라도 다음의 각호에 해당하는 경우를 제외하고는 법 제5조 6항의 규정(현행법 제4조 제6항)에 의한 근로자공급의 사업을 행하는 자로 한다고 하면서 네 가지의 요건을 정하였다. 그 요건을 보면 ㉠작업의 완성에 대해서 사업주로서의 재정상 및 법률상의 모든 책임을 지는 자일 것(제1호), ㉡작업에 종사하는 근로자를 지휘 · 감독하는 자일 것(제2호), ㉢작업에 종사하는 근로자에 대해서 사용자로서 법률에 규정된 모든 의무를 지는 자일 것(제3호), ㉣스스로 제공하는 기계, 설비, 기재 또는 그 작업에 필요한 재료, 자재를 사용하거나 전문적 기획, 기술을 필요로 하는 작업을 행하는 자로서 단지 육체적 노동력을 제공하는 자가 아닐 것(제4호)으로 정하였다. 행정당국은 시행규칙을 제4조에 해당되지 않는다고 판단되는 도급계약에 의한 인력활용에 대해서 도급인이 수급인의 근로자들을 직접 채용하도록 행정지도를 행하였다.

이러한 엄격한 요건에 따른 규제에도 불구하고 시행규칙 제4조에서 정한 요건을 형식적으로만 충족시키면서 실질적으로 근로자의 공급을 행하는 사례가 등장하자 1950년에는 동 시행규칙 제4조에 제2항이 추가하였다. 동조 제2항은 “제1항의 각호에 해당하는 경우에도 법 제44조의 규정(노동자공급사업의 금지)에 위반하는 것을 면하기 위해 고의로 위장한 것으로서 그 사업의 진정한 목적이 노동력의 공급에 있는 때에는 법 제5조 제6항의 규정에 의한 노동력 공급의 사업을 행하는 자임을 면할 수 없다”라고 규정함으로써 근로자공급사업에 대한 규제를 더욱 강화하였다.

210) 직업안정법의 제 · 개정의 내용에 대해서는 濱口桂一郎「請負勞働者供給勞働者派遣の再檢討」『日本勞働法學會誌』114号, 2009年을 참조함.

그런데 1951년 일본과 연합국과의 강화조약이 성립되어 연합국에 의한 점령이 종료되어 가면서 종래의 근로자공급사업에 대한 엄격한 규제가 기업의 건전한 사업 활동에 과도한 부담을 주고 있다는 비판론이 대두되게 되었다. 이러한 비판을 받아들여 1952년 2월에 동법 시행규칙 제4조 4호를 개정하여 동호상의 『전문적인 기획, 기술』이라는 문언을 『기획 또는 전문적인 기술 또는 전문적인 경험』으로 수정되어 일정 정도 근로자공급사업에 대한 규제를 완화하였다.

2. 법 규율의 한계

현행 일본 노동자파견법에는 근로자파견의 실체를 갖는 명목상의 도급(이른바 '위장도급')이나 파견금지 대상 업종으로의 파견, 파견가능기간을 초과한 파견 등 노동자파견법에 위반되는 행위가 있는 경우 파견근로자를 보호하는 규정은 매우 미미하다. 개정 노동자파견법에 의하면, 파견가능기간을 초과한 경우에 사용사업주가 파견근로자에 대해 고용을 신청한 것으로 간주하는 내용(직접고용신청간주규정)을 신설했지만, 사용자가 이러한 의무의 이행을 강제할 방법에 대해서는 행정적 지도를 정하고 있을 뿐 어떠한 민사적, 형사적 방법도 아직까지 마련해 놓고 있지 않다.[211]

따라서 제조업 등에서 외형적으로는 도급의 형식을 취하면서도 실질적으로는 근로자공급 내지 파견에 가까운 고용형태로 운용되는 경우도 비일비재하다. 이러한 경우, 형식적인 고용형태는 민법상의 도급에 해당하지만, 그 실질은 노무공급사업으로 일본 노동기준법상의 중간착취금지(제6조) 및 직업안정법상의 근로자공급금지(제44조), 파견법상의 불법파견의 문제로 귀착될 수 있다.

노동행정 실무에서는 후술하는 행정지침에 따라 위장도급이나 불법파견이 적발될 경우, 행정지도를 통하여 적법한 파견을 하거나 직접고용을 하도록 지도하고 있는데, 행정지도를 받은 사용사업주는 사회적 평판의 저하 등을 우려하여 일단 행정지도를 받아들여 당해 근로자를 유기계약 근로자로 직접고용하는 등의 조치를 취하는 경우가 많다. 그러나 계약기간이 만료하면 계약기간을 갱신하지 않는 경우가 빈번하기 때문에 결국 행정지도에 의한 해결은 임시적인 효과를 가져 올 뿐 파견근로자의 고용안정에는

211) 이에 대해서는 이정, "일본 파견법상의 고용의무조항에 대한 고찰", 『노동법포럼』, 제9호(2010. 10) 참조.

별다른 기여를 하지 못하는 것이 현실이라는 분석도 있다.[212)]

Ⅴ. 서비스업을 중심으로 본 사내하도급 실태[213)]

1. 사내하도급의 실태

일본에서 사내하도급의 현황을 알 수 있는 통계는 존재하지 않는다. 다만, 직접제조공정에 종사하는 사내하도급 근로자의 규모에 관해서는 후생노동성의 『파견노동자실태조사(派遣勞働者實態調査)』로부터 짐작할 수 있을 따름이다. 『2009년도 파견노동자실태조사』[214)]에 의하면, 직접제조공정에 종사하는 사내하도급 근로자의 수는 2008년 10월 현재 약 69.1만 명이며, 이 중에 제조업에 종사하는 자가 약 53.8만 명으로 가장 많고 기타 서비스업과 도 · 소매업에 종사하는 자가 각각 약 1.5만 명, 정보통신업에 종사하는 자가 약 1.3만 명의 순으로 나타나고 있다.

한편, 『2004년도 파견노동자실태조사』를 보면, 2004년도에 제조업의 직접생산공정에서 사내하도급에 종사하는 근로자는 2004년 8월 현재 약 85.6만 명이었는데 비해,[215)] 2008년 10월 현재 53.8만 명으로 약 31만 명(약 36%) 가량이 감소했음을 알 수 있다.[216)] "2009년도 파견근로자실태조사"의 조사시점이 경기의 하강국면이기는 하였으나 아직 미국발 경제위기가 본격적으로 일본에 영향을 미치기 시작한 단계는 아니었다는 점을 감안할 때 이러한 큰 폭의 감소는 경기의 하강국면에 의한 고용의 저하만으로 설명할 수 없다.

다만, 이러한 큰 폭의 감소의 요인으로서 2004년 3월부터 제조업에 대한 근로자파견이 허용되었다는 점도 생각해 볼 수 있을 것이다. 후생노동성이 매년 집계하는 "근

212) 고용노동부, 『외국의 사내하도급 파견 현황 및 제도 실태조사』, 2010, 116면.
213) 이정, "일본의 도급과 파견의 판단기준", 『노동법포럼』 제11호, 2013, 4-7면.
214) 동 조사에서 조사대상 사업소는 일본표준산업분류에 근거한 14대산업에 속하는 상용 근로자 5인 이상을 고용하고 있는 민간 사업소 가운데에서 추출한 것으로서 대상사업소의 수는 16,123개이다.
215) 이 중, 소비관련제조업에 106.4천명, 소재관련제조업에 245.2천명, 기계관련제조업에 514.0천명이 종사하고 있었다.
216) 『2004년도 파견노동자실태조사』에서는 제조업의 사내하도급에 종사하는 근로자에 관한 사항만을 보여주고 있다.

〈표 13〉 산업별 하도급근로자가 존재하는 사업소에서의 제조 작업에 종사하는 근로자의 수

(단위: 명)

	직접제조공정에 종사하는 하도급근로자의 수	남	여
총계	691,128	544,495	146,633
광업	395	381	13
건설업	86,336	85,687	650
제조업	538,128	414,535	123,593
소비관련제조업	68,767	49,685	19,082
소재관련제조업	280,577	227,088	53,489
기계관련제조업	188,784	137,762	51,022
전기 · 가스 · 열공급 · 수도업	1,023	968	55
정보통신업	13,376	11,878	1,498
운수업	8,625	7,074	1,551
도 · 소매업	15,285	13,492	1,793
금융 · 보험업	41	–	41
부동산업	–	–	–
음식점, 숙박업	2,951	842	2,109
의료, 복지업	5,771	1,362	4,409
교육, 학습지원업	50	16	34
복합서비스업	3,608	1,307	2,301
기타 서비스업	15,539	6,952	8,586

로자파견사업의 사업보고서"에 의하면 2005년 6월 1일 현재 제조업에 파견된 근로자 수는 6.5만 명에 지나지 않았으나 2008년 6월 1일 현재에는 56만 명으로 큰 폭으로 증가하였다.[217] 이에 대해서 종래의 제조업에서의 사내하도급을 근로자파견이 대체하는 효과를 가져왔다는 것을 실증한 연구는 존재하지 않지만, 제조업에서의 사내하도급 근로자 수의 큰 폭의 감소에 제조업에 대한 근로자파견의 허용이 큰 영향을 미쳤다는 시각에서의 연구결과가 있다.[218]

217) 미국발 경제위기가 본격적인 영향을 미치기 시작한 2009년도에는 제조업에서의 파견근로자의 숫자는 25만 명으로 전년도 대비 54.4% 격감하였다.

218) 고용노동부, 『외국의 사내하도급 파견 현황 및 제도 실태조사』, 2010, 108면.

사내하도급 실태에 대해 업종별로 구체적으로 살펴보면 다음과 같다.[219]

(1) 건설 · 조선업

사내하도급이 전통적으로 가장 많이 이용되고 있는 분야 중의 하나가 건설업과 조선업이다. 이러한 분야에서는 건조(建造)하는 건물이나 선박이 크기 때문에 다수의 노동력이 필요하게 된다. 그리고 원청기업의 경기변동에 대한 대응이나 코스트 절감 등의 관점에서, 하청기업의 이용이 증대해왔다. 건설산업인재확보 · 육성추진협의회(建設産業人材確保 · 育成推進協議會)가 설치한 연구회 보고에 의하면, 건설업계에서는 원청기업이 외부의 하청기업 등을 이용하는 비율은 1960년대 후반부터 서서히 상승하여, 2000년대에는 60%를 초과하기에 이르렀다.[220] 또, 조선업에서는 해양정책연구재단(Ship & Ocean 재단)이 2003년에 발표한 조사보고에 의하면, 주요 조선소에서의 사외근로자에 대한 의존비율은 60%를 초과한 것을 나타나고 있다.[221]

또한 건물이나 선박의 건조현장에는 다양한 내용의 직종이 필요하다. 예를 들어 건설의 경우, 건물의 건축뿐만 아니라 내장, 전기공사 등이 포함되고, 조선의 경우도 선박의 조립뿐만 아니라, 용접이나 도장 등도 포함된다. 이 때문에 다양한 기업이 하청기업으로서 참가하며, 또한 동시에 이러한 기업들이 기업의 업종과 규모의 관점에서 수차례에 걸친 중첩적인 구조를 이루는 경우를 자주 볼 수 있다.

이러한 건설업이나 조선업의 중층적인 하청구조는 현재에도 많이 존재하고 있지만, 최근에는 관심의 대상이 되는 경우가 상대적으로 적고, 특히 조선업에 대해서는 포괄적인 실태조사는 그다지 보이지 않는다. 이에 대하여, 건설업에 관해서는 국토교통성(國土交通省)의 위탁으로 2006년에 재단법인 건설경제연구소가 조사한 보고서에 따르면, 조사대상 건설업자 가운데, 2차 하청업자가 23.5%, 3차 이하의 하청업자가 5.6%라고 되어 있다.[222] 한편, 노동조합인 전국건설노동조합총연맹이 발표한 조사보고(2008년)가 있는데, 이에 의하면 2차 하청업자가 18.0%, 3차이하의 하청업자가 7.2%

219) 이하 내용은 山川隆一「日本における下請け構造と勞働法上の問題点」『外法論集』第37卷 第1號, 2013年을 주로 참조하였다.

220) 建設産業人材確保 · 育成推進協議會『教育訓練施設の在り方に關する研究會報告書』2003年, 4頁.

221) シップ · アンド · オーシャン財団 『造船技能開發センター構想調査』 (http://nippon.zaidan.info/seikabutsu/2003/00149/contents/0002.htm)

222) 全國建設勞働組合總連合『建設産業の重層構造に關する調査 · 研究報告書』2008年, 15頁.

로 나타나고 있다.[223)]

(2) 제조업

제조업에서도 대기업이 제품의 최종적인 조립을 하고, 여기에 사용하는 부품의 제조 등을 중소규모의 하청기업이 행하는 사례는 이전부터 많이 볼 수 있었다. 그러나 최근 문제가 되고 있는 것은 건설업이나 조선업 등과 마찬가지로, 발주기업의 공장 등에서 하청기업의 종업원이 작업을 하는 이른바 사내하도급의 경우이다(단, 제조업에서는 건설업이나 조선업과는 달리, 중층적인 하청구조는 그다지 보이지 않는 것 같다). 이러한 사내하도급도 건설이나 조선과 마찬가지로, 발주기업의 경기변동에 대한 대응이나 코스트 절감 등의 요청을 바탕으로 1990년대 후반부터 특히 두드러지게 되었다.

과거에는 제조업에서의 근로자파견이 금지되어 있었기 때문에, 사외 근로자가 사내에서 작업을 행하는 경우에는 도급이라는 형태에 가까워지지 않을 수 없었는데, 2004년에는 제조업에 대한 파견금지가 해제되었기 때문에, 파견근로자의 수도 증가하고 있다. 총무성(總務省) 조사에 따르면, 제조업에서의 도급근로자나 파견근로자의 수는 1996년에는 48만 9,000명이었지만, 2006년에는 102만 8,000명으로 2배 이상 증가했다.[224)] 이러한 제조업에서의 사내하도급이나 근로자파견은 일본의 경기가 좋을 때는 그다지 문제가 되지 않았지만, 후술하는 바와 같이 미국의 리먼 브러더스(Lehman Brothers)의 파산을 계기로 경기가 급격히 악화되면서 발주기업이 도급기업 내지 파견기업과의 거래를 중단함으로써, 그 결과 도급근로자나 파견근로자가 해고되어 대량실업문제가 사회적 이슈가 되었다.

(3) 개인도급 · 개인업무위탁

이상은, 주로 기업 간의 도급에 관한 것이지만, 이와는 달리 특히 건설업에서는 고액인 기계 등이 필요하지 않는 업무가 있다. 이러한 경우에는 개인이 업무를 도급받아 특정 업무에 종사하는 이른바 '일인사업자(一人親方)'라는 도급형태가 있으며, 주로 도

223) 全國建設勞働組合總連合『建設産業の重層下請け構造に關する調査 · 硏究報告書』2008年, 3頁.
224) http://www.mhlw.go.jp/new-info/kobetu/roudou/gyousei/anzen/dl/1003-3d.pdf (후생노동성의 지침에서의 소개)

급의 중층하청구조의 말단 등에서 볼 수 있다. 이러한 개인도급 내지 개인업무위탁은 건설업 이외에서도 볼 수 있는 것으로, 과거에는 TV요금의 수금인 등의 사례가 있었지만, 최근에는 가정에 이용되는 전기제품이나 부엌 등의 수리업 등에서도 개인업무위탁의 사례를 볼 수 있다(단, 이러한 개인업무위탁의 실태는 통계 등에서는 반드시 명확히 드러나지 않는다).

2. 사내하도급의 의존도

사내에서 작업 혹은 공사를 하는 하청기업은, 사내하도급 혹은 하청기업이라고 불리고 있으며, 하청이라는 단어를 꺼려하여 사내협력업자, 사내기업이라고도 한다. 통상 기계공업에서 이루어지고 있는 하청제의 범주에는 당연히 조선업의 가공외주도 들어가지만, 조선업에서는 단순히 하청이라고 하면 사내하청기업을 가리키게 된다. 그만큼 조선업에서는 사내하청이 오래되었고 또 넓게 사용되고 있기 때문에, 건설업을 제외하면 조선업만큼 많은 부문은 철강업 등 2~3개의 산업만 있다.[225] 사내하도급제도의 큰 비중은 조선업의 특징이기도 하다.

사내하도급의 내용을 크게 나누어 살펴보면, '도급'과 '대공(貸工)' 혹은 '대부공(貸付工)'으로 양분된다. '도급'은 일정한 작업 또는 공사를 도급받는 것으로, 거기에는 ㉠ 표준공수에 의해 예정공수를 산출하여, 그 예정공수에 공수단가를 곱한 가격으로 조선소가 사내하청기업에 발주하는 방식과, ㉡ 용접장, 도장면접, 설치 톤수에 단가량에 단가를 곱한 공사대금으로 도급받는 "완전 도급(丸請け)" 또는 "톤에 따른 도급(トン請け)"이라고 불리는 방식의 두 가지가 있다.[226] '대공' 혹은 '대부공'은, 본공과 함께 일하는 보조공으로, 대공인 근로자는 생산현장에서는 소속된 기업의 규제를 벗어나 조선소(직접적으로는 직장(職長))의 지휘에 따라서 근로한다. 따라서 '대공'기업은 하청이라고 하면서 노무공급업이라고도 할 수 있다. 두 가지의 사내하도급 형태 가운데, '대공'에 비교하면 '도급'은 그런대로 기업으로서의 자립성을 유지하는 것처럼 생각되지만, 합리화의 과정에서 엄격한 관리로 인하여 그 자립성은 큰 변화를 입게 되어 대체로 '대공'

225) 産業全書『造船』, ダイヤモンド社, 1962年, 307면. 과거는 광산업에도 광범위하게 존재했다.
226) 小川喬義「S造船所と地域経済」『調査と研究』, 第2巻2号, 83-84頁.

적인 성격을 강화하고 있다. 이 점에 대해서는 다음 절에서 정리하여 상세히 검토하기로 하고, 조선노동에서의 사내하도급 근로자가 차지하는 위치를 명확히 한다.

〈그림 2〉는 일본 조선업의 공업량을 진수량(進水量)에서 나타난 상승선에 대하여, 공원수의 추이를 나타낸 것이다. 이에 의하면, 진수량의 상승은 이렇다 할 증가를 보이지 않는 본공이 아니라, 하청공의 증가에 의해서 이루어지고 있다는 것을 알 수 있다. 즉, 진수량은 1960년도에 비하여 6년 후인 1966년도는 7배로 되어 있지만, 그 동안 공원의 총수는 12만 6,000명에서 16만 4,000명으로 30% 증가하였다. 그 중 본공은 9,300명의 10% 증가에 대하여, 하청공은 28만 8,400명인 84% 증가하였다. 진수량 급증에 대한 역할을 담당하고 있는 자는 본공이 아니라 하청공임을 알 수 있다.[227)]

〈그림 2〉 일본 조선업 진수량과 공원수(본공, 하청공)의 추이

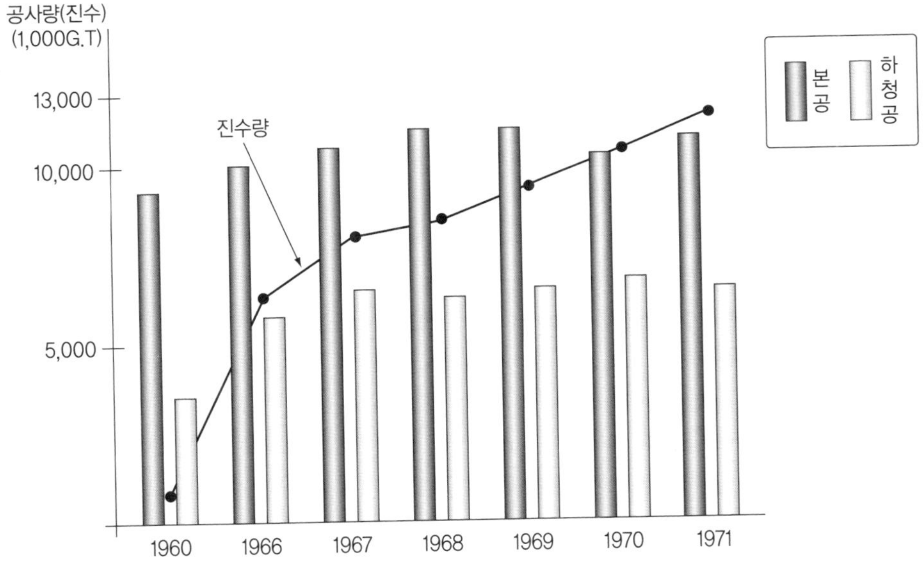

출처: 運輸省資料, 西川善清, “構内協力業に期待するもの”, 『日造協』, 第9号, 4면.

227) 西川善清「構内協力業に期待するもの」『日造協』, 第9号, 5頁.

3. 전자산업의 경우

(1) 하청업체의 현황(Panasonic, Sharp)

일본의 하청분업관계는 전후의 고도경제성장기에 급속히 확산되어 왔다. 발주기업인 대기업이 중소기업을 육성 · 전속화함으로써 분업관계를 육성하고, 중소기업 측도 대기업과의 특정한 분업관계에 참가함으로써 자신을 발전시켜 왔다. 이러한 하청분업관계는 적어도 1970년 후반부터 80년대까지 일본의 기계공업 및 전자메이커가 국제적인 경쟁력을 가지게 된 원동력으로 인식되어 왔다.

그러나 1990년대에 접어들면서, 거품경제의 붕괴로 인한 장기불황과 글로벌화가 진행되는 가운데, 일본의 제조업은 쇠퇴일로를 겪고 있다. 특히 최근에는 우리나라나 중국의 약진으로 인하여, 과거 세계 제1의 효율성을 자랑하던 산업부문에서 경쟁력을 상실하고, 생산거점을 해외로 이전하는 상황이 초래되었다. 한편으로는 국내산업의 공동화가 진전되면서 제조업수가 감소하고 있으며, 이러한 제조업을 지탱해온 중소기업을 둘러싼 환경 또한 매우 어려운 상황이다.

이러한 상황은 전자산업에서도 극명하게 나타나고 있다. 일본을 대표하는 종합전자메이커 중의 하나인 파나소닉과 샤프의 경우, 거액의 적자로 인하여 구조조정을 단행하여 경영재건을 꾀하고 있지만, 향후 사정이 향상되지 않으면 이들 그룹을 지지해온 전국의 하청업체 및 지역경제에 막대한 손실을 가져올 것으로 예상된다. 예를 들어 동해지구(東海地區)는 자동차산업의 집적지이지만, 가전 관련 공장과 하청업체가 많기로 유명하다. 제국데이터뱅크 나고야지점이 실시한 통계[228]에 의하면, 동해지구 3현(愛知縣, 岐阜縣, 三重縣)의 하청기업(1차 하청, 2차 하청)의 수가 점점 감소하는 추세를 보이고 있다. 이 두 그룹의 하청회사에 대한 구체적 통계를 보면 다음과 같다.

우선 파나소닉은 동해 3현의 경우, 1차 하청업체는 391사이고, 2차 하청업체는 2,432사로 집계되고 있다. 그 결과, 직접적인 거래가 있는 하청기업의 합계는 2,823사에 이르며, 이는 전국 하청업체의 10%에 가까운 비율이다. 참고로 파나소닉의 경우, 전국에 6,032개의 1차 하청업체가 있으며, 2차 하청업체는 25,481개사에 이르고 있어,

228) 帝國データバンク名古屋支店『企業概要データベース『COSMOS2』143万社收錄』.

전체 하청업체 규모는 37,472개소에 이른다. 지역별로는 동경에 1,476사의 1차 하청업체, 5,996사의 2차 하청업체를 합한 7,472사의 하청업체가 있어 전국적으로 가장 많은 분포를 보이고 있으며, 그 다음이 오사카로 1,549사의 1차 하청업체와 4,629사의 2차 하청업체를 합산한 6,178사의 하청업체가 가동 중에 있다.

샤프의 경우에는 동해 3현의 경우, 97사의 1차 하청업체 및 743사의 2차 하청업체를 합산한 840사의 하청업체가 가동 중이며, 이는 전국 하청업체의 7.0%의 비율을 보이고 있다. 또한 카메야마시(龜山市) 등에 생산거점을 두고 있는 미에현(三重縣)의 경우, 하청업체의 비율은 전국 43개 현 중에서 11위에 랭크되고 있으며, 동해 3현의 하청기업에 종사하는 근로자는 64,021명으로 집계되고 있다. 이는 전국의 하청기업에서 종사하는 근로자 수(677,561명)의 9.4%에 해당하는 숫자이다. 참고로 샤프의 경우, 전국에 1,868사의 1차 하청기업과 10,103사의 2차 하청기업이 있는데, 지역별로는 동경이 538사의 1차 하청기업과 2,707사의 2차 하청기업을 합산한 3,245사의 하청기업이 밀집하고 있어 가장 많으며, 오사카는 1차 하청기업 536사, 2차 하청기업 2,204사, 합계 2,740사로 그 다음을 기록하고 있다.

(2) 전자제품 수리서비스의 경우

일본의 경우, 전자제품에 대한 수리서비스는 제품의 크기(종류)에 따라 다음과 같이 크게 두 가지 형태로 나뉜다.

첫째, 냉장고나 세탁기, TV, 비디오 등과 같이 부피가 큰 가전제품의 경우에는 고장이 난 제품을 메이커의 서비스센터로 옮겨서 수리를 하는 경우가 대부분이며, 사정에 따라서는 수리기사가 고객을 직접 방문하여 수리를 하는 경우도 있다.

둘째, PC나 핸드폰과 같이 비교적 부피가 작고 가벼운 전자제품의 경우에는 일반적으로 외부의 수리업체와 업무위탁계약을 체결하여 그 수리업체로 하여금 수리하도록 하고 있다.

위에서 보듯이, 일본 가전제품 수리서비스의 특징은 부피가 큰 가전은 메이커가 자회사로 하여금 수리하고 있는데 반해, 부피가 작은 핸드폰 등과 같은 전자제품에 대해서는 제품수리를 대부분 아웃소싱을 하고 있다는 점이다. 이에 대해 보다 구체적으로 살펴보면 다음과 같다.

(가) 메이커가 직접 수리업무를 담당하는 경우(미쯔비시)

① 생산판매 및 수리서비스 구조

미쯔비시의 경우, 최근에는 '종합전기'라는 명칭은 사용하지 않으며, 경쟁력이 있는 분야와 그렇지 못한 분야에 대한 소위 '선택과 집중'으로 주식가치가 상승추세에 있다. 예를 들어 컴퓨터나 휴대폰, 반도체 분야는 생산성이 좋지 못해 폐업하고, 현재는 중전(重電)시스템(타빈발전기, 수차발전기, 원자력기기, 전동기, 파워엘렉트로닉스기기, 차단기, 엘리베이터, 에스컬레이터, 빌딩시큐리티시스템 등)과 산업메카트로닉스(인버터, 표시기, 전동기, 누전차단기, 레이저가공기 등), 전자디바이스(파워모듈, 주파수소자, 광전자, 액정표시장치, 마이콘 등), 가정전기(액정TV, 디스플레이모니터, 프로잭터, 에어콘, 냉장고, 선풍기, 환기선, 태양관전기시스템, 전기온수기, LED램프, 형광램프, 조명기구, 압축기, 냉동기, 공기청정기, 쇼케이스, 크리너, 전기밥솥, 전자레인지 등)에 중점을 두고 있으며, 해외 생산은 미쯔비시 자동차에 비해 적은 수준이다.

미쯔비시의 경우, 전기제품을 판매하는 양판점 및 미쯔비시 소도매점에서도 수리를 하는 경우도 있지만, 일반적으로는 자회사로 하여금 수리를 담당하도록 하고 있다. 미쯔비시 서비스맨은 직접 전기제품을 판매할 수도 있으며, 출장비를 비롯하여 기술비, 수리비를 고객으로부터 직접 받을 수 있는 구조로 되어 있다. 아울러 수리업무의 경우, 본체에 비해 비싼 가격의 소모재(예를 들어 복사기 토너, 정수기 필터 등)를 공급하고 있기 때문에, 메이커가 이러한 흑자구조를 포기할 이유가 없다. 미쯔비시의 경우, 수리업무 및 콜센터 업무를 메이커가 직접 또는 자회사로 하여금 수행하도록 하고 있는 이유가 바로 여기에 있다(〈그림 3〉 참조).

한편, 전자제품 판매점(이를 주로 '양판점'이라 함)의 경우, 다른 제품도 취급하고 있으므로 어느 정도 수리는 가능하지만, 모든 제품에 대해 수리를 하는 것은 불가능하며, 고도의 수리는 당연히 메이커에 의뢰할 수밖에 없는 구조로 되어 있다. 미쯔비시 소도매점에서는 주로 미쯔비시 제품을 취급하지만, 경우에 따라서는 타사 제품을 취급하는 경우도 있다. 이러한 점에서 양판점과 경쟁관계에 있다고 할 수 있으며, 양판점과 마찬가지로 간단한 수리는 직접 하는 경우도 있다. 그 외, 우리나라 전파상에 해당되는 소규모의 전기제품 수리센터에서도 간단한 수리를 해왔으나, 전자제품에 마이크로칩을 사용하면서 결국 메이커에 수리를 의존할 수밖에 없는 구조로 되어, 현재는 거의 폐업

〈그림 3〉 전자제품수리 프로세스

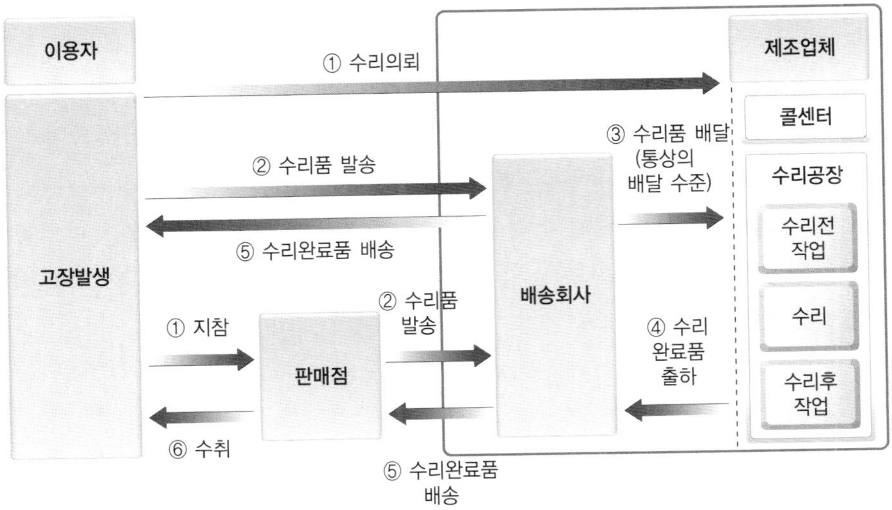

한 상태이다.

② 수리서비스센터(자회사)의 현황

미쯔비시의 경우, 위에서도 언급했듯이 자회사인 수리서비스센터가 제품에 대한 수리를 담당하고 있다. 대표적인 수리서비스센터로는 가전제품을 비롯하여 주택관련기기, 전자기기, 회전기 · 정지기기, 시스템기기 등의 표준전기제품의 수리 · 유지 · 보수 · 부품판매 및 주택산업용시스템기기의 설계 · 시공서비스업무를 수행하는 『미쯔비시시스템서비스(주)』, 승강기설비, 냉동 · 공조설비, 수변전설비(受變電設備), 급배수 · 위생설비, 방수 · 방범설비, 기타 각종 빌딩설비, 각종 전기기계기구의 보수 · 유지 · 수리 및 빌딩의 종합관리를 하는 『미쯔비시전기빌딩테크노서비스(주)』, 중전관계프랜트 · 기기의 유지서비스 및 엔지니어링을 담당하는 『미쯔비시전기프랜트엔지니어링(주)』 등이 동경에 있다.

이들 중, 『미쯔비시시스템서비스(주)』는 미쯔비시가 100% 출자하여 설립한 자회사로 수리부문에서 많은 흑자를 내고 있다. 노동조합이 결성되어 있으며, 조합원은 현재 1,500명으로 추산되고 있다. 그리고 『미쯔비시전기빌딩테크노서비스(주)』 및 『미쯔비시전기프랜트엔지니어링(주)』도 미쯔비시가 출자하여 설립한 자회사로, 여기에도 노동조합이 결성되어 있으며(상부단체에도 가입되어 있음), 조합원 수는 각각 6,000명과 2,000명으로 추산되고 있다.[229]

③ 수리서비스센터의 운영 실태

자회사가 전자제품에 대한 수리를 담당하는 경우는 위 그림과 같은 프로세스에 의하여 이루어진다. 먼저 이용자인 고객이 사용하고 있는 전자제품이 고장이 나면, 직접 제조업체(콜센터)에 연락을 하여 수리를 의뢰하는 경우와, 제품을 구입한 판매점(양판점)에 수리를 의뢰하는 경우가 있다. 수리의뢰를 받은 제조업체 및 판매점은 수리를 요하는 제품을 배송회사를 통하여 제품을 넘겨받아 자회사인 수리서비스센터에 보낸 다음, 수리를 하게 한다. 수리서비스센터에서 수리작업이 완료되면, 배송회사를 통하여 직접 고객에게 전달하거나 또는 판매점을 통하여 고객이 찾아가도록 하여 수리프로세스가 완료되는 구조로 되어 있다.

또한 이러한 수리업무의 효율성을 높이기 위하여, 〈그림 4〉에서 보는 바와 같이 수리에 관계되는 업무(수리전후 업무)를 대행함으로써, 수리업무에 전념할 수 있는 작업체제를 구축하는 경우도 있다. 다시 말해서 제조업체는 수리작업의 전후프로세스를 아웃소싱의 형태로 운영하여 수리업무의 효율성 및 CS향상을 꾀하고 있다고 한다. 〈그림 4〉의 경우에는 '야마토'라는 업체가 택배회사 및 판매점과 제조업체 사이에서 주로 제조업체의 콜센터로부터 접수데이터를 받으면 택배회사 및 판매점으로 하여금 수리제품을 회수하도록 하는 작업과, 수리가 끝나면 제품을 다시 택배회사 및 판매점을 통하여 이용자에게 보내도록 하는 기능을 지원하고 있다.

수리를 담당하는 자회사의 경우, 본사가 100% 출자하여 설립하는 형태를 취하고 있으며, 대부분 상당한 흑자를 내고 있는 관계로 아웃소싱을 하는 경우는 거의 없는 것으로 알려지고 있다. 다만, 수리업무의 전후프로세스에서는 수리작업의 효율성을 높이기 위하여 외주를 주는 경우는 있다.

미쯔비시의 경우, 수리를 담당하고 있는 자회사인 수리서비스센터는 전국에 산재하는 수천 개의 소도매상에 대해 교육을 담당하고 있으며, 이러한 소도매상에서는 주

229) 미쯔비시전기노동조합(三菱電気労働組合, 조합원 2,800명)은 전기연합(電気連合)에 가입되어 있으며, 미쯔비시시스템서비스노동조합 및 미쯔비시빌딩테크노서비스노동조합 등은 전미쯔비시전기노련(全三菱電機労連)에 가입되어 있다. 또한 미쯔비시전기노동조합 및 전미쯔비시전기노련은 다시 상부단체인 연합(連合)과 IMF · JC(자동차 · 금속)에 가입하고 있다.

〈그림 4〉 전자제품수리 프로세스(택배회사 경우)

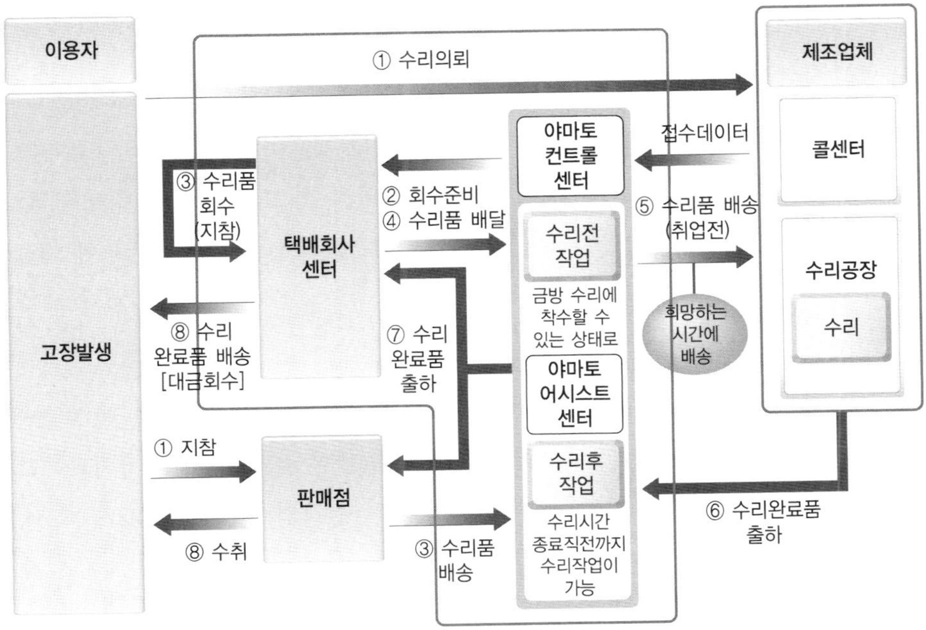

로 미쯔비시 제품을 취급하고 있으나, 경우에 따라서는 타사 제품을 취급하는 경우도 있으며, 소도매점에서는 간단한 것은 직접 수리하고 있다. 자회사인 수리서비스센터에는 본사를 퇴직한 직원이 사장으로 부임해 오는 경우도 있으나, 본사 기술직 근로자가 수리서비스센터 직원이 되는 경우는 거의 없다. 그 이유는 기술적 내용이 다르기 때문이다. 수리서비스센터에는 콜센터를 두고 있으며, 파견사원을 쓰는 경우도 있다. 리쿠르팅은 본사와 함께 하는 경우도 있지만, 자회사의 직원모집이라는 점을 명확히 하고 있다. 수리서비스센터의 직원이 본사 공장에 가서 제품에 관한 교육을 받는 경우도 있으나, 이 경우에는 본사 교육센터에 파견형태로 교육을 받게 된다. 수리프로세스를 보면, 전산시스템을 통하여 수리진행상황 및 수리완료상황을 보고하고 있으며, 결제 또한 전산시스템을 통하여 이루어진다.

또한 미쯔비시의 경우, 자회사인 수리서비스센터에는 노동조합이 결성되어 있고, 상부단체로서는 산별노조인 전기연합(電氣連合)과 내셔널센터인 렌고(連合) 및 IMF · JC(자동차 · 금속)에 가입하고 있으며, 근로조건에서도 본사 직원에 비교해 거의 차이가 없다고 한다. 참고로 현재까지는 자회사 근로자가 본사를 상대로 단체교섭을 요구하거나 또는 사용자성을 다투는 사건은 한 번도 없었다고 한다.

(나) 수리업무를 아웃소싱하는 경우

위에서 살펴보았듯이, 일본에서는 부피가 큰 전기제품이나 가전제품은 대부분 메이커가 자회사를 통하여 수리를 하고 있다. 이에 비해, 비교적 부피가 작은 컴퓨터나 핸드폰의 경우에는 아웃소싱의 형태로 수리를 하고 있는 것이 특징인데, 이에 대해 보다 구체적으로 알아보면 다음과 같다.

① 컴퓨터의 경우(Fujitsu, HP, Apple, Epson)

우선 컴퓨터를 보면, 아래 그림과 같이 제조업체가 수리의뢰를 접수받아 외부업체인 수리센터에 수리를 의뢰하는 경우와, 아웃소싱 업체인 수리센터가 이용자로부터 직접 수리를 의뢰받아 직접 수리를 하는 경우가 있다. 전자의 경우, 이용자가 제조업체(콜센터) 또는 판매점(양판점)에 고장이 난 제품의 수리를 의뢰하면 제조업체는 당해 제품을 넘겨받아 이를 수리센터에 수리를 의뢰하게 되고, 수리센터는 수리가 끝난 제품을 고객에게 배송하는 프로세스로 이루어지고 있다. 이때 제조업체는 수리센터와는 통상 업무위탁계약을 체결하고 있으며, 수리센터는 제품을 수리한 다음 건당 수리비를

〈그림 5〉 컴퓨터수리 프로세스

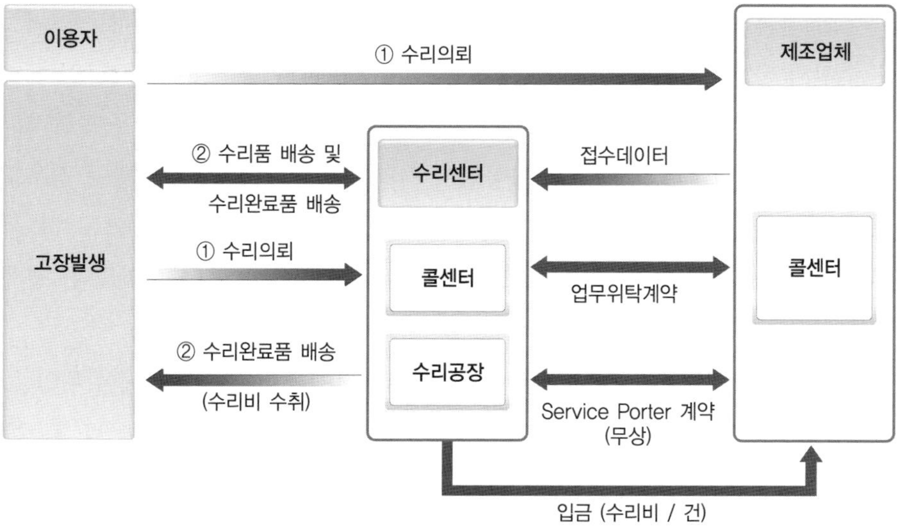

제조업체에 입금하는 대신, 제조업체로부터 업무위탁계약에 따라 대금을 지불받는 형식을 취하고 있다.

이에 비해 후자는 이용자가 직접 수리센터에 의뢰하는 경우인데, 이 때는 수리센터가 제조업체를 대신하여 해당 제품을 인수하여 직접 수리를 한 다음 고객에게 배송하는 시스템이다. 이때 수리센터는 이용자로부터 수리비를 수취하게 된다.

수리센터는 특정 메이커와 전속계약으로 운영하는 형태가 있는가 하면, 여러 메이커의 제품을 취급하는 곳도 있으며, 규모는 수백 명에서 수십 명에 이르기까지 매우 다양하다. 수리센터의 직원은 엔지니어가 압도적으로 많으며, 그 중 상당수는 협력업체 근로자들로 구성되어 있는 경우도 있다. 또한 수리센터의 직원은 신상품 개발 시에는 메이커에 가서 교육을 받는 경우는 있으나, 그 외에 채용이나 운영에는 거의 관여하지 않는다.

② **핸드폰의 경우**(Apple, Sharp, Sony Mobile, Samsung, Kyosera, Panasonic, NEC)

핸드폰의 경우에는 메이커가 직접 수리하지 않고 외부업체인 수리전문회사(수리센터)로 하여금 수리를 하도록 하고 있다. 이때 메이커와 외부업체와는 업무위탁계약을 체결하고 있으며, 수리업체는 메이커를 대신하여 수리를 하는 대신 메이커로부터 수리비를 수취하는 형식을 취하고 있다. 핸드폰의 경우에는 다른 전자제품과는 달리 다음과 같은 특징이 있다.

첫째, 핸드폰의 경우에는 핸드폰을 판매하고 있는 판매점(양판점)이 메이커를 대신하여 수리서비스를 담당하고 있다는 점이다. 아래 그림에서 보듯이, 이용자가 판매점에 제품의 수리를 의뢰하면 판매점은 이를 수리업체에 부탁하여 수리를 한 다음, 이를 다시 이용자에게 배송하는 형식으로 이루어지고 있다.

둘째, 수리업체는 주요 도시에 거점을 두고 있으며, 엔지니어의 구성을 보면 아르바이트와 같은 비정규직이 압도적으로 많으며(약 9할), 노동조합이 없는 경우가 많다. 뿐만 아니라, 메이커출신이 수리업체 사업주가 되는 경우가 많으며, 필요에 따라서는 메이커가 수리업체에 대한 감사, 컨설팅, 교육 등을 하는 경우도 있다(이러한 사항은 업무위탁계약의 내용으로 되어 있는 경우가 많음). 수리과정을 보면, 메이커의 전산망을 통하여 접수 ⇒ 검사 ⇒ 수리 ⇒ 조립 ⇒ 배송의 형태로 이루어지고 있는데, 수리공정과정이 정상적으로 운영되고 있는지에 대해 체크리스트에 의거하여 확인하고 있다(2사람이 연간 2회 실시). 수리가 완료된 다음 결제 또한 메이커의 전산망을 통하여 ⇒ 수리완료 ⇒ 전산시스템 입력 ⇒ 내용 확인 ⇒ 월말결산 ⇒ 청구서 발행 ⇒ 지불의 형태로 이루어지고 있다. 메이커가 수리업체에 수리기구 및 부품을 제공하고, 신제품개발 시에는 교육도 실시하지만, 수리업체의 운영에 관여하거나 지휘감독권을 행사하지는 않는다.

셋째, 제품수리에 따른 대금결제를 보면, 매우 특이한 구조이다. 예를 들어 보통 사용하고 있는 핸드폰의 경우, 이용자가 핸드폰을 판매점에 수리를 의뢰하면, 통상적으로 핸드폰을 교체하는 형태로 이루어지는데, 이때 판매점은 제조업체에 30,000엔을 지불하여야 하고, 제조업체는 수리업체에 수리비로 4,000엔을 지불하게 된다. 판매점은 제조업체에 지불한 30,000엔 중에서 5,000엔은 고객으로부터 수리비로 수취하고, 나머지 25,000엔은 통화요금(플랜)으로 보전하는 형식을 취하고 있다.

〈그림 6〉 핸드폰수리 프로세스

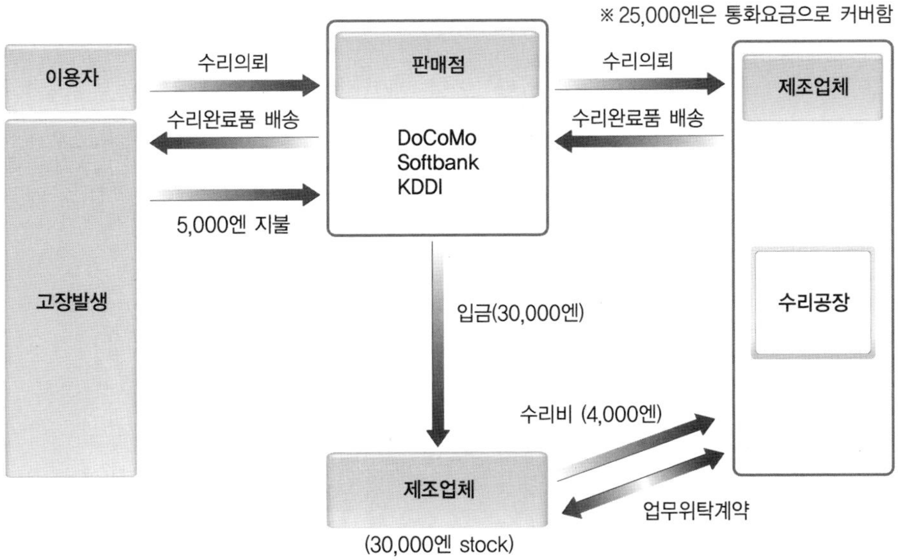

(3) 소 결

위에서 검토한 바와 같이, 일본에서는 전자제품에 대한 수리서비스가 크게 이원화된 구조를 보이고 있는 것이 특징이다. 다시 말해서, 에어컨이나 냉장고, TV 등과 같이 부피가 큰 전자제품의 경우에는 메이커가 직접 수리를 담당하는데 비해, 노트북이나 핸드폰과 같이 상대적으로 부피가 작은 전자제품에 대해서는 외부의 전문회사와 업무위탁계약을 체결하여 아웃소싱을 주는 경우가 일반적이다.

또한 메이커가 직접 수리서비스를 담당하는 경우에는 메이커가 출자하여 설립한 자회사가 수리를 담당하고 있는데, 그 이유는 수리의 경우 소모품 교체 등으로 상당한 흑자를 내기 때문에 아웃소싱을 하지 않는다고 한다. 수리를 담당하는 자회사는 메이커의 자본으로 설립된 것인 만큼, 메이커가 자회사의 채용이나 교육에 관여하거나, 경우에 따라서는 메이커출신이 자회사의 사장이 되는 경우도 종종 있다고 한다. 그리고 메이커에 따라서는 자회사에 노동조합이 결성되어 있으며(상부단체에도 가입), 근로조건에서도 본사에 뒤지지 않는 수준이라고 한다.

한편 휴대폰과 같이 메이커가 외부업체에 아웃소싱을 하는 경우에 수리 및 결제 과정을 보면 우리나라와 매우 흡사하다. 다시 말해서, 외부업체는 메이커의 전산망을 이용하여 수리를 접수한 다음, 수리가 완료되면 역시 전산망을 통하여 이를 보고하고, 결제 또한 전산망을 통하여 이루어지고 있다. 뿐만 아니라, 메이커는 수리공정과정이 정상적으로 가동되고 있는지 파악하기 위하여 정기적으로 체크를 하고 있으며, 필요에 따라서는 수리업체에 대해 교육을 하거나 수리장비 및 부품을 공급하고 있다. 수리업의 경우, 사업의 성격상 메이커출신이 수리업체의 사업주가 되는 경우가 흔히 있는데, 그런 관계로 수리업체와 메이커는 매우 긴밀한 관계를 유지하고 있다. 하지만, 메이커가 수리업체의 인사 및 경영에 관여하거나 또는 직접 지휘감독권을 행사하는 일은 없다고 한다.

Ⅵ. 도급 및 파견의 구분에 대한 행정해석 및 판례

1. 행정해석[230)]

(1) 파견과 도급의 구별에 관한 기준(고시)

노동자파견법의 시행 이후, 도급과 근로자공급 및 파견과의 구별을 둘러싼 분쟁이 노동현장에서 발생하고 있지만, 이를 규율하는 법규의 한계 때문에 위장도급이나 불법파견 등의 문제에 충분히 대응하지 못하는 것이 현실이다. 이에 일본 정부는 『후생노동성고시』[231)]와 『노동자파견사업관계업무취급요령』[232)]을 정비하여 파견과 도급의 구분기준에 대한 상세한 행정해석을 하고 있다. 우선 고시는 도급계약형식의 업무에 자기가 고용하는 근로자를 종사시키는 것을 업으로 하는 사업주라 하더라도 당해 사업주가 당해 업무의 처리에 관하여 일정한 요건을 제시하고 그 요건을 모두 만족하지 못하는 경우에는 당해 사업을 근로자파견으로 보는 상당히 엄격한 태도를 취하고 있다. 고시가 제시하고 있는 요건은 다음과 같다.

첫째, 사업주는 자기가 고용하는 근로자의 노동력을 자기가 직접 스스로 이용할 것(노무관리상의 독립성)이 요구되는데, 구체적으로는 ㉠업무의 수행에 관한 지시 및 기타 관리를 스스로 행할 것과, ㉡시업 · 종업시간 및 복무 등에 관한 지시 기타 관리를 스스로 행할 것을 요건으로 하고 있다. 둘째, 도급계약에 의하여 도급된 업무를 자기의 업무로서 계약 상대방으로부터 독립하여 처리할 것(사업경영상의 독립성)이 요구되는데, 구체적으로는 ㉠업무처리에 필요한 자금에 대하여 전부 자기의 책임 하에 조달하고 지불할 것, ㉡업무처리에 관하여 민법, 상법, 그 밖의 법률에 규정된 사업주로서의 모든 책임을 부담할 것, ㉢자기의 책임과 부담으로 준비하고 조달하는 기계, 설비 또는 기자재, 재료 또는 자료에 의하여 업무를 처리하는 것으로, 단순히 육체적 노동력을 제공하는 것이 아닐 것 등의 요건을 충족하여야만 된다.

---

230) 이정, "일본의 도급과 파견의 판단기준", 『노동법포럼』 제11호, 2013, 11-15면.
231) 『勞働者派遣事業と請負により行われる事業との區分に關する基準』 1986. 4. 17. 勞働省告示 第37号(첨부1).
232) 『勞働者派遣事業關係業務取扱要領』 2011. 4. 21. 최종개정.

따라서 도급계약의 형식을 취하고 있다고 하더라도 위에서 제시한 요건을 모두 충족하지 못한 경우에는 근로자파견으로 간주함과 동시에, 위의 모든 요건을 충족하고 있더라도 그것이 법적용으로부터 면탈하기 위하여 위장된 것으로 그 사업의 진정한 목적이 노동자파견법상의 파견(제2조 제1호)을 위한 것이라면 파견법이 적용되게 된다. 이러한 경우, 대개 후생노동성이 진정도급이 이루어질 수 있도록 행정지도를 하고 있다.

(2) 고시 제37호의 기초지식

"고시 제37호의 기초지식"의 포인트

- '위장도급'은 법률상의 용어가 아니라, 발상 및 입장에 따라 다양하게 사용되고 있어 통일된 사용방법이 없고, ①도급을 위장하는 것, ②근로자파견사업, ③실태가 근로자인 일인사업주(1人親方) 등의 문제도 포함된다.
- 상법에는 '노무의 도급'이라는 규정이 있고, 그 중에는 근로자파견사업도 포함된다.
- 고시 제37호는 노동자파견법의 근로자파견사업의 정의에 관한 규정의 해석을 제시한 것으로, 실시 성령인 직업안정법 시행규칙 제4조와 비슷한 기능이 있다.
- 법률에 근거가 없는 고시가 최고재판소 판결에 인용된 사례, 직업안정법 시행규칙 제4조가 지방재판소 판결에 인용된 사례가 있다.
- 노동자파견법의 시행 전에 직업안정법 시행규칙 제4조의 규정에 저촉된 행위만이 동법의 시행 후에도 고시 제37호의 규정에 저촉되고, 동법의 시행 전에 저촉되지 않았던 행위는 동법의 시행 후에도 고시 제37호의 규정에 저촉되지 않는다.
- 고시 제37호는 근로자파견사업에 해당하는지의 여부의 판단을 정확하게 행하는 것을 목적으로 하고 있다.
- 고시 제37호의 대상인 모든 업무를 대상으로 하고, 사외도급도 그 대상이 되지만, 일인사업주 등의 개인도급에는 적용되지 않는다.
- 고시 제37호 제2조 각호의 모든 기준에 해당되는 경우에는 원칙적으로 근로자파견사업에는 해당되지 않는다.
- 주문주인 근로자와 도급근로자가 혼재하는 것은 근로자파견사업에 해당하는지의 여부와는 직접 관계없다.
- 근로자의 시업·종업시각, 휴게시간, 휴일, 휴가 등의 파악만을 의뢰해도, 그것만으로 고시 제37호에 저촉하는 경우는 없다.
- 근로자의 복무상의 규율에 관해서는 시설관리권 등 정당한 권리의 행사를 충분히 고려할 필요가 있다.

- 작업복의 착용은 고시 제37호의 문제뿐만이 아니라, 근로자가 누구에게 고용되어 있는가의 문제와도 관련된다.
- 노동안전위생법 제29조에 근거로 하여 행해진 원청사업자(元方事業者)의 도급근로자에 대한 직접적인 지도, 지시는 노동자파견법이나 고시 제37호에 비추어 보아 어떠한 문제가 발생하는 경우는 없다.
- 사업의 독립성은 도급사업주가 주문주와는 별개의 사업을 행하고 있는지, 주문주의 사업에 편성되어 그 일부를 행하고 있는 것에 불과한지에 따라서 판별하고, 도급사업주가 주문주의 지배 하에 있는지의 여부, 주문주의 지휘감독을 받고 있는지의 여부는 직접적인 관계가 없다.
- 산재보험이나 고용보험, 건강보험, 후생연금보험, 자동차를 운행용으로 공급하는 경우의 자동차손해배상책임보험 · 공제 등에 대하여 적용 요건을 충족시키고 있으면서 적용절차를 하고 있지 않은 경우에는 법률에 규정된 사업주로서의 책임을 지지 않는다.
- ①도급사업주가 작업에 필요한 기계, 설비, 기재를 준비하여 조달한다, ②도급사업주가 작업에 필요한 재료, 자재를 준비하여 조달한다, ③도급사업주가 기획을 하여 도급업무를 처리한다, ④기술자가 기술적인 감독 · 검사를 하여 도급업무를 처리한다, ⑤숙련기능자가 기술적인 감독 · 검사를 하여 도급업무를 처리한다의 어느 한 가지를 충족시키면 고시 제37호 제2조 제2호 ハ의 기준을 충족시키기 때문에, 기계, 설비, 기재는 반드시 유상의 임대차이어야 하는 것은 아니다.
- 노동자파견법 위반을 피하기 위해서 고의로 위장한 경우란, ①기계, 설비, 기재에 대하여 형식상으로는 임대차계약으로 임차하고 있지만, 그 사용상황을 보면 주문주가 실질적으로 관리하고 있는 경우, ②주문주가 근로자를 직접 고용하고 있었다고 해도, 이중장부가 비치되어 있거나 임금이 주문주 이외로부터 지급되거나, 채용, 해고의 실권이 주문주 이외의 사업주에게 있는 경우를 말한다.

도급사업에 관해서는 '근로자파견사업과 도급에 의해 행해진 사업과의 구분에 관한 기준(勞働者派遣事業と請負により行われる事業との區分に關する基準)(1986(昭和61)년 4월 17일 노동성 고시 제37호. 이하 '고시 제37호'라고 함)'의 적용이 문제가 된다.

(가) '위장도급'이라는 단어의 의미

① '위장도급'이라는 단어의 다양한 사용방법

'위장도급(僞裝請負)'이라는 단어 자체는 법률상의 용어가 아니라 매우 애매하기 때문에, 사용하는 사람의 발상이나 입장 등에 따라서 다양하게 사용되고 있으며, 통일된 사용방법이 없다.

예를 들면, 다음과 같은 의미로 사용되고 있다.

a. '위장도급'이란 도급을 위장하는 것이다.

'위장도급'이란, 도급을 위장하는 것이라고 하는 사용방법이 있다. 이 사용방법은 도급이라면 적정하지만, 이를 위장하는 것이 문제라는 발상을 기초로 하고 있다. '위장도급'이라는 단어를 직접적으로 표현한 것이다.

그러나 이 사용방법에서는 예를 들면, 일반적으로 '위탁계약(委託契約)'으로 불리는 '준위임계약(準委任契約)'은 '당사자의 한쪽이 소정의 사무를 하는 것을 상대방에게 위탁하고, 상대방이 이를 승낙함으로써 그 효력이 발생한다(민법 제656조에 의한 동법 제643조의 준용)는 것이지만, 가령 이 '준위임계약'에 해당하는 계약을 '도급계약'으로 위장한다고 하면, '위장도급'이 된다.

'준위임계약'을 '도급계약'으로 위장했다고 해도, 어떤 법적인 문제가 발생한다는 것은 아니다. 그러하다면, 이 사용방법에서는 적법인 것도 위장도급으로 포함되어 버린다.

또, (2)에서 언급했던 것처럼, 상법에는 '노무의 도급'이라는 규정이 있어, 그 중에는 근로자파견사업도 포함되기 때문에, 도급을 위장하지 않아도 근로자파견사업이 되는 것이다.

b. '위장도급'이란 근로자파견사업이다.

후생노동성의 홈페이지에 게재되어 있는 '고시 제37호에 관한 의의응답집(告示第37号に關する疑義応答集, 이하 '고시 제37호 의의응답집'이라고 함)'에서는 '위장도급'이라는 용어를 사용하고 있지만, 그 용어의 정의는 전혀 되어 있지 않다.

고시 제37호 의의응답집의 내용에서 추론하면, 여기에서 말하는 '위장도급'이란 근로자파견사업의 의미라고 생각된다.

c. '위장도급'에는 실태가 근로자인 1인사업주(1人親方) 등의 문제도 포함된다.

'위장도급'이란, イ의 근로자파견사업 외에, 1인사업주 등의 개인도급 등의 취로실태가 근로자인 경우도 포함될 수가 있다.

그런데 1인사업주 등의 개인도급 등의 실태가 근로자인 경우가 법률적으로 문제가 되는 것은 노동기준법이나 노동안전위생법 등의 적용이 있는지의 여부이다. 적어도 노동자파견법의 적용이 있는지의 여부라는 문제는 발생하지 않는다.

이 때문에, 이러한 사용방법에 따르면, 노동자파견법의 적용이 문제가 되는 '위장도급'과 노동기준법이나 노동안전위생법 등의 적용이 문제가 되는 '위장도급'의 쌍방이 포함된다. '실태가 근로자인 1인사업주 등의 개인도급'에 대하여 노동기준법이나 안전위생법 등의 적용이 있는지의 여부의 문제는 지금까지 '근로자성'의 문제로 다루어져 왔다. 따라서 '실태가 근로자인 1인사업주 등의 개인도급'에 대해서는 적어도 '위장도급'의 문제라고는 하지 않고, '근로자성' 등 구분하여 다루는 것이 필요하다.

d. 개정 노동자파견법안의 규정

현재 국회에 제출되어 있는 개정 노동자파견법안에 따른 개정 후의 제40조의 6 제1항 제4호에는 '노동자파견법 또는 노동기준법이나 노동안전위생법, 남녀고용기회균등법 등의 규정 적용의 특례 등의 규정의 적용을 피할 목적으로, 도급, 그 외의 근로자파견이외의 명목으로 계약을 체결하고, 노동자파견법 제26조 제1항 각호에 열거하는 사항을 정하지 않고 근로자파견의 역무의 제공을 받는 경우'라는 취지의 규정이 있다.

이 규정은 '위장도급'을 상정하여 규정하고 있다고 생각되지만, '노동자파견법이나 노동기준법, 노동안전위생법 등의 규정의 적용을 피할 목적'이라는 것을 요건으로 하고 있기 때문에, 위법 목적이라는 것이 명확하다.

또, 행위의 내용도 '도급, 그 외 근로자파견 이외의 명목으로 계약을 체결하고, 노동자파견법 제26조 제1항 각호에 열거하는 사항을 정하지 않고 근로자파견의 역무의 제공을 받는 경우'로 규정하고 있기 때문에 명확하다.

② 노무의 도급

상법 제502조에 영업적 상행위라는 규정이 있다. 그리고 그 제5호에는 '노무의 도급'이라는 규정이 있다. 즉, '노무를 도급 맡는다'는 경우도 있는 것이다.

이 '노무를 도급 맡는다' 중에는, 근로자파견사업도 포함된다고 생각되고 있다. 그렇게 되면, 근로자파견사업도 도급사업의 일종이라는 것이 된다.

이렇기 때문에, 근로자파견사업에 해당되면, 도급사업이 아니라고 하는 것은 법률적으로는 정확하지 않다.

법률적으로 말하면, 도급사업에는 근로자파견사업에 해당되는 도급사업과 근로자파견사업에 해당하지 않는 도급사업이 있고, 근로자파견사업에 해당하는 도급사업에 대해서는 노동자파견법의 규제를 받는다는 것이 정확한 표현이다.

(나) 고시 제37호와 노동자파견법의 관계

① 대신 고시(大臣告示)와 법률의 근거

고시 제37호는 노동자파견법에 명확한 근거가 있는 고시는 아니다.

그러나, 고시 제37호가 노동자파견법에서 정하는 규정에 대한 해석을 제시한 것으로, 대신 고시로 관보에 게재되어 있는 점에서 생각하면, 직업안정법의 실시 성령인 직업안정법 시행규칙 제4조와 비슷한 기능을 가진 것으로 이해할 수 있다. 고시 제37호에 대해서는 법률에 근거가 없기 때문에 법적 효력이 없다는 의견이 뿌리 깊게 있지만, 대신 고시는 반드시 법률에 근거가 있는 것만 있는 게 아니다.

그 대표적인 것으로서, '자동차 운전자의 근로시간 등의 개선을 위한 기준(1989(平成元)년 2월 9일 고시 제7호)'이 있다. 동 고시는 제1조 제1항에 노동기준법 제9조에 규정하는 근로자라는 규정은 있지만, 노동기준법에는 전혀 근거가 없는 고시이다.

그러나 최고재판소 판결(横浜南労基署長(東京海上横浜支店)事件 最高裁 平成12年7月17日 第一小法廷判決 労判785号 6頁)에서는 이 '자동차 운전자의 근로시간 등의 개선을 위한 기준'이 인용되어 있다. 따라서 법률에 근거가 없기 때문에 법적 효력이 없다고 해도, 최고재판소 판결에는 인용되어 있다. 또 고시 제37호를 인용한 판례는 보이지 않지만, 그 전신인 직업안정법 시행규칙 제4조를 인용한 지방재판소 판결(鹿島建設 · 大石塗装事件 昭和49年3月14日 福岡地裁小倉支部判決)은 있다.

이러한 점에서 살펴보면, 고시 제37호에 대해서도 재판에서 인용될 가능성은 충분히 있다.

② 고시 제37호가 관계되는 노동자파견법의 규정

고시 제37호 제1조는 '근로자파견사업과 도급사업과의 구분을 명확히 하는 것을 목적으로 한다'는 취지를 규정하고 있다.

이 규정에서도 명확히 하고 있듯이, 고시 제37호는 근로자파견사업에 해당하는지의 여부에 대하여 정한 것이다.

근로자파견사업에 대하여 노동자파견법은 그 제2조 제1호에서 '근로자파견이란, 자신이 고용하는 근로자를 해당 고용관계 하에, 동시에 타인의 지휘명령을 받고 해당 타인을 위하여 근로에 종사시키는 것을 말하고, 해당 타인에 대하여 해당 근로자를 해당 타인에게 고용시키는 것을 계약해서 하는 것을 포함하지 않는 것으로 한다'는 취지를 정하여, 동조 제3호에서 '근로자파견사업이란, 근로자파견을 업으로 행하는 것을 말한다'는 취지를 정하고 있기 때문에, 고시 제37호가 관계되는 노동자파견법의 규정은 이러한 두 가지의 규정이다.

(다) 고시 제37호의 목적

고시 제37호 제1조는 '이 기준은 노동자파견법의 시행에 따라, 동법의 적정한 운용을 확보하기 위해서는 근로자파견사업에 해당하는지의 여부의 판단을 정확하게 할 필요가 있는 점에 비추어 보아, 근로자파견사업과 도급으로 행해진 사업과의 구분을 명확히 하는 것을 목적으로 한다'고 규정하고 있다.

① 노동자파견법의 시행에 따라

고시 제37호 제1조는 '노동자파견법의 시행에 따라'로 규정하고 있다. 그리고 고시 제37호의 전문에는 '1986(昭和61)년 7월 1일부터 적용된다'고 규정하고 있기 때문에, 노동자파견법의 시행일(1986년 7월 1일)과 같은 날부터 적용되고 있다.

a. 직업안정법 시행규칙 제4조와 고시 제37호의 관계

노동자파견법의 시행일 전에는 아무것도 없었다는 것은 아니다. 그것이 직업안정법 시행규칙 제4조이다.

직업안정법 시행규칙 제4조와 고시 제37호의 관계는 근로자 공급사업과 근로자파견사업과의 관계와 같다.

현재의 직업안정법 제4조 제6항은 '"근로자 공급"이란, 공급계약에 근거로 하여 근로자를 타인의 지휘명령을 받고 근로에 종사시키는 것을 말하고, 노동자파견법 제2조 제1호에서 규정하는 근로자파견에 해당하는 것을 포함하지 않는 것으로 한다'고 정의하고 있다.

직업안정법은 근로자 공급사업의 정의규정은 없지만, 근로자 공급사업이란, 근로

자 공급을 업으로 하여 행하는 것을 말한다고 해석되고 있다.

직업안정법 시행규칙 제4조 제1항 본문에서도 '근로자파견사업을 행하는 자를 제외한다'라는 규정이 있다.

직업안정법 제4조 제6항이나 직업안정법 시행규칙 제4조 제1항 본문을 읽으면, 근로자파견사업이 현재의 근로자 공급사업에 포함되지 않는 것은 명백하지만, 반대로 직업안정법 제4조 제6항이나 직업안정법 시행규칙 제4조 제1항 본문에서 '근로자파견에 해당하는 것을 포함하지 않는다'라던지, '근로자파견사업을 행하는 자를 제외한다'라는 규정이 없던 경우에는, 근로자파견이나 근로자파견사업은 근로자 공급이나 근로자 공급사업에 포함되는 것일까?

근로자파견이란, '자신이 고용하는 근로자를, 해당 고용관계 하에, 동시에 타인의 지휘명령을 받고 해당 타인을 위하여 근로에 종사시키는 것을 말하기' 때문에, '근로자를 타인의 지휘명령을 받고 근로에 종사시키는 것'에 포함되는 것은 분명하다.

그리고 근로자의 공급에 대해서는 '공급계약에 근거로 하여'로 되어 있지만, '공급계약'이란 '근로자를 타인의 지휘명령을 받고 근로에 종사시키기 위해서 근로자를 타인에게 공급하는 계약'으로 해석되고 있다.

따라서, '자신이 고용하는 근로자를, 해당 고용관계 하에, 동시에 타인의 지휘명령을 받고 해당 타인을 위하여 근로에 종사시키기 위해서 근로자를 타인에게 파견하는 근로자파견계약에 근거로 하여' 행해지는 한, 근로자파견이나 근로자파견사업은 근로자파견이나 근로자파견사업을 제외하고 있지 않은 근로자공급이나 근로자 공급사업에 포함되는 것이 된다.

즉, 노동자파견법의 시행에 따라, 동법의 시행 전의 근로자 공급사업이 근로자 공급사업과 근로자파견사업으로 분할되었던 것이다.

마찬가지로, 노동자파견법의 시행에 따라, 동법의 시행 전의 직업안정법 시행규칙 제4조의 규정이 직업안정법 시행규칙 제4조의 규정과 고시 제37호의 규정으로 분할되었던 것이다.

따라서, 노동자파견법의 시행 전에 직업안정법 시행규칙 제4조의 규정에 저촉되었던 행위만이 동법의 시행 후에도 고시 제37호의 규정에 저촉되고, 동법의 시행 전에 직업안정법 시행규칙 제4조의 규정에 저촉되지 않았던 행위는 동법의 시행 후에 고시 제37호의 규정에 저촉되는 경우는 없는 것이다.

b. 직업안정법 시행규칙 제4조의 규정의 경위

a) 직업안정법 시행규칙 제4조의 시행

근로자 공급사업이 원칙적으로 금지되었던 것은 직업안정법의 제정에 의해서이지만, 동법은 1947(昭和22)년 11월 30일에 공포되어 다음 달인 12월 1일부터 시행되고 있다. 다만, 근로자 공급사업의 원칙금지에 대해서는 3개월의 유예기간을 두고 있었다.

한편, 직업안정법 시행규칙 제4조는 다음 해인 1948(昭和23)년 2월 7일에 공포되어 같은 날부터 시행되고 있다.

제정 당시의 직업안정법 시행규칙 제4조의 내용은 다음과 같다.

제4조 근로자를 제공하여 이를 타인에게 사용시키는 자는, 설령 그 계약의 형식이 도급계약이라고 해도, 다음의 모든 각호에 해당하는 경우를 제외하고, 근로자공급의 사업을 행하는 자로 한다.

1. 작업의 완성에 대하여 사업주로서의 재정상 및 법률상의 모든 책임을 지는 자일 것.
2. 작업에 종사하는 근로자를 지휘감독 하는 자일 것.
3. 작업에 종사하는 근로자에게 사용자로서 법률에 규정된 모든 의무를 지는 자일 것.
4. 자신이 제공하는 기계, 설비, 기재(업무상 필요하게 되는 간이 공구를 제외함) 혹은 그 작업에 필요한 기재, 자재를 사용하거나 또는 전문적인 기획, 기술을 필요로 하는 작업을 행하는 자로서, 단순히 육체적인 노동력을 제공하는 자이지 않을 것.

또, 같은 해 6월 30일에는 직업안정법이 개정되어 근로자 공급사업을 행하는 것뿐만 아니라, 근로자 공급사업을 행하는 자로부터 공급받은 근로자를 사용하는 것도 금지되었다.

그 후 게다가 산업별의 인정기준이 순차적으로 작성되는 등, 1950(昭和25)년 10월 12일에는 직업안정법 시행규칙 제4조의 네 가지 요건을 형식적으로 정비하여 합법을 위장하는 근로자 공급사업을 금지하기 위하여, 직업안정법 시행규칙 제4조에 제2항(전항의 각호 전부에 해당되는 경우라고 해도, 그것이 직업안정법 제44조의 규정에 위반하는 것을 피하기 위해 고의로 위장된 것으로, 그 사업의 진실된 목적이 노동력의 공급에 있을 때에는 동법 제4조 제6항의 규정에 따른 근로자 공급의 사업을 행하는 자라는 것을 피할 수 없다)을 추가하는 개정이 이루어졌다.

b) 직업안정법 시행규칙 제4조의 개정

직업안정법 시행규칙 제4조에 대해서는 기업의 건전한 사업활동에 과중한 부담을 강요하는 사태가 그 당시 발생하고 있었다. 현재의 위장도급 문제에 유사한 상황이지 않았을까 생각된다.

이 때문에, 직업안정법 시행규칙 제4조를 기업운영의 실정에 적합하도록 합리적인 조정을 도모하기 위하여, 당시의 기업운영이 전문적인 경험을 중시하는 실태를 바탕으로, 1952(昭和27)년 2월 1일에 직업안정법 시행규칙 제4조의 네 가지 요건 가운데 제1호에서 제3호까지의 요건에 대해서는 개정하지 않고, 제4호 가운데 '전문적인 기획, 기술'을 현재의 '기획 혹은 전문적인 기술 혹은 전문적인 경험'으로 개정하는 직업안정법 시행규칙 제4조의 개정이 이루어졌다.

또 근로자 공급사업에 관한 산업별의 인정기준은 모두 폐지되어 이후 작성된 적은 없다.

또한 1952년 2월의 직업안정법 시행규칙 제4조의 개정에 대해서는 '이 개정은 준비(기획)만 하고 있으면, 도급(근로자 공급사업이 아님)으로 하는 것이 그 취지이다'고 말해진다.

c. 노동자파견법 및 고시 제37호의 시행

직업안정법 시행규칙 제4조는 그 후 노동자파견법이 시행될 때까지 개정이 이루어지지 않았다.

그리고 노동자파견법이 시행된 1986년 7월 1일에 맞추어 고시 제37호도 시행되었지만, 이에 더불어 직업안정법 제4조 제6항의 '근로자 공급'의 정의에서 '근로자파견에 해당하는 것을 포함하지 않는 것으로 한다'는 취지를 추가하는 개정이 이루어져, 직업안정법 시행규칙 제4조 제1항 및 제2항에 '근로자파견사업을 행하는 경우를 제외한다'는 취지를 추가하는 개정이 이루어졌다.

고시 제37호는 노동자파견법의 시행에 더불어 규정되었지만, 그 내용은 표현에 다소의 차이는 있으나 직업안정법 시행규칙 제4조와 같은 것이 되도록 규정되어 있다.

이 때문에, 노동자파견법 및 고시 제37호의 시행은, 근로자 공급사업에 해당하지 않는(노동자파견법 및 고시 제37호의 시행 후에는 근로자 공급사업에도 근로자파견사업에도 해당되지 않는) 도급의 범위에 어떠한 변경을 미치는 것이 아니다.

따라서, 노동자파견법 및 고시 제37호의 시행 전에 근로자 공급사업에 해당하지 않는 도급이었던 것은, 노동자파견법 및 고시 제37호의 시행 후에는 근로자 공급사업에도 근로자파견사업에도 해당하지 않는 도급이다.

② 노동자파견법의 적정한 운용을 확보한다

고시 제37호는 '노동자파견법의 적정한 운용을 확보'하기 위해서 규정되어 있다. 노동자파견법의 적정한 운용을 확보하기 위해서는 그 대상이 되는 근로자파견사업에 해당하는지의 여부가 가장 중요하다.

이렇기 때문에, 고시 제37호는 근로자파견사업에 해당하는지의 여부에 대한 구분을 위한 기준을 규정하고 있고, 근로자파견사업에 해당하는지의 여부는 제2조 각호에 규정된 기준으로 판정하는 것으로 되어 있다.

그리고 이 점을 대신 고시에서 관보로 공표함으로써, 근로자파견사업에 해당하는지의 여부가 국민(기업)에게 있어서도 판단할 수 있도록 하고 있는 것이다.

③ 근로자파견사업에 해당하는지의 여부의 판단을 정확하게 한다

고시 제37호는 '근로자파견사업에 해당하는지의 여부의 판단을 정확하게 행하는 것'을 목적으로 규정되어 있다.

근로자파견사업이란, 노동자파견법 제2조 제1호 및 제3호에 정의되어 있듯이, '자신이 고용하는 근로자를 해당 고용관계 하에, 동시에 타인의 지휘명령을 받고 해당 타인을 위해서 근로에 종사시키고, 해당 타인에 대하여 해당 근로자를 해당 타인에게 고용시키는 것을 약속하여 하는 것을 포함하지 않는 것을 업으로서 행하는 것'을 말한다.

따라서, 이러한 사업에 해당하는지의 여부의 판단을 정확하게 판단하는 것을 목적으로 규정되어 있기 때문에, 도급사업에 해당하는지의 여부의 판단을 정확하게 행하는 것을 목적으로 하여 규정되어 있는 것은 아니다.

또 '적정한 도급'이라는 표현이 사용되는 경우도 있지만, '적정한 도급'이라는 것의 의미가 '근로자파견사업에 해당되지 않는 도급'이라는 의미라면 그러하지만, 그 이상의 '적정한 도급'이라는 것을 의미하는 것은 아니다.

④ 근로자파견사업과 도급사업과의 구분을 명확히 한다

고시 제37호는 '근로자파견사업과 도급사업과의 구분을 명확히 하는 것'을 목적으로 하고 있다.

법령에서 사용되고 있는 용어의 의미는 법령의 규정만으로 그 의미를 알 수 있다는 것이 원칙이지만, 그 의미를 보다 알기 쉽게 하기 위해서 '해석'이라는 방법으로 보충하고 있는 경우가 있다.

행정에 의한 '해석'은 통상 통달로 이루어지고 있다. 통달의 경우에는 상위의 행정기관(예를 들면 후생노동성)이 하위의 행정기관(예를 들면 노동국)에게 제시한 것으로, 국민(기업)을 구속하는 것은 아니다. 이에 대하여 고시 제37호의 경우에는 대신 고시로 함으로써, 국민(기업)에 대해서도 구속하고자 하는 것이다. 고시 제37호는 실제 제2조 각호에 규정된 기준에 의해서 '근로자파견사업과 도급사업과의 구분을 명확히' 하고 있는 것이다.

(라) 고시 제37호의 기준

① 고시 제37호의 기준이 의미하는 것

a. 고시 제37호의 대상의 범위

고시 제37호 제2조 주서는 동 고시의 대상의 범위에 대하여 '도급의 형식에 의한 계약으로 행해진 업무에 자신이 고용하는 근로자를 종사시키는 것을 업으로 행한다'라고 규정하고 있다.

따라서, 고시 제37호의 대상이 되는 것은 ㉠도급의 형식에 의한 계약으로 업무를 행하고 있는 것, ㉡은 ㉠의 업무에 자신이 고용하는 근로자를 종사시키고 있는 것, ㉢은 ㉠ 및 ㉡을 업으로서 행하고 있는 것, 이 세 가지 요건을 모두 충족시키는 경우가 그 대상이 된다.

a) 도급의 형식에 의한 계약으로 업무를 행하고 있는 것

㉠ 고시 제37호의 직접적인 대상은 도급사업

고시 제37호의 대상이 되는 첫 번째 요건은 '도급의 형식에 의한 계약으로 업무를 행하고 있는' 경우이다. 따라서 직접적으로는 도급사업으로 한정되어 있고, 위탁(준위임) 등의 사업은 직접적인 대상으로는 되어 있지 않다.

그러나 제2조 주서는 '다음의 각호의 어느 하나에 해당하는 경우를 제외하고, 근로자파견사업을 행한다'는 취지를 규정하고 있기 때문에, 도급사업과의 대비는 있다고 해도, 근로자파견사업의 범위를 제시하고 있다. 따라서 고시 제37호의 견해에서 위탁(준위임) 등의 업무가 배제되지는 않는다.

㉡ 고시 제37호의 대상은 제조업무에 한정되지 않고, 모든 업무가 그 대상이 된다.

도급계약에 의해 업무를 행하는 경우에는, 그 업무의 종류에 대하여 고시 제37호는 한정되어 있지 않기 때문에, 모든 업무가 고시 제37호의 대상이 된다. 이 때문에 고시 제37호의 대상이 되는 것은 당연히 제조업무로 한정된다는 경우는 없다. 건설업무나 사무업무, 판매업무, 서비스업무 등 모든 업무가 고시 제37호의 대상이 된다.

이 점은 직업안정법의 제정으로 근로자 공급사업이 원칙적으로 금지되었을 때에 문제가 되었던 것이 토건, 하역, 운송, 광산, 잡역 등의 작업이었던 점에서도 분명하다.

따라서, 고시 제37호의 적용에 있어서는 모든 업무를 대상으로 같은 기준이 적용된다.

㉢ 고시 제37호의 대상은 사내도급으로 한정되지 않고, 사외도급도 그 대상이 된다.

도급계약으로 행하는 업무를 행하는 경우에는, 공장의 구내 등 주문주가 관리하는 시설에서 도급을 행하는 이른바 사내도급으로 한정한다는 한정은 고시 제37호의 어디에도 없기 때문에, 독자적으로 공장을 마련하는 등 주문주가 관리하는 시설 외에서 도급을 하는 이른바 사외도급도, 고시 제37호의 대상이 된다.

근로자파견사업이란 노동자파견법 제2조 제2호 및 제3호에서 정의되어 있듯이, '자신이 고용하는 근로자를, 해당 고용관계의 하에, 동시에 타인의 지휘명령을 받고 해당 타인을 위해서 근로에 종사시키고, 해당 타인에 대하여 해당 근로자를 해당 타인에게 고용시키는 것을 약속하여 하는 것을 포함하지 않는 것을 업으로 행하는 것'을 말하기 때문에, 사외도급의 경우라고 해도, 도급사업주가 고용하는 근로자를 해당 고용관계 하에서 동시에 주문주의 지휘명령을 받고 해당 주문주를 위해서 근로에 종사시키는 것은 있을 수 있다.

b) 업무에 자신이 고용하는 근로자를 종사시키고 있는 것

고시 제37호의 대상이 되는 두 번째 요건은 '업무에 자신이 고용하는 근로자를 종사시키고 있는 것'이다. 이 요건에 해당하는 것은 첫째, 자신이 고용하는 근로자가 있는 것, 둘째, 그 근로자를 (도급의 형식에 의한 계약으로 행하는) 업무에 종사시키고 있는 것의 두 가지 요건을 충족시키는 경우이다.

㉠ 자신이 고용하는 근로자가 있는 것

고시 제37호의 대상이 되는 것은 '자신이 고용하는 근로자가 있는' 경우로 한정되어 있다. 반대로 '자신이 고용하는 근로자가 없는' 경우에는 고시 제37호의 적용은 없다.

이 점은 노동자파견법 제2조 제1호의 '근로자파견'의 정의에서도 '자신이 고용하는 근로자'라고 규정하고 있는 점에서도 명확하다.

따라서, 자신이 고용하는 근로자가 없는 사업주에 대해서도 도급의 형식에 의한 계약으로 업무를 행하고 있어도, 노동자파견법이나 고시 제37호의 대상이 되는 경우는 없다.

이 때문에, 1인사업주 등의 개인도급에 대해서는 노동자파견법이나 고시 제37호의 적용의 문제가 발생하는 경우는 없다.

㉡ (자신이 고용하는) 근로자를 (도급)업무에 종사시키고 있는 것

고시 제37호의 대상이 되는 것은 '근로자를 (도급)업무에 종사시키고 있는' 경우에 한정되어 있다.

따라서 사업주 자신만이 도급업무에 종사하고 있는 경우나 다른 사업주에게 재도급을 시키고 있는 경우에는 고시 제37호의 대상은 되지 않는다.

예를 들면, 실버인재센터가 도급 맡은 업무를 실버인재센터가 고용하고 있지 않은 회원에게 재도급을 시키는 경우에는 원칙적으로 고시 제37호의 대상은 되지 않는다.

c) 업으로서 행하고 있는 것

고시 제37호의 대상이 되는 세 번째 요건은 '업으로서 행하고 있는 것'이다. 업으로 행하고 있지 않으면 고시 제37호의 대상은 되지 않는다.

이 점은 고시 제37호가 '근로자파견사업에 해당하는지의 여부의 판단을 정확하게

행하는 것'을 목적으로 규정되어 있는 점에서 보아도, 업으로서 행하고 있는 경우에 한하여 고시 제37호의 대상이 되는 것이다.

b. 업무의 처리에 관하여 다음의 각 호의 어느 하나에 해당되는 경우를 제외한다.

고시 제37호 제2조 주서는, '업무의 처리에 관하여 다음의 각 호의 어느 하나에 해당하는 경우를 제외하고(근로자파견사업을 행하는 사업주로 한다)'로 규정하고 있다.

따라서 고시 제37호 제2조의 기준은 근로자파견사업에 해당하는지의 여부의 기준이기 때문에, 그 업무의 처리에 관하여 동조 제1호 イ, ロ 및 ハ에 더불어, 제2호 イ, ロ 및 ハ의 모든 기준에 해당되는 경우에는 원칙적으로 근로자파견사업에는 해당되지 않는다.

다만 고시 제37호 제2조 제1호 イ, ロ 및 ハ에 더불어, 제1호 イ, ロ 및 ハ의 모든 기준에 해당되고 있어도 제3조에 해당되는 경우에는 근로자파견사업에 해당된다.

따라서, 근로자파견사업에 해당하는 경우란, 다음의 7가지 항목의 어느 하나에 해당되는 경우에 한정된다.

Ⓐ 고시 제37호 제2조 제1호 イ에 해당되지 않는 경우
Ⓑ 고시 제37호 제2조 제1호 ロ에 해당되지 않는 경우
Ⓒ 고시 제37호 제2조 제1호 ハ에 해당되지 않는 경우
Ⓓ 고시 제37호 제2조 제2호 イ에 해당되지 않는 경우
Ⓔ 고시 제37호 제2조 제2호 ロ에 해당되지 않는 경우
Ⓕ 고시 제37호 제2조 제2호 ハ에 해당되지 않는 경우
Ⓖ 고시 제37호 제2조 제1호 イ, ロ 및 ハ와 제2호 イ, ロ 및 ハ의 전부에 해당되지만, 고시 제37호 제3조에 해당되는 경우

c. 근로자파견사업을 실시한다.

고시 제37호 제2조 주서는 '(다음의 각호의 어느 하나에 해당하는 경우를 제외하고), 근로자파견사업을 행한다'고 규정하고 있다.

따라서, 고시 제37호 제2조의 기준은 근로자파견사업에 해당하는지의 여부의 기준으로, 도급사업에 해당하는지의 여부의 기준은 아니다.

또한, '위장도급'의 기준이라는 표현도, 위장도급=근로자파견사업으로 정의되는

경우에 한하여 성립되는 것으로, 위장도급=근로자파견사업이라는 전제 없이 '위장도급'의 기준이라는 것은 부적절하다.

② 도급사업주가 고용하는 근로자의 노동력을 도급사업주가 자신이 직접 이용하는 것

a. 노무관리의 독립성

고시 37호 제2조 제1호 주서는 '다음의 イ, ロ 및 ハ 의 어느 하나에 해당하는 것으로써, 자신이 고용하는 근로자의 노동력을 자신이 직접 이용하는 것일 것'으로 규정하고 있다.

고시 제37호 제2조 제1호는 일반적으로 '노무관리의 독립성'으로 불리고 있다. 이것이 의미하는 바는 '자신이 고용하는 근로자를 (해당 고용관계 하에) 자신의 지휘명령 하에 자신을 위해 근로에 종사시키는 것'에 있고, '자신이 고용하는 근로자를 (해당 고용관계 하에) 타인의 지휘명령 하에 해당 타인을 위해서 근로에 종사시키는 것(노동자파견법 제2조 제1호)'에 해당하지 않기 위한 기준으로 되어 있다.

b. 포괄적인 취지를 명확히 한 규정으로 구체적인 기준이 아니다

고시 제37호 제2조 제1호 주서 자체는 구체적인 기준이 아니고, 근로자파견사업에 해당되지 않기 위해서는 '도급사업주가 자신이 고용하는 근로자의 노동력을 자신이 직접 이용하는 것'일 필요가 있다는 포괄적인 취지를 명확히 했던 것이다.

그리고 '도급사업주가 자신이 고용하는 근로자의 노동력을 자신이 직접 이용하는 것'이기 위해서는 'イ, ロ 및 ハ의 어느 하나에 해당'되는 것이 필요하다.

c. '지시, 그 외의 관리'의 방법

고시 제37호 제2조 제1호에서는 '지시, 그 외의 관리'라는 표현이 많이 사용되고 있지만, 그 방법에 대해서는 아무것도 언급하고 있지 않다. 따라서, 도급사업주가 어떠한 방법으로 도급업무에 종사하는 근로자에 대하여 지시, 그 외의 관리를 행하는지는 도급사업주의 재량에 맡겨져 있다.

③ 업무의 수행에 관한 지시, 그 외의 관리를 자신이 행하는 것인 것

고시 제37호 제2조 제1호 イ 주서는 '다음의 어느 하나에 해당하는 것으로써 업무의 수행에 관한 지시, 그 외의 관리를 자신이 행하는 것이라는 것'으로 규정하고 있다.

a. 포괄적인 취지를 명확히 한 규정으로 구체적인 기준이 아니다

고시 제37호 제2조 제1호 イ 주서 자체는 구체적인 기준이 아니라, 근로자파견사업에 해당되지 않기 위해서는 '업무의 수행에 관한 지시, 그 외의 관리를 도급 사업주가 자신이 행할' 필요가 있다는 포괄적인 취지를 명확히 했던 것이다.

그리고 '업무의 수행에 관한 지시, 그 외의 관리를 도급사업주가 자신이 행하기' 위해서는 'イ의 (1) 및 (2)의 어느 하나에 해당'하는 것이 필요하다.

b. 업무

근로자파견(위장도급)이란, '자신(도급사업주)이 고용하는 근로자를, … 타인(주문주)의 지휘명령을 받고, … 근로시키는 것'을 말한다. 또 고시 제37호 제2조 제1호 イ (1)에서는 '근로자에 대한'으로 규정되어 있기 때문에, 고시 제37호 제2조 제1호 イ의 '지시, 그 외의 관리'를 행하는 것은 도급사업주로, '지시, 그 외의 관리'를 받는 '업무'는 '근로자의 업무'이다.

이 '업무'는 작업으로 바꾸어도 좋지만, 그럴 경우에는 '근로자의 작업'이 된다.

④ 근로자에 대한 업무의 수행방법에 관한 지시, 그 외의 관리

고시 제37호 제2조 제1호 イ (1)은 '근로자에 대한 업무의 수행방법에 관한 지시, 그 외의 관리를 자신이 행하는 것'으로 규정하고 있다.

a. 근로자에 대한 것

따라서 '근로자'에 대한 것으로, '도급사업주'에 대한 것은 아니다.

イ 및 ウ에서 언급하고 있듯이, 이 내용으로서는 업무의 할당, 순서, 완급의 조정, 기술적인 지도 등이 있지만, 이러한 것은 모두 근로자에 대한 업무의 할당, 근로자에 대한 업무 순서의 지시, 근로자에 대한 업무 완급의 조정, 근로자에 대한 기술적인 지도로, 도급사업주에 대한 업무의 할당, 도급사업주에 대한 업무 순서의 지시, 도급사업주에 대한 업무 완급의 조정, 도급사업주에 대한 기술적인 지도는 아니다.

근로자파견(위장도급)이란, '자신(도급사업주)이 고용하는 근로자를, … 타인(주문주)의 지휘명령을 받고, … 근로시키는 것'이기 때문에, 주문주에 의한 도급사업주에 대한 업무의 수행방법에 관한 지시, 그 외의 관리는 고시 제37호가 관여하는 문제는 아니다.

따라서, 주문주가 도급사업주에 대하여 업무의 할당을 하거나, 주문자가 도급사업

주에 대하여 업무의 순서에 대하여 지시를 하거나, 주문주가 도급사업주에 대하여 업무의 완급을 조정하거나, 도급사업주에 대한 기술적인 지도를 해도, 그것만으로 고시 제37호에 저촉되는 경우는 없다.

고시 제37호에 저촉되는 것은, 주문주의 이러한 지시가 도급사업주에 대하여 행해지는 것이 아니라, 실질적으로 도급근로자에 대하여 직접 행해지고 있는 경우이다.

b. 업무의 할당, 순서, 완급의 조정 등

근로자에 대한 업무의 수행방법에 관한 지시, 그 외의 관리의 내용에 대하여 근로자파견사업 업무취급 요령은 '이 기준은 근로자에 대한 업무의 할당, 순서, 완급의 조정 등에 대하여 종합적으로 감안하여 행한다'고 기재하고 있다.

c. 기술적인 지도

근로자파견사업 업무취급 요령에서는 근로자에 대한 기술적인 지도에 대하여 고시 제37호 제2조 제1호 イ (2)의 '근로자의 업무의 수행에 관한 평가 등에 관계되는 지시, 그 외의 관리'에 포함된다는 취지가 기재되어 있지만, '기술적인 지도'는 '평가' 그 자체는 아니고, '평가'를 위해 행해지는 것도 아니기 때문에, '업무의 수행에 관한 평가 등'에 포함되는 것에는 무리가 있다. 오히려 동호 イ (1)의 '업무의 수행방법에 관한 지시, 그 외의 관리'에 포함하여 판단해야 한다.

여기에서 말하는 '기술적 지도'는 '근로자의 작업의 수행에 직접 관련된 지휘감독'의 하나로 그 범위에 한정되어 있고, 근로자의 작업의 수행에 직접 관련되지 않는 것은 포함하지 않는다.

이 때문에, '기술적인 지도'가 문제가 되는 경우에는, 그것이 근로자의 작업의 수행에 직접 관련된 것인지의 여부로 판단할 필요가 있다.

또, 주문주는 도급사업주에 업무를 주문하고 있기 때문에, 주문주로서 근로자의 작업의 수행에 관여하는 경우도 있고, 또 도급사업주가 주문주로부터 기계 · 설비 등을 임차하는 경우에는 기계 · 설비 등의 대주(貸主)로서의 입장도 있기 때문에, 이러한 요소도 가미할 필요가 있다.

또한 '기술적 지도'에 대해서는 업무의 할당, 순서, 완급의 조정 등과 함께, 근로자에 대한 업무의 수행방법에 관한 지시, 그 외의 관리를 도급사업주가 행하고 있는지의 여부로 판단되지만, 이것에 관하여 1952년의 직업안정법 시행규칙 제4조의 개정시의 통달(1952년 7월 23일 職發 제502의 2)에서는 주문주가 발주한 작업에 관한 지시의 한도에 대하여 다음과 같은 기준을 제시하고 있다.

첫째, 도급사업주 또는 그 대리인에 대한 주문상의 한정된 요구 또는 지시의 정도를 초과하는 것이 아닐 것.

둘째, 도급사업주 측의 감독자가 가지는 근로자에 대한 지휘명령권에 실질상의 제한을 가하는 것이 아닐 것.

셋째, 작업에 종사하는 근로자에 대하여 직접 지휘감독을 가하는 것이 아닐 것.

이 기준은 오늘날의 상황에서도 비슷하게 판단해야 한다.

또한 고시 제37호 의의응답집에서는 '일반적으로는 주문주가 도급근로자에 대하여 행하는 기술지도 등 가운데 위장도급으로 판단되는 것이 아니다'고 하여 다음의 세 가지 사례를 들고 있다.

첫째, 도급사업주가 발주자로부터 새로운 설비를 임차한 후 처음으로 사용하는 경우, 임차하고 있는 설비에 발주자에 의한 개수가 가해진 후 처음으로 사용하는 경우 등에서, 도급사업주에 의한 업무처리의 개시에 앞서 설비의 대주(貸主)로서의 입장에 있는 주문주가 차주(借主)로서의 입장에 있는 도급사업주에게 설비의 조작방법 등에 대하여 설명을 할 때에, 도급사업주의 감독 하에서 근로자에게 설명(조작방법 등의 이해에 특히 필요하게 되는 실습을 포함)을 받게 하는 경우의 사례

둘째, 신제품의 제조착수시에, 주문주가 도급사업주에게 도급계약의 내용인 사양 등에 대하여 보충적인 설명을 할 때에, 도급사업주의 감독 하에서 근로자에게 설명(자료 등을 사용하여 행하는 설명만으로는 충분한 사양 등의 이해가 곤란한 경우에 특히 필요하게 되는 실습을 포함)을 받게 하는 경우의 사례

셋째, 주문주가 안전위생상 긴급하게 대처할 필요가 있는 사항에 대하여 근로자에게 지시를 행하는 경우의 사례

이러한 세 가지 항목의 예시로, 이러한 것과 비슷한 사례는 고시 제37호에는 저촉되지 않는다고 생각된다.

d. 혼재

근로자파견(위장도급)이란, '자신(도급사업주)이 고용하는 근로자를, … 타인(주문주)

의 지휘명령을 받고 … 근로시키는 것'을 말하기 때문에, 주문주의 근로자와 도급근로자가 혼재하고 있는지의 여부는 근로자파견사업(위장도급)에 해당되는지의 여부와는 직접 관계없다.

⑤ 근로자의 업무의 수행에 관한 평가 등에 관계되는 지시, 그 외의 관리

고시 제37호 제2조 제1호 イ (2)는 '근로자의 업무의 수행에 관한 평가 등에 관계되는 지시, 그 외의 관리'로 규정하고 있다.

a. 근로자의 업무의 수행

고시 제37호에 규정되어 있는 바와 같이, '근로자'의 업무의 수행에 관한 것으로, '도급사업주'의 업무의 수행에 관한 것은 아니다.

イ에서 언급하고 있듯이, 이 내용으로서는 업무의 수행에 관한 근태점검, 성과사정 등이 포함되지만, 이러한 것은 모두 근로자에 대한 근태점검, 근로자에 대한 성과사정으로, 도급사업주에 대한 근태점검, 도급사업주에 대한 성과사정이 아니다.

근로자파견(위장도급)이란 '자신(도급사업주)이 고용하는 근로자를, … 타인(주문주)의 지휘명령을 받고 … 근로시키는 것'이기 때문에, 주문주에 의한 도급사업주의 업무의 수행에 관한 근태점검, 성과사정 등은 고시 제37호가 관여하는 문제가 아닌 것이다.

따라서, 주문주가 도급사업주의 근태점검을 해도, 주문주가 도급사업주에 대하여 성과사정을 해도, 그것만으로 고시 제37호에 저촉되는 경우는 없다.

고시 제37호에 저촉되는 것은 주문주의 이러한 행위가 도급사업주에게 행해지는 것이 아니라, 실질적으로 근로자에게 직접 행해지고 있는 경우이다.

b. 근로자의 업무의 수행에 관한 평가 등의 범위

'근로자의 업무의 수행에 관한 평가 등'의 범위에 대하여 근로자파견사업 업무취급요령에서는 '근로자의 업무의 수행에 관한 기술적인 지도, 근태점검, 성과사정 등에 대하여 종합적으로 감안하여 행한다'는 취지를 기재하고 있다.

'성과사정'은 '업무의 수행에 관한 평가'로 말할 수 있고, '근태점검'에 대해서는 '업무의 수행에 관한 평가'를 위해 행해지는 것이기 때문에 '평가 등'에 포함된다.

이에 대하여 '기술적인 지도'를 '업무의 수행에 관한 평가 등'에 포함시키는 경우에는 위에서 언급한 것처럼 무리가 있다.

⑥ 근로시간 등에 관한 지시, 그 외의 관리

고시 제37호 제2조 제1호 ㅁ 주서에서는 '다음의 어느 하나에 해당됨으로써 근로시간 등에 관한 지시, 그 외의 관리를 자신이 행하는 것일 것'이라는 취지가 규정되어 있다.

a. 근로시간과 영업시간

근로자파견(위장도급)이란 '자신(도급사업주)이 고용하는 근로자를, … 타인(주문주)의 지휘명령을 받고 … 근로시키는 것'을 말한다. 또 고시 제37호 제2조 제1호 ㅁ 에서는 '근로시간 등'으로 규정되어 있기 때문에, '근로자의 근로시간 등', 즉 근로자의 근로에 관한 시업 · 종업의 시각, 휴게시간, 휴일, 휴가, 시간외 근로, 휴일근로 등이다.

따라서 고시 제37호 제2조 제1호 ㅁ 에 규정되어 있는 것은 '근로시간'으로, '근로시간'이란 '근로자의 작업시간'이다. 이에 대하여 '도급사업주의 작업시간'은 도급사업주의 영업시간을 말하기 때문에 '근로자의 작업시간'과 '도급사업주의 작업시간'은 다른 것이다.

b. 포괄적인 취지를 명확히 한 규정으로 구체적인 기준이 아니다

고시 제37호 제2조 제1호 ㅁ 주서 자체는 구체적인 기준이 아니라, 근로자파견사업에 해당되지 않기 위해서 '근로시간 등에 관한 지시, 그 외의 관리를 도급사업주가 자신이 행할' 필요가 있다는 포괄적인 취지를 명확히 한 것이다.

그리고 '근로시간 등에 관한 지시, 그 외의 관리를 도급사업주가 자신이 행하기' 위해서는 'ㅁ 의 (1) 및 (2)의 어느 하나에 해당되는 것'이 필요하다.

⑦ 근로자의 시업 및 종업의 시각, 휴게시간, 휴일, 휴가 등에 관한 지시, 그 외의 관리

고시 제37호 제2조 제1호 ㅁ (1)에서는 '근로자의 시업 및 종업의 시각, 휴게시간, 휴일, 휴가 등에 관한 지시, 그 외의 관리(이러한 것의 단순한 파악을 제외)를 자신이 행하는 것일 것'으로 규정하고 있다.

첫째, 근로자의 시업 및 종업의 시각, 휴게시간, 휴일, 휴가 등 고시 제37호 제2조 제1호 ㅁ (1)에서 규정되어 있는 것은 '근로자의 시업 및 종업 시각, 휴게시간, 휴일, 휴가 등에 관한 지시, 그 외의 관리'로, '도급사업주의 시업 및 종업의 시각, 휴게시간,

휴일, 휴가 등에 관한 지시, 그 외의 관리'는 아니다.

주문주가 도급사업주에게 그 시업 및 종업시각, 휴게시간, 휴일, 휴가 등에 관한 지시, 그 외의 관리를 행하는지의 여부는 고시 제37호가 전혀 관여할 문제가 아니고, 주문주가 도급사업주의 시업 및 종업시각, 휴게시간, 휴일, 휴가 등에 관한 지시, 그 외의 관리에 대하여 지시를 해도, 그것만으로 고시 제37호에 저촉되는 것은 아니다.

고시 제37호에 저촉되는 것은 주문주의 이러한 지시가 도급사업주에 대하여 행해지고 있는 것이 아니라 실질적으로 도급근로자에게 직접 행해지고 있는 경우이다.

둘째, 근로자의 시업 및 종업의 시각, 휴게시간, 휴일, 휴가 등의 단순한 파악을 제외한다. 고시 제37호 제2조 제1호 ロ (1)에서는 '이러한 것의 단순한 파악을 제외한다'고 규정하고 있다. '이러한'이란 '근로자의 시업 및 종업의 시각, 휴게시간, 휴일, 휴가 등'이기 때문에, 도급근로자의 시업 및 종업시각, 휴게시간, 휴일, 휴가 등의 파악만을 도급사업주가 주문주에게 의뢰해도 그것만으로 고시 제37호의 기준에 저촉되는 경우는 없다.

⑧ 근로자의 근로시간을 연장하는 경우 또는 근로자를 휴일에 근로시키는 경우의 지시, 그 외의 관리

고시 제37호 제2조 제1호 ロ (2)는 '근로자의 근로시간을 연장하는 경우 또는 근로자를 휴일에 근로시키는 경우에서의 지시, 그 외의 관리(이러한 경우의 근로시간 등의 단순한 파악을 제외)를 자신이 행하는 것'으로 규정하고 있다.

a. 근로자의 근로시간을 연장하는 경우 또는 근로자를 휴일에 근로하게 하는 경우

a) 근로자의 근로시간

'근로자의 근로시간을 연장하는 경우 또는 근로자를 휴일에 근로시키는 경우'는 근로자가 소정시간 외 또는 소정휴일에 근로하는 경우로, 도급사업주가 영업시간외 또는 영업휴일에 영업하는 경우를 말하는 것이 아니다.

따라서 주문주가 도급사업주에게 영업시간외 또는 영업휴일에 영업하는 것에 관하여 지시, 그 외의 관리를 해도, 그것만으로 고시 제37호에 저촉되는 경우는 없다.

고시 제37호에 저촉되는 것은 주문주의 이러한 지시가 도급사업주에게 행해지고 있는 것이 아니라, 실질적으로 도급근로자에 대하여 직접 행하고 있는 경우이다.

b) 소정시간 외 또는 소정휴일에 근로시킨 경우

'근로자의 근로시간을 연장하는 경우 또는 근로자를 휴일에 근로시키는 경우'란, 근로자에게 취업규칙 등에서 정해진 소정시간 외 또는 소정휴일에 근로시키는 경우를 말한다.

b. 근로자의 근로시간을 연장하는 경우 또는 근로자를 휴일에 근로시키는 경우의 근로시간 등의 단순한 파악을 제외한다

고시 제37호 제2조 제1호 ロ (2)는 '근로자의 근로시간을 연장하는 경우 또는 근로자를 휴일에 근로시키는 경우에서의 근로시간 등의 단순한 파악을 제외한다'고 규정하고 있다. 따라서 근로자의 근로시간을 연장하는 경우 또는 근로자를 휴일에 근로시키는 경우에서의 근로시간 등의 파악만을 도급사업주가 주문주에게 의뢰해도, 그것만으로 고시 제37호의 기준에 저촉되는 경우는 없다.

⑨ 기업에서의 질서의 유지, 확보 등을 위한 지시, 그 외의 관리

고시 제37호 제2조 제1호 ハ 주서는 '다음의 어느 하나에 해당됨으로써 기업에서의 질서의 유지, 확보 등을 위한 지시, 그 외의 관리를 자신이 행하는 것일 것'으로 규정하고 있다.

a. 포괄적인 취지를 명확히 한 규정으로 구체적인 기준이 아니다

고시 제37호 제2조 제1호 ハ 주서 자체는 구체적인 기준이 아니라, 근로자파견사업에 해당되지 않기 위해서는 '기업에서의 질서의 유지, 확보 등의 위한 지시, 그 외의 관리를 도급사업주가 자신이 행할' 필요가 있다는 포괄적인 취지를 명확히 한 것이다.

그리고 '기업에서의 질서의 유지, 확보 등을 위한 지시, 그 외의 관리를 도급사업주가 자신이 행하기' 위해서는 'ハ 의 (1) 및 (2)의 어느 하나에 해당되는 것'이 필요하다.

b. 기업에서의 질서의 유지, 확보 등을 위한 지시, 그 외의 관리

a) 인적요소에 관한 관리로 물적 요소에 관한 관리가 아니다

'기업에서의 질서의 유지, 확보 등'을 위한 관리에는 인적요소에 관한 관리 외에, 물적 요소에 관한 관리가 있지만, 노동자파견법 제2조 제1호에 비추어보면, '도급사업주가 고용하는 근로자를, 자신의 지휘명령 하에 자신을 위해서 근로에 종사시키기' 위한 기준이기 때문에, 고시 제37호에서 기준을 정하고 있는 것은 인적요소에 관한 관리

로, 물적 요소에 관한 관리는 아니다.

b) 도급사업주에 의한 도급근로자에 대한 관리

'기업에서의 질서의 유지, 확보 등'을 위한 관리를 행하는 것은 도급사업주로, 그 관리를 받는 것은 근로자이다. 즉, 도급사업주가 근로자에게 '기업에서의 질서의 유지 및 확보 등'을 위한 관리를 행하는 것을 요구하고 있는 것이다.

따라서, 주문주가 '기업에서의 질서의 유지, 확보 등'을 위해서 도급사업주에게 행하는 관리에 대해서는 고시 제37호가 관여하지 않는 문제이다.

⑩ 근로자의 복무상의 규율에 관한 사항에 대한 지시, 그 외의 관리

고시 제37호 제2조 제1호 ハ (1)은 '근로자의 복무상의 규율에 관한 사항에 대한 지시, 그 외의 관리를 자신이 행하는 것'으로 규정되어 있다.

a. 근로자의 복무상의 규율에 관한 사항

a) '근로자의 복무상의 규율에 관한 사항'으로 '도급사업주의 복무상의 규율에 관한 사항'이 아니다

고시 제37호 제2조 제1호 ハ (1)에 규정되어 있는 바와 같이, 여기에서 다루어지고 있는 것은 '근로자의 복무상의 규율에 관한 사항'으로, '도급사업주의 복무상의 규율에 관한 사항'은 아니다.

b) 복무상의 규율에 관한 사항의 범위

근로자의 복무상의 규율에 관한 사항에 대하여 근로자파견사업 업무취급 요령은 '근로자의 사업소로의 입퇴장에 관한 규율, 복장, 직장질서의 유지, 풍기유지를 위한 규율' 등을 열거하고 있다.

b. 주문주가 가진 시설관리권 등과의 조정

특히 사내도급의 경우에는 주문주가 그 시설에 대하여 가지는 시설관리권(직장환경을 적정 양호하게 유지하여 규율이 있는 업무의 운영태세를 확보하도록 물적 시설을 관리 이용하는 권한) 등 정당한 권리의 행사와의 조정이 필요하다.

근로자파견사업 업무취급 요령에서도 '안전위생, 기밀유지 등을 목적으로 하는 등의 합리적인 이유에 근거로 하여 상대방이 근로자의 복무상의 규율에 관여하는 경우가 있어도, 즉시 해당 요건에 해당되지 않는다고 판단되는 것은 아니다'라는 기재가 있지만, 이것도 주문주가 가지는 시설관리권 등과의 조정을 의식한 것이다.

노동기준법 제34조 제3항의 휴게시간의 자유이용에 관해서도, ㉠휴게시간의 이용에 대하여 사업장의 규율유지상 필요한 제한을 가하는 것은 휴게시간의 목적을 저해하지 않는 한 지장이 없다(1947(昭和22)년 9월 13일 發基 제17호), ㉡휴게시간 중의 외출에 대하여 소속장의 허가를 받게 하는 것은 사업장에서 자유롭게 휴식할 수 있는 경우에는 반드시 위법이 되지 않는다(1948(昭和23)년 10월 30일 發基 제1575호)는 통달이 나와 있다.

또, 최고재판소 판례에서도 ㉠휴게시간 중의 사업장내에서의 정치적인 전단지의 배포(電電公社目黑電報電話局事件 最高裁 第三小法廷 昭和52年12月13日 勞判 287号 26頁), ㉡조합활동시 직원 대기소 설비의 사물함에 요구사항 등을 기입한 전단지의 첨부(國鐵札幌運轉區事件 最高裁 第三小法廷 昭和54年10月30日 勞判 329号 12頁) 등에 대하여, 사용자의 시설관리권을 이유로 하여, 이러한 행위를 규제하는 것은 적법이라고 하는 것이 있다.

따라서, 근로자의 복무상의 규율에 관한 사항에 대하여 주문주가 그 시설에 대하여 가지는 시설관리권 등 정당한 권리의 행사를 충분히 고려할 필요가 있다.

이렇기 때문에, 주문주가 어떠한 권리를 가지고 있는가, 그리고 그 권리의 정당한 행사로서 어떠한 것이 가능한가를, 개별 케이스마다 정리해둘 필요가 있다.

c. 복장

근로자의 직장에서의 복장에 대해서는 고시 제37호 제2조 제1호 ハ (1)의 '근로자의 복무상의 규율에 관한 사항'의 한 가지이다. 또 고시 제37호의 문제뿐만 아니라, 근로자가 누구에게 고용되어 있는가의 문제와도 관련된다. 즉, 근로자가 주문주의 작업복을 착용하는 경우에는 외형적으로 주문주에게 고용되고 있는 것처럼 비친다. 그렇게 되면, 본인으로서도 주문주에게 고용되어 있다는 의식이 높아지는 것은 피할 수 없다. 고용관계를 둘러싼 트러블을 방지하기 위해서도, 도급근로자의 작업복에 대해서는 도급사업주의 것을 착용시키고, 주문주의 것을 착용시키는 것을 피해야 한다.

d. 직장질서의 유지

직장질서의 유지에 관해서도, 근로자의 사업소로의 입퇴장에 관한 규율과 마찬가지로, 도급사업주는 주문주가 가지는 시설관리권에 의한 규율의 범위 내에서 근로자에게 필요한 규율을 정하여 관리하는 것이 필요하다.

e. 풍기유지를 위한 규율

풍기유지를 위한 규율에 관해서도, 근로자의 사업소로의 입퇴장에 관한 규율과 마찬가지로, 도급사업주는 주문주가 가지는 시설관리권에 의한 규율의 범위 내에서 근로자에게 필요한 규율을 정하여 관리하는 것이 필요하다.

f. 안전위생

노동안전위생법 제29조는 '원청(元方)사업자(한 장소에서 행하는 사업의 업무의 일부를 도급인에게 도급시키고 있는 주문주(도급계약이 두 가지 이상 있기 때문에, 이에 해당되는 주문주가 2명 이상 있을 때에는 해당 도급계약 중의 가장 선차(先次)의 도급계약에서의 주문주를 말한다))는 ㉠발주한 업무에 관하여 도급근로자가 노동안전위생법령에 위반하지 않도록 필요한 지도를 행해야 한다, ㉡발주한 업무에 관하여 도급근로자가 노동안전위생법령에 위반하고 있을 때에는 시정을 위하여 필요한 지시를 행해야 한다, ㉢지시를 받은 도급근로자는 그 지시에 따라야 한다'는 취지를 규정하고 있다.

이 규정에 관하여, 노동기준감독서에서는 도급근로자가 노동안전위생법의 취업제한의 대상이 되는 업무 등에 대하여 면허의 취득이나 기능강습의 수료 등의 자격 없이 취업하고 있는 경우에는 도급근로자가 유자격자라는 것을 원청사업자가 확인하고 있지 않을 때 등, 노동안전위생법 제29조 위반으로서 시정권고를 행하는 경우가 있다.

노동안전위생법 제29조는 법률상의 의무이기 때문에, 원청사업자나 도급사업주, 도급근로자는 이에 따를 의무가 있다. 따라서 이 규정에 근거로 하여 행해지는 원청사업자의 도급근로자에 대한 직접적인 지도, 지시는 노동자파견법이나 고시 제37호에 비추어 어떤 문제가 발생하는 경우는 없다.

⑪ 근로자의 배치 등의 결정 · 변경

고시 제37호 제2조 제1호 ハ (2)는 '근로자의 배치 등의 결정 및 변경을 자신이 행하는 것'으로 규정하고 있다.

a. 근로자의 배치

a) 근로자의 배치로 도급사업주의 배치가 아니다.

고시 제37호 제2조 제1호 ハ (2)에 규정되어 있는 바와 같이, 여기에서 다루고 있는 것은 근로자의 배치로, 도급사업주의 배치는 아니다.

따라서, 주문주가 도급사업주에 대하여, 공장 등의 시설의 어디에서 업무를 행하는가, 누구로부터 주문을 받고 행하는가 등에 대하여 지시를 해도, 이러한 것은 고시 제37호가 관여하는 문제는 아니다.

문제가 되는 것은 개개의 근로자가 공장 등의 시설의 어디에서 업무를 행하는가, 누구로부터 주문을 받고 행하는가 등에 대한 지시를 도급사업주로부터가 아니라, 주문주로부터 받고 있는 경우이다.

b) 근로자의 배치의 범위

근로자의 배치에 대하여 근로자파견사업 업무취급 요령에서는 '근로자의 근무장소, 근로자에 대하여 직접 지휘명령하는 자' 등을 열거하고 있다.

b. 근로자의 근무장소

a) 근로자의 근무장소의 특정

근로자의 근무장소에 대해서는 원칙적으로 도급사업주가 도급근로자의 개개 구체적인 현실의 근무장소를 특정해야 한다.

b) 개개 구체적인 현실의 근무장소를 도급사업주가 결정 · 변경할 수 없는 경우의 취급

이에 관하여 근로자파견사업 업무취급 요령은 '근무장소에 대해서는 해당 업무의 성격상, 실제로 취업하게 되는 장소가 이동하는 경우 등으로 인하여, 개개 구체적인 현실의 근무장소를 해당 사업주가 결정 또는 변경할 수 없는 경우는 그 업무의 성격에 따라 합리적인 범위에서 이것이 특정되면 충분하다'고 기재되어 있다.

이 취급은 조선업 등에서 도급근로자의 취업장소가 이동하는 경우에서, 그 개개 구체적인 현실의 근무장소에 대하여 도급사업주가 결정 · 변경할 수 없을 때에 관한 것으로, 이러한 경우에서의 근로자의 배치의 결정 · 변경의 의미를 명확히 한 것이다. 즉, 도급사업주가 근로자의 개개 구체적인 현실의 근무장소를 특정하는 것이 곤란한 경우에는 업무의 성격에 따라 합리적인 범위에서 특정하면 된다는 것이다.

다만, 이 취급은 원칙적으로 근로자의 취업장소가 이동하는 경우에 한정되어 있고, 게다가 도급사업주가 근로자의 개개 구체적인 현실의 근무장소에 대하여 결정 · 변경할 수 없을 때에 한정되어 있기 때문에, 그 이외의 경우, 즉, 근로자의 취업장소가 이동하지 않는 경우나 근로자의 취업장소가 이동해도, 도급사업주가 근로자의 개개 구체적인 현실의 근무장소에 대하여 결정 · 변경할 수 있는 경우에는 근로자의 개개 구체적인 현실의 근무장소를 특정해야 한다.

c. 근로자에 대하여 직접 지휘명령하는 자

근로자가 누구의 지휘명령을 받고 근로하는지에 대해서도 도급사업주가 결정 · 변경해야 한다.

⑫ 도급계약에 의해 도급 맡은 업무를 도급사업주의 업무로서 주문주로부터 독립하여 처리하는 것

a. 사업의 독립성이 의미하는 것

고시 제37호 제2조 제2호 주서는 '다음의 イ, ロ 및 ハ 의 어느 하나에 해당됨으로써, 도급계약에 의해 도급 맡은 업무를 자신의 업무로서 해당 계약의 상대방으로부터 독립하여 처리하는 것일 것'이라고 규정하고 있다.

고시 제37호 제2조 제1호가 일반적으로 '노무관리의 독립성'으로 불리고 있는 것에 대하여, 동조 제2호는 '사업의 독립성'으로 불리고 있다.

'노무관리의 독립성'에 대해서는 근로자가 도급사업주의 지휘명령을 받고 근로하고 있는가, 아니면 주문주의 지휘명령을 받고 근로하고 있는가로 판별한다.

이에 대하여 '사업의 독립성'은 도급사업주가 도급 맡은 업무를 자신의 업무로서 주문주로부터 독립하여 처리하고 있지 않을 때에는, 도급사업주의 사업은 주문주의 사업의 일부라고 평가된다. 이 경우에는 도급사업주는 주문주의 사업에 근로자를 제공하고 있는 것에 불과하게 되고, 그 결과 도급근로자는 도급사업주의 사업에 사용되고 있는 것이 아니라, 주문주의 사업에 사용되고 있는 것이 된다.

이렇기 때문에, 사업의 독립성에 대해서는 도급사업주가 주문주와는 별개의 사업을 행하고 있는가, 아니면 주문주의 사업에 편성되어 그 일부를 행하고 있는 것에 불과한가로 판별된다.

환언하면, 도급사업주가 주문주의 지배하에 있는지의 여부, 주문주의 지휘감독을 받고 있는지의 여부는 고시 제37호의 사업의 독립성과는 직접 관계없다. 고시 제37호는 근로자의 사용방법의 문제이다. 이에 대하여 도급사업주가 주문주의 지배를 받고 있는지의 여부라는 것은 기업과 기업간의 문제이다.

만약 도급사업주가 주문주의 지배를 받고 있는 것이 문제로 발생했다고 한 경우에, 이를 소관하는 행정기관은 후생노동성이나 노동국이 아니라, 경제산업성이나 공공거래위원회가 된다.

이렇기 때문에, 어디까지가 노동문제이고, 어디부터가 산업문제인가를 구별할 필요가 있다.

b. 포괄적인 취지를 명확히 한 규정으로 구체적인 기준이 아니다

고시 제37호 제2조 제2호 주서 자체는 구체적인 기준이 아니라, 근로자파견사업에 해당되지 않기 위해서는 '도급계약으로 도급 맡은 업무를 도급사업주의 업무로서 주문주로부터 독립하여 처리'할 필요가 있다는 포괄적인 취지를 명확히 한 것이다.

그리고 '도급계약으로 도급 맡은 업무를 도급사업주의 업무로서 주문주로부터 독립하여 처리하는 것'이기 위해서는 'イ, ロ 및 ハ 의 어느 하나에 해당되는 것'이 필요하다.

따라서 'イ, ロ 및 ハ의 어느 하나에 해당'되는 경우에는 '도급계약으로 도급 맡은 업무를 도급사업주의 업무로서 주문주로부터 독립하여 처리하는 것'으로, イ, ロ 및 ハ 가운데 어느 하나에 해당되지 않으면, '도급계약에 의해 도급 맡은 업무를 도급사업주의 업무로서 주문주로부터 독립하여 처리하는 것'이 아닌 것이 된다.

⑬ 업무의 처리에 필요한 자금에 대하여 도급사업주의 책임 하에 조달하여 지변하는 것

고시 제37호 제2조 제2호 イ 는 '업무의 처리에 필요로 하는 자금에 대하여, 모두 자신의 책임 하에서 조달하고 동시에 지변하는 것'으로 규정하고 있다.

a. 업무의 처리에 필요한 자금

'업무의 처리에 필요한 자금'이란, 도급 맡은 업무를 처리하고, 업무를 완성시키기 위해서 필요한 자금을 말하며, 사업자금이라던지 사업운전자금으로 불리고 있는 것

이다.

'업무의 처리에 필요한 자금'에는 도급 맡은 업무를 처리하여 업무를 완성시키기 위해서 필요한 자금 전체가 포함되기 때문에, 각각의 사업에 따라 인건비, 기계 · 설비비, 원재료비, 관리비, 영업비 등 다양한 경비가 포함된다.

b. 도급사업주의 책임 하에서 조달하는 것

사업자금에 대해서는 도급사업주의 책임 하에 조달하는 것이 필요하다. 이에 대하여 근로자파견사업 업무취급 요강은 '자금에 대한 조달, 지변의 방법은 특별히 불문하지만, 사업운전자금 등은 모두 자신의 책임으로 조달하고 동시에 지변하고 있는 것이 필요하다'고 기재되어 있다.

또, 근로자 공급사업 업무취급 요령에는 '운전자금 등의 조달은 도급계약과 관계가 없는 것이라면 반드시 자신의 자금이라는 것을 필요로 하지 않는다'라는 기재가 있다.

사업자금에 대해 도급사업주가 금융기관 등으로부터 융자를 받는 것은 당연히 도급사업주의 책임 하에서 조달하는 것이다.

근로자 공급사업 업무취급 요령에 기재되어 있는 것은 도급사업주가 주문주로부터 사업자금을 임차한 경우에도, 도급계약과 관계없는 계약이라면, 도급사업주의 책임 하에 조달하는 것이 된다는 취지이다.

근로자 공급사업 업무취급 요령에는 '도급계약에 근거로 하는 계약금의 전도는 자기 자금이다'라는 기재도 있다.

도급계약에 근거로 하여 주문주로부터 도급요금이 지급되는 것은 통상적으로는 업무의 완성 후가 되지만, 계약자유의 원칙에서 보면 도급계약에 근거로 하여 주문주로부터 도급사업주에게 계약금을 전도할 수도 있다.

도급계약에 주문주가 도급사업주에게 전도금을 지급한다는 조항이 있는 경우에는, 주문주는 도급사업주에 대하여 지급의무가 발생한다. 이렇게 하여 지불된 전도금은 도급사업주의 책임 하에 조달한 것으로, 도급사업주의 자기 자금이 되는 것을 만약을 위해 기재한다.

c. 도급사업주의 책임 하에서 지변하는 것

'도급사업주의 책임 하에 지변한다'란, 도급사업주의 책임으로 사업자금의 지급을 하는 것을 말한다.

예를 들면 근로자에게 도급사업주가 자금을 지급한다, 기계 · 설비의 임차료에 대하여 대주에게 도급사업주가 지급한다, 원재료비에 대하여 매주(賣主)에게 도급사업주가 지급하는 등이 이에 해당된다.

또한, 도급사업주가 채무를 가지는 상대방에게 동종의 채권을 가지는 경우에는 쌍방의 채무를 상쇄할 수 있다.

예를 들면, 도급사업주가 기계 · 설비를 주문주로부터 임차하고 있는 경우에 기계 · 설비의 임차료와 주문주로부터 지급된 도급요금을 상쇄하는 경우 등이다.

⑭ 업무의 처리에 대하여 법률에 규정된 사업주로서의 모든 책임을 지는 것

고시 제37호 제2조 제2호 ㅁ는 '업무의 처리에 대하여 민법, 상법, 그 외의 법률에 규정된 사업주로서의 모든 책임을 지는 것'으로 규정하고 있다.

이 규정은 직업안정법 시행규칙 제4조의 제1호 가운데 '작업의 완성에 대하여 사업주로서의 법률상의 모든 책임을 지는 것일 것' 및 제3호의 '작업에 종사하는 근로자에 대하여 사용자로서 법률에 규정된 모든 의무를 지는 것일 것'을 포함하여 규정한 것이다.

a. 법률에 규정된 사업주로서의 모든 책임

근로자 공급사업 업무취급 요령은 직업안정법 시행규칙 제4조 제1호의 '작업의 완성에 대하여 사업주로서의 법률상의 모든 책임'에 대하여 '도급계약의 체결에 따른 도급사업자로서의 민법(제632조, 제642조), 상법(제502조, 제569조) 등의 의무의 이행에 대하여 책임을 지는 것을 말한다'와, 동조 제3호의 '작업에 종사하는 근로자에 대하여 사용자로서 법률에 규정된 모든 의무를 지는 것일 것'에 대하여 '노동기준법, 노동자재해보상보험법, 고용보험법, 건강보험법, 노동조합법, 노동관계조정법, 후생연금보험법, 민법 등에서의 사용자, 또는 고용주로서의 의무를 말한다'고 기재되어 있다.

따라서, 이러한 법률, 혹은 이러한 법률 다음에 제정된 노동안전위생법이나 최저임금법, 남녀고용기회균등법, 육아 · 개호휴업법 등이 '법률에 규정된 사업주로서의 모든 책임'에 포함된다.

b. 모든 책임을 진다

근로자 공급사업 업무취급 요령은 '"법률상의 책임을 지는" 것 인지의 여부의 판정은 단순히 계약상의 도급업자라는 형태만으로 판단하는 것이 아니라, 그 책임을 지는 의사능력(이해와 성의)이 판정의 기초가 되는 것이기 때문에, 그 계약내용과 도급업자의 기업체로서의 자격, 능력 및 종래의 사업실적 등의 상황을 종합적으로 판단해야 하는 것이다', '"의무를 진다"에 대하여 반드시 현실에 이러한 의무를 이행하는 것을 요구하는 것이 아니지만, 의무에 관한 이해와 성의가 결여되어 이행능력이 없는 자도, 단순히 형식상 사용자의 입장에 있는 사실만을 이유로 하여 의무를 지는 자로 하는 것은 타당하지 않기 때문에, 이 판정을 할 때에는 의무에 관한 이해와 성의 및 그 이행상황, 운영관리상황에서 종합적으로 판단해야 하는 것이다'고 기재하고 있다.

따라서 '법률에 규정된 사업주로서의 모든 책임을 진다'란, 이러한 책임을 지는 능력이 있고, 동시에 그 의사가 있는 경우를 말한다.

⑮ 단순히 육체적인 노동력을 제공하는 것이 아닌 것

고시 제37호 제2조 제2호 ハ 는 '다음의 어느 하나에 해당되는 것으로, 단순히 육체적인 노동력을 제공하는 것이 아닐 것'으로 규정한 다음에, 다음의 두 가지를 규정하고 있다.

첫째, 자신의 책임과 부담으로 준비하고, 조달하는 기계, 설비 혹은 기재(업무상 필요한 간이 공구를 제외) 또는 재료 혹은 자재로 업무를 처리하는 것.

둘째, 자신이 행하는 기획 또는 자신이 가진 전문적인 기술 혹은 경험에 근거로 하여 업무를 처리하는 것.

a. 단순히 육체적인 노동력을 제공하는 것이 아닌 것

고시 제37호 제2조 제2호 ハ 에서는 '단순히 육체적인 노동력을 제공하는 것이 아닐 것'으로 규정하고 있고, '단순히 노동력을 제공하는 것이 아닐 것'으로는 규정하고 있지 않다.

b. 5자택일의 구성요소

이 규정은 직업안정법 시행규칙 제4조 제1항 제4호의 '자신이 제공하는 기계, 설비, 기재(업무상 필요한 간이 공구를 제외) 혹은 그 작업에 필요한 재료, 자재를 사용하거나, 또는 기획 혹은 전문적인 기술 혹은 전문적인 경험을 필요로 하는 작업을 하는 것으로, 단순히 육체적인 노동력을 제공하는 것이 아닐 것'과 완전히 같은 내용의 규정으로, 주서에 '다음의 어느 하나에'로 한 다음에, (1) 및 (2)를 규정한다는 식으로 표현을 바꾸었던 것이다.

직업안정법 시행규칙 제4조 제1항 제4호 쪽이 보다 명확하지만,

Ⓐ 자신의 책임과 부담으로 준비하고, 조달하는 기계, 설비, 기재(업무상 필요한 간이 공구를 제외)로 업무를 처리하는 것.

Ⓑ 자신의 책임과 부담으로 준비하고, 조달하는 재료, 자재를 사용하여 업무를 처리하는 것.

Ⓒ 자신이 행하는 기획으로 업무를 처리하는 것.

Ⓓ 자신이 가진 전문적인 기술로 업무를 처리하는 것.

Ⓔ 자신이 가진 전문적인 경험으로 업무를 처리하는 것.

의 어느 한 가지를 충족시키고, 단순히 육체적인 노동력을 제공하는 것이 아닌 것이 고시 제37호 제2조 제2호 ハ 의 기준으로 되어 있다.

고시 제37호 제2조 제2호 ハ 는 (1) 및 (2)의 항목의 체재로 되어 있기 때문에, 마치 2자택일의 인상을 받지만, 실제로는 5자택일로 되어 있어 전체 어느 한 항목에 해당되어 있으면 그 외의 4항목에 해당되지 않아도, 고시 제37호 제2조 제2호 ハ 의 기준은 충족한다.

도급사업이라고 해도, 완성해야 하는 업무의 내용은 천차만별이며, 필요로 하는 요소도 다양하다. 그렇기 때문에, 도급사업을 하기 위해서 필요한 요소 가운데 어느 한 가지라도 있으면 근로자파견사업(위장도급)에는 해당되지 않는다는 구성으로 되어 있다.

근로자 공급사업 업무취급 요령에서는 직업안정법 시행규칙 제4조 제1항 제4호에 대하여 '단순히 육체노동력을 제공하는 것이 아니라고 판단할 수 있는 구체적인 요건으로서의 물리적 요건(자신이 제공하는 기계, 설비, 기재 혹은 그 작업에 필요한 재료, 자재를 사용하는 것)과 기술적 요건(기획 혹은 전문적인 기술 혹은 경험을 필요로 하는 것)의 두 가지 요건을 내세워, 그 어느 한 가지 요건에 해당하는 작업을 행하는 것이라면 좋다고 한다. 게다가 이 두 가지 요건은 모두 병립적이고 택일적인 것이다. 요컨대, 단순히 육체적인 노동력을 제공하는 작업이 아니기 위해서는 해당 두 가지 요건 가운데 어느 하

나를 구비하고 있어야 한다는 의미이다'고 기재하고 있기 때문에, 물리적 요건과 기술적 요건의 어느 한 가지를 충족시켜야 한다는 것이 되지만, 물리적 요건의 내용을 보면 '기계, 설비, 기재'와 '재료, 자재' 등이 '혹은'으로 연결되어 있기 때문에, 그 어느 한 가지를 충족시키고 있으면 다른 하나는 충족시키지 않아도 물리적 요건은 충족시키는 것이 된다. 마찬가지로 기술적 요건의 내용을 보면 '기획'과 '전문적인 기술', '전문적인 경험'의 세 가지가 '또는' '혹은'으로 연결되어 있기 때문에, 그 어느 하나를 충족시키고 있으면, 다른 두 가지는 충족시키지 않아도 기술적 요건은 충족시키는 것이 된다.

c. 5자택일의 구성요소와 '단순히 육체적인 노동력을 제공하는 것이 아닌 것'과의 관계

근로자 공급사업 업무취급 요령에 '단순히 육체적인 노동력을 제공하는 작업이 아니기 위해서는 해당 두 가지 요건 중, 어느 한 가지를 구비하고 있어야 한다는 의미이다'고 기재하고 있듯이, イ 의 ①에서 ⑤까지의 어느 한 항목을 충족시키고 있으면, '단순히 육체적인 노동력을 제공하는 것이 아닌' 것이 된다.

따라서, 고시 제37호 제2조 제2호 ハ 에 대해서는 イ 의 ①에서 ⑤까지의 어느 한 항목에 해당되어 있으면 이 기준을 충족시키고, イ 의 ①에서 ⑤까지의 어느 항목에도 해당되지 않으면 이 기준을 충족시키지 않는다는 관계이다.

⑯ 물리적 요건

고시 제37호 제2조 제2호 ハ (1)는 '자신의 책임과 부담으로 준비하고, 조달하는 기계, 설비 혹은 기재(업무상 필요한 간이 공구를 제외) 또는 재료 혹은 자재로 업무를 처리하는 것'으로 규정하고 있다.

근로자 공급사업 업무취급 요령은 이를 물리적 요건으로 표현하고 있다.

a. 물리적 요건이 의미하는 것

물리적 요건의 범위에 대하여 근로자 공급사업 업무취급 요령은 '기계, 설비, 기재'와 '재료, 자재'를 들고 있다. 즉, 물리적 요건에 대해서는 '기계, 설비, 기재'와 '재료, 자재'만으로 판단한다.

그리고 상기와 같이 '기계, 설비, 기재'와 '재료, 자재'는 '또는'으로 연결되어 있기 때문에, '기계, 설비, 기재'를 도급사업주가 자신의 책임과 부담으로 준비하고 조달하고 있거나, 아니면 '재료, 자재'를 도급사업주가 자신의 책임과 부담으로 준비하고 조

달하고 있으면 물리적 요건을 충족시킨다.

또 가령 물리적 요건을 충족시키고 있지 않아도, 아래 '⑰기술적 요건'을 충족시키고 있으면 고시 제37호 제2조 제2호 ハ의 기준을 충족시킨다.

b. 자신의 책임과 부담으로 준비하고 조달한다

'자신의 책임과 부담으로 준비하고 조달한다'란, 도급사업주가 그 책임과 부담으로 준비하고 조달하는 것을 말한다.

a) 별개의 쌍무계약

이에 관하여 근로자파견사업 업무취급 요령은 '기계, 설비, 자재 등의 소유관계, 구입경로 등의 여하를 묻는 것이 아니지만, 기계, 자재 등이 상대방으로 차입 또는 구입된 것에 대해서는 별개의 쌍무계약(계약당사자 쌍방에 상호 대가적 관계를 이루는 법적 의무를 부과하는 계약)에 의한 정당한 것이라는 것이 필요하다'고 기재하고 있다.

이 기재는 근로자 공급사업 업무취급 요령의 '소유관계나 구입경로 등의 여하를 묻는 것이 아니다. 따라서 그 기계 등이 자신의 소유물인 경우는 물론, 주문주로부터 차입 또는 구입한 것이라도 도급계약의 관계가 없는 쌍무계약상에 선 정당한 것을 제공 사용하는 경우도 포함한 것이다'라는 기재를 계승한 것이다.

별개의 쌍무계약이란, 기계, 설비, 기재를 주문주로부터 차입한 경우에는 도급사업주가 임대료를 지급하는 임대차계약이어야 한다, 재료, 자재를 주문주로부터 구입하는 경우에는 도급사업주가 대금을 지급하는 매매계약이어야 한다는 의미이다.

한편, 기계, 설비, 기재를 주문주로부터 무상으로 차입한 사용대차계약이나 재료, 자재를 주문주로부터 무상으로 양도받는 증여계약의 경우에는 도급사업주가 자신의 책임과 부담으로 준비하고 조달하는 것이 되지는 않는다.

이 때문에, 기계, 설비, 기재를 주문주로부터 차입한 경우에는 임대차계약이어야 한다, 재료, 자재를 주문주로부터 구입한 경우에는 매매계약이어야 한다, 라는 지도가 이루어지고 있지만, 주의해야 하는 것은 기계, 설비, 기재를 주문주로부터의 임대차계약으로 도급사업주가 그 책임과 부담으로 준비하고 조달하는 것이나 재료, 자재를 주문주와의 매매계약으로 도급사업주가 그 책임과 부담으로 준비하고 조달하는 것은 아래 '⑰기술적 요건'(기획 · 전문적 기술 · 전문적 경험)과 함께, 그 중 한 가지 항목을 충족시키면 고시 제37호 제2조 제2호 ハ의 기준을 충족시킨다는 것이다.

그러한 의미에서는 고시 제37호 제2조 제2호 ハ는 '기계, 설비, 기재를 주문주로부터 차입한 경우에는 임대차계약이어야 한다'고도 '재료, 자재를 주문주로부터 구입한 경우에는 매매계약이어야 한다'고도 말하고 있는 것이 아니다.

또한, 별개의 쌍무계약이 필요한 것은 주문주로부터 기계, 설비, 기재를 차입한 경우나 재료, 자재를 구입한 경우로 한정되어 있고, 주문주 이외의 자로부터 기계, 설비, 기재를 차입한 경우나 재료, 자재를 구입한 경우에는 별개의 쌍무계약이 필요한 것은 아니다.

b) 기계, 설비, 기재 등의 제공의 정도

근로자파견사업 업무취급 요령은 '기계, 설비, 기재 등의 제공의 정도에 대해서는 단순히 각 목적에 경미한 부분만을 제공하는 것에 그치는 것이 아닌 한, 도급으로 행해진 사업에서의 일반적인 사회통념에 비추어 통상 제공해야 하는 것이 업무처리의 진척상황에 따라서 수시 제공 사용되고 있으면 좋다'고도 기재하고 있다.

이 기재도 근로자 공급사업 업무취급 요령의 '제공 정도에 대해서는 해당되는 각각의 도급작업 일반에서의 통념에 비추어, 통상 제공되어야 하는 것이 작업의 진척상황에 따라 수시 제공 사용되고 있으며, 종합적으로 보아 각 목적에 경미한 부분을 제공하는 것에 그치는 것이 아닌 한은 좋다'는 기재를 계승한 것이다.

따라서, 기계, 설비, 기재를 주문주로부터 임대차계약으로 차입한 경우에, 그 극히 일부 중요하지 않은 부분을 형태상만으로 임대차계약을 체결하는 것만으로는 도급사업주가 자신의 책임과 부담으로 준비하고 조달한 것이 되는 것은 아니지만, 도급 맡은 업무를 처리하기 위해서 통상 필요할 것 같은 기계, 설비, 기재를 임대차계약으로 차입하고 있으면, 도급사업주가 자신의 책임과 부담으로 준비하고 조달한 것이 된다.

또 도급 맡은 업무를 처리하기 위해서 통상 필요할 것 같은 기계, 설비, 기재를 도급계약 체결시에 임대차계약으로 차입해야 한다는 것이 아니라, 그 진척상황에 따라서 기계, 설비, 기재를 필요로 하는 단계마다 임대차계약으로 차입하면 도급사업주가 자신의 책임과 부담으로 준비하고 조달한 것이 된다.

마찬가지로, 기재, 자재를 주문주로부터 매매계약으로 구입한 경우에, 그 극히 일부 중요하지 않은 부분을 형태상만으로 매매계약을 체결하는 것만으로는 도급사업주가 자신의 책임과 부담으로 준비하고 조달한 것이 되는 것은 아니지만, 도급 맡은 업무를 처리하기 위해서 통상 필요로 할 것 같은 재료, 자재를 매매계약으로 구입하면 도급사업주가 자신의 책임과 부담으로 준비하고 조달한 것이 된다.

또 도급 맡은 업무를 처리하기 위해서 통상 필요로 할 것 같은 재료, 자재를 도급계약 체결시에 매매계약으로 구입해야 한다는 것이 아니라, 그 진척상황에 따라서 재료, 자재를 필요로 하는 단계마다 매매계약으로 구입하면 도급사업주가 자신의 책임과 부담으로 준비하고 조달한 것이 된다.

c. 기계, 설비, 기재

직업안정법 시행규칙 제4조 제1항은 '기계, 설비, 기재 … 혹은 재료, 자재'로 규정하고 있기 때문에, 문장의 덩어리로 살펴보면, '기계, 설비, 기재'가 하나의 덩어리로 되어 있다.

이 '기계, 설비, 기재'의 범위에 대하여 근로자 공급사업 업무취급 요령에서는 '작업의 가동력이 되는 기계, 기구 및 그 부속설비, 작업을 위해 필요한 공장, 작업장 등의 축조물 및 이에 필요한 기재 등을 말하고, 작업에 직접 필요하지 않는 근로자의 숙사, 사무소 등은 여기에 해당하지 않는다'고 기재하고 있다.

그 중, '작업을 위해 필요한 공장, 작업장 등의 축조물'을 고시 제37호 제2조 제2호 ハ의 요건에 포함시키는 것은 도급업무의 처리 자체에 직접 필요하다는 점에서 보면 일정한 합리성은 있지만, '작업을 위해서 필요한 공장, 작업장 등의 축조물'은 '시설'로 불러야 하는 것으로, '기계, 설비, 기재'에 포함시키기는 것에는 무리가 있다.

다만, '작업을 위해 필요한 공장, 작업장 등의 축조물'을 도급사업주가 자신의 책임과 부담으로 준비하고 조달하고 있으면, 도급사업주가 '기계, 설비, 기재'를 자신의 책임과 부담으로 준비하고 조달하고 있다고 취급한다는 취지라면 합리성이 있다.

한편, '작업을 위해 필요한 공장, 작업장 등의 축조물'을 도급사업주가 자신의 책임과 부담으로 준비하고 조달해야 한다는 취지라면, 고시 제37호 제2조 제2호 ハ (1)의 규정을 확대 해석하고 있는 것이 된다.

d. 업무상 필요한 간이 공구

'업무상 필요한 간이한 공구'란, 근로자 공급사업 업무취급 요령에 의하면, 개개의 근로자의 작업의 보조적인 역할을 완수하는 공구를 말하고, 끌, 대패, 삽 등 통상 개개의 근로자가 소지 휴대할 수 있는 정도의 것을 말한다.

이러한 간이 공구를 도급사업주가 그 책임과 부담으로 준비하고 조달해도, 그것만으로는 도급사업주는 그 업무를 처리하기 위해서 필요한 기계, 설비, 기재를 그 책임과 부담으로 조달한 것이 되지 않는다는 것이 '업무상 필요한 간이 공구를 제외한다'는 것이 의미하는 것이다.

e. 재료, 자재

직업안정법 시행규칙 제4조 제1항은 '기계, 설비, 기재 … 혹은 재료, 자재'로 규정하고 있기 때문에, 문장의 덩어리로 살펴보면 '재료, 자재'가 하나의 덩어리로 되어 있다.

⑰ 기술적 요건

고시 제37호 제2조 제2호 ハ ⑵는 '자신이 행하는 기획 또는 자신이 가진 전문적인 기술 혹은 경험에 근거로 하여 업무를 처리하는 것'으로 규정하고 있다.

근로자 공급사업 업무취급 요령은 이를 기술적 요건으로 표현하고 있다.

a. 기술적 요건을 충족시킨 경우

근로자 공급사업 업무취급 요령은 '"기획 혹은 전문적인 기술, 혹은 전문적인 경험"이란, 도급업자로서 전체적으로 발휘해야 하는 기획성, 기술성, 경험을 가리키는 것으로, 개개의 근로자가 가지는 기술 또는 기능 등이나 업무자체의 전문성을 말하는 것이 아니다. 그리고 해당 작업이 "기획 혹은 전문적인 기술, 혹은 전문적인 경험"을 필요로 하는지의 여부의 인정은 그 작업이 단순히 개개의 근로자의 기능의 집적으로 수행할 수 있는 것인가, 또 그 도급업자가 기업체로서 그 작업을 할 수 있는 능력을 가지고 있고, 동시에 현실에 그 기능, 경험을 발휘하여 작업에 대하여 기획하거나 지휘감독하고 있는지의 여부에 대하여 검토해야 하는 것이다'고 기재하고 있다.

근로자파견사업 업무취급 요령은 근로자 공급사업 업무취급 요령의 기재 가운데 앞부분만을 계승하고 '사업주가 기업체로서 가지는 기술, 기능 등에 관한 것으로, 업무를 처리하는 개개의 근로자가 가지는 기술, 기능 등에 관한 것이 아니다'고 기재하고 있다.

근로자 공급사업 업무취급 요령의 기재 가운데 중요한 것은 뒷부분으로, ㉠도급사업주가 기업체로서 그 업무를 행하는 능력을 가지고 있는 것, ㉡은 '㉠'의 능력을 발휘

하여 그 업무에 대하여 기획하거나 혹은 지휘감독하고 있는 것의 두 가지의 요건을 모두 충족시키고 있는 경우에, 고시 제37호 제2조 제2호 ハ (2)의 기준을 충족시킨다.

바꾸어 말하면, ㉢도급사업주가 기업체로서 그 업무를 행하는 능력을 가지고 있지 않은 경우, 혹은 ㉣도급사업주가 기업체로서 그 업무를 행하는 능력을 가지고 있어도 그 능력을 발휘하여 그 업무에 대하여 기획하거나 혹은 지휘감독하고 있지 않은 경우에는 고시 제37호 제2조 제2호 ハ (2)의 기준을 충족시키고 있지 않다.

b. 기술적 요건이 의미하는 것

제37호 제2조 제2호 ハ (2)는 '자신이 행하는 기획 또는 자신이 가진 전문적인 기술 혹은 경험'으로 규정하고, 직업안정법 시행규칙 제4조 제1항 제4호는 '기획 혹은 전문적인 기술, 혹은 전문적인 경험'으로 규정하고 있다.

따라서, 기술적 요건은 ㉠도급사업주가 행하는 기획, ㉡도급사업주가 가지는 전문적인 기술, ㉢도급사업주가 가지는 전문적인 경험, 이라는 세 가지의 요소로 판단한다.

그리고 상기와 같이 '도급사업주가 행하는 기획'과 '도급사업주가 가지는 전문적인 기술', '도급사업주가 가지는 전문적인 경험'과는 '또는', '혹은'으로 연결되어 있기 때문에, '도급사업주가 행하는 기획'으로 업무를 행하고 있는지, 아니면 '도급사업주가 가지는 전문적인 기술'로 업무를 행하고 있는지, 아니면 '도급사업주가 가지는 전문적인 경험'으로 업무를 행하고 있는지, 어느 한 가지에 해당되면 기술적 요건을 충족시킨다.

또, 가령 기술적 요건을 충족시키지 않아도, 위의 '⑯물리적 요건'을 충족시키고 있으면 고시 제37호 제2조 제2호 ハ 의 기준을 충족시킨다.

c. 기술적 요건의 레벨

기술적 요건의 레벨에 관하여, 근로자 공급사업 업무취급 요령에서는 '요컨대 "기획 혹은 전문적인 기술, 혹은 전문적인 경험"이란, 도급업자로서 전체적으로 발휘해야 하는 기획성, 기술성, 경험을 가리키는 것으로, 개개의 근로자가 가지는 기술 또는 기능 등이나 업무자체의 전문성을 말하는 것이 아니다. 그리고 해당 작업이 "기획 혹은 전문적인 기술, 혹은 전문적인 경험"을 필요로 하는지의 여부의 인정은 그 작업이 단순히 개개의 근로자의 기능의 집적으로 수행할 수 있는 것인가, 또 그 도급사업주가 기업체로서 그 작업을 할 수 있는 능력을 가지고 있고 동시에 현실에 그 기능, 경험을 발휘하여 작업에 대하여 기획하거나 또는 지휘감독하고 있는지의 여부에 대하여 검토해야 하는 것이다'라고 기재하고 있다.

즉, ㉠도급사업주가 기업체로서 그 업무를 할 수 있는 능력을 가지고 있는 것, ㉡현실에 그 기업체로서 가지고 있는 그 업무를 할 수 있는 능력을 발휘하여, 그 업무에 대하여 (i)기획을 하고 있는 것 혹은 (ii)지휘감독을 하고 있는 것의 어느 하나의 요건을 충족시키면, 고시 제37호 제2조 제2호 ハ (2)의 요건을 충족시키게 되어, 그 이상의 레벨을 요구하지는 않는다.

고시 제37호 제2조 제2호 ハ (2)에 규정되어 있는 것도 '기획', '전문적인 기술', '전문적인 경험'으로, 그 기술레벨을 묻는 규정은 어디에도 없다. 도급사업주로서 발휘해야 하는 기획성, 기술성, 경험, 즉, 기술자나 숙련기능자가 기술적인 감독이나 사정 등을 하고 있거나 혹은 계획은 세워 준비를 하고 있으면, 고시 제37호 제2조 제2호 ハ (2)의 기준을 충족시킨다.

d. 기획

'기획'이란, 일본어 사전 '코지엔(廣辭苑)'에 따르면 '계획을 세우는 것. 계획, 기도'라고 되어 있다. 따라서 '자신이 행하는 기획으로 업무를 처리하는 것'이란, '도급사업주가 계획을 세워서 업무를 처리하는 것'을 말한다.

이 '기획'에 관해서는 1952년의 직업안정법 시행규칙 제4조의 개정에서, 지금까지의 '전문적인 기획'에서 '기획'으로 개정되었다. 직업안정법 시행규칙 개정 당시의 행정관계자의 증언에 따르면, '준비(=기획)를 하고 있으면, 직업안정법 시행규칙 제4조에 저촉되지 않는다, 즉 당시의 근로자 공급사업(현재의 근로자파견사업)에는 해당되지 않도록 개정되었다'는 것이 직업안정법 시행규칙 제4조의 개정의 의도였다는 것이다.

근로자파견사업 업무취급 요령에도 근로자 공급사업 업무취급 요령에도 '기획'이란 어떠한 것을 말하는지에 대한 기술은 없지만, 1952년경의 통달 등에 비추어 보면, '기획'이란 근로자의 업무의 수행에 대하여 필요한 계획을 세우거나 또는 준비를 하는 것을 말하고, 도급근로자의 업무의 수행에 대하여 계획을 세우기 위해서 행하는 계측, 조사, 설계, 사양서의 작성이나 작업간의 조정준비 등이 여기에 포함된다고 생각된다.

기획을 하기 위해서는 반드시 일정 기술 또는 경험을 필요로 하기 때문에, 그러한 기술 또는 경험을 가진 자로 도급사업주가 고용하는 자가 그 기술 또는 경험을 구사하여 기획을 하고 있으면, 도급사업주가 행하는 기획으로 업무를 처리하고 있는 것이 된다.

e. 전문적인 기술

근로자파견사업 업무취급 요령에는 '전문적인 기술'에 관한 기재는 없지만, 근로자공급사업 업무취급 요령에는 '"전문적인 기술"이란 해당 작업의 수행에 필요한 전문적인 공법상의 감독기술, 즉, 통상 학문적인 과학지식을 가진 기술자에 의해 행해지는 기술감독, 검사 등을 말한다'는 기재가 있다.

여기에서 말하는 '학문적인 과학지식을 가진 기술자'란, 대학교, 대학원 등에서 그 업무에 관련되는 과목을 습득한 자를 말하는 것이라고 생각된다.

이를 위하여, 도급사업주가 고용하는 기술자로 대학교, 대학원 등에서 그 업무에 관련된 과목을 습득한 자가 근로자의 업무의 수행에 대하여 기술적인 감독이나 검사 등을 행하고 있으면, 도급사업주가 자신이 가진 전문적인 기술에 근거로 하여 업무를 처리하고 있는 것이 된다.

또한, 여기에서 말하는 '전문적인 기술'은 도급사업주가 가진 전문적인 기술이기 때문에, 도급업무에 종사하는 개개의 근로자가 가진 전문적인 기술은 포함되지 않는다.

따라서 개개의 근로자가 종사하는 업무가 전문적인 기술을 필요로 하지 않는 것이라고 해도, 기술자가 근로자의 업무의 수행에 대하여 기술적인 감독이나 검사 등을 행하고 있으면, 고시 제37호 제2조 제2호 ハ (2)의 기준을 충족시킨다.

반대로, 업무에 종사하는 개개의 근로자가 전문적인 기술을 가지고 있어도, 기술자가 근로자의 업무의 수행에 대하여 기술적인 감독이나 검사 등을 행하고 있지 않으면, 고시 제37호 제2조 제2호 ハ (2)의 기준을 충족시키지 못한다.

f. 전문적인 경험

'전문적인 경험'은 1952년 직업안정법 시행규칙 제4조의 개정으로 추가된 것이다. 추가된 이유는 당시 '학문적인 과학지식을 가진 기술자'가 적었었던 것도 있고, '학문적으로 체계가 이루어진 지식에 근거로 하는 것은 아니지만, 오랫동안의 경험과 숙련으로 습득한 전문 기능을 가진 이른바 장인(職人)과 같은 기능자'가 기술적인 감독을 행하고, 검사를 행하는 경우에 대해서도 대상으로 삼는 것에 있다.

근로자파견사업 업무취급 요령에는 '전문적인 경험'에 관한 기재는 없지만, 근로자공급사업 업무취급 요령에는 '"전문적인 경험"이란 학문적으로 체계가 이루어진 지식에 근거로 하는 것은 아니지만, 오랫동안의 경험과 숙련으로 습득된 전문 기능을 가진 이른바 장인과 같은 기능자가, 작업수행의 실제면에서 발휘하는 공법상의 감독적 기능, 경험을 말한다.

예를 들면, 작업의 실시감독, 업무의 순서, 배당, 위험방지 등에 대한 지휘감독능력이 이것으로, 단순한 근로자의 통솔 내지는 일반적 노무관리적 기능, 경험을 의미하는 것이 아니고, 또 개개의 근로자가 가지는 기능, '경험으로 충분한 작업은 "전문적인 경험"을 필요로 하는 작업이라고는 할 수 없는 것이다'라는 기재가 있다.

이렇기 때문에, 도급사업주가 고용하는 장인과 같은 기능자로 오랫동안의 경험과 숙련으로 습득된 전문 기능을 가진 자가 근로자의 작업의 수행에 대하여 기술적인 감독과 검사 등을 행하고 있으면, 도급사업주가 자신이 가진 전문적인 경험에 근거로 하여 업무를 처리하고 있는 것이 된다.

또한 여기서 말하는 '전문적인 경험'은 도급사업주가 가진 전문적인 경험이기 때문에, 도급업무에 종사하는 개개의 근로자가 가진 전문적인 경험이나 기능은 포함되지 않는다.

따라서, 개개의 근로자가 종사하는 업무가 전문적인 경험이나 기능을 필요로 하지 않는 것이라고 해도, 장인과 같은 기능자가 근로자의 업무의 수행에 대하여 기술적인 감독이나 검사 등을 행하고 있으면 고시 제37호 제2조 제2호 ハ (2)의 기준을 충족시킨다.

반대로, 업무에 종사하는 개개의 근로자가 전문적인 경험이나 기능을 가지고 있어도, 장인과 같은 기능자가 근로자의 업무의 수행에 대하여 기술적인 감독이나 검사 등을 행하고 있지 않으면 고시 제37호 제2조 제2호 ハ (2)의 기준을 충족시키지 못한다.

(마) 노동자파견법 위반을 피하기 위해 고의로 위장한 경우

① 고시 제37호 제3조의 규정과 직업안정법 시행규칙 제4조 제2항의 규정

고시 제37호 제3조는 '제2조 각호의 어느 하나에 해당하는 사업주라고 해도, 그것이 노동자파견법의 규정에 위반하는 것을 피하기 위하여 고의로 위장된 것으로, 그 사업의 진실된 목적이 근로자파견사업을 행하는 것에 있을 때에는 근로자파견사업을 행하는 사업주라는 것을 피할 수 없다'는 취지를 규정하고 있다.

이 규정은 직업안정법 시행규칙 제4조 제2항의 '제1항의 각호의 모든 것에 해당하는 경우라도, 그것이 동법 제44조의 규정에 위반하는 것을 피하기 위해 고의로 위장된 것으로, 그 사업의 진실된 목적이 노동력의 공급에 있을 때에는 근로자 공급사업을 행하는 자라는 것을 피할 수 없다'는 취지의 규정을 계승한 것이다.

근로자파견사업 업무취급 요령에는 고시 제37호 제3호에 관한 기재는 없지만, 근로자 공급사업 업무취급 요령에는 직업안정법 시행규칙 제4조 제2항에 관하여 '제2항의 규정은 제1항 각호의 요건이 형식적으로는 구비되어 있어도, 그것이 탈법을 목적으로 하여 고의로 위장하고 있는 것인 한, 실질적으로는 요건이 결여된 것으로, 근로자 공급사업을 행하는 자라고 하는 것으로, 이 규정은 제1항의 근로자 공급사업에 해당하는 것의 범위를 확장하는 것이 아니라, 표면 합법을 위장하여 탈법하고자 하는 것이기 때문에, 제1항의 해석을 주의적으로 더욱 명확히 한 것이다'라고 기재하고 있다.

근로자 공급사업 업무취급 요령의 이 기재는 고시 제37호 제3조에도 그대로 해당된다.

따라서 고시 제37호 제3조의 규정은 제2조의 파견사업에 해당되는 것의 범위를 확장하는 것은 아니지만, 도급사업이 제2조 각호의 기준을 형식적으로 충족시키고 있어도, 그것이 탈법을 목적으로 하여 고의로 위장하고 있는 것인 경우에는 실질적으로 제2조 각호의 기준을 충족시키고 있지 않기 때문에, 근로자파견사업에 해당한다는 것으로, 표면상 합법으로 위장하여 탈법하고자 하는 것에 대하여, 고시 제37호 제2조의 해석을 주의적으로 더욱 명확히 한 것이 된다.

② 노동자파견법의 규정에 위반하는 것을 피하기 위해 고의로 위장하는 구체적인 사례

그리고 나서 근로자 공급사업 업무취급 요령은 그 구체적인 사례로서, ㉠도급계약의 형식으로 합법화하고자 하는 것, ㉡주문주가 도급업무에 종사하고 있던 근로자를 직접 고용함으로써 직업안정법 시행규칙 제4조 제1항 각 호의 요건의 구비를 전면적으로 피하고자 하는 것, 이라는 두 가지의 사례를 들고 있다.

a. 도급계약의 형식으로 합법화하고자 하는 것

근로자 공급사업 업무취급 요령은 '도급계약의 형식으로 합법화하고자 하는 것'에 대하여 '이 경우는 직업안정법 시행규칙 제4조 제1항 각호의 구비상황이 형식적인 것으로 실질적으로는 구비하고 있지 않는 것의 확인에 근거로 하여 판단된다. 예를 들면, 동항 제4호의 자신이 제공해야 하는 기계, 설비, 기재 혹은 재료, 자재 등을 표면상으로는 주문주로부터 차용, 또는 양도, 구입한 것과 같은 형식을 취하고, 그 사용상황에서 보아 사실은 여전히 주문주의 관리 또는 소유에 속하고 있는 것과 같은 것이다'는 취지를 기재하고 있다.

근로자 공급사업 업무취급 요령의 이 기재는 고시 제37호 제3조에도 그대로 해당된다.

따라서, 가령 고시 제37호 제2조 각호의 기준을 형식적으로는 충족시키고 있어도, 실질적으로 제2조 각호의 기준을 충족시키고 있지 않은 경우에는 근로자파견사업에 해당된다고 판단된다.

예를 들면, ㉠기계, 설비, 기재에 대하여 형식상은 도급사업주가 주문주로부터 임대차계약으로 임차하고 있는 것으로 되어 있지만, 기계, 설비, 기재의 사용상황을 보면 여전히 주문주가 실질적으로 관리하고 있는 것으로 보이는 경우, ㉡재료, 자재에 대하여 형식상으로는 도급사업주가 주문주로부터 매매계약으로 구입한 것으로 되어 있지만, 재료, 자재의 사용상황을 보면 여전히 주문주가 실질적으로 소유하고 있다고 보이는 경우 등이 여기에 해당된다.

b. 주문주가 도급업무에 종사하고 있던 근로자를 직접 고용함으로써 고시 제37호 제2조 각호의 기준을 충족시키는 것을 전면적으로 피하고자 하는 것

근로자 공급사업 업무취급 요령은 '주문주가 도급업무에 종사하고 있던 근로자를 직접 고용함으로써 고시 37호 제2조 각호의 기준을 충족시키는 것을 전면적으로 피하고자 하는 것'에 대하여, '이 경우는 직접 고용하고 있다고 칭하는 자의 사용자로서의 업무이행의 상황과, 도급 내지 근로자공급의 사실의 확인에 근거로 하여 판단된다. 예를 들면, 이중장부의 비치, 임금지급의 방법, 채용, 해고의 실권의 소재, 수수료와 같은 성격의 경비의 지급 등의 방증으로 확인할 수 있는 것이다'고 기재하고 있다.

근로자 공급사업 업무취급 요령의 이 기재도, 고시 제37호 제3조에도 그대로 해당

된다.

따라서 주문주가 도급업무에 종사하고 있던 근로자를 직접 고용했었다고 해도, 이중장부가 비치되어 있거나, 임금이 주문주 이외로부터 지급되고 있거나, 채용, 해고의 실권이 주문주 이외의 사업주에게 있었던 것과 같은 경우에는 실질적으로 고시 제37호에 저촉되고 근로자파견사업에 해당된다.

(3) 파견과 도급의 구분에 관한 질의응답

파견과 도급을 구분함에 있어 위에서 제시한 노동성고시(제37호)가 행정해석의 기준이 되지만, 실제로는 도급적인 요소와 파견적인 요소가 혼재하는 경우가 많기 때문에 양자를 구별하기란 그렇게 간단하지 않다. 특히 사내하도급의 경우에는 〈그림 7〉에서 보듯이 파견과 거의 흡사하므로 위의 고시에서 제시한 '노무관리의 독립성'과 '사업경영상의 독립성'이라는 추상적인 기준만으로는 판단이 어려운 경우가 많다. 그래서 후생노동성은 2009년에 위의 고시를 보완한 『노동자파견사업과 도급에 의해 행해지는 사업과의 구분에 관한 질의응답』[233]을 통하여 제조업 등의 현장에서 발생하고 있는 구체적인 사례에 대한 도급과 위장도급과의 구별에 대한 판단기준을 제시한 바 있다. 그 내용을 보면, 원·하청근로자들 사이의 일상대화에서부터 기술지도, 현장관리책임자의 역할, 원·하청근로자들의 혼재, 공정작업의 지시, 구내시설의 이용, 자재 등의 이용에 이르기까지 매우 구체적이고 상세하게 규정하고 있는 것이 특징이다.

위 질의응답은 자동차나 조선 등과 같이 컨베이어벨트시스템의 생산라인의 작업 및 원·하청근로자의 혼재작업이 이루어지는 경우를 염두에 두고 만들어진 것으로 추측되는데, 이 중에서 사내하도급과 직접적으로 관련되는 주요 항목을 요약하여 정리하면 다음과 같다.

① 발주자의 도급근로자에 대한 일상적 대화는 '지휘명령'에 해당하지 않으므로 위장도급에 해당하지 않는다.

② 결함제품의 원인이 도급사업주의 작업공정에 있다는 것을 알고 작업공정의 재검토 및 결함제품의 재제작을 요구하는 것은 업무도급계약의 당사자 간에 행해지는 것

233) 厚生労働省『労働者派遣事業と請負により行われる事業との區分に關する基準』(第37号告示)に係る質疑応答について(2009.3.31)(별첨2).

으로, 이는 도급근로자에 대한 '직접적인 지휘명령'에 해당하지 않으므로 위장도급 및 파견에 해당하지 않는다(다만, 발주자가 직접 도급근로자에게 작업공정의 변경을 지시하거나 결함상품의 재제작을 지시하면 위장도급에 해당한다).

③ 발주자의 발주에 도급근로자만으로 부족할 경우에 발주자의 근로자가 도급사업주의 지시감독 하에 지원하게 되면 '파견'이 되어 위법하지만, 계약의 일부를 변경하여 발주자가 직접 이에 대응하는 경우에는 적법하다.

④ 도급사업주의 현장관리자가 작업을 겸하고 있다하더라도 실질적으로 현장관리책임을 완수할 수 있다면 문제는 없으나, 그렇지 않는 경우에는 위장도급으로 인정된다.

⑤ 발주자의 근로자와 도급근로자가 혼재하여 작업하고 있는 경우에도 그것만으로는 위장도급으로 인정되지 않고, 도급받은 업무를 자신의 업무로 발주자로부터 독립하여 처리하고 있는 경우에는 위장도급이 아니다. 또한 이러한 요건을 충족한 경우에는, 발주자와 도급사업주의 작업공간이 파티션 등으로 구분되어 있지 않더라도 위장도급으로 판단되는 것은 아니다(다만, 발주자와 도급사업주의 작업내용이 연속성이 있는 경우로서 각각의 작업공간이 물리적으로 구분되어 있지 않거나 또는 근로자가 혼재하고 있는 것이 원인이 되어 발주자가 도급근로자에게 업무의 수행방법에 대해 필연적으로 직접 지시를 하는 경우에는 위장도급에 해당한다).

⑥ 공장의 중간 라인 하나를 도급하는 경우에도 도급사업주가 직접 작업의 수행속도, 업무의 내용, 근로자수 등을 직접 결정하고 있으면 이것만으로는 위장도급에 해당하지 않는다. 그러나 도급받은 업무의 양이 사전에 정해져 있지 않고 실질적으로 다른 라인에 의해 작업시간이 결정되는 등, 도급사업주가 직접 업무의 수행에 관한 지시·관리를 하고 있지 않는 것으로 간주되는 경우에는 위장도급으로 인정된다.

⑦ 적절한 도급으로 인정받기 위해서는 도급사업주가 직접 업무수행에 관한 지시 등을 독자적으로 행하여야 한다. 따라서 발주자가 도급업무의 작업공정에 대해 업무의 순서나 방법 등의 지시를 하거나 또는 도급근로자 각각에 대해 업무할당을 하는 경우에는 위장도급으로 인정한다(이러한 지시는 구두에 한정되지 않고 문서 등으로 인한 경우에도 마찬가지이다).

⑧ 도급사업주가 발주자로부터 독립하여 업무를 처리하고 있는 경우에는 일 또는

월마다 변동이 심한 발주에 대응하여 '포괄적인 업무도급계약'을 체결하여 발주량을 매일 변경하는 것만으로는 위장도급에 해당하지 않는다(다만, 제품이나 작업의 완성을 위한 것이 아니라, 업무를 처리하기 위하여 투입된 노동력을 단가의 기초로 정산하는 경우에는 단순히 노동력을 제공하는 것에 불과하므로 위장도급에 해당한다).

⑨ 발주자가 도급근로자에 대해 직접 작업복에 대해 지시를 하거나 또는 도급사업주를 통하여 관여를 하는 것은 위장도급에 해당한다. 하지만 제품의 제조에 관한 제약 등으로 사업장 내의 외부인 출입을 제한하고 기업비밀이나 근로자의 안전위생을 위하여 작업복 착용에 대한 내용이 도급계약의 내용에 있다는 것만으로 위장도급이 되는 것은 아니다.

⑩ 도급사업주가 새로운 설비를 임차 시 및 신제품의 제품착수 시, 새로운 제품의 제조나 새로운 기계의 도입 시에는 발주자가 직접 해당 설비의 조작 및 기술 지도를 하더라고 위장도급에 해당하지 않는다. 또한 발주자가 안전위생상의 이유로 긴급하게 대

〈그림 7〉 파견과 도급의 차이

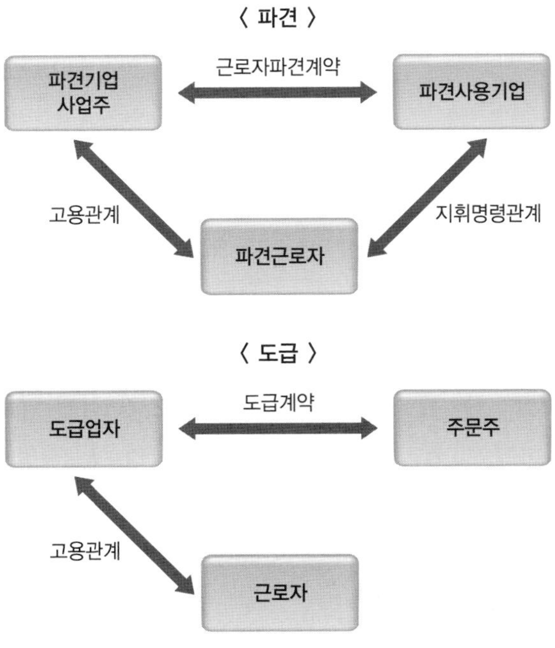

출전: 厚生労働省 · 都道府縣労働局『労働者派遣 · 請負を適正に行うために』

처할 필요가 있는 경우에는 도급근로자에 대해 직접 지시를 하더라도 위장도급으로 되지 않는다.

⑪ 도급업무 내용의 변경과 관련하여, 발주자가 직접 도급근로자에 대해 변경지시를 하면 위장도급에 해당하나, 도급사업주를 통하여 하는 경우에는 상관없다.

⑫ 발주자의 사업장내에서 도급작업에 종사하고 있는 경우, 식당이나 화장실 등과 같이 업무처리와 직접적으로 관계없는 복리후생시설이나 건물의 현관, 엘리베이터 등과 같은 시설을 공동으로 사용하고 있는 것만으로 위장도급에 해당되는 것은 아니다(이때 사용에 있어 반드시 쌍무계약이 필요한 것은 아니다).

⑬ 도급업무의 수행에 필요한 기계, 자재 등을 발주자로부터 제공받고 있는 경우, 이를 구입하거나 임대하는 경우에는 반드시 별개의 쌍무계약이 필요하다. 그러나 탈의실이나 사물함 등의 경우에는 별도의 쌍무계약이 필요한 것은 아니다.

2. 사법해석[234)]

일본의 경우, 도급을 둘러싼 문제는 주로 행정관청에 의해 처리되고 있기 때문에 위장도급문제가 법적으로 다투어지는 경우는 많지 않으며, 위장도급이란 무엇인가에 대해 판단기준을 명쾌하게 제시한 경우도 드물다. 위장도급과 관련된 지금까지의 법적 분쟁을 보면, ㉠근로자파견과의 관계에서 위장도급의 법적 효과를 어떻게 해석할 것인가, 즉 위장도급의 법적 효과에 관한 법해석과, ㉡위장도급(불법파견)과 근로계약관계의 성립 여부에 관한 법리를 중심으로 논의되어 왔다.

(1) 위장도급의 법적 효과

외형적으로는 도급계약에 해당하더라도 그 실질이 파견인 경우, 이를 흔히 '위장도급' 내지 '불법파견'이라 한다. 하지만, 위장도급이란 법적 개념이 아닐 뿐만 아니라 법적 효력에 대해 명확한 해석기준을 정하고 있지 않기 때문에 위장도급의 법적 효력을 둘러싸고 다양한 논의가 전개되어 왔다. 구체적으로는 불법파견에 해당하는 위장도급

234) 이정, "일본의 도급과 파견의 판단기준", 『노동법포럼』 제11호, 2013, 11-18면.

을 어디까지나 파견으로 볼 것인지, 아니면 근로자공급으로 볼 것인지를 둘러싸고 다양한 견해가 제시되어 왔는데, 이 문제가 정면으로 다투어진 것이 파나소닉 PDP 사건(パナソニックプラズマディスプレイ(パスコ)事件(最高裁第二小 2009. 12. 18)[235])이다.

위 사건은 가정용 전기기계 기구 등을 제도하는 회사가 자기가 직접 면접을 통하여 고용한 근로자를 대기업인 파나소닉(松下)과의 업무위탁계약의 형식으로 동 회사의 생산공정에 종사하게 한 사안인데, 당해 근로자는 파나소닉사의 직원으로부터 PDP공정에 종사할 것을 직접 지시받았다고 하여 노동자파견법 위반을 이유로 직접 고용할 것을 신청한 사안이다. 다만, 두 회사 간에 자본 및 인적 관계는 존재하지 않았고 거래처가 파나소닉사에 한정되지는 않았으며, 본 사건과 관련하여 행정관청(大阪勞働局)은 위 업무위탁계약은 파견에 해당하므로 노동자파견법 위반(제24조의 2, 제26조)의 사실이 인정되므로 동 계약을 해소하고 파견계약으로 전환하도록 시정조치가 이루어진 사실이 있다.

위 사안에서 원심[236]은, "파나소닉사와의 계약형식은 업무위탁계이나 동사의 종업원으로부터 지시를 받아 공동으로 작업에 종사하는 것은 근로자 공급에 해당하며, 이러한 행위는 형사벌로 금지하고 있는 탈법적인 근로자공급계약으로써 직업안정법 제44조 및 중간착취를 금지하고 있는 노동기준법 제6조에 위반되고, 고도의 위법성을 가지고 공공의 질서에 반하는 것으로 민법 제90조에 의해 무효라 할 것이다"라고 하여, 위장도급(=불법파견)은 공공질서에 반하는 '근로자공급'으로 보아 업무위탁계약은 무효라고 판단하였다.

이에 비해, 최고재판소는 "주문자와 근로자 사이에 근로계약이 체결되어 있지 않는 경우, 3자 사이의 관계는 노동자파견법 제2조 1호에서 말하는 근로자파견에 해당한다고 해석하여야 한다. 또한 이러한 근로자파견도 그것이 근로자파견에 해당하는 이상 직업안정법 제4조 제6항에서 말하는 근로자공급에 해당할 여지는 없다고 해야 한다"라고 한 다음, "설령 노동자파견법에 위반한 근로계약이 성립한 경우에도 특단의 사정이 없

235) 다만, 일본 최고재판소는 파나소닉 PDP 사건에서 "도급계약에서 수급인은 주문자에 대해 일을 완성할 의무를 부담하지만, 수급인에게 고용되어 있는 근로자에 대한 구체적인 작업의 지휘명령은 오로지 수급인에게 주어져 있다. 따라서 수급인에 의해 근로자에 대한 지휘명령이 이루지지 않고 주문자가 작업장 내에서 (도급)근로자에게 직접 구체적인 지휘명령을 하여 작업에 종사하게 하는 경우에는 설령 수급인과 주문자 사이에 도급계약이라는 법형식을 취하고 있더라도 이를 도급계약으로 평가할 수 없다"라고 하여, 진정도급과 그렇지 못한 도급과의 구별기준을 제시함으로써, 소위 '위장도급'에 대해 간접적으로 정의를 하고 있다.

236) 松下プラズマディスプレイ(パスコ)事件(大阪高裁 2007. 4. 26.).

는 한 이 사실만을 가지고 파견근로자와 파견사업주 사이의 근로계약이 무효가 될 수는 없다" 고하여, 위의 원심과는 달리 '불법파견도 어디까지나 파견'이라고 해석하였다.

위의 최고재판소판결에 대해서는 많은 학자들이 다양한 해석을 하고 있는데, 이를 정리하면 다음과 같다. 우선 최고재판소의 판결을 지지하는 학자들은 직업안정법 제4조 6호에 의하면 "노동자파견법에서 규정한 노동자파견에 해당하는 것은 포함하지 않는다"라고 규정하고 있기 때문에 불법파견이라도 이는 어디까지나 파견이지 근로자공급에는 해당하지 않는다고 주장하고 있다.[237] 이에 비해 원심의 판결을 지지하는 학자들은 위장도급이 법률로 명확하게 금지하고 있는 불법파견에 해당하는 경우에는 이를 유효한 것으로 판단하는 것은 적절하지 않으며, 건전한 노동시장을 확보하고 유지한다는 차원에서 공서양속에 반하여 무효라고 해석하고 있다.[238]

(2) 묵시적 근로계약관계의 법리

위에서도 언급한 바와 같이 파견법의 개정 이전까지는 실정법상 불법파견이 있는 경우라도 사용사업주에 대해서 사용자로서의 책임을 지울 방법이 현실적으로 존재하지 않았다. 따라서 이 문제는 법해석에 의한 해결에 의존하지 않을 수 없었다. 근로자파견이라는 3자간 노무공급계약은 이미 노동자파견법이 제정되기 전부터 명목상의 도급의 형태로 광범위하게 행해지고 있었고, 이러한 노무공급형태에 있어서 사용사업주와 파견근로자(즉 하도급근로자)와의 근로계약관계의 성립 여부를 둘러싼 분쟁이 다발하고 있었기 때문에 이에 관한 법리는 파견법 시행 이전에 확립되어 있었다고 할 수 있다. 이 법리가 바로 이른바 '묵시적 고용계약관계의 법리'이다.[239]

판례에 의해서 형성된 동 법리의 내용을 간단히 요약하면, 고용계약에 관한 민법 제623조를 근거로 고용계약의 주된 구성요소인 ㉠일방 당사자의 상대방에 대한 지시명령에 따른 노무의 제공과, ㉡상대방의 그것에 대한 대가로서의 보수의 지불이 있다는 것을 기준으로 하여, 사용종속관계의 존재와 실질적인 임금지불의 존재가 인정되는

---

237) 菅野和夫, 『勞働法第9版』, 弘文堂, 214頁; 荒木尚志, 『勞働法』 有斐閣, 2009年, 432頁.

238) 和田肇「判例研究/受入會社と社外勞働者との間の勞働契約の成否」『法政論集』, 第228号, 名古屋大學; 浜田彰「派遣先の形式的名目的性格と親會社たる派遣先の使用者責任」『勞働法律旬報, 第1589号, 旬報社.

239) 이를 비롯한 일본에서 근로자파견법 제정 이전의 사내하도급 관련 법적 쟁점에 관해서는 박제성 · 노상헌 · 유성재 · 조임영 · 강성태, 『사내하도급과 노동법』, 〈부록1〉 사내하도급과 일본 노동법, 102-114면 참조. '묵시적 근로계약관계의 법리'에 관한 내용은 동보고서 107면 참조.

경우에는 양자의 사이에는 묵시적 근로계약관계가 존재할 수 있다고 한다.[240] 종전의 판례들은 이러한 묵시적 근로관계의 성부를 검토하기 위해서 구체적으로 ㉠사용종속성의 존재 여부, ㉡도급 · 업무위탁료의 실질적 임금성의 여부, ㉢하도급근로자의 채용 등에의 관여 여부, ㉣하도급업체의 실체성의 존부에 비추어 판단해 왔다고 정리할 수 있을 것이다.[241] 즉 단지 사실적인 사용종속관계의 존재뿐만 아니라, 사회통념상 양 당사자 간에 고용계약을 체결할 의사의 합치가 있었다고 평가할 수 있을 만한 사정이 존재할 것을 요구하고 있는 것이다.

(3) 주요 판례

묵시적 근로계약법리와 관련하여 특히 주목되는 판례로서는, 당해 사안의 업무위탁계약이 직업안정법상 금지된 노무공급행위(직업안정법 제44조)에 해당하는지의 여부를 묵시적 근로계약의 성립의 핵심적인 판단 요소로 하여 묵시적 근로계약의 성립을 긍정한 사가텔레비젼 사건(サガテレビ事件, 佐賀地裁)판결[242]이 있다. 동 판결은 하도급근로자와 사용회사간의 사용존속관계의 존재가 인정된다는 점, 당해 사안의 업무위탁계약은 근로자공급계약에 해당되어 직업안정법 제44조에 반하기 때문에 무효라는 점, 근로자를 보호하고 노동의 민주화를 지향하는 직업안정법 제44조의 취지 등으로부터 볼 때 사용사업주가 업무위탁계약의 해지에 의해서 발생한 하도급 근로자의 고용문제에 대해서 책임을 져야 한다고 판단하는 것이 타당하기 때문에 묵시적 근로계약의 성립을 긍정했다. 그러나 동 판결 이후의 다수의 판례[243]의 태도는 3자간의 노무공급계약이 그 내용에 있어서 근로자파견법 혹은 직업안정법에 위반되었더라도 이를 이유로 사용사업주와 파견근로자 사이에 묵시에 의한 근로계약이 성립했다거나 사용사업주에게 파견근로자를 직접 고용해야 사법상의 의무가 발생한다고 볼 수는 없다는 태도를

240) 浜村彰「派遣元の形式的?名目的性格と親會社における派遣先の使用者責任」『勞働法律旬報』, 第1589号, 2004年10月, 7頁.

241) 浜村彰「派遣元の形式的?名目的性格と親會社における派遣先の使用者責任」『勞働法律旬報』, 第1589号, 2004年10月, 7頁.

242) 佐賀地裁, 1980.9.5判決,『勞働判例』, 第352号, 62頁.

243) 大映映像ほか事件, 東京地裁, 1993.5.31判決,『勞働判例』, 第630号, 77頁; 大誠電機工業事件, 大阪地裁, 2001.3.23判決,『勞働判例』, 第806号, 30頁; パソナ(ヨドバシカメラ)事件, 大阪地裁, 2004.6.9. 判決,『勞働判例』, 第878号, 20頁 ; 伊予銀行 · いよぎんスタッフサービス事件, 松山高裁, 2006.5.18判決,『勞働判例』, 第921号, 33頁.

취하고 있다.[244)]

판례는 노동자파견법이 제정된 이후에도 위장도급에 있어서의 사용사업주의 직접 고용책임에 대해서 뿐만 아니라,[245)] 파견법상의 근로자파견계약에 의해서 이루어졌으나 파견법에 반하는 파견인 경우에 있어서의 사용사업주에 대한 직접 고용책임에 대해서 판단할 때에도 동 법리를 적용해 왔다.[246)] 그러나 이요은행 사건(伊予銀行–いよぎんスタッフサービス事件), 고등재판소 판결[247)]은 노동자파견법 제2조 제1호의 근로자파견의 정의에 따르면 근로자파견의 법률관계는 파견사업자가 파견근로자와 체결한 고용계약에 근거한 고용관계를 유지한 채, 파견근로자의 동의 · 승낙 하에 사용사업자의 지휘명령 하에 노무급부를 행하게 하는 것으로서 파견근로자는 사용사업자와는 고용관계를 갖지는 않기 때문에, 파견근로자와 사업자와의 사이에 고용계약체결의 의사표시가 합치했다고 인정되는 특단의 사정이 존재하는 경우나, 파견사업자와 사용사업주와의 사이에 법인격 부인의 법리가 적용되거나 혹은 준용되는 경우를 제외하고는 파견근로자 와 사용사업자와의 사이에는 묵시적으로도 근로계약이 성립할 여지는 없다고 하여 기존의 묵시적 근로계약관계의 법리보다 더 엄격한 판단기준을 제시하였는데 이에 대한 최고재판소의 판단이 주목된다.

정리하면, 어떠한 경우에 묵시적 근로계약이 성립하는가에 대하여 일반론을 언급한 최고재판소 판례를 볼 수 있지만, 하급심 판례의 대부분은 ㉠근로자가 원청기업의 지휘명령을 받아 취업하고 있는 것만으로는 충분하지 않고, ㉡하청기업 등이 형해화되거나 혹은 원청기업이 실질상 채용 · 배치 등을 행하는 등, 해당 근로자의 노무공급처라고 평가할 수 있는 실태가 있고, 또 ㉢원청기업이 실제상 그 임금을 결정하고 있는 것이 필요하다고 하고 있다. 최고재판소 판례에도, 그러한 판단기준에 의거하고 있다고 평가할 수 있는 것이 있다.[248)] 이 기준에 따르면 ㉡ 및 ㉢의 요건을 충족시키는 사례는 적기 때

244) 고용노동부, 『외국의 사내하도급 파견 현황 및 제도 실태조사』, 2010, 122면.

245) センエイ事件, 佐賀地裁武雄支部, 1997.3.28決定, 『勞働判例』, 第719号, 38頁; 大阪空港事件, 大阪地裁 2002.9.20判決, 『勞働判例』, 第792号, 26頁; 大誠電機工業事件, 大阪地裁 ; パソナ(ヨドバシカメラ)事件, 大阪地裁; ナブテスコ事件, 神戸地裁明石支部, 2005.7.22判決, 勞働判例 第901号, 21頁 ; 松下プラズマディスプレイ事件, 大阪地裁判 등.

246) 伊予銀行 · いよぎんスタッフサービス事件, 松山地裁, 2003.5.22判決, 『勞働判例』, 第856号, 46頁.

247) 佐賀地裁, 1980.9.5判決, 『勞働判例』, 第352号, 62頁.

248) 파나소닉 플라즈마 디스플레이 사건(パナソニックプラズマディスプレイ事件 · 最高裁第2小法廷, 2009.12.18日判決 · 『勞働判例』, 第993号, 5頁).

문에, 묵시적 근로계약의 성립이 인정되는 경우는 많지 않은 것이 현 상황이다.

현재 학설의 상황은 위법파견에 있어서 사용사업주의 고용책임의 문제에 관해서 종래 판례에 의해 확립된 묵시적 근로계약관계의 법리라는 이론적 틀에 대해서는 대체적으로 긍정하고 있다고 할 수 있다.[249] 최근에 들어 일부 학설에서는 동 법리에 더하여 노동자파견법의 핵심적인 사항을 위반한 경우(예를 들어 파견가능기간의 초과, 파견대상업무 이외의 업무에의 파견 등)에 있어서는 파견사업주와 사용사업주와의 근로자파견계약은 무효로 되며 이러한 무효상태 하에서 사용사업주가 파견근로자를 사용하고 있는 실태로부터 사용사업주의 고용의 의사를 추인하여 근로계약의 성립을 인정할 수 있다는 주장도 제기되고 있다.[250]

3. 위장도급 및 불법파견에 대한 대응

(1) 위장도급의 문제

'위장도급'이라 함은 위에서도 언급했듯이, 업무위탁(하청)의 형태를 띠지만, 실제로는 근로자파견에 해당하는 것을 말한다. 근로자파견의 경우, 사용기업은 지휘명령관계에 있기 때문에 여러 가지 의무를 부담하고(파견법 제39조 이하), "지침"(1999. 11. 17. 勞働省告示第138号) 등을 준수하여야 한다. 그러나 업무위탁의 경우에는 수탁자(하청업체)가 사용자이므로, 위탁자('사용기업'에 해당함)는 지휘감독을 할 수 없으며 사용자로서 책임 또한 지지 않는다. 이처럼 '위장도급'이라는 것은 '근로자파견'과 '업무위탁'이라는 두 가지 형식 중에서 어느 쪽을 이용할 것인가라는 선택의 문제에 지나지 않지만, 업무위탁에는 그 나름대로 어려운 요소가 있으며, 이러한 형식을 취했다는 이유로 곧바로 위법한 것으로 되는 것은 아니다.

이러한 문제는 제조업파견에서 전형적으로 나타난다. 제조업의 경우, 종래에는 근로자파견이 금지되어 있었기 때문에 많은 제조업체가 업무위탁을 이용해 왔는데, 제조현장의 특수성으로 인하여 작업공정의 일부에서 위탁자인 제조업체의 직원과 하청업

249) 和田肇「勞働契約における使用者概念」『勞働判例』, 第785号, 6頁.
250) 浜村彰「派遣元の形式的?名目的性格と親會社における派遣先の使用者責任」『勞働法律旬報』, 第1589号, 2004年10月, 20頁 이하 ; 和田肇「勞働契約における使用者概念」『勞働判例』, 第785号, 20頁.

체 근로자가 함께 작업에 종사하거나, 또는 제조업체의 직원이 하청업체의 근로자를 지도하는 경우가 많았다. 이런 형태는 근로자파견에서는 가능하지만, 지휘명령권이 없는 업무위탁에서는 허용되지 않는 위법한 것이었다.

이 문제점을 해결하고자 2003년에는 근로자파견법을 개정하여 제조업에 대한 파견을 허용하게 되었다. 이를 계기로 많은 제조업체들이 파견근로를 이용하게 되었고, 행정당국도 당시에는 제조업체가 파견근로를 잘 활용할 수 있도록 행정지도를 하였다. 근로자파견의 경우에는 파견기간에 대한 제한을 설정해 두고 있는데, 사용사업주가 이 기간을 초과하여 파견근로자를 반복 · 계속하여 사용하는 것은 허용되지 않으며, 이 기간을 도과하는 경우에는 사용사업주가 파견근로자에 대한 직접 고용신청의무를 지게 된다(파견법 제40조의2～제40조의5).

하지만 그 후 사용기업이 이러한 기간도과에 대해 어떻게 대응할지 여부가 문제로 등장하면서, 파견 대상 업무에 대한 제한이 풀린 이래 처음으로 파견제한 기간이 도래한 2009년에는 산업현장에 상당한 긴장감이 감돌았다. 그 결과, 직접 고용한 경우와는 별도로 업무위탁으로 다시 회귀한 경우에는 그 실태에 있어 변화가 거의 없었으므로, 결과적으로 노동자파견법의 의무를 회피하게 되어 위장도급문제가 다시 불거지게 되었다.

(2) 업무위탁의 요건

업무위탁은 도급의 일종으로 간주되고 있기 때문에 근로자공급을 금지하고 있는 현행법(직업안정법 제44조)과의 관계상 양자를 구별하는 기준을 정하고 있다. 다시 말해서, 업무위탁으로 인정되기 위해서는 수탁자(하도급)가 ㉠작업의 완성에 대해 사업주로서의 재정상 · 법률상의 모든 책임을 질 것, ㉡작업에 종사하는 근로자를 지휘 · 감독할 것, ㉢작업에 종사하는 근로자에 대해 사용자로서 법률에서 규정한 모든 의무를 부담할 것, ㉣자신이 제공하는 기계, 설비, 기재(업무상 필요한 간이도구는 제외함) 또는 그 작업에 필요한 재료, 자재를 사용하거나 혹은 전문적인 기술이나 전문적인 경험을 필요로 하는 작업을 수행하는 것으로, 단순히 육체적인 노동력을 제공하는 것이 아닐 것(직업안정법 시행규칙 제4조 제1항) 등의 요건을 충족하여야만 하는데, 이러한 요건을 모두 충족하기란 그리 쉽지가 않다.

근로자파견은 근로자공급의 한 형태이지만, 양자를 구분하기 위하여 "근로자파견사업과 도급에 의하여 이루어지는 사업과의 구분에 관한 기준을 정한 고시"(이하, "구분고시"라 함)[251]를 정한 다음, 이에 대한 운용을 위하여 "근로자파견사업 관계 업무 취급요령"[252]을 상세하게 규정하였다. 이러한 규정에 따라 위탁자(발주자)는 지휘, 명령, 지시, 감독은 물론 일의 분담이나 배치, 스케줄 등을 관리할 수 없게 되었으며, 수탁자(하도급인)의 종업원과 혼재하여 작업을 하거나 지도 등을 할 수 없게 되었다. 이렇게 업무위탁의 요건은 매우 상세하고 구체적인 사항에 이르기까지 엄격하게 되었다.

(3) 운용의 완화(가전메이커 서비스의 케이스)

후생노동성은 최근 비정규직(특히 파견근로자)에 대한 급격한 고용조정에 직면하게 되자, 전술한 "『근로자파견사업과 도급에 의해 이루어지는 사업과의 구별에 관한 기준』(37호 고시)에 관한 질의 · 응답집"을 공표하였다(2009. 3. 31).[253] 그 내용을 보면, 종업원의 혼재에서 작업 스페이스의 독립 · 구분, 설명 및 기술지도 등과 같이 중요한 점에 이르기까지 위탁자(발주자) 측 종업원의 관여 및 개입을 인정하고 있는데, 이는 실질적으로 "구분고시"의 운용을 완화하는 것이었다.

그러나 이러한 후생노동성의 조치는 임시방편에 지나지 않으며, 근본적인 문제 해결책이라고 보기 어렵다는 지적이 있는데, 구체적으로는 근로자공급과 업무위탁(도급)의 구분을 정한 "직업안정법 시행규칙"의 기준(제4조 제1항)은 주로 건설업을 상정한 오랜 전의 것으로, 규정이라고는 하지만 요건과 효과가 혼재하고 있으며, 이를 그대로 전개한 것을 "구분고시" 및 "업무취급요령"으로 하게 되면, 업무위탁의 현실과 괴리가 생기지 않을 수 없다는 것이다.[254]

---

251) 이는 후생노동성이 1986. 4. 17. 파견과 도급을 구분하기 위하여 제정한 고시(勞働省告示第37号)로, 정식명칭은 『勞働者派遣事業と請負により行われる事業と區分に關する基準を定める告示』이다.

252) 이는 후생노동성이 2009. 11. 17. 근로자파견과 관련하여 상세한 가이드라인을 제시한 것(女發第325, 職發第824号)으로, 일종의 업무 매뉴얼 같은 성격의 것이다.

253) 정식명칭은 『『勞働者派遣事業と請負により行われる事業との區分に關する基準』(37号告示)に關する質疑応答集』이다.

254) 山口浩一朗「勞働者派遣の見直しと今後の派遣勞働」『勞働法令通信』, 第2202号, 2010年8月18日, 3頁.

Ⅶ. 사내하도급과 집단적 노사관계

1. 단체교섭 의무 인정에 관한 판단

외부노동력을 사용하는 경우 또 하나 문제가 되는 것은 외부근로자에 대한 사용기업의 단체교섭의무를 인정할 것인지, 또한 인정하는 경우 어디까지 인정할 것인지를 둘러싸고 분쟁이 발생할 수 있다.

(1) 단체교섭 당사자로서의 사용자

일본의 경우, 이미 위에서도 언급한 바와 같이 사용자가 정당한 이유 없이 노동조합과의 단체교섭을 거부하는 경우에는 부당노동행위가 성립하게 된다(노조법 제7조). 하지만 파견근로의 경우와 같이 고용관계(근로계약관계)와 취업관계(지휘명령관계)가 분리되어, 전자는 파견기업과 파견근로자 사이에 성립하고 후자는 사용기업과 파견근로자 사이에 성립하는 경우에, 단체교섭의 당사자를 누구로 보아야 할 것인지가 문제로 된다.

이 문제는 파견근로의 해지문제뿐만 아니라 일상적인 취업조건이나 직장환경을 유지 · 개선하기 위하여 매우 중요한 사안임에도 불구하고, 이에 대한 확고한 판례가 없어 그다지 논의되지 않았으며, 학설 또한 아직까지 명확하지 않다.

일본에서 파견근로자가 노동조합을 결성하거나 이에 가입이 가능한 경우로는 ㉠파견기업 노동조합에 가입하는 경우, ㉡사용기업 노동조합에 가입하는 경우, ㉢지역의 합동노조(일반노조)에 가입하는 경우로 대략 3가지가 있을 수 있다. 그러나 파견기업 노동조합이 존재하는 경우는 매우 드물며, 사용기업의 노동조합은 파견근로자의 가입을 통상적으로 허용하지 않으므로, 파견근로자의 경우 지역의 합동노조에 가입하는 것이 일반적이라 할 수 있다.

이에, 이하에서는 지역의 합동노조를 전제로 파견근로자('위장도급'에 해당하는 경우 포함)에 대한 단체교섭 당사자 및 단체교섭의 대상사항에 대해 검토하고자 한다.

(2) 단체교섭의 대상

(가) 근로조건

'근로조건'이라는 표현은 다양한 의미로 사용되고 있는데, 그 핵심은 임금(월급, 상여, 기본급, 수당, 임금체계 등)과 근로시간(소정근로시간, 시간외근로, 휴식, 휴일, 연차유급휴가 등)으로, 주로 근로자의 대우에 관한 기간이 되는 부분이다. 근로조건은 '취업조건(terms of employment)'이라고도 불리기 때문에 본래는 계약조건으로 근로계약에서 정해야 할 것이기도 하다. 따라서 '근로조건에 대해 교섭의무를 지는 사용자'라 함은 근로계약상의 당사자로서 사용자를 말하며, 파견근로의 경우에는 파견기업이 여기에 해당한다.

이 점에 대해, 1985년 파견법 제정 시에 국회심의 답변을 보면, "현행 노동조합법상의 사용자라 함은 근로조건 결정을 둘러싼 당사자이며, 고용관계법상 사용자를 의미하는 것으로, 그 근로조건 결정의 당사자인 고용관계상의 사용자만이 단체교섭권을 가지고 있다고 생각한다. 사용기업의 근로자에 대해 고용관계를 가지고, 이로부터 파견근로자의 근로조건을 결정하는 것은 법적으로는 어디까지나 파견기업의 사업주이다. 따라서 근로조건을 결정하기 위한 단체교섭은 파견기업의 사업주와 파견근로자 사이에 이루어지고, 이를 통하여 근로조건의 유지개선을 꾀하여야 한다고 생각한다."고 하여, 파견근로자에 대한 단체교섭의 당사자는 어디까지나 파견기업의 사용자임을 분명하게 밝히고 있다.

(나) 안전 및 재해보상

안전위생도 근로조건의 하나이긴 하지만, 파견근로의 경우에는 취업 장소가 사용기업의 사업장이므로 통상적인 근로관계와 같이 취급해도 되는지가 문제로 된다.

위에서 언급한 국회심의에서도 안전위생에 대해서는 별도로 지적하고 있지 않고 있으므로, 파견법의 입법취지(ratio legis)는 역시 파견기업이 파견근로자에 대해 단체교섭의무를 져야 한다고 해석되지만, 학설 중에는 "사용기업은 당해 파견취업의 실태 중에서 파견근로자의 근로조건에 대해 실질적 지배력(결정력)을 가지고 있는 경우에는 그러한 근로조건에 대하여 파견근로자에 대해 단체교섭의무를 져야 한다"는 견해도 있다.[255]

근로자파견법은 노동기준법 및 노동안정위생법과 관련하여 파견기업과 사용기업에 적용될 규정을 각각 구분하고 있지만(파견법 제44조, 제45조), 안전위생에 관해서는 사용기업을 적용기업으로 하는 경우가 많다. 예를 들어 근로자를 위험으로 부터 방지하고 건강을 보호하기 위한 조치(안전위생법 제20조~제27조)나 유해업무에 대한 건강진단(동법 제66조 제2항, 제3항, 제66조의 3) 등이 이에 해당하며, 이러한 경우 파견 중의 근로자는 당해 파견기업에 사용되고 있지 않은 것으로 간주하고 있다(파견법 제45조 제3항, 제5항).

이러한 관계가 『파견 중의 근로자는 근로계약관계에 있는 파견기업의 사업과는 근로계약관계에 있지 않는 것으로 간주되고, 근로계약관계에 있지 않는 사용기업의 사업과 근로계약관계에 있는 것으로 간주되는 것』이라고 정리되어 있는 것을 보면(1986. 6. 6 基發 第333호), 안전위생 등과 같이 적어도 사용기업에게 책임이 있는 사항에 대해서는 사용기업이 단체교섭의 의무를 부담하는 것이 옳다고 생각된다.[256]

이에 대해, 산업재해에 관해서는 이러한 특별한 규정이 없으므로 재해보상에 대해서는 파견기업이 원칙적으로 단체교섭의무를 진다고 보아야 한다.

(다) 직접고용청구 및 고충처리

파견법은 일정한 요건을 충족하는 경우에 사용기업으로 하여금 파견근로자에 대한 직접고용의무를 규정하고 있는데(예를 들어 파견법 제40조의 5), 이와 관련하여 노동조합이 단체교섭을 요구하는 경우가 있다. 이에 대해서는 고용관계의 창설은 채용에 해당하며 또한 채용은 근로조건에 해당하지 않으므로, 사용기업이 단체교섭에 응해야 한다는 견해에 대해서는 부정적으로 보는 경향이 있다.[257]

문제는 고충처리인데, 파견근로자가 취업과 관련하여 고충을 신청하는 경우에 사용기업은 이를 적절히 처리해야 할 의무가 있다(파견법 제40조 제1항). 선례가 많지는 않지만, 이러한 고충처리를 위해 노동조합이 단체교섭을 청구하는 경우 사용기업은 어떻게 대응해야 할지가 문제가 될 수도 있다. 사용기업이 고충을 적절히 처리해야 할 의무는 어디까지나 파견근로자 개인에 대한 것이므로, 노동조합이 단체교섭을 요구한다고

255) 菅野和夫『勞働法(第8版)』, 弘文堂, 2008年, 207頁.
256) 같은 취지; 山口浩一朗「勞働者派遣の見直しと今後の派遣勞働」『勞働法令通信』, 第2202, 2010年8月18日, 3頁.
257) 같은 취지; 山口浩一朗「勞働者派遣の見直しと今後の派遣勞働」『勞働法令通信』, 第2202, 2010年8月18日, 3頁.

해도 이는 어디까지나 근로자 개인의 위임에 의한 대리인 자격으로 요구하는 것이므로 노동조합을 당사자로 하는 단체교섭은 아니다. 따라서 사용기업이 노동조합과의 단체교섭을 거부하는 경우에도 부당노동행위로서의 단체교섭거부에는 해당하지 않는다고 본다.[258)]

2. 부당노동행위 해당성 판단

(1) 개 관

부당노동행위문제는 사용자와 직접적인 근로관계를 맺고 있는 근로자 및 그들로 구성된 노동조합 사이에 발생하는 것이 일반적이다. 그러나 고용형태가 다양화되면서 원·하청관계에서 전형적으로 나타나듯이 직접적인 근로관계를 체결하고 있지 않는 하청업체의 근로자나 노동조합이 원청회사를 상대로 부당노동행위를 주장하여 법적으로 다투어지는 경우도 종종 있다. 일본의 노동조합법 제7조는 제1~4호에 걸쳐 부당노동행위의 유형을 정한 다음, '사용자는 다음 각 호에 해당하는 행위를 해서는 아니 된다'라고 하고 있으나, 동법은 이러한 부당노동행위의 주체인 '사용자'에 대해서는 아무런 규정을 두고 있지 않기 때문에, 사용자 개념의 해석(확장)을 둘러싸고 종종 해석상 다툼이 있어 왔다.

우선 사외 근로자와 관련하여 사용자 개념이 문제된 사안으로는 1995년의 "아사히방송 사건(朝日放送事件—最三小判 平7. 2. 28, 勞判 668号, 11면)"을 들 수 있다. 동 사건은 아사히(朝日)방송사에서 프로그램 제작에 종사하는 사내하청업체의 근로자들로 구성된 노동조합이 원청회사를 상대로 단체교섭거부 및 지배개입을 주장한 사안인데, 이에 대해 일본의 최고재판소는 "근로자의 기본적인 근로조건 등에 대해 부분적이라고는 하지만 고용주와 동일시할 정도로 현실적이고 구체적으로 지배·결정할 수 있는 지위에 있다고 할 수 있기 때문에 그 범위 내에서 노동조합법 제7조에서 말하는 사용자에 해당한다고 해석하는 것이 상당하다"라고 하여, 매우 한정적이기는 하지만 원청회사인 아사히방송사에 대해 사내하청 노조에 대한 부당노동행위 주체로서의 사용자성

258) 山口浩一朗「勞働者派遣の見直しと今後の派遣勞働」『勞働法令通信』, 第2202, 2010年8月18日, 3頁.

을 인정한 바 있다.

위의 아사히방송 사건 이전에도 부당노동행위와 관련하여 하청기업 노조에 대한 원청회사의 사용자성이 문제가 된 사례도 있는데, 그 대표적인 사례가 "석유공업 사건(石油工業事件—最一小判 昭51. 5. 6, 民集 30卷 4号, 409면)", "중부일본방송 사건(中部日本放送事件—最一小判 昭51. 5. 6, 民集 30卷 4号, 37면)", "한신관광 사건(阪神觀光事件—最一小判 昭62. 2. 26, 勞判 492号, 6면)"의 3판결인데(이하, 『리딩케이스 3판결』이라 함), 이들 사건에서 일본의 최고재판소는 원청회사에 대한 사용자성을 인정하면서도 그러한 결론에 도달하게 된 이론적 논거 및 노동조합법 제7조에서 말하는 '사용자'의 개념에 대해서는 언급하지 않았다.

이에 비해, 위의 아사히방송 사건에서는 일본의 최고재판소가 처음으로 사용자의 개념을 제시하면서 제한적이기는 하지만 '사용자성'을 인정한 점, 사용자성에 대한 판단기준 내지 요소에 종래의 실무적인 대응을 적절하게 받아들여 나름대로 명확하게 한 점, 하급심에 미친 영향이 적지 않다는 점 등에서 주목할 만하다.

(2) 리딩케이스 3판결의 이해

고용주 이외의 사업주가 노동조합법 제7조의 사용자에 해당하는 경우가 있을 수 있다는 점에 대해서는 학설 · 판례 모두 이를 인정하고 있지만, 어떠한 경우에 사용자성을 인정할 것인지에 대해서는 '근로계약기준설'과 '지배설'로 견해가 갈라지고 있다. 위에서 언급한 리딩케이스 3판결은 모두 고용주 이외의 사업주에 대해 사용자성을 인정한 판결로서, 근로계약상의 당사자를 기준으로 생각하는 '근로계약기준설'[259]의 입장에 있다고 판단된다.

(가) 석유공업 사건(石油工業事件)

석유공업 사건(石油工業事件)에서 일본의 최고재판소는 "위와 같은 사실관계 하에서는 가령 피상고인 3인에 대하여 참가인 회사의 취업규칙이 적용되지 않는다 하더라도, 양자 사이에는 노동조합법이 적용될 고용관계가 성립되어 있으며, 참가인 회사는 피상

259) '근로계약기준설'이라 함은 노동조합법 제7조의 '사용자'에 대해 근로계약 일방 당사자인 고용주에 해당하는지의 여부를 기준으로 하면서, 동 규정의 취지 · 목적에 비추어 이를 어디까지 확장할 수 있는지의 관점에서 문제를 고찰하는 학설을 말한다.

고인 3명과의 관계에서 동법 제7조에서 말하는 사용자에 해당한다고 해석하는 것이 상당하다"고 하여, 노동조합법이 적용될 "고용관계가 성립되어 있다"고 설시한 다음, 원판결이 '지배력설[260]의 선상'에서 판단한 것을 그대로 시인하지 않고, "이와 같은 취지의 결론을 취한 원판결에 소론(所論)의 위법은 없다"고 판시하였다.

(나) 중부일본방송 사건(中部日本放送事件)

이 판결에서 일본의 최고재판소는 사업주와 악단원(樂團員) 사이에는 자유출연계약이 존재하고 있었기 때문에, "위에 언급한 바와 같이 회사가 필요할 경우에 수시로 일방적인 지정으로 악단원의 출연을 요구할 수 있으며, 악단원은 원칙적으로 이에 따라야할 기본적인 관계가 성립하고 있는 이상, 가령 회사의 사정으로 인하여 현실적인 출연시간이 아무리 감소한다 하더라도 악단원의 연주노동력의 처분에 대해 회사가 지휘명령의 권능을 가지고 있지 않다고는 할 수는 없다", "자유출연계약에 기초하여 악단원에게 지불되는 출연보수 중, 악단원이 출연하지 않으므로 인하여 계약금이 감액되지 않는 것은 전술한 바와 같으나, 악단원의 경우에는 소위 유명한 예술가와는 달리 출연에 대해 어떠한 재량도 없으므로, 이러한 출연보수는 연주에 의하여 예술적 가치가 평가된다기보다는 오히려 연주라는 노무의 제공 그 자체를 대가로 보는 것이 상당하다"고 하여, "악단원은 자유출연계약 하에서도 회사에 대한 관계에서는 노동조합법의 적용을 받는 근로자에 해당한다"는 판단을 설시하고 있지만, 그 내용에 비추어 이 판결 역시 소위 근로계약적 요소를 수용함으로써 비로소 사업주의 '사용자성'을 긍정한 것으로 볼 수 있다.

(다) 한신관광 사건(阪神觀光事件)

이 사건에서 일본의 최고재판소는 "악단원은 대가를 받아 그 연주노동력을 피상고인의 처분에 맡기고, 피상고인은 이러한 연주노동력에 대한 일반적인 지휘명령의 권한을 가지고 있었다고 할 수 있다"고 하여, 일반적으로 근로계약의 표준이 되는 요소를 언급한 다음, 피상고인의 '사용자성'을 인정하는 결론에 이르고 있다.

---

260) '지배력설'이라 함은 노동조합법상의 '사용자'의 개념을 근로계약의 존재 여부에 구애되지 않고 오로지 노동관계상의 여러 가지 이익에 대한 실질적인 지배력을 미칠 수 있는 자에 해당하는지의 여부에 따라 사용자의 개념을 포괄적으로 결정하려는 학설을 말한다.

(3) 아사히방송 사건(朝日放送事件)

(가) 사건개요

위 사건에서는 방송프로그램 제작현장에서 실질적으로 파견근로관계에 종사하고 있던 하청근로자가 원청회사인 아사히방송국을 상대로 단체교섭을 요구하여 거절당하자 노동위원회에 부당노동행위 구제신청을 한 사안인데, 이에 대해 일본의 최고재판소는 "아사히방송(국)은 노동계약상의 고용주는 아니지만, ㉠파견된 근로자가 종사해야 할 업무 전반에 대해 편성일정표, 대본 및 제작진행표 작성을 통하여 작업일시, 작업시간, 작업 장소, 작업내용 등 세세한 것에 이르기까지 결정해온 사실, ㉡하청업체는 단순히 이미 정해져 있는 종업원들 중에서 누구를 프로그램 제작 업무에 종사시킬 것인가를 결정하는 것에 지나지 않았다는 점, ㉢하청업체 근로자는 아사히방송(국)으로부터 지급 내지 대여되는 기재 등을 이용하고, 그 작업질서에 편입되어 정사원과 함께 프로그램 제작 업무에 종사해온 점, ㉣작업의 진행은 모두 아사히방송(국)의 종업원인 디렉터(director)의 지휘감독 하에 있었던 점 등을 종합하여 볼 때, 아사히방송(국)은 실질적으로 보아 하청업체 3사로부터 부분적이라고는 하지만 동일시 할 정도로 현실적 고용주 이외의 사업주라 해도 고용주로부터 근로자를 받아들여 자기업무에 종사시키고, 근로자의 기본적인 근로조건 등에 대해 부분적이라고는 하지만 고용주와 동일시할 정도로 현실적이고 구체적으로 지배 · 결정할 수 있는 지위에 있다고 할 수 있기 때문에 그 범위 내에서는 노동조합법 제7조에서 말하는 사용자에 해당한다고 해석하는 것이 상당하다."고 하여, 원청회사인 아사히방송(국)에 대해 하청업체 근로자로 조직된 노동조합에 대한 부당노동행위 주체로서의 사용자성을 인정한 바 있다.

위의 아사히방송 사건은 하청업체의 근로자들로 구성된 노동조합에 대해 원청회사의 사용자성을 인정하였다는 점에서 매우 주목할 만한 사안이긴 하지만, 이에 대해서는 일본국내에서도 비록 부당노동행위의 사용주체로서의 사용자에 대한 판단이긴 하지만 하청업체 노동조합에 대한 사용자성 판단을 너무 넓게 해석하였다는 비판이 있다.

(나) 사용자성의 판단기준

이 사건에서도 일본의 최고재판소는 전술한 종전의 3판결(리딩케이스)과 마찬가지로 '근로계약기준설'의 입장을 명확하게 취하고 있다.

다시 말해서, 본 판결에서는 노동조합법 제7조의 '사용자'의 의의에 대해 "일반적으로 사용자라 함은 근로계약상의 고용주를 말하는 것이지만, 동조가 단결권의 침해에 해당하는 일정한 행위를 부당노동행위로 간주하여 이를 배제 · 시정함으로써 정상적인 노동관계를 회복시키는 것을 목적으로 하고 있는 점에 비추어 볼 때, 고용주 이외의 사업주라 하더라도 고용주로부터 근로자파견을 받아 자기 업무에 종사시키고 그 근로자의 기본적인 근로조건 등에 대해 부분적이라고는 하지만 고용주와 동시할 수 있는 정도로 현실적 · 구체적으로 지배 · 결정할 수 있는 지위에 있는 경우에는, 그 범위 내에서 사업주는 동조의 '사용자'에 해당한다고 해석하는 것이 상당하다"라는 판단기준을 제시하였다.

위에서 살펴보았듯이, 일본의 최고재판소는 노동조합법 제7조의 '사용자'의 의미를 지금까지는 '근로계약기준설'의 입장에서 파악하고 있다고 해도 과언이 아니다. 다시 말해서, 위의 사건에서 일본의 최고재판소는 "일반적으로 사용자라 함은 근로계약상의 고용주를 말한다"고 전제한 다음, "부분적이라고는 하더라도 고용주와 동시할 수 있을 정도로 그 근로자의 기본적인 근로조건 등을 현실적 · 구체적으로 지배 · 결정할 수 있는 지위에 있는 경우에는, 그 범위 내에서 고용주로부터 근로자파견을 받아 자기의 업무에 종사시키고 있는 사업주도 동조의 '사용자'에 해당한다"고 설시하여, 사용자의 개념을 근로계약으로부터 도출하고 있다.

이에 대해 구체적으로 상술하면, 일본의 최고재판소는 위의 아사히방송 사건에서 고용주 이외의 사업주라 하더라도 ㉠고용주로부터 근로자파견을 받아 자기업무에 종사시키는 경우, ㉡당해 근로자의 기본적인 근로조건에 대하여, ㉢고용주와 부분적이라고는 하지만 동일시할 정도로 현실적 · 구체적으로 지배 · 결정할 수 있는 지위에 있는 경우에는, ㉣그 범위 내에서 사용자성이 인정된다고 하는 판단기준을 제시하였다.

위의 판결에서도 알 수 있듯이, 고용주 이외의 사업주에 의한 근로자의 기본적인 근로조건 등에 대해 지배 · 결정이 고용주와 동일시할 수 있을 정도인지의 여부를 판단함에 있어, 근로계약의 일방 당사자인 사업주인지의 여부를 중심적인 기준으로 하면서도, 사용자의 개념을 어디까지 확장할 것인가라는 관점에서 '사용자성'을 고찰하는 '근로계약기준설'의 입장이 선명하게 나타나고 있다.

Ⅷ. 사용자 개념 확장이론에 대한 검토

1. 사용자 개념 확장이론의 전개

사내하도급 근로자로 구성된 노동조합에 대해서 원사업주는 노동조합법상의 사용자로서의 책임을 부담하는가의 문제, 즉 노동조합법상의 사용자의 개념의 범위에 관해서 종래 일본의 학설과 판례는 근로계약상의 사용자의 범위 보다는 넓게 해석해야 한다는데 대체적으로 일치하고 있다.[261] 그러나 그 범위를 어디까지로 볼 것인가, 즉 어떠한 판단기준에 따라서 이를 획정해야 하는가에 대해서는 크게 보면 두 가지의 견해가 대립되어 왔다고 할 수 있다.[262]

첫째로, 노동조합법 제7조(부당노동행위) 소정의 사용자를 근로계약의 일방 당사자인 고용주인가의 여부를 중심적 기준으로 하면서 동 규정의 취지 · 목적에 비추어 그것을 어디까지 확장할 수 있는가라는 관점으로부터 문제를 고찰하려는 견해가 있다(이른바 근로계약기준설). 이 견해의 대표자인 菅野和夫는 노동조합법상의 사용자란 "근로계약관계 내지는 그것에 인접 또는 근사한 관계를 기반으로 하여 성립한 단체적 노사관계상의 일방 당사자를 의미한다"고 한다.[263] 둘째로 근로계약관계의 존재에 구애받지 않고 당해 노동관계에 대해서 부당노동행위법의 적용을 필요로 할 정도의 실질적인 지배력 내지는 영향력을 미칠 수 있는 지위에 있는 자인가의 여부에 따라서 사용자 개념을 포괄적으로 결정하려고 하는 견해가 있다(이른바 지배력설).[264]

이러한 학설의 대립 상황 속에서 판례는 아사히방송 사건 최고재판소 판결[265] 이래 동 판결이 제시한 판단기준에 따르고 있다고 할 수 있다. 동 판결은 "기본적으로 근로조건 등에 대해서 고용주와 부분적이라고 하여도 동일시 할 정도로 현실적이고 구체적으로 지배, 결정할 수 있는 지위"에 있는 자를 노동조합법 제7조의 사용자, 즉 부당노

261) 노동조합법 제7조(부당노동행위) 소정의 사용자를 실질적으로 포착하려는 판례나 노동위원회의 명령이 다수 등장하기 시작하는 1960년대 중반 이후의 판례나 노동위원회의 명령을 상세히 분석한 문헌으로서는 岸井貞男『不當勞働行爲の法理論』, 總合勞働硏究所, 1978年을 참조.

262) 福岡右武「最高裁判所判例解說」『法曹時報』, 第50卷 第3號, 1998年, 803頁.

263) 菅野和夫『勞働法第(9版)』, 弘文堂, 2010年, 667頁.

264) 西谷敏『勞働組合法(第2版)』, 有斐閣, 2006年, 150頁.

265) 最高裁判所, 第3小法廷, 1995.2.28 判決, 勞働判例 第668號, 11頁.

동행위 주체로서의 사용자라고 판단하고 있다. 이 판결은 이른바 “부분적 사용자성” 또는 “중첩적 사용자성”을 인정하고 있다는 점에서 이후의 판례와 노동위원회의 명령에 중대한 영향을 미쳤다. 특히 위 최고재판소의 판결이 파견근로의 상황에서 발생한 사안에 관한 판단이지만 동 판결이 제시한 판단기준은 파견근로의 상황에서 발생한 분쟁에 국한되지 않고 널리 노동조합법 제7조의 사용자성의 판단기준으로서 이후의 판결과 노동위원회의 명령에 의해서 받아들여져 왔다. 그렇지만 한편으로 사용자성의 인정을 위해서는 당해 근로조건에 대한 지배력이 “현실적이고 구체적으로” 존재해야 한다는 것을 요구하는 것은 노동조합법상의 사용자 개념을 지나치게 좁게 해석한다고 하는 비판도 유력하다.[266]

2. 사용자의 개념에 관한 일본의 해석론

(1) 유력한 견해

부당노동행위 금지규정(노조법 제7조)의 ‘사용자’에 대해서는 학설상 이를 단체적 노사관계상의 독특한 개념으로 이해하는 경향이 강하고, “피용자의 노동관계상의 제이익에 어떠한 영향력을 미칠 수 있는 지위에 있는 모든 자”,[267] “근로자의 자주적인 단결과 단결목적에 관련하여 대항관계에 있는 자”[268] 등의 포괄적 정의가 유력설이다. 이러한 정의는 노동위원회의 실무에 영향을 주었다.[269] 다만 이와 같은 학설의 태도가 다소 불명확하고 광범위하다는 점에서 다음과 같은 비판적인 견해가 있다.

---

266) 西谷敏『労働組合法(第2版)』, 有斐閣, 2006年, 150頁.

267) 本多淳亮『不当労働行爲論』, 法律文化社, 1969年, 30頁; 岸井貞男『不当労働行爲法の原理』, 總合労働研究所, 1978年, 148頁.

268) 外尾健一『労働團體法』, 筑摩書房, 1975年, 209頁.

269) 일본의 근로자파견법이 제정되기 전의 1975년대 노동위원회에서는 텔레비전 제조현장의 사내업무하청에 대하여, 파견된 하청근로자가 실제상은 원청기업의 지휘명령을 받아 같은 기업의 근로자와 혼연일체가 되어 업무를 수행한 상황에서, 원청기업의 단체교섭 등이 주장된 사안이 상당수 계속되었고, 그러한 학설의 영향을 받은 명령이 많이 발생했다. 소위 “아사히방송 사건”으로 국내에도 잘 알려진 해당 사안의 초심명령도 그 중 하나라고 할 수 있다.

(2) 유력한 견해에 대한 비판적 견해[270)]

부당노동행위 구제제도의 목적은 근로자가 단체교섭 그 밖의 단체행동을 위해 노동조합을 조직하고 운영하는 것을 옹호하는 것 및 단체협약의 체결을 주목적으로 한 단체교섭을 조성하는 데 있으므로(노조법 제1조 1항 참조), 부당노동행위 금지규정에 의해 규제를 받는 '사용자'란 노조법이 조성하려고 하는 단체적 노사관계상의 일방 당사자인 사용자를 의미한다. 그리고 이 단체적 노사관계는 근로자의 노동관계상의 모든 이익에 대한 교섭을 중심으로 하여 전개되는 것이므로, 근로계약관계나 혹은 그에 인접 내지 근사한 관계를 그 기반으로서 필요로 한다. 이것은 부당노동행위로서 금지되는 행위가 노동관계에 관한 불이익 취급과 교섭거부를 중심적 내용으로 하고 있다는 점에도 나타나고 있다. 이리하여 부당노동행위 금지규정에 있어서 '사용자'란 근로계약관계 내지는 이에 근사 내지 인접하는 관계를 기반으로서 성립하는 단체적 노사관계상의 일방 당사자를 의미한다.[271)] 문제는 이 근로계약관계에 인접 내지 근사한 관계는 어떠한 것인가이다.

부당노동행위금지규정(노조법 제7조)은 본문에서, "사용자는 다음의 각호에 해당하는 행위를 해서는 안 된다"고 하여 각호의 금지규정의 수규자(名宛人)로서 '사용자'를 열거하고 있다. 각호 중 단체교섭을 정당한 이유 없이 거절하는 경우에 해당하는 금지사항(동조 2호)에서의 교섭거부의 금지는 "사용자가 고용한" 근로자를 대표하는 노동조합에 대해서 규정된 것이므로, "사용자"와 "사용자가 고용한"의 관계(양자 문제의 중요한 상태)를 검토해둘 필요가 있다.

부당노동행위의 금지는 사용자와의 고용관계를 둘러싼 단체교섭에 있어서 노동조합의 단결력, 조직력을 보호하기 위한 취지에서 출발한 것으로, 단체교섭의 금지에 있어서 필요로 되는 "사용자가 고용한"이라는 요건은 기타 각호의 부당노동행위금지에 있어서도 필요한 것으로 생각된다. 그러므로 부당노동행위금지규정의 본문에 있는 "사용자"인가 아닌가는, 단체교섭금지에 있어서의 "사용자가 고용했는지 여부"와 그대로 겹치게 된다(양자가 동일한 문제가 된다).

그래서 부당노동행위금지규정 전체에 있어서 '사용자'는 상기와 같이, "근로계약관

---

270) 이에 대해서는 菅野和夫『勞働法(第9版)』, 弘文堂, 2010年, 667-672頁의 견해와 해석을 기초로 하였다.
271) 같은 취지; 下井隆史『勞使關係法』, 有斐閣, 1995年, 106頁, 243頁.

계 내지는 그에 인접 내지 근사(近似)한 관계를 기반으로서 성립하는 단체적 노사관계 상의 일방 당사자"라고 해석되어야 한다는 점에서, 이러한 해석으로부터 "사용자가 고용한"에 있어서 "고용한" 것은 결국 "노동계약관계 내지는 그에 인접 내지 근사한 관계"를 의미하는 것이 된다.

위의 항에서 문제로 하고 있는 '사용자'는 노조법에 의해 부당노동행위(제7조)가 금지되고 이에 위반할 때에 노동위원회에 의해 구제명령의 수규자가 되는 사업주이다. 그것은 해당 노동조합과의 단체적 노사관계의 당사자가 되는 사업주임과 동시에 해당 노동조합의 조합원과의 사이에 근로계약관계 내지 이에 유사한 관계를 가지는 사업주이다. 주의해야 할 것은 '부당노동행위의 현실적 행위자'는 이 '사용자'와는 반드시 일치하지 않고, 해당 기업조직의 내외에 '사용자'와 별개로 존재할 수 있다는 것이다.

전형적인 예로서는 노동조합 탈퇴의 권장, 조합간부 선거에 대한 개입, 조합집회의 방해 등 지배개입인 부당노동행위는 '사용자'인 기업조직 내의 누군가에 의해 이루어지는 것이 보통이다. 또 사용자인 기업이 교섭을 위임한 변호사가 불성실한 단체교섭을 하거나 사용자가 채용 · 인사고과 등을 외부 위탁한 위탁회사가 조합차별을 하는 등, 현실적 부당노동행위자가 기업조직 외의 제3자가 되는 경우도 생각할 수 있다. 이러한 경우에는 해당 부당노동행위의 책임을 사용자인 사업주에게 돌릴 수 있는지의 여부가 문제로 되며, 현실적 행위자가 노무관리상 '사용자'인 기업을 대표하는 입장에 있었는지, 사용자인 기업(그 대표자)에게 그 뜻을 알렸는지 내지는 지시를 받았는지, 사용자인 기업은 부당노동행위가 발생하지 않도록 감독의무를 가지고 있었는지 등 행위자와 '사용자'와의 관계를 검토하여 사용자에 대한 책임귀속 유무를 판단할 필요가 있다.

〈관련 사례: JR북해도채용 사건(JR北海道採用事件)〉

일본 국유철도(국철)의 분할민영화 과정에서의 JR 각 사의 채용에 관한 국철노동조합원에 대한 차별사건에서도 JR 각 사(그 설립위원)가 국철이 하는 차별적 채용후보자 명부 등재행위에 대해 책임을 지는지가 국철개혁법의 관계규정(23조)의 해석과 관련하여 문제가 된 적이 있는데, 이에 대해 중앙노동위원회는 국철은 신 회사 설립위원의 보조기관으로서 채용후보자 명부를 작성했다고 해석되므로 국철노동조합원의 차별적 미등재에 대해서는 설립위원에게 책임이 귀속되어야 한다고 판단했다.[272)]

그러나 동 사건의 행정소송에서는 노조법 제7조의 '사용자'란 기본적으로 근로조건에 대한 고용주와 '동일시할 수 있을 정도로 현실적이고 구체적으로 지배 · 결정할 수 있는 지위에 있는 자'라고 하는바, 국철개혁법상 채용후보자의 명부등재는 오로지 국철의 권한과 책임 하에서 이루어진 것으로, 설립위원은 국철의 권한에 규제나 지휘 · 감독을 미칠 권한이 없었다고 하여, 설립위원 · JR 각 사에 대한 귀책(그 사용자성)이 부정되었다.[273] 그리고 최고재판소도 국철의 분할민영화에서는 국철이 그 직원을 새로운 회사와 청산사업단과 나누는(신 회사는 국철에 의해 나눠진 직원을 채용한다) 시스템으로 되어있기 때문에, 국철에 의한 차별적 분할에 대해서는 국철(그 책임을 승계하는 청산사업단)만이 책임을 져야 하고, 신 회사는 '사용자'로서의 책임을 져야 하는 입장이 아니라고 판단했다.[274]

(3) 사용자의 개념이 문제되는 유형의 사례별 검토

① 먼저 가까운 과거의 근로계약관계의 존재나 가까운 장래의 근로계약관계의 가능성(근로계약에 인접한 관계)이 부당노동행위의 '사용자'성의 기초가 될 수 있다. 예를 들어 사용자는 피해고자가 속하는 노동조합과의 해고철회와 퇴직조건에 관한 단체교섭을 원칙적으로 거부할 수 없다. 또 어느 기업에 여러 차례 고용되었던 계절근로자의 재채용에 대해서는 동 기업은 그 근로자와의 관계에서 '사용자'로서의 부당노동행위금지 규정의 규제를 받을 수 있다.[275] 게다가 회사합병(내지 영업양도)의 과정에서 흡수회사(양수회사)가 피흡수회사(양도회사)의 종업원이 소속하는 노동조합에 대해 지배개입을 한 경우에는 흡수회사(양수회사)도 '사용자'로 간주해야 한다.[276] 국철 JR 각 사에 대한 분할 · 재편성과정에서의 채용차별에 관한 JR 각 사의 '사용자'성은 이 유형에 대한 문제라고 할 수 있다.[277]

---

272) JR北海道採用事件, 中勞委 1993.12.15, 勞判 641號, 14頁 등. 中鳩士元也「國勞組合員のJR北海道地區不採用事件 · 中勞委命令について」『勞働判例』, 第641號, 5頁 참조.

273) JR北海道 · 日本貨物鐵道[國勞不採用]事件, 東京高判 200.12.4, 『勞働判例』, 第801號, 37頁. 거의 같은 취지로서 JR東日本 · 日本貨物鐵道 · JR東海[不採用]事件, 東京高判 2000.11.8, 『勞働判例』, 第801號, 49頁.

274) JR東日本 · 日本貨物鐵道 · JR東海[國勞本州不採用]事件, 最一小判 2003.12.22, 『勞働判例』, 第864號, 5頁— 중노위의 판단을 지지하는 소수의견이 첨부되어 있다.

275) 万座硫黃事件, 中勞委 1952.10.15, 『命令集』, 第7集, 181頁.

276) 회사합병 사안에 대해 日産自動車事件, 東京地勞委 1966.7.26, 『命令集』, 第34 · 35集, 365頁 참조[결론은 기각].

277) 下井隆史, 「JR不採用事件について」, 山口浩一郎 編 『救濟命令の司法審査』, 日本勞働研究機構, 1998年, 98頁. 앞의 JR北海道 · 日本貨物鐵道[全動勞不採用]事件, 東京高判 2002.10.24, 勞判 841號, 29頁은 문제를 이처럼 정확하게 해석하고 있지만, JR北海道 · 日本貨物[不採用]事件, 東京高判 2000.11.8은 문제를 아래의 (나)의 유

② 피해고자가 속하는 노동조합이 해고철회와 퇴직조건에 관한 단체교섭을 신청한 경우에는 해고를 한 기업은 교섭에 응해야 할 지위(사용자로서의 지위)에 서는 것이 원칙이며, 이것은 피해고자가 해당조합에 해고된 후에 가입한 경우에도 마찬가지다. 그러나 해고가 교섭대상이 되지 않은 채 오랜 기간이 경과되어 버린 경우에는 해고를 한 기업은 피해고자에 대해 이미 '사용자'로서의 지위를 상실하였다고 판단하게 된다.[278] 한편 해고된 후 몇 년이 경과된 단체교섭의 요청이라도 사용자로서 교섭에 응해야 한다고 판정한 경우도 있다.[279]

③ 다음으로 근로계약상 사용자는 아니나, 실제상 이에 근사한 지위에 있는 기업도 부당노동행위가 금지되는 '사용자'로 인정되는 경우가 있다. 이 유형에는 다음과 같은 사례가 속한다.[280]

첫째, 어떤 두 개의 기업이 모자회사 관계에 있고 모회사가 자회사의 업무운영 및 근로자의 대우에 대해 지배력을 가지고 있는 경우, 모회사가 자회사의 종업원에 대해 '사용자'(노조법 제7조) 지위에 있다고 보는 사례(모회사의 사례)이다(〈그림 8〉). 즉 모회사가 주식소유, 임원파견, 하청관계 등에 의해 자회사의 경영을 그의 지배하에 두고 그 종업원의 근로조건에 대해 현실적이면서 구체적인 지배력을 가지고 있는 경우에는, 모회사는 자회사 종업원의 근로조건에 대하여 자회사와 함께 단체교섭상의 사용자로서의 지위에 있다(단체교섭과 지배개입금지를 명할 수 있다). 단, 모회사에 대해 자회사 종업원에 대한 고용관계상의 사용자성도 인정할 수 있기(자기 종업원으로서의 취급을 명하기) 위해서는 그러한 지배관계에 동반하여 자회사가 거의 모회사의 한 사업부문으로 간주할 수 있는 상태에 있고, 그 결과 자회사 종업원의 노무제공과 이들에 대한 임금지불관계가 거의 이들과 모회사 사이에 성립되어 있다고 인정할 수 있는 점이 필요하다.

또한 주식을 소유한 회사와 사업회사와의 관계에 대해서도 위와 동일한 문제가 발생할 수 있으나, 위와 동일한 법리에 의해 처리되게 된다.[281]

둘째, 어떤 기업이 다른 기업에 대해 일정 업무를 도급하거나 자기 피용자를 해당

형과 혼동하고 있다. 앞의 最一小判 平2003.12.22는 (나)의 유형과의 혼동은 피하고 있다.

278) 東洋鋼板事件, 中労委 1978.11.15, 『命令集』, 第64集, 777頁; 三菱電機事件, 東京地判 1988.12.22, 『労民』, 第39巻6號, 703頁; 日立メディコ事件, 中労委 1985.11.13, 『命令集』, 第78集 43頁.

279) 日本鋼管事件, 最三小判 1986.7.15, 『労働判例』, 第484號, 21頁.

280) 상세한 것은 岸井, 앞의 책, 218頁 이하.

281) 土田道夫 「純粋持株會社と労働法上の諸問題」 『日本労働研究雜誌』, 第51號, 5頁 이하.

다른 기업(인수기업)에 제공하고 있는 경우, 인수기업이 제공된 근로자(사외 근로자)에 대해 '사용자'(노조법 제7조)의 지위에 있다고 보는 사례(사외 근로자 인수의 사례)이다(〈그림 9〉). 즉 인수기업이 사외 근로자의 근로조건 그 밖의 대우에 대해 현실적이면서 구체적인 지배력을 가지고 있는 경우에 인수기업은 사외 근로자에 대해 단체교섭상의 사용자로서의 지위에 있다.[282] 게다가 제공기업이 기본적 근로조건(급여 · 일시금 등)을 지배 · 결정하고 인수기업이 취업을 둘러싼 근로조건을 지배 · 결정하고 있다고 하는 경우, '사용자'의 지위는 이러한 지배력의 분유에 따라 분담되어야 하는 것이 된다.[283] 그러나 인수기업에 대해 사외 근로자에 대한 고용관계상의 사용자성을 인정하기 위해서는 인수기업이 사외 근로자를 실질적으로 자기 종업원처럼 취급하여 양자간에 거의 노무제공과 임금지불관계가 성립하고 있다고 인정할 수 있는 상황이 필요하다.[284] 또한 출향 근로자가 속하는 노동조합과 사용기업과의 관계에 대해서도 동일하게 판단해도 좋다고 본다.[285]

〈그림 8〉

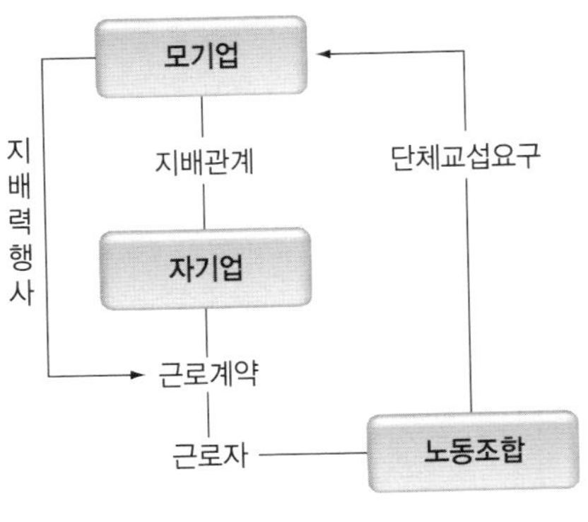

〈그림 9〉

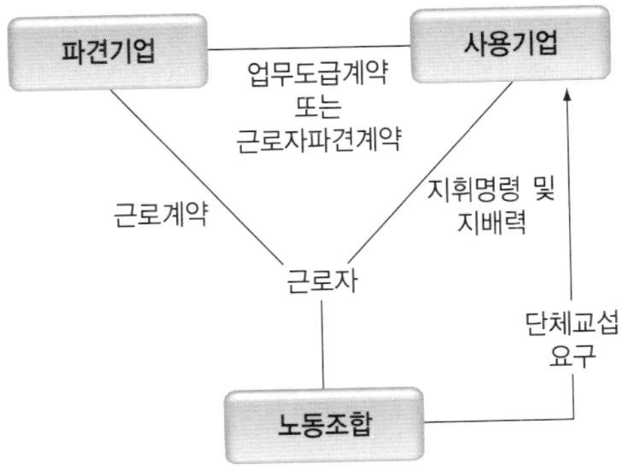

282) 阪神観光事件, 最一小判 1987.2.26, 『勞働判例』, 第492號, 6頁—카바레의 밴드마스터와의 계약에 근거하여 사용하고 있던 밴드맨에 대한 단체교섭상의 사용자성을 긍정.

283) 朝日放送事件, 最三小判 1995.2.28, 『勞働判例』, 第668號, 11頁은 파견근로자의 사용기업이 파견근로자의 근무시간의 분담, 노무제공의 양상, 작업환경 등을 지배 · 결정하고 있는 사안에 대해 사용기업의 부분적 사용자성을 인정했다. 상세하게는 菅野和夫「業務處理請負契約による就勞先企業の団体交渉上の『使用者』性の有無—東京高判平成4.9.16(朝日放送事件)」『ジュリスト』, 有斐閣, 第1027號, 1993年7月15日, 31頁을 참조.

284) 油研工業事件, 最一小判 1981.5.6, 『民集』, 第30巻 4號, 409頁—사외 근로자의 직접 고용주가 법인격만으로 존재하고, 실제로는 존재하지 않는 사안.

285) 판례로서는 ネッスル · 日高乳業事件, 札幌高判 1992.2.24, 『勞働判例』, 第621號, 72頁.

이상의 모자회사, 파견 · 사용의 유형이 아닌 경우에도 어떤 기업이 융자나 거래관계를 통해 다른 회사 근로자의 고용 및 근로조건에 대하여 현실적이고 구체적인 지배력을 발휘하는 경우에는 그 기업이 당해 타 기업 근로자에 대해 '사용자'가 될 수 있다.[286] 더구나 노동조합을 소멸시키기 위해 회사를 일단 해산하면서 실질상 동일 사업을 계속하는 '위장해산'의 경우에는 그 실질상의 동일기업은 부당노동행위법상 해산기업의 사용자로서의 지위(책임)를 승계하게 된다.

3. 소 결(소위 '지배력설'에 따른 사용자 개념의 해석과 이해)

'지배력설'은 근로계약의 유무에 관계없이 근로관계상의 제이익에 대한 실질적인 영향력 내지 지배력을 가진 자를 단체교섭의 상대방 또는 부당노동행위의 주체로서의 사용자로 보아야 한다는 견해이다. '지배력설'은 부당노동행위제도가 행위자의 개인책임과 계약책임을 묻는 것이 목적이 아니고 단결권 침해라는 객관적인 상태를 시정 · 회복하는 것을 정책적인 목표로 하기 때문에 사용자로서의 권한을 실질적으로 행사할 수 있는 지위에 있는 자를 널리 사용자로 인정해야 한다고 본다.[287]

일본 학계의 논의를 살펴보자면 먼저, '지배력설'을 주장하는 대표적인 학자라고 할 수 있는 西谷敏 교수는 일본 노조법 제7조의 부당노동행위와 관련하여 사용자의 의의와 범주를 2가지 영역으로 개념화시키고 있다.[288] 첫째, 기업 내부의 관리직이나 근로자가 행한 행위가 어떤 경우에 사용자의 행위로 간주되는가(사용자에게 귀책되는가)이다. 둘째, 형식상으로는 좁은 의미의 사용자가 아니지만 과거에 사용자였던 자, 장차

286) 모자회사 및 파견을 받아들이는 이외의 기업관계에서는 실제로는 그러한 지배력은 발생하기 어렵다고 생각된다. 증권거래소의 중립회원기업 근로자에 대한 사용자성을 부정한 大阪證券取引所事件, 東京地判 2004.5.17, 『勞働判例』, 第876號, 5頁 참조.

287) 김정숙, "간접고용과 집단적 노사관계의 문제(사용자 개념을 중심으로)" 『행정재판실무연구Ⅱ(재판자료 제114집)』, 법원도서관, 2008, 595면.

288) 일본 노조법은 우리나라 노조법 제2조 2호와 달리 '사용자'에 대한 정의규정을 별도로 두고 있지 않다. 다만, 주로 사용자의 개념이 이론적으로 문제가 되어온 규정이 일본 노조법 제7조의 부당노동행위에 관한 내용이다. 일본 노조법 제7조는 "사용자는 다음 각 호의 행위를 해서는 안 된다(使用者は、次の各号に掲げる行爲をしてはならない)"라는 규정을 두어 부당노동행위에 해당하는 '사용자의 행위'를 금지하고 있다. 물론 일본의 근기법 제10조는 "이 법에서 사용자란 사업주 또는 사업 경영 담당자 기타 그 사업의 근로자에 관한 사항에 대하여 사업주를 위하여 행위하는 모든 자를 말한다(この法律で使用者とは、事業主又は事業の経營担当者その他その事業の勞働者に關する事項について、事業主のために行爲をするすべての者をいう)"라고 하여 우리나라 근기법 제2조 2호, 노조법 제2조 2호와 동일하게 사용자에 대한 정의규정을 두고 있다.

사용자가 되려고 하는 자, 나아가 노동관계에 직접 · 간접으로 영향력을 행사하는 자가 일본 노조법 제7조에서 말하는 사용자로 간주되는가 하는 점이다. 이는 사용자 개념의 외연으로서 논해지는 문제라고 할 수 있다.

종래에는 첫 번째 유형의 대표적인 사례라고 할 수 있는 '관리직 등의 행위와 사용자 책임'이 주로 논하여졌으나, 최근에 와서는 두 번째 유형에 해당하는 '근로자파견의 관계나 종속기업의 관계에서의 사용자 책임'에 관한 논의가 활발해지게 되었다.

특히, 1995년 일본 최고재판소가 아사히방송 사건[289]에서 독립성을 가지는 하청기업이 도급계약에 근거하여 방송프로그램 제작을 위한 촬영, 조명, 음향효과 등에 종사하는 근로자를 파견하고 있던 사례에 대해서도 근로자를 사용한 아사히방송사의 부당노동행위 책임을 인정하면서, 이 문제에 대해서 다음과 같은 명제가 확립되었다. 즉, "고용주 이외의 사업주이더라도 고용주로부터 근로자를 파견 받아서 자기의 업무에 종사하게 하여 그 근로자의 기본적인 근로조건에 대해서 고용주와 부분적으로 동일시할 수 있을 정도로 현실적이고도 구체적으로 지배, 결정할 수 있는 지위에 있는 경우에는 그 한도에서 노조법 제7조의 사용자에 해당한다"는 것이다.

일본의 학설은 오래전부터 일본 노조법 제7조의 사용자는 실질적으로 판단하여야 한다는 입장에서, 사용자란 "근로자의 노동관계 … 에 영향력 내지 지배력을 미칠 수 있는 지위에 있는 일체의 자"라고 넓게 정의하여 왔다. 이에 대하여 최근 일본에서 대립되는 견해는 '사용자'를 "근로계약관계 내지 그것에 인접 유사한(근사한) 관계를 기반으로 하여 성립하는 단체적 노사관계의 일방 당사자"라고 하고, 이 중 '유사한(근사한)'이란 근로자의 근로조건에 "현실적이고도 구체적인 지배력"을 가지고 있는 것이라고 설명한다.[290] 이는 아사히방송 사건에 대한 일본 최고재판소 판결의 표현에 정확하게 대응하는 이론이다. 다만, "사용자"의 범위가 무한정 확대되는 것은 피해야 하는 것이

289) 最三小判 1995.2.28.『民集』, 第49卷2號, 559頁.

290) 菅野和夫,『勞働法(第9版)』, 弘文堂, 2010, 667-672頁 참조. 좀 더 엄밀하게 구별을 하자면, 菅野和夫 교수가 주장하는 이 일본의 유력설은 국내에서 "근로계약관계 유사성설"로 평가되고 있다. "근로계약관계 유사성설"은 근로계약관계라고 하는 비교적 명확한 기준을 사용하면서 그와 함께 근로계약관계와의 유사 내지 인접성이라는 기준을 사용하여 적용상 탄력성을 기하고자 하나, 다시 다른 구체적인 징표에 의하여 보충 되어져야 하고 결국에는 근로계약의 당사자성 여부에 집착하게 되어 지나치게 사용자의 범위를 협소하게 인정하게 될 우려가 있으며 현재의 복잡 · 다면화되고 있는 고용관계를 충분히 반영하지 못하는 한계가 있는 것으로 평가되고 있다(김정숙, "간접고용과 집단적 노사관계의 문제(사용자 개념을 중심으로)",『행정재판실무연구Ⅱ(재판자료 제114집)』, 법원도서관, 2008, 594면.

분명하지만, "근로조건"에 관한 "현실적이고도 구체적인 지배력"이라는 요건은 다소 지나치게 엄격한 측면이 있다고 평가되고 있다.

西谷敏 교수는 아사히방송 사건에 대한 일본 최고재판소의 판결이 근로자를 파견하는 기업과 근로자의 근로계약이 단순히 형식에 불과한 경우에 한해서 수용기업의 사용자 책임을 인정한 원심 판결을 파기하고, 노조법상 사용자가 중첩적으로 존재할 수 있다는 것을 인정한 점에서 중요한 의의를 가진다고 평가한다. 그러나 일본 최고재판소 판결에서 말하는 "고용주와 … 동일시할 수 있는", "현실적이고도 구체적", "지배 · 결정" 등의 문언이 활보하는 것은 문제가 있다고 하면서, … (중략) … 이 최고재판소 판결이 파견이용형의 사례를 전제로 한 명제임에도 불구하고 그것은 노동관계단절형[291]과 지배종속형의 사례에 기계적으로 적용하려고 하는 최근 판례와 노동위원회 명령의 태도에는 중대한 문제가 있다고 비판하고 있다. 즉, 아사히방송 사건에 대한 최고재판소의 판결은 파견이용형을 전제로 한 사안에 '지배력설'이 적용된 것인데, 아사히방송 사건에 대한 최고재판소의 판결 내용의 문구를 성격이 다른 지배종속형 사안에 대하여 기계적으로 적용하는 것은 결코 실질적으로 타당한 해결을 가져오지 않는다고 한다.[292]

또한 西谷敏 교수는 단체교섭에서 사용자성이 문제되는 경우 종속기업도 그것이 완전히 형해화 되어 있는 경우는 별개로 하고 단체교섭에 응해야만 하지만, 지배기업도 또한 그 실질적인 영향력에 따라 단체교섭에 응해야 하는 지위에 있다는 견해를 제시하고 있다.[293] 또한 전속 하도급기업이 주문기업이나 위탁자인 기업에 사실상 지배되는 경우도 많다. 이 경우 자본관계와 임원 등에 대해서 지배종속의 관계가 없다고 하

291) 근로관계 단절형의 전형적인 예는 역시나 근로자가 해고를 당했거나 퇴직을 한 경우이다. 즉, 해고나 퇴직 자체에 관하여 다툼이 있는 이상 근로자와의 관계에서 前 사용자는 여전히 책임을 져야 할 사용자라고 볼 수 있을 것이다.

292) 종전부터 노동위원회의 명령은 이러한 사고방식을 바탕으로 종속기업을 본질적으로 지배하는 기업의 사용자성을 인정하였고, 또한 판례에서도 같은 입장을 취하는 것을 적지 않게 볼 수 있다. 최근에도 "실질적인 영향력 및 지배력"을 근거로 회사의 일대 주주인 노동조합의 사용자성을 인정한 예가 보인다. 그러나 근래에는 특히 법원 및 법원의 태도를 의식한 일부 노동위원회의 명령은 지배기업의 사용자성을 쉽게 인정하지 않는 경향이 있다(西谷敏, 『労働法』, 日本評論社, 2008年, 483-486頁 참조).

293) 예컨대 두 사용자는 각각의 사실상 영향력과 책임에 따라 중첩적으로 단체교섭에 관한 책임을 지게 된다고 한다. 그 때 지배기업은 문제가 되고 있는 근로조건 등에 대해서 "현실적이고도 구체적으로" 결정하고 있다는 사실이 없더라도, 주식소유, 임원파견 그 밖의 것을 통하여 종속기업의 경영 전체를 지배하거나 간접적으로 근로자의 근로조건 결정에 "실질적인" 영향력을 미치고 있는 한, 지배기업과 단체교섭 없이 문제의 해결을 바랄 수 없기 때문에 지배기업의 사용자성을 인정해야 한다고 주장한다.

더라도 주문기업 등이 도급계약 해약과 조건 변경을 통해서 사실상 하청기업의 생사여탈권을 장악하고 있다고 보이는 경우에는 그 실태에 따라 모기업의 사용자성을 인정해야 한다고 한다.[294)]

이에 菅野和夫 교수는 아사히방송 사건에 대한 일본 최고재판소의 판결에 대하여 西谷敏 교수와 비슷하면서도 미묘하게 다른 시각 차이를 보이고 있다. 菅野和夫 교수의 견해에 따르면 인수기업이 사외 근로자의 근로조건 그 밖의 대우에 대해 현실적이면서 구체적인 지배력을 가지고 있는 경우에 인수기업은 사외 근로자에 대해 단체교섭상의 사용자로서의 지위에 있게 된다. 게다가 제공기업이 기본적 근로조건(급여 · 일시금 등)을 지배 · 결정하고 인수기업이 취업을 둘러싼 근로조건을 지배 · 결정하고 있다고 하는 경우, '사용자'의 지위는 이러한 지배력의 분유에 따라 분담되어야 하는 것이 된다.

그러나 인수기업에 대해 사외 근로자에 대한 고용관계상의 사용자성을 인정하기 위해서는 인수기업이 사외 근로자를 실질적으로 종업원처럼 취급하여 양자간에 거의 노무제공와 임금지불관계가 성립하고 있다고 인정할 수 있는 상황이 필요하다고 한다. 물론, 모자회사, 파견 · 사용의 유형이 아닌 경우에도 어떤 기업이 융자나 거래관계를 통해 다른 회사 근로자의 고용 및 근로조건에 대하여 현실적이고 구체적인 지배력을 발휘하는 경우에는 그 기업이 당해 타 기업 근로자에 대해 '사용자'가 될 수 있다. 다만, 菅野和夫 교수는 모자회사 및 파견을 받아들이는 이외의 기업관계에서는 실제로는 그러한 지배력은 발생하기 어렵다고 생각된다는 본인의 견해를 밝히고 있다.[295)]

한편, 西谷敏 교수는 菅野和夫 교수의 이러한 견해와 유사한 태도를 보이기도 하는데, 西谷敏 교수는 지배기업이 사용자로 인정되기 위해서는 그것이 종속기업과 실질적으로 동일하던가 또는 실질상 종속기업의 명운을 좌우할 수 있을 정도의 지배력을 미치고 있는 것으로 충분하다고 한다.[296)]

294) 종속기업이 폐쇄 · 해산되어 근로자가 해고된 경우에는 지배기업과 종속기업의 구체적인 관계, 폐쇄 · 해산에 대한 지배기업의 관여 등 구체적 사실을 고려하여 지배기업의 책임 유무, 책임 내용을 판단하게 된다. 이러한 경우 개별노동관계법상의 문제(지배기업의 고용책임, 임금지급의무 등)에 대해서는 법인격 부인의 법리를 적용하여 해결하는 것을 생각할 수 있지만, 특히 부당노동행위의 행정구제에서는 꼭 이 법리를 적용하지 않더라도 지배기업과 종속기업 사이에 실질적인 동일성이 인정될 수 있으면 충분하다고 해석된다고 한다. 西谷敏 『勞働法』, 日本評論社, 2008年, 483-486頁 참조.

295) 菅野和夫 『勞働法(第9版)』, 弘文堂, 2010年, 667-672頁 참조.

296) 西谷敏 『勞働法』, 日本評論社, 2008年, 483-486頁 참조.

아사히방송 사건에 관한 일본 최고재판소의 판결을 바라보는 西谷敏 교수와 菅野和夫 교수의 견해가 갖는 차이는 결론적으로 "과연, '지배력설'이 적용될 수 있는 고용형태는 무엇인가?"라는 질문으로 연결될 수 있다. 즉, 西谷敏 교수는 파견이용형이 아닌 다른 고용형태(예컨대, 지배종속형)에도 다양하게 '지배력설'이 적용이 가능하다는 입장이고, 菅野和夫 교수는 '지배력설'이 아닌 '근로계약관계 유사성설'의 입장에서, 西谷敏 교수가 주장하는 '지배력설'은 모자회사 및 파견을 받아들이는 이외의 기업관계에서는 적용되기 어렵다고 보는 입장인 것으로 판단된다.

다시 말하면, 西谷敏 교수는 원청회사가 하청회사에게 실질적 지배력을 행사하는 지위에 있고, 그 실질적인 지배력이 하청근로자에게도 미치는 고용형태라면 '지배력설'을 적용하여 원청회사를 하청근로자의 사용자로 인정할 수 있다는 것이다. 반면, 菅野和夫 교수는 원청회사가 하청근로자에게 직접 실질적인 지배력을 행사하여 모자회사 관계를 포함한 근로계약 또는 파견계약 등으로 통칭되는 유사근로관계가 전제가 되는 고용형태에 대하여 아사히방송 사건에 관한 일본 최고재판소의 판결과 같은 결과가 도출될 수 있다는 입장인 것이다. 결국, 西谷敏 교수는 적법한 도급의 고용형태를 유지하고 있다하더라도 '지배력설'이 적용될 수 있고, 菅野和夫 교수는 도급의 고용형태가 모자회사 또는 불법파견의 형태로 사실상 원청회사가 '사용사업주'로서의 형태를 갖추고 있을 때 '근로계약관계 유사성설'이 적용될 수 있다는 견해를 유지하고 있는 것으로 정리될 수 있다.

따라서 西谷敏 교수의 견해에 따르면 '지배력설'이 적용될 수 있는 고용형태는 제한이 없으며, 菅野和夫 교수의 견해에 따르면 '근로계약관계 유사성설'이 적용될 수 있는 고용형태는 모자회사, 근로자파견계약관계 등 기타 근로계약관계에 준할 만큼의 사실이 인정될 수 있는 상황으로 제한된다.

4. 사용자 개념의 확장[297)]

(1) 일반론

사내하도급 근로자로 구성된 노동조합에 대해서 원사업주는 노동조합법상의 사용자로서의 책임을 부담하는가의 문제, 즉 노동조합법상의 사용자의 개념의 범위에 관해서 종래 일본의 학설과 판례는 근로계약상의 사용자의 범위 보다는 넓게 해석해야 한다는데 대체적으로 일치하고 있다.[298] 그러나 그 범위를 어디까지로 볼 것인가, 즉 어떠한 판단기준에 따라서 이를 획정해야 하는가에 대해서는 크게 보면 두 가지의 견해가 대립되어 왔다고 할 수 있다.[299] 첫째로, 노동조합법 제7조(부당노동행위) 소정의 사용자를 근로계약의 일방 당사자인 고용주인가의 여부를 중심적 기준으로 하면서 동 규정의 취지·목적에 비추어 그것을 어디까지 확장할 수 있는가라는 관점으로부터 문제를 고찰하려는 견해가 있다(이른바 근로계약기준설). 이 견해의 대표자인 菅野和夫는 노동조합법상의 사용자란 "근로계약관계 내지는 그것에 인접 또는 근사한 관계를 기반으로 하여 성립한 단체적 노사관계상의 일방 당사자를 의미한다"고 한다.[300] 둘째로, 근로계약관계의 존재에 구애받지 않고 당해 노동관계에 대해서 부당노동행위법의 적용을 필요로 할 정도의 실질적인 지배력 내지는 영향력을 미칠 수 있는 지위에 있는 자인가의 여부에 따라서 사용자 개념을 포괄적으로 결정하려고 하는 견해가 있다(이른바 '지배력설').[301]

이러한 학설의 대립 상황 속에서 판례는 아사히방송 사건(朝日放送事件, 最高裁判所判決)[302] 이래 동 판결이 제시한 판단기준에 따르고 있다고 할 수 있다. 동 판결은 "기본적으로 근로조건 등에 대해서 고용주와 부분적이라고 하여도 동일시 할 정도로 현실적이고 구체적으로 지배, 결정할 수 있는 지위"에 있는 자를 노동조합법 제7조의 사용자, 즉 부당노동행위 주체로서의 사용자라고 판단하고 있다. 이 판결은 이른바 "부분적 사용자성" 또는 "중첩적 사용자성"을 인정하고 있다는 점에서 이후의 판례와 노동위원회의 명령에 중대한 영향을 미쳤다. 특히 위 최고재판소의 판결이 파견근로의 상황에서 발생한 사안에 관한 판단이지만 동 판결이 제시한 판단기준은 파견근로의 상황에서 발생한 분쟁에 국한되지 않고 널리 노동조합법 제7조의 사용자성의 판단기준으

297) 이정, "일본의 도급과 파견의 판단기준", 『노동법포럼』 제11호, 2013, 19-28면.
298) 노동조합법 제7조(부당노동행위) 소정의 사용자를 실질적으로 포착하려는 판례나 노동위원회의 명령이 다수 등장하기 시작하는 1960년대 중반 이후의 판례나 노동위원회의 명령을 상세히 분석한 문헌으로서는 岸井貞男 『不當勞働行爲の法理論』, 總合勞働研究所, 1978年을 참조.
299) 福岡右武 「最高裁判所判例解說」 『法曹時報』, 第50卷 第3号, 1998年, 803頁.
300) 菅野和夫 『勞働法(第9版)』, 2010年, 667頁.
301) 西谷敏 『勞働組合法(第2版)』, 有斐閣, 2006年, 150頁.
302) 最高裁判所, 第3小法廷, 1995.2.28判決, 『勞働判例』, 第668号, 11頁.

로서 이후의 판결과 노동위원회의 명령에 의해서 받아들여져 왔다. 그렇지만 한편으로 사용자성의 인정을 위해서는 당해 근로조건에 대한 지배력이 "현실적이고 구체적으로" 존재해야 한다는 것을 요구하는 것은 노동조합법상의 사용자 개념을 지나치게 좁게 해석한다고 하는 비판도 유력하다.[303)]

(2) 지배력설의 의의

법원이 원청회사를 하청근로자 노조에 대한 단체교섭 상대방으로서의 사용자로 인정하는 이론적 근거는 '지배력설'이다. '지배력설'은 일본 노동법 학계에서 다수설로 평가 받고 있으며, 우리나라에도 널리 알려져 최근 학계와 실무계에서 다양하게 접목되어 활용되고 있다.

앞서 '지배력설'에 관한 설시를 한바 있지만 다시 그 요점을 정리하자면 다음과 같다. '지배력설'은 근로계약의 유무에 관계없이 근로관계상의 제이익에 대한 실질적인 영향력 내지 지배력을 가진 자를 단체교섭의 상대방 또는 부당노동행위의 주체로서의 사용자로 보아야 한다는 견해이다.

(3) "아사히방송 사건"에 대한 일본 학계의 시각차이

일본 학계에서 '지배력설'을 주장하는 대표적인 학자라고 할 수 있는 西谷敏 교수는 일본 노조법 제7조의 부당노동행위와 관련하여 사용자의 의의와 범주를 ㉠사용자행위(귀책)관련 판단과 ㉡일본 노조법 제7조에서 말하는 사용자로 간주되는가 하는 점, 2가지 영역으로 개념화시키고 있으며 '이는 사용자 개념의 외연으로서 논해지는 문제라고 할 수 있다.'라는 입장을 견지하고 있다. 특히, 1995년 일본 최고재판소가 아사히방송 사건(朝日放送事件)에서 "고용주 이외의 사업주이더라도 고용주로부터 근로자를 파견 받아서 자기의 업무에 종사하게 하여 그 근로자의 기본적인 근로조건에 대해서 고용주와 부분적으로 동일시할 수 있을 정도로 현실적이고도 구체적으로 지배, 결정할 수 있는 지위에 있는 경우에는 그 한도에서 노조법 제7조의 사용자에 해당한다"는 판결이 나와 지배력설에 입각한 판례의 입장을 피력한바 있다.

---

303) 西谷敏『勞働組合法(第2版)』, 2006年, 150頁.

일본의 학설은 오래전부터 일본 노조법 제7조의 사용자는 실질적으로 판단하여야 한다는 입장에서, 사용자를 '지배력설'에 따라 넓게 정의하여 왔다. 西谷敏 교수는 아사히방송 사건에 대해 최고재판소의 판결은 파견이용형을 전제로 한 사안에 '지배력설'이 적용된 것인데, 아사히방송 사건에 대한 최고재판소의 판결 내용의 문구를 성격이 다른 지배종속형 사안에 대하여 기계적으로 적용하는 것은 결코 실질적으로 타당한 해결을 가져오지 않는다고 한다.

그러나 아사히방송 사건에 대한 일본 최고재판소의 판결에 대하여 菅野和夫 교수는 인수기업이 사외 근로자의 근로조건 그 밖의 대우에 대해 현실적이면서 구체적인 지배력을 가지고 있는 경우에 인수기업은 사외 근로자에 대해 단체교섭상의 사용자로서의 지위에 있게 된다. 그러나 인수기업에 대해 사외 근로자에 대한 고용관계상의 사용자성을 인정하기 위해서는 인수기업이 사외 근로자를 실질적으로 종업원처럼 취급하여 양자 간에 거의 노무제공와 임금지불관계가 성립하고 있다고 인정할 수 있는 상황이 필요하다고 한다. 다만, 모자회사 및 파견을 받아들이는 이외의 기업관계에서는 실제로는 그러한 지배력은 발생하기 어렵다고 생각된다는 본인의 견해를 밝히고 있다.

(4) '지배력설'이 적용될 수 있는 고용형태의 해석론

두 교수의 견해에 따른 중요 결론적 차이점은 '지배력설'이 적용될 수 있는 고용형태는 무엇인가? 라는 질문으로 연결될 수 있다. 즉, 西谷敏 교수는 원청회사가 하청회사에게 실질적 지배력을 행사하는 지위에 있고, 그 실질적인 지배력이 하청근로자에게도 미치는 고용형태라면 '지배력설'을 적용하여 원청회사를 하청근로자의 사용자로 인정할 수 있다는 것이다. 반면, 菅野和夫 교수는 원청회사가 하청근로자에게 직접 실질적인 지배력을 행사하여 모자회사 관계를 포함한 근로계약 또는 파견계약 등으로 통칭되는 유사근로관계가 전제가 되는 고용형태에 대하여 아사히방송 사건에 관한 일본 최고재판소의 판결과 같은 결과가 도출될 수 있다는 입장인 것이다. 따라서 西谷敏 교수의 견해에 따르면 '지배력설'이 적용될 수 있는 고용형태는 제한이 없으며, 菅野和夫 교수의 견해에 따르면 '근로계약관계 유사성설'이 적용될 수 있는 고용형태는 모자회사, 근로자파견계약관계 등 기타 근로계약관계에 준할 만큼의 사실이 인정될 수 있는 상황으로 제한된다.

Ⅸ. 사내하도급 근로자에 대한 보호정책

1. 추진 배경

사내하도급은 이미 1990년대에 광범위하게 활용되고 있었지만, 당시의 노동자파견법이 직접 제조공정에 대한 근로자파견이 금지되어 있었기 때문에 사내하도급에 대해서는 정책적으로뿐만 아니라 사회적으로도 그다지 관심의 대상이 되지 않았다. 그러나 2004년 3월부터 직접 제조공정에 대한 근로자파견이 허용되고 그 수가 비약적으로 증가하는 한편, 1990년 중반 이후에 정부에 의해서 본격적으로 추진된 시장주의적 구조개혁에 의해 비정규직이 대폭적으로 증가하게 되면서 비로소 위장도급에 대한 사회적 관심이 높아지게 되었다. 직접적으로는 2006년 7월부터 일본의 유력 일간지인 아사히신문(朝日新聞)이 위장도급의 실태에 관한 일련의 특집 기사를 게재하기 시작하면서 사회적 관심은 폭발적으로 증가하였고 이는 곧 사회적 · 정치적 긴급 현안이 되었다.

2. 후생노동성의 정책

(1) 위장도급 적정화 캠페인의 실시

위의 상황을 맞이하여 담당부처인 후생노동성은 두 가지의 방향으로 대처하였는데 첫째로 당면 현안인 위장도급에 대한 감독의 강화였다. 2006년 9월 4일 근로기준국장 · 직업안정국장 공동명의(基發第0904001號 · 職發第0904001號)로 전국의 노동국(우리나라의 노동청에 해당)에 대해서 근로기준행정과 직업안정행정이 연계하여 제조업 등을 중심으로 한 위장 도급을 일소하는데 전력을 기울일 것을 시달한다. 이에 전국을 8개 권역으로 나누어 각 권역별로 노동국이 합동하여 2006년 10월부터 12월까지를 "위장도급적정화 캠페인" 기간으로 설정하고 집중적으로 현장조사와 감독을 행하는 한편

교육 · 홍보활동을 전개하였다.

이러한 대대적인 캠페인 결과를 보면 4,217개 사업소를 대상으로 현장조사를 벌여 3,645개 사업소에 대해서 시정지도를 행하였는데 이중 제조업을 영위하는 사업소는 935개였는데 이중 721개 사업소에 대해서 시정지도를 하였다. 후생노동성이 2003년부터 행한 문서지도의 건수에 관한 통계를 보면 매해 문서지도 건수가 증가하고 있는데 2003년도에는 258건이었던 것이 2006년도에는 2,646건으로 급격히 증가하는데 2005년에도 문서지도 건수는 974건이었다.

(2) 가이드라인의 작성

두 번째로 후생노동성은 위의 위장도급에 대한 감독 강화와 병행하여 제조업의 하도급사업에 관하여 그 실태를 분석하고 하도급사업의 적절한 실시와 하도급 근로자들의 고용관리의 개선을 위해서 도급자와 수급자가 취해야 할 조치에 관한 가이드라인을 작성할 것을 결정하고 그 준비 작업으로 2006년 10월 4일부터 관련 전문가들에 의한 연구회(“제조업 도급사업의 적정화 및 고용관리의 개선에 관한 연구회”)를 개최하였다.

동 연구회의 개최의 취지에 대해서 후생노동성은 “이른바 위장도급의 발생을 비롯한 근로자파견법 등의 노동관계법령의 위반, 근로조건이나 처우의 개선의 필요성, 도급인의 사업장에서 일하는 근로자들의 커리어 전개의 경로가 명확하지 않은 점 등 다양한 문제점들이 지적되고 있는 바, 재도전이 가능한 사회의 실현을 위하여 이들 문제는 긴급한 과제”라고 하고 있다.

대학의 연구자들로 구성된 동 연구회는 2007년 6월까지 총 10회에 걸쳐 관계 당사자들에 대한 면접조사와 관련 문헌 조사를 실시하고 이를 바탕으로 하여 과제를 도출한 뒤 원청사업주와 하도급사업주가 취하여야 할 조치를 담은 가이드라인과 이를 현장에서 보다 쉽게 적용할 수 있도록 하기 위해서 구체적인 적용례 등을 담은 체크리스트를 작성하여 연구회의 보고서를 제출하였고 후생노동성은 이를 거의 그대로 받아들여 2007년 6월 29일 가이드라인(“제조업 도급사업의 고용관리의 개선 및 적정화의 촉진을 위해 도급인이 강구해야 할 조치에 관한 가이드라인”과 “제조업 도급사업의 고용관리의 개선 및 적정화의 촉진을 위해 수급인이 강구해야 할 조치에 관한 가이드라인”), 체크리스트, 가이드라인의 해설을 작성하여 일선 노동국에 하달하였다.

3. 입법상의 정책

(1) 갱신거절에 대한 제약

사내하청을 포함한 도급근로자의 경우, 기간의 정함이 있는 근로계약을 체결하고 있는 경우가 상당수 있다. 이 경우에는 약정된 계약기간이 만료되면 특별한 사정이 없는 한 고용이 종료되는 것이 원칙이다. 따라서 기간제인 도급근로자의 경우, 모두에서도 언급하였듯이 항상 고용이 불안한 상태에 놓이게 된다. 물론 단기계약이 반복적으로 갱신되어 계속적인 고용에 대한 기대권이 발생한 경우에는 '해고권 남용의 법리'가 유추 · 적용될 여지도 있지만, 이러한 법리는 매우 제한적으로 해석되기 때문에 기간제 근로자를 보호하는데 충분하지 못하다.

이에 2012년 8월에는 노동계약법을 개정하여 위 판례법리를 명문화하여 이미 시행하고 있으며, 이러한 갱신거절의 제한에 관한 법리는 제정법상 근거를 마련하게 되었다.[304] 하지만 원청기업이 하청기업과의 도급계약을 해지함으로써 도급근로자의 고용이 종료되는 경우에 대해서도 위 법리를 적용시킬 것인가에 대해서는 아직까지 이에 대해 일반론을 제시한 판례는 없다. 그렇지만 사내하도급과 같이 원청기업에 사실상 특정 기업이 종속되어 장기간 근로를 제공해 온 경우에는 도급계약이 해지되면 새롭게 원청기업을 찾기가 어려우므로 사실상 해고나 다름없어 이들에 대한 법적 보호를 마련할 필요가 있다고 생각한다.

(2) 무기계약으로 전환

위에서 언급한 갱신거절의 문제도 궁극적으로는 기간제근로의 구조에서 파생하는 것이므로, 이러한 문제를 해결하기 위해서는 기간제근로에 대한 법적 제한이 필요하다. 이에 2012년 8월에는 노동계약법을 개정하여, 기간제근로계약이 1회 이상 갱신되어 근무기간이 통산 5년을 초과한 경우, 근로자는 당해 근로계약이 만료된 시점부터 '기간의 정함이 없는 근로계약'으로의 전환을 신청할 수 있는 권리를 가지게 되며, 당

304) 개정 노동계약법 제19조.

해 근로자가 이러한 권리를 행사한 경우에는 사용자는 근로자의 신청을 승낙한 것으로 간주하는 규정이 마련되게 되었다.[305)]

참고로, 2012년 개정된 노동자파견법에서도 이와 비슷한 제도를 도입하였다. 구체적으로는 불법파견(위장도급)의 경우, 사용기업(원청기업)에 과실이 없는 경우를 제외하고는 사용기업(원청기업)이 지휘명령을 한 근로자에 대하여 직접고용신청을 한 것으로 간주하는 소위 '직접고용신청 간주제도'를 도입하였다. 이 규정 하에서는 사용기업(원청기업)의 직접고용신청에 근로자가 승낙하는 취지의 의사표시를 하면, 당해 근로자와 사용기업(원청기업) 간에 고용계약이 성립하게 된다.[306)]

(3) 산업안전위생에 대한 특별 규제

업무가 수차례에 걸쳐 도급되는 경우, 지휘체계의 중복으로 인하여 구조상 산업재해가 발생하기 쉽고, 산업재해가 발생한 경우 책임소재가 애매모호하게 될 수 있다. 이러한 문제에 대응하기 위하여, 노동안전위생법은 건설업이나 조선업을 하는 원수급업자(元方事業者)에 대해 다음과 같은 규제를 하고 있다.

첫째, 건설업처럼 업무가 중층적으로 도급의 형태로 이루어지는 경우, 각 도급기업의 근로자의 수가 일정 이상(통상은 50명 이상)인 경우에는, 도급인 사업주(元方事業者)는 그 현장에서 취업하는 각 도급기업의 근로자에 대한 산업재해의 발생을 방지하기 위하여 '총괄안정위생책임자'를 선임해야 한다.[307)] 그리고 이 총괄안정위생책임자는 ㉠각 도급기업이 참가하는 산업재해방지를 위한 협의조직의 설치와 운영, ㉡작업간의 연락 · 조정, ㉢작업장소의 순시 등의 사항을 총괄 관리하는 책무를 지게 된다.[308)]

둘째, 제조업에서는 도급인 사업주 스스로가 제조업에 종사하는 경우도 많은데, 이러한 경우에는 도급기업의 근로자와의 혼재로 인하여 산업재해가 발생하기 쉽다. 이에 노동안전위생법은 도급인 사업주로 하여금 산업재해를 방지하기 위하여 연락 · 조정 등에 관한 조치를 강구하도록 규정하고 있다.[309)] 또한 노동자파견법에서도 파견사업

305) 노동계약법 제18조(2013년 4월 1일부터 시행).
306) 노동자파견법 제40조의 6. 단, 이 규정이 시행되는 것은 2015년 10월부터이다.
307) 노동안전위생법 제15조 제1항, 동법 시행령 제7조 제1항. 건설업에 대해서는 약간의 추가규제가 있다.
308) 노동안전위생법 제15조 제1항.
309) 노동안전위생법 제30조의 2.

주와 사용사업주에 대해 노동안전위생법의 적용에 관한 사항을 상세하게 규정하고 있다.[310)]

X. 사내하도급 근로자에 대한 보호정책

일본에서 도급은 고용의 역사만큼이나 오랜 제도로 그 동안 많은 변천과정을 거쳐 오늘에 이르고 있다. 일본 민법에서 규정한 도급은 원래 일의 완성을 전제로 하는 것이었지만, 전후 고용형태가 다양해지면서 순수한 도급에서 단순한 노무도급에 이르기까지 다양화되었다. 이러한 상황을 반영하여 1985년에 노동자파견법의 제정과 동시에, 도급과 파견의 구별에 관한 기준을 마련하였다. 일본에서 도급은 전 산업에 걸쳐 이용되고 있는데, 그 이유는 경기변동에 따른 구조조정에 유연하게 대응할 수 있으며 코스트를 절감할 수 있다는 메리트가 있어 점점 증가하는 추세에 있다. 한편, 도급은 중층적 하청구조로 인하여 근로조건이 열악하고 고용이 불안하며, 고용관리책임이나 산업재해에 대한 책임소재가 불분명한 점이 문제로 지적되어 왔다.

이러한 관점에서, 본고에서는 도급을 둘러싼 문제 중에서도 사내하도급과 파견을 중심으로 검토를 하였다. 사내하도급은 그 구조가 파견과 흡사하여 양자의 착종(錯綜)으로 여러 가지 부작용이 나타나고 있는데, 그 중에서도 위장도급과 불법파견이 대표적인 문제이다. 그럼에도 불구하고 위장도급에 대한 개념과 파견과의 판단기준을 명확하게 정의한 법규정은 아직까지 존재하지 않을 뿐만 아니라, 위장도급이나 불법파견 관련 소송도 그다지 많지 않다. 그 이유에 대해서는 여러 가지가 있을 수 있지만, 대략 다음과 같이 세 가지 정도로 요약될 수 있다.

첫째, 일본의 경우, 사내하도급이라 하더라고 원 · 하청기업은 장기간에 걸친 신뢰관계를 중요시하기 때문에 도급근로자가 원청기업을 상대로 법적 소송을 제기하는 사례는 극히 예외적이며, 또한 설사 위장도급이나 불법파견으로 인정된다 하더라도 원청기업 근로자와 동일한 근로조건으로 고용이 의제되는 것이 아니라, 고용의제 이전의 근로조건을 유지한 채 근로계약의 상대방만이 변동된다는 점에서 실익이 그다지 크지

310) 노동자파견법 제45조.

않다고 할 수 있다.

둘째, 주무 노동행정기관인 후생노동성의 적극적인 역할과 입법의 정비를 들 수 있다. 다시 말해서, 후생노동성은 위장도급에 관한 매우 상세한 지침을 마련한 다음, 이 지침에 따라 감독 및 지도를 해 오고 있으며, 위장도급이나 불법파견이 적발되면 적법파견 또는 직접고용을 하도록 행정지도를 하고 있다. 아울러, 최근에 들어서는 도급근로자를 포함한 기간제근로자들을 보호하기 위하여 노동계약법을 개정하여 갱신거부를 제한하는 법리를 법규화하는 한편, 기간의 정함이 있는 근로계약이 통산 5년을 경과하는 경우에는 무기계약직으로 전환할 수 있도록 하였다. 또한 중층적인 도급구조에서 발생하기 쉬운 산업재해를 예방하기 위하여 원청기업으로 하여금 총괄안정위생임자를 두어 작업간의 연락과 조정을 하도록 하고 있으며, 하청기업의 산업재해에 대해서는 원청기업의 업무상 재해로 보상이 이루어지고 있다.

마지막으로, 위에서 서술한 바와 같이, 일본의 경우에는 도급과 파견을 구별하는 법적 기준이나 위장도급 내지 불법파견에 대한 판단기준을 명시한 법규는 특별히 존재하지 않는다. 그 대신 행정기관이 이에 대한 상세한 지침과 가이드라인을 정비하여 이러한 공백을 메우고 있으며, 도급과 파견을 둘러싸고 분쟁이 발생한 경우에는 행정부가 적극적인 감독 · 지도를 통하여 이에 대응하고 있으며, 이러한 분쟁이 법적으로 다투어지는 경우에도 사법부가 행정해석을 존중하는 법문화가 정착되어 있는 것이 특징적이다.

제4장

비교법제로부터 시사

Ⅰ. 문제의 소재

기업을 둘러싼 환경은 시시각각으로 변화하고 있다. 특히 21세기에 접어들어 세계화 즉, 글로벌화가 급속히 진행되면서, 지리적 의미인 국경이라는 요소는 거의 무의미해지고 있다. 우리나라 기업은 이제 국내뿐만 아니라 세계적인 기업들과 경쟁을 해야 하는 무한경쟁시대로 접어들었다. 기업으로서는 활동무대가 넓어진 만큼 비즈니스의 기회가 증가했다고도 볼 수 있지만, 한편으로는 '승자독식'이라는 정글의 법칙에 철저하게 대응하지 않으면, 내일을 기약할 수 없는 현실에 직면하게 되었다.

이러한 환경 속에서 기업들은 살아남기 위하여 다양한 생존전략을 꾀하고 있다. 그 대표적인 것 중의 하나가 회사조직의 아웃소싱과 고용의 포트폴리오이다. 우선, 회사조직의 경우, 과거에는 기업이 조직의 거대화를 통한 '중앙통제형 경영방식'을 선호하였지만, 요즈음은 필요에 따라 사내조직이 기능별로 분사화되는 경향을 보이고 있다. 예를 들어 일본의 경우, 과거에는 기업의 핵심조직이라 할 수 있는 인사노무부문마저 외부기업에 아웃소싱으로 전환하는 사례가 늘어나고 있으며, 이러한 경향은 전 분야에 걸쳐 더욱 활발해지고 있다.

이러한 기업조직의 외주화는 당연한 결과이지만 고용의 포토폴리오를 더욱 가속화하고 있다. 예를 들어 기업의 채용방식을 보면, 과거의 정사원 중심의 채용보다는 비용절감 및 경기변동에 대응하기 쉽도록 기간제근로자나 파견근로자와 같은 비정규직의 고용을 선호하는 기업이 늘어나고 있다. 뿐만 아니라, 종전에는 물건의 제작 · 완성에만 활용되던 도급방식이 공정도급이나 노무도급에 이르기까지 매우 다양화되고 있다.

이와 같이 기업을 둘러싼 고용환경이 급속하게 변화되고 있음에도 불구하고 우리나라의 노동법제는 아직도 전근대적인 수준에 머물고 있는 것이 현실이다. 그 대표적인 것이 도급과 파견에 대한 규제방식이다. 다시 말해서 우리나라의 경우, 일본이나 독일과 같은 선진국에 비해 아직도 파견의 대상범위가 지나치게 제한적이며, 도급의 경우에도 공정도급이나 노무도급에 대해서는 매우 제한적으로 해석하고 있는 게 현실이다. 이는 앞서 현대자동차 사안에서 검토한 바와 같이, 작업공정의 특성상 불가피한 업무상의 협력관계까지 부당한 하도급업체에 대한 부당한 지휘감독으로 간주하는 것은 다소 시대착오적인 해석이라 아니 할 수 없다. 이에 비해, 일본에서는 위에서 검토한 바와 같이, 고용환경의 변화를 전제로 파견과 도급에 관한 판단기준을 현실적으로 규정한 다음 유연하게 적용하고 있는 것과는 너무나 대조적이다.

Ⅱ. 서비스업에 대한 판례법리 적용상의 문제점

모두에서 언급한 기업조직의 분사화 및 고용의 포트폴리오는 서비스산업에서 더욱 두드러지고 있다. 특히 최근 미국이나 일본을 비롯하여 선진국 중심으로 IT 및 비즈니스 서비스 등 서비스산업의 글로벌 아웃소싱이 급속히 확산되는 추세에 있다. 특히 미국의 경우에는 세계 최대의 아웃소싱국가로서 미국기업의 90% 이상이 아웃소싱을 경영에 활용하고 있다고 알려지고 있으며, 일본의 경우에도 아웃소싱의 활용분야가 기존의 생산과 단순 업무 위주에서 최근 들어서는 사무관리에서 IT와 서비스 쪽으로 무게중심이 이동하고 있는 것으로 나타나고 있다. 우리나라에서도 과거에는 경비, 청소, 빌딩관리 등과 같이 비교적 간단한 업에서 아웃소싱이 활용되었으나, 최근에 들어서는 제조공정에서 서비스산업에 이르기까지 그 범위가 확산되어 가는 추세를 보이고 있다.

이 중에서도 특히 IT 및 서비스산업의 경우에는 제조공정(자동차 컨베이어시스템)과는 달리 서비스 프로세스가 시공간적으로 분리되어 있는 경우가 많으므로, 이를 유기적으로 결합시키기 위해서는 필연적으로 전산시스템을 이용할 수밖에 없는 구조이다. 예를 들어 전자제품 수리서비스의 경우를 보면, 메이커가 직접 수리를 당당하기 보다는 수리서비스 부문은 전문수리업체에 아웃소싱을 하는 경우가 일반적이다. 하지만 전문수리업체는 수리를 함에 있어 메이커의 부품과 노하우를 활용할 수밖에 없으며, 수리서비스는 곧바로 메이커의 이미지와 결부되기 때문에 아웃소싱업체에 업무상 협조를 구하는 것은 당연하다.

그럼에도 불구하고 이러한 서비스분야의 특수성을 무시한 채, 종전 제조공정에 적용한 '도급과 파견의 구분에 관한 판단기준'을 서비스분야에도 그대로 적용하는 것은 적절치 못하다. 이런 점에서 우리나라의 전자제품 수리서비스와 거의 동일한 구조를 가지고 있는 일본에서는 아무런 문제가 되지 않는 점에 주목할 필요가 있다.

Ⅲ. 소 결

최근에 현대중공업 및 현대자동차의 사내하청 노동조합과 근로자에 대한 원청회사의 부당노동행위 및 종업원지위를 인정하는 주목할 만한 대법원판결이 나오면서 하청문제가 노사 간의 새로운 쟁점으로 등장하고 있다. 위의 두 사건은 그간 논란이 되어온 도급과 관련하여, 첫째 원청회사에 대해서도 하청업체 소속 근로자들로 구성된 노동조합에 대한 부당노동행위의 주체로서의 책임을 인정하였다는 점, 둘째 원청회사가 사실상 하청업체 근로자를 직접 노무지휘를 하였기 때문에 파견에 해당한다고 하여, 하청업체 근로자들의 권리보호를 꾀한 점은 평가할만하다.

한편 이러한 사법부의 판단은 다음과 같은 점에서 우려된다. 첫째, 위의 사건에서 대법원이 제시한 기준에 따를 경우, 하청업체 근로자와 직접적인 고용관계가 없는 원청회사에 대해서까지 사용자 책임을 넓게 인정하게 되어 진정한 도급조차 위축될 가능성이 있으며, 둘째, 기업이 외부노동력의 이용에 소극적으로 되어 노동시장이 경직화되고 고용창출 및 경쟁력 제고에 부정적인 영향을 미치리라 예상된다.

대법원을 중심으로 한 최근의 판례동향을 보면, 하도급관계에서 원청회사와 하청업체 소속 근로자 사이의 고용관계의 성립여부를 판단하기 위하여 주로 다음과 같은 방법이 이용되고 있는 듯하다. 첫째, 하청업체가 사업주로서의 독자성 내지 독립성을 가진 실체가 있는지를 판단한 다음, 실체가 없는 경우에는 원청회사와 하청업체 근로자 사이에 묵시적 근로계약관계를 인정하는 것이다. 둘째, 하청업체가 사업주로서 실체가 있는 경우에는 묵시적 근로계약관계를 주장하지 않고, 그 다음 단계로 원청회사가 직접적으로 하청업체 근로자를 지휘·감독하였는지를 검토하여, 이것이 인정되면 위장도급을 불법파견으로 간주하여, 원청회사와 하청업체 소속 근로자 사이의 고용관계를 인정하거나 또는 직접고용의무를 부과하는 것이다.

그러나 이러한 판단기준에 대해서는 법리적으로 납득하기 어려운 부분이 있다. 첫째, 대법원은 하청업체의 독립성 내지 독자성이 없다고 판단되면 바로 원청회사와 하청업체 소속 근로자 사이에 묵시적 근로계약이 성립된 것으로 간주하고 있는데, 과연 사용종속관계라는 사회적 사실로부터 당사자의 의사와는 상관없이 근로계약관계라는 법적관계를 인정할 것인가에 대해서는 법리적 의문이 남는다.

둘째, 위의 대법원 판례에 의하면, 하청업체의 실체가 인정되는 경우에는 묵시적 계약법리가 원용될 입지가 적어지므로, 하청업체 소속 근로자와 원청회사 간의 관계가 도급이냐 파견이냐의 문제로 귀결된다. 이에 대해 대법원은 위 현대자동차 사건에서도 보듯이, 원청회사가 하청업체의 근로자를 실질적으로 지휘 · 감독한 경우에는 파견에 해당한다고 보고 있다.

그러나 이러한 판단기준에 대해서도 다음과 같은 점에서 의문이다. 즉, 하청업체의 실체는 인정되지만 원청회사가 하청업체 근로자에 대해 실질적으로 지휘 · 감독권을 행사하고 있다는 이유만으로 파견으로 해석하게 되면, 하청업체와 그 소속 근로자와의 근로관계가 존재하고 있음에도 불구하고 '파견'을 매개로 원청회사에 대해 '직접고용 의무'를 부과하여, 결과적으로 묵시적 근로계약관계에 유사한 결과를 가져오기 때문이다. 따라서 도급관계에서의 '지휘 · 감독권'에 대해서는 파견관계에서와는 다른 기준으로 판단할 필요가 있다.

그럼에도 불구하고, 최근에 대법원이 제시한 판단기준에 따를 경우, 컨베이어벨트에서 작업에 종사하는 하청업체 근로자의 대부분은 파견근로자로 간주될 가능성이 높아진다. 이렇게 되면 원청회사는 사내하청 대신 직접 근로자를 고용하거나 아니면 하도급을 아예 포기할 수밖에 없는데, 회사가 전자를 선택할 것으로 기대하기란 어려운 것이 현실이다. 이러한 상황을 인식한다면, 사내하도급의 실태를 감안하여 명백한 위장도급이나 불법파견은 개선하되 건전한 외부노동력시장이 위축되지 않도록 새로운 법리를 개발함과 동시에, '하도급 공정거래 질서'의 확립과 파견대상범위의 확대를 통한 해결을 모색할 필요가 있다고 생각한다.

참고문헌

[국내 단행본]

권 혁, 『단체교섭질서와 원하청관계』, 법문사, 2012.

김유성, 『노동법(Ⅱ)』, 법문사, 2000.

김주수, 『채권각론』, 삼영사, 1997.

김형배, 『근로기준법(초판)』, 박영사, 1986.

_____, 『노동법(제19판)』, 박영사, 2011.

김지형, 『근로기준법해설(개정 제5판)』, 청림출판, 2002.

노동법실무연구회, 『근로기준법주해(Ⅰ)』, 박영사, 2010.

박세일, 『법경제학』, 박영사, 2007.

박제성 · 노상헌 · 유성재 · 조임영 · 강성태, 『사내하도급과 노동법』, 한국노동연구원, 2009.

박홍규, 『노동법론』, 삼영사, 1998.

이병태, 『최신노동법』, (주)중앙경제, 2008.

이상윤, 『노동법(제6판)』, 법문사, 2011.

이 정, 『노동법의 세계』, 한국외국어대학교 출판부, 2009.

_____(역), 『일본노동법』, 법문사, 2004.

이태로 · 이철승, 『회사법 강의』, 박영사, 1991.

임종률, 『노동법(제9판)』, 박영사, 2011.

정동윤, 『상법(상)』, 법문사, 2000.

하경효 · 박종희, 『기업의 구조조정과 노동법적 과제』, 한국노동연구원, 1998.

하경효, 『노동법사례연습』, 박영사, 2002.

김상호 · 권혜자 · 최영진, 『비정규근로자의 법적 보호방안』, 국회환경노동위정책연구보고서, 2002.

박지순 · 김상호 · 권혁 · 전형배 · 정영훈, 『외국의 사내하도급 파견현황 및 제도 실태조사』, 고용노동부 학술연구용역사업, 2010.

은수미 · 김기선 · 박제성, 『간접고용 국제비교』, 한국노동연구원, 2012.

[국내 문헌]

강성태, “근로자의 개념”, 서울대학교 법학박사학위논문, 1994.

______, “위법한 파견근로와 사용사업주의 책임”, 『노동법연구』 제13호, 서울대노동법연구회, 2002.

______, “지금 왜 사용자인가?”, 『노동법 연구(제24호)』, 서울대학교 노동법연구회, 2008.

______, “사내하도급 삼부작 판결의 의의”, 『노동법학(제35호)』, 한국노동법학회, 2010. 9.

______, “사내하도급과 근로계약관계(현대자동차 판결의 검토를 중심으로)”, 『사법(제15호)』, 사법발전재단, 2011. 3.

강선희, “사내하도급 관련 국내의 논의상황과 과제”, 『파견 · 사내하도급의 국제비교와 국내 논의상황 및 과제』, (사)노동법이론실무학회 제14회 정기학술대회 자료집, 2011.

강희원, “간접고용과 근로자의 보호”, 『경희법학(제46권 제2호)』, 경희법학연구소, 2011.

고용노동부, 『외국의 사내하도급 파견 현황 및 제도 실태조사』, 2010.

권 혁, “독일에서의 사내하도급 활용 현황과 그 시사점”, 『파견 · 사내하도급의 국제비교와 국내 논의상황 및 과제』, (사)노동법이론실무학회 제14회 정기학술대회 자료집, 2011.

김규완, “수급인의 채무불이행책임”, 『민사법학』 제25호, 2004.

김기선, “간접적 고용형태에 있어 제3자의 노동법상의 책임”, 『노동법 연구(제24호)』, 서울대학교 노동법연구회, 2008.

김미영, “미국 교섭단위제도에서 사업장내 파견 · 용역근로자의 단체교섭권 연구”, 『노동법학(제38호)』, 2011.

______, “연방노동법의 공동고용 원리에 관한 연구”, 『노동법학(제33호)』, 2010.

김범조, “하도급거래 선진화를 위한 하도급정책방향”, 『국토연구』, 2000.

김서기, “당사자 쌍방의 공통하는 동기의 착오 시 법원에 의한 계약수정의 이론적 근거에 관한 고찰”, 『법조(Vol.649)』, 법조협회, 2010. 10.

김선수, “단체교섭의 상대방으로서의 사용자개념의 확대”, 노동법강의: 기업구조조정과 노동법의 중요과제, 법문사, 2004.

김성호, “노동법상 사용자 지위에 관한 소고”, 『법학논총(제25집)』, 숭실대학교 법학연구소, 2011.

김소영, “사용자의 징계권의 범위(판례법리에 의한 ‘징계의 정당성 판단’을 중심으로)”,

『노동법학(제34조)』, 한국노동법학회, 2010. 6.
김영문, "사내하도급기업 근로자에 대한 원기업의 부당노동행위 여부: H사의 사례를 중심으로", 『기업법연구(제23권 제1호)』, 2009. 3.
______, "사내하도급 근로자와 원청기업의 노동력 제공관계", 『노동법률(제232호)』, (주)중앙경제, 2010.
______, "사내하도급 근로자들의 원청기업에 대한 단체교섭 가부", 『노동법학(제36호)』, 2010. 12.
김유성, "사용자개념의 외부적 획정-부당노동행위의 주체를 중심으로", 『노동법에 있어서의 권리와 책임』(김형배교수화갑기념논문집), 박영사, 1994.
김정숙, "간접고용과 집단적 노사관계의 문제(사용자 개념을 중심으로)", 『행정재판실무연구Ⅱ(재판자료 제114집)』, 법원도서관, 2008.
김형배, "사용자의 개념과 그 범위", 『고시연구』, 대명고시연구회고시연구사, 1974.
______, "근로기준법상의 근로자와 사용자의 개념", 『노동법연구』, 1991.
김홍영, "위장도급인 사내하도급에 대해 직접적인 고용관계를 인정하는 판례 법리", 『성균관법학(제20권 제3호)』, 2008. 12.
노상헌, "파견 및 사내하도급근로에 관한 일본의 노동법리와 쟁점", 『노동법연구(제19호)』, 2005.
문무기, "간접고용 규율의 법리", 『노동리뷰(제4호)』, 한국노동연구원, 2005.
류문호, "사내하도급에서 사용자 개념의 판단법리", 『노동법포럼(제7호)』, 노동법이론실무학회, 2011.
박수근, "근로자파견의 기간제한과 직접 고용의 문제", 『노동법학(제11호)』, 한국노동법학회, 2000.
______, "위장도급과 불법파견에 있어 고용관계", 『노동법률』 제150호, 중앙경제사, 2003.
______, "간접고용근로자의 집단적 노동분쟁과 쟁점의 검토", 『노동법연구(제24호)』, 서울대 노동법연구회, 2008.
______, "사내하도급에서 원청회사의 노동법상 책임에 관한 판례 동향", 『최근 노동법 분야별 주요 판례연구』, (사)노동법이론실무학회 제13회 정기학술대회 자료집, 2010.
______, "위장도급에서 원청회사의 노동법상 책임", 『노동법률(제232호)』, (주)중앙경제, 2010.
박순영, "노동법상 근로자의 개념", 『행정재판실무연구집(재판자료 제108집)』, 법원도서관, 2005.

박종수, “중소기업의 하도급과계 형성과 생산구조변화에 관한 사례연구”, 『경제학논집』 제8권 2호, 2000.

박종희, 『비정규, 간접고용근로자의 노동단체권 행사에 관한 법리연구』, 노동부, 2005.

______, “사내하도급의 불법파견에 관한 법적 문제 –독일의 논의를 중심으로–”, 『고려법학』, 2006.

______, “사내하도급과 파견의 구별기준 및 불법파견의 법률효과”, 『조정과 심판(가을호)』, 2010.

박제성 · 노상헌 · 유성재 · 조임영 · 강성태, 『사내하도급과 노동법』, 한국노동연구원, 2009.

박지순, “비정규직법의 쟁점과 입법정책적 과제”, 『산업관계연구(제19권 제2호)』, 2009. 6.

방준식, “사용자 지시권의 내재적 한계와 제한의 결정원리”, 『노동법학(제24호)』, 한국노동법학회, 2007. 6.

______, “사용자 지시권의 개념정립에 관한 소고”, 『법학논총(제9호)』, 경기대학교 법학연구소, 2009. 12.

변양규, “사내하도급 직접고용간주가 고용에 미치는 영향”, 『노동법률』, 2011. 2.

성기정, “노동조합 및 노동관계조종법상 사용자”, 『비교노동법논총(제15집)』, 한국비교노동법학회, 2009.

송강직, “노동법에서의 사용자의 재산권 전개(일본에서의 시설이용권 논의를 중심으로)”, 『노동법연구(제19호)』, 서울대노동법연구회, 2005.

______, “일본 근로자파견과 위장도급의 쟁점”, 『노동법연구』, 제29호, 2010.

신원철, “한국 조선 산업의 사내하청과 고용관계”, 『한국노동경제논집(제12권 제2호)』, 2006. 12.

신유철, “도급계약상의 검수”, 『사법행정』 제430호, 한국사법행정학회, 1996.

우연섭, “조선산업 하청구조의 공간 특성에 관한 연구”, 『대한지리학회지(제39권 제1호)』, 2004. 3.

유성재, “위법한 근로자파견의 사법적 효과”, 『중앙법학(제4집 제2호)』, 2002.

______, “사내하도급과 독일노동법”, 『사내하도급과 노동법』, 한국노동연구원, 2009.

윤애림, “다면적 근로관계에 있어서 사용자의 책임”, 서울대학교 박사학위 논문, 2002.

______, “독일의 비정규고용의 실태와 노동법제의 평가”, 『노동법 연구(제25호)』, 서울대학교 노동법연구회, 2008.

이영면 · 박지순 · 권혁, 『원하청 도급관계에서의 노동법적 쟁점 및 과제』, 노동부, 2007.

이병한, “위법한 파견근로와 직접고용간주”, 『사법(제6호)』, 사법발전재단, 2008. 12.
이병희, “사내하도급에서 수급인 근로자에 대한 도급인의 노조법상 사용자책임”, 『사법논집(제51집)』, 법원행정처, 2010.
_____, “사내하도급에 대한 노동법적 규율”, 서울대학교 석사학위논문, 2009. 2.
_____, “파견과 도급의 구별기준 및 파견법상 직접고용간주규정의 적용범위”, 『사법논집(제43집)』, 법원행정처, 2006.
이성철, “판례를 중심으로 본 법인격부인론”, 『법조(Vol.639)』, 법조협회, 2009. 12.
이 정, “원청회사도 단체교섭상의 사용자인가”, 『노동법률』, (주)중앙경제, 2011. 12.
_____, “일본파견법상의 고용의무조항에 대한 고찰”, 『노동법포럼』, 제9호, 2012.
_____, “일본의 도급과 파견의 판단기준”, 『노동법포럼』, 제11호, 2013.
_____, “일본의 도급과 파견의 판단기준 -사내하도급을 둘러싼 문제점과 정책과제-”, 노동법이론실무학회 자료집(『사내하도급과 노동법』). 2013. 6.
_____, “사내하도급 근로자에 대한 파견근로의 판단”, 『월간 노사FOCUS』, 한국공인노무사회, 2010. 11.
_____, “發注會社の工場內で作業する請負勞動者の法的地位”, 『勞働判例』 No.965, 2008. 11.
_____, “주요국가의 인력활용 유형연구 및 고용의 유연안정화 방안”, 산업자원부, 2005.
_____, “21세기의 동아시아 각국 노동법의 현안과 과제”, 『한 · 중 · 일 노동시장의 변화와 노동시장법제 패러다임의 전환』, 한국비교법학회 · 한국외국어대학교 법학연구소, 2005.
이형준, “사내하도급, 어떻게 할 것인가?”, 『월간 노동리뷰』, 2010. 9.
이홍길, “근로기준법상의 근로자와 사용자의 범위”, 『근로관계소송상의 제문제(상), 재판자료 제39집』, 법원행정처, 1987.
전형배, “대법원 판례의 위장도급 유형 판단기준”, 『노동법학(제36호)』, 2010. 12.
_____, “위장도급의 판단방식(대법원 2008. 7. 10. 선고2005다 75088판결)”, 『월간 노사저널』 제815호, 노사신문사, 2008.
정인섭, “부당노동행위와 노동관계”, 『노동법연구』 제22호(2007).
조경배, “현대자동차 사내협력업체 불법파견(위장도급)사건 판례 평석”, 『노동법연구』 제29호, 서울대노동법연구회, 2010.
_____, “사내하도급에 있어서 원청의 사용자성”, 『노동법 연구(제25호)』, 서울대학교 노동법연구회, 2008.
_____, “직접고용의 원칙과 파견근로”, 『민주법학』 제19호, 민주주의법학연구회, 2001.

조상균, "위장도급에 있어서 근로계약관계의 성립 여부: 현대미포조선사건", 『인권과 정의』 388호, 대한변호사협회, 2008.

조윤희, "간접고용의 법률관계", 『행정재판실무연구집(재판자료 제108집)』, 법원도서관, 2005.

조임영, "프랑스불안정 근로계약 법제", 영남대학교 법학박사학위 논문, 2000.

______, "사내하도급과 프랑스노동법", 『사내하도급과 노동법』, 한국노동연구원, 2009.

최석환, "위장도급을 둘러싼 일본 노동법의 대응", 『노동법연구』, 제31호, 2011.

최은배, "위장도급의 법률관계", 『노동법 실무연구(재판자료 제118집)』, 법원도서관, 2009.

최창렬, "안전배려의무의 체계", 『성균관법학』 제16권 제3호, 2004.

최홍엽, "위장도급에 대한 노동관계법의 적용", 『민주법학』 제25호, 민주주의법학연구회, 2004.

______, "파견기간 초과시 고용간주규정의 해석", 『노동법연구』 제10호, 관악사, 2001.

하시모토 요코, "일본의 노동자파견법의 최근 동향", 2014. 1. 20 한국노동법이론실무학회 토론회집, 2014.

[독일 문헌]

Bauschke, Die so genannte Fremdfirmenproblematik, NZA 2000, 1201.

Beck, Leiarbeit, Werkverträge, illegale Arbeitnehmerüberlassung – Handlungsmöglichkeiten für Betriebsräte, BetrR 1989, 173.

Becker, Abgrenzung der Arbeitnehmerüberlassung gegenüber Werk–und Dienstverträgen, DB 1988, 2561

Becker/Wulfgramm, Kommtar zum Arbeitnehmerüberlassungsgesetz, 3.Aufl., 1985.

Dauner–Lieb, Der innerbetrieblichen Fremdfirmeneinsatz auf Dienst– oder Werkvertragsbasis im Spannungsfeld zwischen AÜG und BetrVG, NZA 1992, 817.

Dewende, Betriebsfremde Arbeitnehmer in der Betriebsverfassung unter besonderer Berücksichtigung der unechten Leiharbeitnehmer, 2004.

Eckardt, Einführung in das Recht der Arbeitnehmerüberlassung, JA 1989, 393.

Haman, Die Grenze zwischen illegaler Arbeitnehmerüberlassung und erlaubtem Fremdpersonaleinsatz im Rahmen von Dienst– und Werkverträge, WiVerW 1996, 212.

Hempel, Das Spannungsverhältnis zwischen dem sozialen Schutz der Arbeitnehmer und den wirtschaftlichen Interessen der Verleiher und der Entleiher bei der Arbeitnehmerüberlassung, Berlin, 1985.

Leitner, Abgrenzung zwischen Werkvertrag und Arbeitnehmerüberlassung, NZA 1991, 293 ff.

Marschall, Gelöste und ungelöste Fragen der Arbeitnehmerüberlassung, RdA 1983, 18.

Rüthers, Vom Sinn und Unsinn des geltenden Kündigungsschutzrechts, NJW 2002, 1601.

Ulber, Rechtliche Grenzen des Einsatzes von betriebsfremden Arbeitnehmern und Mitbestimmungsrechte des Betriebsrats, AuR 1982, 5.

Urban-Crell/Schulz, Arbeitnehmerüberlassung und Arbeitsvermittlung, 2003,

Waas, Das sogenannte "mittelbare Arbeitsverhältnis", RdA 1993, 153.

Walle, Der Einsatz von Fremdpersonal auf Werkvertragsbasis, 1998, 114.

[프랑스 문헌]

Alain Cœuret/Elisabeth Fortis, Droit pénal du travail, 2000.

Alain Cœuret/Elisabeth Fortis, Droit pénal du travail, 2010.

Jean Claude Javillier, Droit du travail, 1998.

Gerard Couturier, Droit du travail, 1/ Les relations individuelles de travail, 1994.

B.D. Pélicier/J.Pélicier/Roset/Tholy, Le code du travail annoté, 2005.

B.D. Pélicier/J.Pélicier/Roset/Tholy, Le nouveau code du travail annoté, 2010.

Jean Rivero/Jean Savatier, Droit du travail, 1994.

Bruno Siau, Le travail temporaire en droit comparé europén et international, 1995.

http//fr.wikipedia.org/wiki/Sous-traitance

http//http://www.legifrance.gouv.fr/에서의 다수 판례와 제반 노동법규

[미국 문헌]

Anne L. Kalleberg, Nonstandard Employment Relations: Part-Time, Temporary and Contract Work, 26 Ann. Rev. Soc., 341-365 (2000)

Daniel C. Feldman & Brian S. Klass, Temporary Workers: Employee Rights and Employer Responsibilities, Plenum Publishing, 4-5 (1996)

Gregory L. Hammond, Flexible Staffing Trends and Legal Issue in the Emerging Workplace, 10 Lab. Law. 161 (1994)

Polivka AE, "Are temporary help agency workers substitutes for direct hire temps? Searching for an alternative explanation of growth in the temporary help industry", Soc. Labor Econ. Conf., 3-4 (May, 1996)

Steven Hipple, Contingent Work in the late-1990s, Monthly Lab. Rev. 3-27 (2007)

Bita Rahebi, Rethinking the National Labor Relations Boards' Treatment of Temporary Workers: Granting Greater the Access to Unionization, 47 UCLA L. Rev. 1105 (2000)

BLS, Contingent and Alternative Employment Arrangements, Report 900 (1997)

Sharon R. Cohany, Workers in Alternative Employment Arrangement: A Second Look, reprinted in Daily Report, E-1, E-9 (Jan. 1999)

Sandy Smith, AFL-CIO: Labor Ready Misclasifies Workers Underpays Worker's Comp (2000).

U.S. Dept. of Labor, Bureau of Labor Statistics, Contingent and Alternative Employment Arrangements, (Feb. 2005)

[영국 문헌]

Guy Davidov, Joint Employers Status in Triangular Employment Relationships, British J of IR (2004) 42(4): 727-746

Simon Deakin, The Changing Concept of the 'Employer' in Labour Law, Ind Law J (2001) 30(1): 72-84

EMAR(Employment Markets Analysis and Research), Agency Working in the UK: A Review of the Evidence, BERR(Department for Business, Enterprise & Regulatory Reform) [Employment Relations Research Series No.93] (2008)

Kendra Strauss, Challenging Hegemonic Deregulation? The UK Gangmaster Licensing Authority as a Model for the Regulation of Causal Work, U of Glasgow (2009)

http://www.geog.ox.ac.uk/research/transformations/wpapers/wpg09-18.pdf

BERR(Department for Business Enterprise & Regulatory Reform), Agency Working in the UK: A Review of the Evidence, Employment Relations Research Series No.93 (2008)

Guidance on the Conduct of Employment Agencies and Employment Businesses Regulations[2003] DTI (2004)
BIS(Department for Business Innovation & Skills), Agency Workers Regulations Guidance (2011)

[일본 문헌]

青木宗也,「特殊勤務者の労働者性」『ジュリスト』第619号, 1976.8.
青木宗也・片岡昇,『注解法律学全集44 労働基準法 I [序説・第１条〜第41条]』, 青林書院, 1994.
青木宗也,「労働者・使用者概念と事業場」『季刊労働法』別冊1号, 1997.
荒木尚志,『労働法』有斐閣, 2009.
安西愈,「請負, 業務委託, 人材派遣などアウト・ソーシングの法律上の問題」,『日弁連研修叢業 現代法律実務の諸問題(平成12年版)』, 2002.
安西愈,『労働者派遣と請負・業務委託・出向の実務』, 労働調査会, 2007.
安西愈,『新版労働者派遣法の 法律実務(上・下巻)』, 労働調査会, 2008.
池添弘邦,『社会法における 『労働者』 の概念』, 独立行政法人労働政策研究・研修機構 JILPT Discussion Paper 04-007号, 2004. 6 .
石田真,『労働契約論』, 籾井常喜編,『戦後労働法学説史』, 労働旬報社, 1996.
大内伸哉,「雇用強制についての法理論的検討」『菅野和夫先生古稀記念論集・労働法学の展望』, 有斐閣, 2013.
大橋範雄,『派遣労働と人間の尊厳ー使用者責任と均等待遇原則を中心に』 法律文化社, 2007.
大橋範雄,「派遣法改正にあたっての提言」『大原社会問題研究所雑誌』605号, 2009.
小川喬義,「S造船所と地域経済」『調査と研究』, 第2巻 第2号.
片岡昇,「外務員」『季刊労働法』第60号, 1966.
片岡昇,『現代労働法の展開』岩波書店, 1983.
勝亦啓文,「派遣労働者の保護ー派遣元・派遣先の法的責任と課題ー」『季刊労働法』第211号, 2005.
金子征史＝西谷敏編,『労働基準法(第4版)ー基本法コンメンタールー』 日本評論社, 1999.
鎌田耕一,「いわゆる傭車運転手の労災保険上の労働者性が否定された事例ー横浜南労基署長事件・最高裁第一小法廷判決の研究」『労働法律旬報』第1422号, 1997.12.

鎌田耕一,「雇用関係の範囲(労働者性)」『大原社会問題研究所雑誌』第545号, 2004.
鎌田耕一,「アウトソーシングの法的問題ー業務委託契約の研究」釧路公立大学紀要『社会科学研究』第12号, 2000.
鎌田耕一,「委託労働者・請負労働者の法的地位と保護」『日本労働研究雑誌』第526号, 2004.5.
鎌田耕一,「労働者供給事業禁止規定の立法趣旨と意義」『労働法律旬報』第1108号, 1984.
岸井貞男,『不当労働行為法の原理』, 総合労働研究所, 1978.
岸井貞男,『不当労働行為の法理論』, 総合労働研究所, 1978.
木村大樹,『労働者派遣の法律実務』, 労務行政, 2007.
国武輝久,「特殊雇用形態と労働者概念」『日本労働法学会誌』, 第42号, 1973.10.
毛塚勝利,「偽装請負い・違法派遣と受入企業の雇用責任ー松下プラズマディスプレイ(パスコ)事件こ高裁判決にみる『黙示の労働契約』論の意義と課題ー」『労働判例』第966号, 2008.
建設産業人材確保・育成推進協議会,『教育訓練施設の在り方に関する研究会報告書』, 2003.
厚生労働省,『個人請負型就業者に関する研究会報告書』, 2010.4.
厚生労働省,『雇用政策研究会報告書』, 2010.7.
厚生労働省,『労働者派遣事業と請負により行われる事業との区分に関する基準(昭和61年4月17日 労働省告示37号)』.
厚生労働省,『労働者派遣事業と請負により行われる事業との区分に関する基準』(37号告示)に関する質疑応答集』.
厚生労働省,『労働者派遣事業と請負により行われる事業との区分に関する基準(第37号告示)に係る質疑応答について)』, 2009.3.31.
厚生労働省,『労働者派遣事業と請負により行われる事業と区分に関する基準を定める告示』.
厚生労働省,『平成24年度派遣労働者実態調査の概況』.
厚生労働省,『労働者派遣事業関係業務取扱要領』.
厚生労働省,『労働者派遣制度の改正について(報告書骨子案(公益委員案))』.
厚生労働省,『今後の労働者派遣制度の在り方に関する研究会報告書参考資料』.
厚生労働省,『第6回今後の労働者派遣制度の在り方に関する研究会(平成20年5月30日)資料2』.

厚生労働省・都道府県労働局,『派遣労働者に対する雇用契約の申込み義務について』.
厚生労働省・都道府県労働局,『労働者派遣・請負を適正に行うために』
小嶌典明,「労働市場の規制改革ー職業安定法・労働者派遣法改正の評価」『社会的規制の経済分析』日本経済新聞社, 2000.
小嶌典明,「求められる派遣スタッフのための規制改革」『日本労働研究雑誌』第489号, 2001.
小嶌典明,「派遣期間の制限に関する覚書ーいわゆる3年の期間制限とは何かー」『阪大法学』第52巻 3・4号, 2002.
小嶌典明,『派遣先による派遣労働者の直接雇用ー正すべき誤解ー』『阪大法学』第59巻 1号, 2009.
小嶌典明,『採用の自由とその制約ー続ー派遣法改正案の批判的検討』『阪大法学』第60巻 2号, 2010.
佐藤進・西原道雄・西村健一郎・岩村正彦編,『社会保障判例百選(第3版)』, 有斐閣, 2000.
産業全書,『造船』, ダイヤモンド社, 1962.
下井隆史,『労働契約法の理論』, 有斐閣, 1985.
下井隆史,『労使関係法』, 有斐閣, 1995.
下井隆史,「JR不採用事件について」, 山口浩一郎 編『救済命令の司法審査』, 日本労働研究機構, 1998.
下井隆史,『労働基準法[第3版]』, 有斐閣, 2001.
社団法人全国労働基準関係団体連合会,『労働法上の『労働者』性の判断に関する裁判例の傾向と分析』, 1995.
菅野和夫,「業務処理請負契約による就労先企業の団体交渉上の『使用者』性の有無—東京高判平成4.9.16(朝日放送事件)」『ジュリスト』有斐閣, 第1027号, 1993.7.15.
菅野和夫,『労働法(第5版)』, 弘文堂, 1999.
菅野和夫,『労働法(第6版)』, 弘文堂, 2003.
菅野和夫,『労働法(第8版)』, 弘文堂, 2008.
菅野和夫,『労働法(第9版)』, 弘文堂, 2010.
諏訪康生,「職安体制の課題」『日本労働研究雑誌』第364号, 1990.
清正寛,「雇用保障における『直接雇用の法理』ー労働者供給事業禁止法理の再検討」『社会法の現代的課題』, 法律文化社, 1983.
清正寛,『雇用保障法の研究』, 法律文化社, 1987.

全国建設労働組合総連合,『建設産業の重層下請け構造に関する調査・研究報告書』, 2008.
総評弁護団,『労働基準法研究会報告書の問題点』, 1986.1.31.
高梨昌,「人材派遣業の立法化構想ーとりまとめにいたる経緯と争点ー」『ジュリスト』第831号, 1985.
高梨昌,『詳解労働者派遣法(第2版)』, 日本労働研究機構, 2001.
高梨昌,『詳解労働者派遣法(第3版)』, エイデル研究所, 2007.
武井寛,「労働者派遣と社会的排除—業務限定・解除の視角から」『法律時報』第85巻 3号, 2013.
竹前栄治・中村隆英監修,『GHQ日本占領史32 労働条件』, 日本図書センター, 1998.
土田道夫,「純粋持株会社と労働法上の諸問題」『日本労働研究雑誌』第451号, 1997.
土田道夫,『労務指揮権の現代的展開』, 信山社, 1999.
土田道夫,『労働法概説 1 雇用関係法』, 弘文堂, 2004.
土田道夫,『労働契約法』, 有斐閣, 2008.
帝国データバンク名古屋支店,『企業概要データベース『COSMOS2』143万社収録』.
田思路,『請負労働の法的研究』, 法律文化社, 2010.
東京大学労働法研究会,『注釈労働基準法(上)』, 有斐閣, 2003.
豊川義明・脇田滋・森信雄・安部昌男・綱本守,「座談会第二次朝日放送事件」『労働法律旬報』第1659号, 2007.
西川善清,「構内協力業に期待するもの」『日造協』第9号.
西谷敏,『労働組合法(第2版)』, 有斐閣, 2006.
西谷敏,『労働法』, 日本評論社, 2008.
西谷敏,「労働法規の私法的効力ー高年齢者雇用安定法の解釈をめぐって」『法律時報』第80巻 8号, 2008.
西谷敏,「派遣法改正の基本的視点」『労働法律旬報』第1694号, 2009.
沼田稲次郎・本多淳亮・片岡昇,『シンポジューム労働者保護法』, 青林書院, 1984.
沼田雅之,「労務供給の多様化と直接雇用の原則」『日本労働法学会誌』第112号, 2008.
乗木正名,『警備業の現状と労働者派遣業問題』『ジュリスト』第831号, 1985.
浜口桂一郎,「いわゆる偽装請負と黙示の雇用契約ー松下プラズマディスプレイ事件」『NBL』第885号, 2008.
浜口桂一郎,「請負労働者供給労働者派遣の再検討」『日本労働法学会誌』, 第114号, 2009.

浜村彰,「違法な労働者供給・労働者派遣と労働契約関係ー高砂香料工業事件鑑定意見書ー」『法学志林』第98巻 1号, 2001.
浜村彰,「改正労働者派遣法の検討」『労働法律旬報』第1554号, 2003.
浜村彰,「派遣元の形式的・名目的性格と親会社における派遣先の使用者責任」『労動法律旬報』第1589号, 2004.10.
福岡右武,「最高裁判所判例解説」『法曹時報』第50巻 第3号, 1998.
外尾健一,『労働団体法』, 筑摩書房, 1975.
法務大臣官房・司法法制調査部監修,『法典調査会・民法議事速記録四[日本現代立法資料叢業書4]』商事法務研究会, 1984.
本庄敦志,「派遣期間の制限・申込義務と派遣労働者の保護ー松下プラズマディスプレイ(パスコ)事件が示唆するものー」『季刊労働法』第220号, 2008.
本庄淳志,「派遣先での直用化をめぐる諸問題」『季刊労働法』第231号, 2010.
本庄敦志,「改正労働者派遣法をめぐる諸問題—施行後の抜本的再検討に向けて—」『季刊労働法』237号, 2012.
本多淳亮,『不当労働行為論』, 法律文化社, 1969.
本多淳亮,『雇用調整と人事問題』, 1978.
松岡三郎,「合理化下の労働基準法の地位とその役割」『日本労働法学会誌』第22号, 1963.10.
馬渡淳一郎,『三者間労務供給契約の研究』, 総合労働研究所, 1992.
馬渡淳一郎,『労働市場法の改革』, 日本評論社, 2003.
三重労働局発表報道資料(平成25年3月14日).
労働基準法研究会,『労働基準法の『労働者』の判断基準について』, 1985.12.19.
労働省労働基準局編,『労働基準法の問題点と対策の方向』日本労働協会, 1986.
労働調査会,『改正労働者派遣法』労働調査会出版部, 2012.
労務行政研究所編,『労働者派遣法』, 労務行政研究所, 2013.
山川隆一,「日本における下請け構造と労働法上の問題点」『外法論集』第37巻 第1号, 2013.
山下登司夫,「『車持ち』ダンプ運転手の労働者性」『働法律旬報』第996号, 1980.3.
山口浩一朗,「労働者派遣の見直しと今後の派遣労働」『労働法令通信』第2202号, 2010.8.18.
山本吉人,『雇用形態と労働法』, 総合労働研究所, 1970.
安枝英訷・西村健一郎,『労働基準法(労働法II)』, 青林書院, 1996.

矢部恒夫,「労働者派遣法」『日本労働法学会誌』第103号, 2004.
吉田美喜夫,「雇用・就業形態の多様化と労働者概念ー労基法上の『労働者』の判断基準を中心として」『日本労働法学会誌』第68号, 1986.
万井隆令,『労働契約締結の法理』, 有斐閣, 1997.
万井隆令,「労働者派遣と労働者保護法制ー労働者派遣・労働者供給・出向の概念をめぐってー」『法と民主主義の現代的課題ー竜谷大学法学部創立20周年記念論文集ー』, 有斐閣, 1989.
万井隆令＝山崎友香,「『労働者供給』の概念ー労働者派遣法制定を契機とする労働省による解釈の変更とその問題点」『労働法律旬報』第1557号, 2003.
万井隆令,「労働者派遣法における期間制限の意義」『竜谷法学』第42巻 1号, 2009.
万井隆令,「偽装請負における事業従業員と発注元との労働契約関係の成否について」『労働法律旬報』第1694号, 2009.
万井隆令,「労務提供に関わる三者間関係の概念についてー労働者供給・派遣・出向の概念と相互の関連」『日本労働法学会誌』第114号, 2009.
脇田滋,「個別的労働関係における使用者-サガテレビ事件」 別冊ジュリスト 『労働判例百選第(6版)』, 1995.
脇田滋,『労働法の規制緩和と公正雇用保障ー労働者派遣法運用の総括と課題ー』, 法律文化社, 1995.
和田肇,「労働契約における使用者概念」『労働判例』, 第785号.
和田肇,「判例研究/受入会社と社外労働者との間の労働契約の成否」『法政論集』, 第228号, 2008.
和田肇,「雇用形態の多様化と労働法政策」『法律時報』第80巻 12号, 2008.

[신문 기사]

朝日新聞朝刊 2011年11月16日(水)
朝日新聞 2012年7月21日:
http://www.asahi.com/special/10005/TKY201207200768.html

[인터넷사이트]

シップ・アンド・オーシャン財団『造船技能開発センター構想調査』:
http://nippon.zaidan.info/seikabutsu/2003/00149/contents/0002.htm
『労働者派遣事業の適正な運営の確保及び派遣労働者の就業条件の整備等に関する法律

等の一部を改正する法律について(2012年 4月 6日, 基発 0406 第1号, 職発 0405 号 第7号』:
http://wwwhourei.mhlw.go.jp/hourei/doc/tsuchi/T120409L0010.pdf
労働者需給制度についてのアンケート調査集計結果:
http://www.mhlw.go.jp/bunya/koyou/haken-shoukai01
製造業における元方事業者による総合的な安全衛生管理:
http://www.mhlw.go.jp/new-info/kobetu/roudou/gyousei/anzen/dl/1003-3d.pdf

저자 약력

■ 이 정

일본 동경대학 법학정치학연구과 법학연구생 · 석사 · 박사과정 졸업
영국 · 독일 · 프랑스 재판소 연구원
일본 동경대학 법학부 특별연구원
일본 큐우슈우(九州)국립대학 법학부 교수
University of British Columbia, Law School, Visiting Scholar
대한상사중재원 중재인
중앙노동위원회 공익심판위원
노동법이론실무학회 회장
한국노동법학회 부회장

>>> 최근 저서

「解雇紛争解決の法理」 信山社(2001)
「講座21世紀の勞働法(第4券)」 有斐閣(2001, 공저)
「整理解雇と雇用保障の韓日比較」 日本評論社(2002)
「板ばさみの日本」 信山社(2002)
「注釋勞働基準法(上) · (下)」 有斐閣(2003, 공저)
「グローバリゼーションと勞働法の行方」 勁草書房(2003, 공저)
「雇用構造の変化と政労使の課題」 成文堂(2005, 공저)
「Regulation of Fixed-Term Employment Contracts」 Wolters Kluwer(2011, 공저)
「고용사회와 노동법」 박영사(2002)
「노동법강의」 한국외대출판부(2004)
「임금개념과 평균임금 · 통상임금의 산정범위」 법문사(2004, 공저)
「일본노동법의 이론과 실제」 한국경영자총협회(2004, 역서)
「일본노동법」 법문사(2007, 역서)
「주요선진국의 근로계약법제」 경총(2007, 편역)
「노동법의 세계」 한국외대출판부(2009)
「병원내 파업규제에 관한 비교법적 고찰」 청목출판사(2010)
「부당노동행위제도와 원하청관계」 법문사(2012, 공저)
「임금법제 이론과 실무」 법문사(2013)

파견과 도급에 관한 비교법적 연구

2014년 8월 20일 초판 인쇄
2014년 8월 25일 초판 1쇄 발행

저 자 이 정
발행인 배 효 선
발행처 도서출판 法 文 社

주 소 413-120 경기도 파주시 회동길 37-29
등 록 1957. 12. 12 / 제2-76호(윤)
TEL 031) 955-6500~6 FAX 031) 955-6525
e-mail (영업): bms@bobmunsa.co.kr
(편집): edit66@bobmunsa.co.kr
홈페이지 http://www.bobmunsa.co.kr

조 판 법 문 사 전 산 실

정가 28,000원 ISBN 978-89-18-08444-2

불법복사는 지적재산권을 훔치는 범죄행위입니다.
이 책의 무단전재 또는 복제행위는 저작권법 제136조 제1항에 의거, 5년 이하의 징역 또는 5,000만원 이하의 벌금에 처하게 됩니다.

※ 저자와의 협의하에 인지를 생략합니다.